공공계약

부정당업자 제재제도 해설

장 훈 기 지음

- 입찰참가자격제한처분
- 과징금부과처분

대한경제

머리말

우리나라의 공공조달시장은 약 130조 원(GDP의 약 7%) 규모로서 앞으로 그 규모와 공공조달의 영향력은 더욱 더 확대될 것으로 전망되고 있으며, 그 내용 또한 이제까지의 물품이나 용역 및 공사 등의 단순조달 중심에서 국가의 정책수단 즉, 산업정책, 혁신지원, 중소업자 보호, 사회적 가치 구현 등의 수단으로 활용하려는 요구가 증대되고 있어 공공조달의 중요성이 점점 커지고 있다고 할 수 있습니다.

이와 같은 공공조달의 규모 및 영향력 점증과 더불어 특히, 불공정 계약관행을 개선하여 공정경제를 유도하기 위한 방안의 하나로 경쟁입찰의 공정한 집행이나 계약의 적정한 이행을 해칠 염려가 있어 입찰에 참가시키는 것이 부적합하다고 인정되는 자("부정당업자")에 대해서는 일정기간(1개월~2년) 동안 정부 등 공공기관이 시행하는 입찰에 참가하는 것을 배제하는 "입찰참가제한처분제도"를 엄격하게 운용하고 있습니다.

또한, 정부는 이와 같은 부정당업자에 대한 입찰참가제한처분은 침익적 행정처분으로서, 그 처분기간 동안 공공기관 대부분의 입찰참가가 원천적으로 차단되어 공공조달시장의 수주가 사실상 불가능하게 되는 징벌적 처벌에 해당한다는 점이 고려되어, 일정 요건에 해당하는 위반행위에 대해서는 입찰참가자격제한을 갈음하여 과징금으로 대체할 수 있도록 하는 "과징금부과처분제도"를 보다 활성화하려는 방안을 추진 중에 있습니다(입찰참가제한처분제도와 과징금부과처분제도를 합하여 "'부정당업자 제재제도"라 함).

필자는 상당기간 동안 국방부, 방위사업청, 한국수력원자력(주), 국가철도공단 등에서 입찰참가제한처분 심의를 위한 계약심의위원회와 기획재정부에 설치되어 있는 과징금부과처분을 위한 과징금부과심의위원회의 위원으로 참여해 오면서,

- 부정당업자를 제재하는 기관으로서는 해당 법규 조항, 사실관계 확인 및 제재기간 적용, 가중 또는 감경사유 해당여부 등을 엄격하면서도 신중하게 심의하여 조금이라도 잘못되게 처분을 하여서는 안 된다는 점과,
- 해당 업체로서는 해당 법규 내용 및 절차를 정확하게 숙지하여 충분한 소명자료 확보 및 제출을 통해 부당하게 불이익을 받지 않도록 하는 것이 필요하고 또한 중요하다는 점을 몸소 체험하게 되었으며,
- 아울러 입찰참가자격제한을 갈음하여 과징금으로 대체할 수 있도록 하는 "과징금부과처분제도"에 대해 그 대상 및 절차 등을 제대로 이해하지 못해 널리 활용되지 못하고 있는 점 등이 매우 아쉬워 조금이라도 이들에게 도움이 되었으면 하는 바람에서 이 책자를 발간하게 되었습니다.

이 책에 주안점을 둔 내용은,

첫째, 국가, 지방자치단체 및 공공기관 모두를 대상으로 부정당업자제재처분의 절차, 제재사유에 해당되는지 여부, 제재의 효력 및 제재기관간의 공유관계, 제재처분에 대한 법적 구제방법 등을 상세히 기술해 놓았으며,

둘째, 입찰참가제한처분 대신 과징금부과처분으로 대체할 수 있는 대상 사유, 대체 절차 및 방법 등을 기획재정부가 최근 마련한 "부정당업자에 대한 과징금 부과 업무 가이드"(2021.10.) 내용을 중심으로 사안별로 상세히 설명해 놓았고,

셋째, 2021.9월까지의 기획재정부 유권해석 사례와 대법원 판례를 각 부문별 제도 설명 바로 뒤이어 정리해 놓음으로써 독자가 편리하게 활용할 수 있도록 하였습니다.

부정당업자제재제도 전반에 대해 나름대로 가능한 한 많은 자료를 수집하여 실무에 도움이 되도록 알기 쉽게 기술하려고 노력해 보았으나 미흡한 부분이 많을 것입니다만, 공공조달 분야가 워낙 방대하고 복잡한 점을 고려하여 널리 이해하여 주시길 바라며, 또한, 앞으로 본서의 전반에 대해 독자 여러분의 좋은 의견이나 충고를 주시면 참고하겠습니다.

이제 탈고를 하면서 본서가 출간될 수 있도록 도움을 주신 많은 분들에게 감사의 말씀을 드리지 않을 수 없습니다.

우선 기획재정부의 공공계약제도 업무 전반을 진두지휘하고 계시는 허남덕 국고국장님, 그리고 조규산 계약정책과장님과 박성창 서기관, 이윤태 사무관, 김충현 사무관, 이영수 사무관, 황명희 주무관 등 계약정책과 직원 모두께 많은 조언과 자료를 제공해 주신데 대해 깊은 감사를 드리며, 또한, 과징금부과심의위원회를 이끌어 가고 계시는 이승원 국유재산심의관님을 비롯하여 공공계약심사팀의 임병국 팀장님과 이원재 사무관, 김동석 사무관, 그리고 지금은 자리를 옮기신 김대은 과장님(현 엽연초 중앙회 전무), 배병식 사무관(현 국유재산정책과 근무)께도 깊은 감사의 말씀을 드립니다.

아울러 전임 국고국장으로 재직하시면서 많은 도움을 주신 박성동 현 우남세무회계컨설팅 대표님, 이종욱 현 기획조정실장님, 그리고 김경희 현 예산실 복지안전예산심의관님께도 이 지면을 빌어 깊은 감사를 드리며, 또한, 계약정책과장을 역임하시다가 지금은 다른 부서로 옮기신 고정민 과장님(현 복권총괄과장), 김준철 과장님(현 민간투자정책과장), 손창범 과장님, 그리고 외국 유학 중인 박주언 과장님, 장준영 사무관(현 자유무역협정관세이행과)께도 깊은 감사의 말씀을 드립니다.

끝으로, 본서 출간을 위해 자료정리와 편집에 힘써 주신 경희대학교 산업관계연구소 고형진 팀장을 비롯한 직원 모두와 항상 공공계약제도 업무에 좋은 의견을 아끼지 않는 신건철 연구소장님, 박채규 교수님, 그리고 김성근 변호사, 고상진 박사(공공건설산업연구소장)께도 감사드리며, 본서 출간을 흔쾌히 맡아주신 ㈜건설경제신문(e대한경제) 김형철 대표님과 출간을 위해 고생을 많이 하신 김국진 부장님, 김윤득 과장님께도 깊은 감사의 말씀을 드립니다.

코로나19(COVID-19)로 경제활동의 위축은 물론 일상생활의 심한 불편과 불안 속에서도 꿋꿋이 의연하게 맡은 일을 수행하고 계시는 모든 분들을 위해 조속히 코로나19가 완전히 퇴치되도록 기원해 봅니다.

2021년 10월

장 훈 기

목 차

Chapter 01

부정당업자 제재제도 개요

Chapter 02

부정당업자에 대한 입찰참가자격 제한제도

Chapter 03

부정당업자에 대한 과징금 부과제도

부록

표

그림

공공계약

부정당업자 제재제도 해설

Chapter 01

부정당업자 제재제도 개요

제1절 부정당업자 제재의 의의

제2절 부정당업자 제재조치 현황

제1절 | 부정당업자 제재의 의의

1. 부정당업자의 개념

(1) 국가, 지방자치단체 및 공기업·준정부기관 등 공공기관(이하 "국가 등"이라 한다)도 사인의 경우와 같이 물품제조·구매, 용역 및 공사 등의 사업을 추진하게 된다. 이때 "국가 등"은 계약의 한 당사자가 되어 수입의 원인 또는 지출이 수반되는 계약업무를 수행하게 되는데, 「국가를 당사자로 하는 계약에 관한 법률」(이하 "국가계약법" 또는 "법"이라 한다) 제5조(계약의 원칙)제1항은 "계약은 서로 대등한 입장에서 당사자의 합의에 따라 체결되어야 하며, 당사자는 계약의 내용을 신의성실의 원칙에 따라 이행하여야 한다."라고 명시하고 있어, "국가 등"도 공권력 주체가 아닌 사인의 지위에 서서 사인과 대등한 관계에서 계약업무를 수행하고 있음을 알 수 있고, 국가계약법 또한 민법의 기본원리가 원용되고 있다고 할 수 있다.

☞ "국가 등"이 수행하는 계약을 국가계약, 정부계약, 공공계약 또는 공공조달계약 등 다양하게 표현하고 있으나, 이는 모두 국가계약법령에 기초한 동일한 개념으로 보아도 무방하다고 할 수 있음.

(2) 이와 같이 사법관계에서 행하여지고 있는 공공계약 역시 그 집행이 시장질서에 따라 공정하고 적정하게 이루어질 것이 요구되고 있으며, 이에 따라 이를 위반한 자를 "부정당업자"로 보아 일정기간 공공계약절차에 참여하지 못하도록 국가계약법령에 제재규정을 두고 있다.

(3) 국가계약법 제27조는 제1항에서 "각 중앙관서의 장은 다음 각 호의 어느 하나에 해당하는 자(이하 "부정당업자"라 한다)에게는 2년 이내의 범위에서 대통령령으로 정하는 바에 따라 입찰참가자격을 제한하여야 하며, 그 제한사실을 즉시 다른 중앙관서의 장에게 통보하여야 한다."라고 규정하고 있는 점에서 "부정당업자"는 동 조항의 각 호에 규정된 "입찰참가자격 제한사유에 해당하는 자" 라고 정리해 볼 수 있으며, 구체적인 제한사유를 시행령(§76)에 위임해 놓은 것과 연계하여 종합해 보면, 경쟁의 공정한 집행을 저해할 염려가 있는 자, 계약의 적정한 이행을 해칠 염려가 있는 자, 또는 다른 법령을 위반하는 등 공공계약 입찰에 참가시키는 것이 적합하지 아니하다고 인정되는 자 등을 포괄적으로 "부정당업자"라고 종합해 볼 수 있다.

※ "부정당업자제재" 관련 표현 : "부정당업자"라는 의미는 입찰참가자격 제한조치 또는 과징금 부과처분을 받은 자가 아니라 동 제한조치 등을 받게 되는 사유에 해당된다고 인정되는 자를 말한다. 따라서 부정당업자에 대한 제재와 관련하여 표현할 경우, "부정당업자로 제재한다"라는 표현은 잘못된 것이고 "부정당업자를 제재한다"라고 하는 것이 올바른 표현임.

2. 부정당업자 제재제도의 의의 및 유형

(1) 부정당업자에 대한 제재는 원칙적으로 일정기간 동안 "국가 등"이 시행하는 입찰에 참가하는 것을 배제하는 "입찰참가자격 제한조치"(이하 "입찰참가자격 제한처분" 또는 "입찰제한처분"이라 한다)를 하게 된다. 다만, 입찰참가자격 제한조치는 일정기간(1개월~2년) 동안 해당 기관 및 관련 기관 등의 입찰참가가 원천적으로 차단되어 공공조달시장의 수주가 사실상 불가능하게 되는 징벌적 처벌에 해당한다는 점이 고려되어, 일정 요건에 해당하는 위반행위에 대해서는 입찰참가자격 제한을 갈음하여 과징금을 부과할 수 있도록 하는 제도가 도입(2013.6.19. 시행)됨에 따라 부정당업자에 대한 제재수단의 폭이 넓어졌으며, 이를 모두 아울러 "부정당업자 제재제도"라고 정리해 볼 수 있다.

(2) 따라서 부정당업자에 대한 제재의 유형으로는 일정기간 동안 정부가 시행하는 입찰에 참가하는 것을 배제하는 "입찰참가자격 제한처분"과 일정 요건에 해당하는 경우 동 제한처분 대신 과징금으로 대체할 수 있도록 하는 "과징금 부과처분" 이라는 두 가지 유형이 있는 것으로 종합해 볼 수 있다.

3. 부정당업자 제재 대상의 범위

(1) 국가계약법은 제1조(목적)에 "이 법은 국가를 당사자로 하는 계약에 관한 기본적인 사항을 정함으로써 계약업무를 원활하게 수행할 수 있도록 함을 목적으로 한다."라고 규정하고 있고, 제2조(적용 범위)에 "이 법은 국제입찰에 따른 정부조달계약과 국가가 대한민국 국민을 계약상대자로 하여 체결하는 계약(세입의 원인이 되는 계약을 포함) 등 국가를 당사자로 하는 계약에 대하여 적용한다."라고 규정하고 있다.

(2) 따라서 부정당업자에 대한 제재도 국가계약법에 따라 국가가 한 당사자가 되어 수행하는 입찰 또는 계약절차 등의 과정에서 발생된 부정당업자를 대상으로 제재하는 것이라고 할 수 있으며, 지방계약의 경우는 「지방자치단체를 당사자로 하는 계약에 관한 법률」(이하 "지방계약법" 이라 한다)에 따라 지방자치단체가, 공기업·준정부기관계약의 경우는 「공공기관의 운영에 관한 법률」(이하 "공공기관운영법"이라 한다)에 따라 공기업·준정부기관이 한 당사자가 되어 수행하는 입찰 또는 계약절차 등의 과정에서 발생된 부정당업자를 대상으로 제재하는 것이라고 정리해 볼 수 있다.

[참고] 부정당업자제재와 건설공사와 관련한 영업정지 처분과 비교

- 건설산업기본법 제95조제1호(벌칙) 건설공사의 입찰에서 다음 각 호의 어느 하나에 해당하는 행위를 한 자는 5년 이하의 징역 또는 5천만 원 이하의 벌금에 처한다.
  1. 부당한 이익을 취득하거나 공정한 가격 결정을 방해할 목적으로 입찰자가 서로 공모하여 미리 조작한 가격으로 입찰한 자
  2. 다른 건설업자의 견적을 제출한 자
  3. 위계 또는 위력, 그 밖의 방법으로 다른 건설업자의 입찰행위를 방해한 자

- 공정거래법 제19조(부당한 공동행위의 금지) ① 사업자는 계약·협정·결의 기타 어떠한 방법으로도 다른 사업자와 공동으로 부당하게 경쟁을 제한하는 다음 각 호의 어느 하나에 해당하는 행위를 할 것을 합의(이하 "부당한 공동행위"라 한다)하거나 다른 사업자로 하여금 이를 행하도록 하여서는 아니 된다.
  8. 입찰 또는 경매에 있어 낙찰자, 경락자, 투찰가격, 낙찰가격 또는 경락가격, 그 밖에 대통령령으로 정하는 사항을 결정하는 행위

- 형법 제315조(경매, 입찰의 방해) 위계 또는 위력 기타 방법으로 경매 또는 입찰의 공정성을 해한 자는 2년 이하의 징역 또는 700만 원 이하의 벌금에 처한다.

건설산업기본법 제82조(영업정지 등) ① 국토교통부장관은 건설사업자가 다음 각 호의 어느 하나에 해당하면 6개월 이내의 기간을 정하여 그 건설사업자의 영업정지를 명하거나 영업정지를 갈음하여 1억 원 이하의 과징금을 부과할 수 있다.(각 호 생략)

제2절 | 부정당업자 제재조치 현황

1. 연도별 입찰제한처분 현황[1)]

우리나라의 조달청 등 대표적인 정부조달기관과 주요 공기업(8개)의 2012년~2016년 동안 부정당업자제재조치 중 입찰제한처분 현황을 보면, 〈표 1-1〉에서 보듯이 총 3,595건으로서 연 평균 719건의 입찰제한처분을 한 것으로 나타났으며, 연도별로는 대체로 증가추세에 있고 2012년도의 646건에 비해 2016년도가 882건으로 36.5%의 증가율을 보이고 있다.

〈표 1-1〉 주요 정부기관 및 공기업의 연도별 입찰제한처분 현황 (건)

연도별	2012	2013	2014	2015	2016	계
공사	125	158	105	75	50	513
물품·용역	521	495	530	704	832	3,082
계	646	653	635	779	882	3,595

1) 한국조세재정연구원, "정부계약의 이행 및 관리효율성 제고방안" 중 "입찰제한처분에 대한 효력정지 신청제도 과용 대처방안에 관한 연구", (장훈기), 2017.12, 134~135쪽 내용을 참고하여 정리한 것이다.

[그림 1-1] 주요 정부기관 및 공기업의 연도별 입찰제한처분 현황 (건)

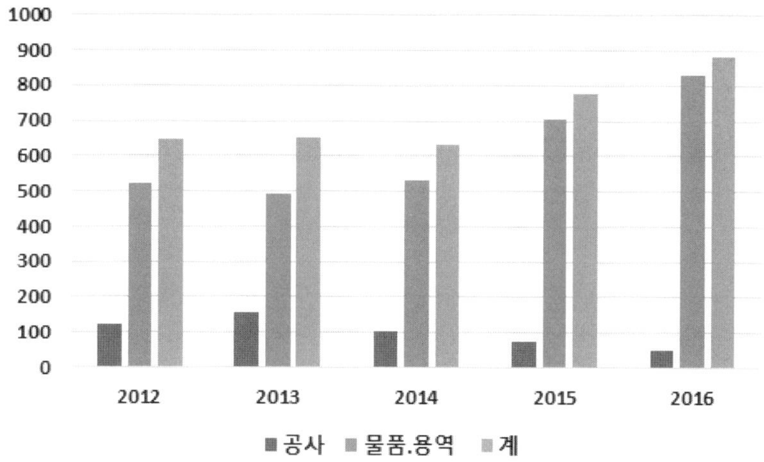

2. 연도별 과징금부과처분 현황[2)]

가. 연도별 계약종류별 현황

(1) 과징금 부과제도가 도입(2013.6.19.)된 이후 2020년 12월말까지 기획재정부의 과징금부과심의위원회에서 입찰제한처분 대신 과징금 부과로 대체토록 한 현황을 보면, 총 113건이 과징금으로 대체되었으며, 이를 계약종류별로 보면, 공사계약과 관련한 부과는 2건에 불과하고 나머지 111건은 물품 및 용역계약과 관련된 것으로 나타났다〈표 1-2〉.

(2) 또한, 이를 연도별로 보면, 2016년 전까지는 과징금 부과 대체가 8건에 그쳤으나, 2017년도부터 대폭 증가하여 2020년도에는 40건으로 증가한 것으로 나타났는데, 이는 과징금부과 대체제도의 도입취지에 대한 이해도 증가 및 과징금부과 대체에 대한 공감대 형성이 폭넓게 이루어진데 따른 것이라고 분석해 볼 수 있다.

2) 기획재정부 과징금부과심의위원회의 심의결과를 기준으로 정리한 것이다.

〈표 1-2〉 연도별 계약종류별 과징금 부과 심의 현황 (건)

연도별	2013 ~2016	2017	2018	2019	2020	계
공사	-	-	1	1	-	2
물품·용역	8	12	18	33	40	111
계	8	12	19	34	40	113

주) 기획재정부 자료

[그림 1-2] 연도별 계약종류별 과징금 부과 심의 현황 (건)

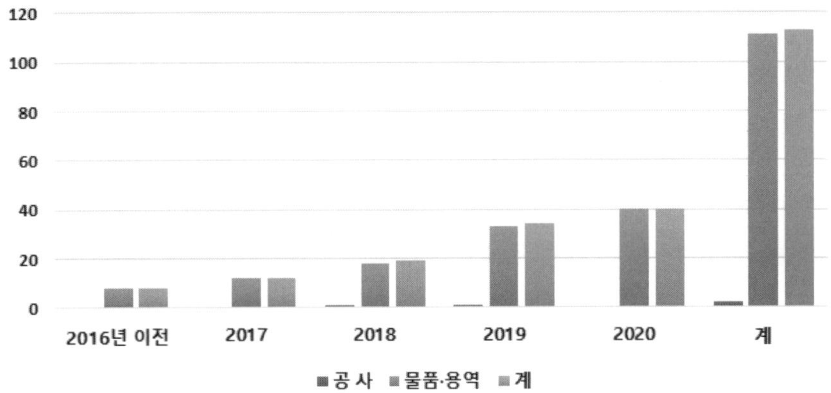

나. 연도별 과징금부과 사유별 현황

2020년 12월말까지 입찰제한처분 대신 과징금 부과로 대체한 총 113건에 대해 이를 사유별로 보면, 계약불이행이 가장 많은 63건으로 전체 건수의 55.8%를 차지하고 있으며, 그 다음이 적격심사 등의 서류 미제출이 22건에 19.5%, 계약미체결이 12건에 10.6% 순으로 나타났다[3]〈표 1-3〉.

[3] 과징금 부과 사유 중 적격심사 등의 서류 미제출은 2019.12.18. 입찰제한처분 사유에서 제외됨에 따라 이 날 이후 과징금부과 사유에서도 제외되었다.

〈표 1-3〉 연도별 과징금부과 사유별 현황 (건)

구 분	2013~2016	2017	2018	2019	2020	계
계약 미체결	1	-	6	2	3	12
계약 불이행[1]	6	3	11	17	26	63
심사서류 미제출	-	-	2	11	9	22
하도급 위반	-	9	-	1	-	10
그 밖의 사유[2]	1	-	-	3	2	6
계	8	12	19	34	40	113

주 1) 계약상 주요 조건 위반, 하자보수 불이행 포함
2) 계약이행 조잡, 계약이행 부당 또는 부정 등

[그림 1-3] 연도별 과징금부과 사유별 현황

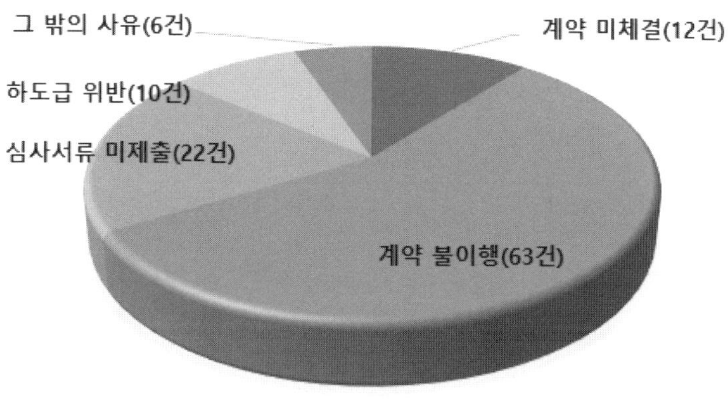

다. 연도별 과징금부과 심의결과

과징금부과 심의결과를 내용별로 보면, 발주청이 과징금부과를 요청한 내용대로 인용(재심요구 포함)한 것이 총113건 중 111건으로 98.2%에 이르고 있고, 기각을 포함해서 과징금을 부과하지 않는 것으로 결정한 것은 2건에 불과한 것으로 나타났다. 이는 발주청이 입찰제한처분을 갈음하려는 과징금부과처분에 대부분 타당성이 인정되고 있음을 보여주고 있다고 분석해 볼 수 있다〈표 1-4〉.

〈표 1-4〉 연도별 과징금부과 심의결과 (건)

구 분	2016 이전	2017	2018	2019	2020	계
인용	8	12	17	34	32	103
기각*	-	-	1	-	1	2
재심요구**	-	-	1	-	7	8
계	8	12	15	34	40	113

* 기각에는 피신청인이 입찰제한조치를 원하여 기각한 것 포함

** 입찰무효여부에 대한 재검토 요청 결과 '제재처분 없음'으로 신청 취소한 것 포함

[그림 1-4] 연도별 과징금부과 심의결과

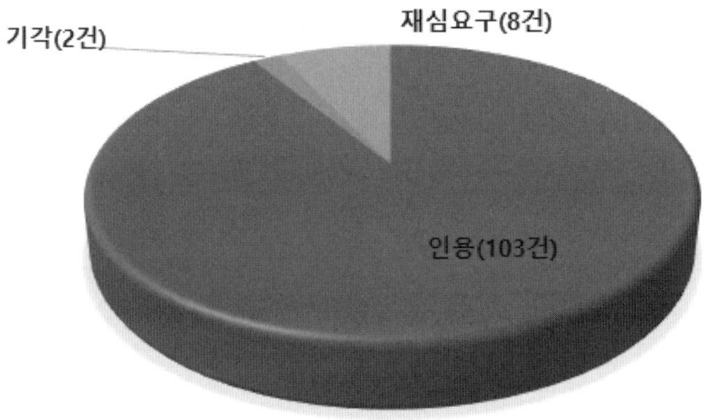

공공계약

부정당업자 제재제도 해설

Chapter 02

부정당업자에 대한 입찰참가자격 제한제도

제1절 입찰참가자격 제한제도의 개요

제2절 입찰참가자격 제한사유

제3절 입찰참가자격 제한기준(제한기간)

제4절 입찰참가자격 제한조치 절차

제5절 입찰참가자격 제한조치의 효력

제6절 입찰참가자격 제한조치에 대한 법적 구제

제1절 | 입찰참가자격 제한제도의 개요

1. 관련규정

국가계약
◈ 국가계약법 제27조(부정당업자의 입찰참가자격 제한)
◈ 동법 시행령 제76조, 동법 시행규칙 제76조, 제77조
◈ 행정절차법(공통)

지방계약
◈ 지방계약법 제31조(부정당업자의 입찰참가자격제한)
◈ 동법 시행령 제92조, 동법 시행규칙 제76조~제77조

공기업·준정부기관계약
◈ 공공기관운영법 제39조(회계원칙 등)
◈ 공기업·준정부기관 계약사무규칙 제15조, 제16조

기타공공기관계약
◈ 기타공공기관 계약사무규정(기획재정부 훈령; 제14조, 제15조)

지방공기업계약
◈ 지방공기업법

2. 입찰참가자격 제한제도의 의의

가. 개념 및 취지

(1) 정부가 조달계약을 체결함에 있어서 입찰단계부터 준공 및 하자보수단계에 이르기까지의 일련의 과정에서 입찰참가자 또는 계약상대자가 경쟁입찰의 공정한 집행이나 계약의 적정한 이행을 해칠 염려가 있거나, 그밖에 입찰에 참가시키는 것이 부적합하다고 인정되는 자 등 "부정당업자"에 대해서는 국가계약법 제27조에 따라 일정기간(1개월~2년) 동안 정부가 시행하는 입찰에 참가하는 것을 배제하고 수의계약도 체결하지 못하도록 하는 제도를 두고 있다. 이를 "부정당업자의 입찰참가자격 제한제도"라 할 수 있다.

(2) 동 제도를 둔 취지는 "국가 등"이 사인과 체결하는 계약의 성실한 이행을 확보하고 공정한 집행질서를 확립하기 위한 징벌적 수단 확보와 함께 정부가 입게 될 계약상의 불이익을 미연에 방지하려는데 있다고 할 수 있다.[1)]

대법원 판례(대법원 2014.12.11. 선고 2013두26811, 대법원 2020.2.27. 선고 2017두39266 판결)

판시사항 국가계약법 제27조제1항에서 부정당업자의 입찰참가자격을 제한하는 제도를 둔 취지는 국가를 당사자로 하는 계약에서 공정한 입찰 및 계약질서를 어지럽히는 행위를 하는 사람에 대하여 일정 기간 입찰참가를 배제함으로써 국가가 체결하는 계약의 성실한 이행을 확보함과 동시에 국가가 입게 될 불이익을 미연에 방지하기 위한 데 있다.

나. 국가, 지방자치단체 및 공기업·준정부기관이 제한조치 사실을 공유

각 중앙관서의 장이 입찰참가자격 제한조치를 한 때에는 그 제한 내용을 "국가전자조달시스템"("전자조달시스템")에 게재하여 다른 중앙관서, 지방자치단체 및 공기업·준정부기관도 입찰참가를 배제토록 하고 있으며, 지방자치단체 및 공기

1) 헌재 2005.4.28. 2003헌바40, 대법원 2014.12.11. 선고 2013두26811 판결, 대법원 2007.11.29. 선고 2006두16458 판결 등.

업·준정부기관이 입찰참가자격 제한조치를 한 때에도 각 중앙관서, 다른 지방자치단체 및 공기업·준정부기관도 함께 입찰참가를 배제하거나 배제할 수 있도록 하고 있다(영 §76⑦~⑫ 등).[2]

다. 확장·유추·자의적 해석 금지

(1) 침익적 행정처분은 수익적 행정처분에 대응하는 개념으로 상대방의 권익을 제한하거나 상대방에게 의무를 부과하는 것이므로 헌법상 요구되는 명확성의 원칙에 따라 그 근거가 되는 행정법규를 더욱 엄격하게 해석·적용하여야 하고, 행정처분의 상대방에게 지나치게 불리한 방향으로 확장해석이나 유추해석을 해서는 안 된다고 판시하고 있다(대법원 2008.2.28. 선고 2007두13791,13807 판결 등 다수).

대법원 판례(대법원 2008.2.28. 선고 2007두13791,13807 판결)

판시사항 침익적 행정처분의 근거가 되는 행정법규는 엄격하게 해석·적용하여야 하고 행정처분의 상대방에게 불리한 방향으로 지나치게 확장해석하거나 유추해석하여서는 안 되며, 그 입법 취지와 목적 등을 고려한 목적론적 해석이 전적으로 배제되는 것은 아니라 하더라도 그 해석이 문언의 통상적인 의미를 벗어나서는 안 될 것인바, (이하 생략).

(2) 부정당업자에 대한 입찰참가자격 제한조치도 건설업자, 제조업자 또는 용역업자가 일정기간 동안 모든 국가기관은 물론 지방자치단체 및 공기업·준정부기관이 실시하는 공사, 물품제조 및 용역 등의 입찰에 참가할 수 없게 되어 사실상 공공조달시장에 대한 영업활동에 제한을 주게 되는 침익적 행정처분이라 할 수 있으므로 그 제한기준, 제한기간, 적용대상 등을 엄격하게 적용하여야 하고, 이를 확장 또는 유추해석하거나 자의적으로 운용을 해서는 안 될 것이다.

---

2) 국가종합전자조달시스템은 조달청장이 조달업무를 전자적으로 처리하기 위해 구축·운용하는 정보시스템으로서, 일명 "G2B" 또는 "나라장터"라고도 한다.

라. 행정소송 대상

입찰참가자격 제한조치는 이를 침익적 행정처분으로 보아 이의 불복에 대해서는 행정소송(항고소송) 절차에 의하도록 하고 있으며(대법원 1983.12.27. 선고 81누366 판결 등 다수), 그 절차에 대해서는 「행정절차법」에 통일적으로 규정되어 있어 동법에 따라 제한조치를 할 상대방에게 조치할 내용의 통보, 의견제출 및 청문 등에 대한 절차를 수행하여야 한다.

대법원 판례(대법원 1983.12.27. 선고 81누366판결)

판시사항 입찰보증금 국고귀속조치에 관한 분쟁이 행정소송의 대상인지 여부

판결요지 예산회계법(현 국가계약법)에 따라 체결되는 계약은 사법상의 계약이라고 할 것이고 동법 제70조의5의 입찰보증금은 낙찰자의 계약체결의무이행의 확보를 목적으로 하여 그 불이행시에 이를 국고에 귀속시켜 국가의 손해를 전보하는 사법상의 손해배상 예정으로서의 성질을 갖는 것이라고 할 것이므로 입찰보증금의 국고귀속조치는 국가가 사법상의 재산권의 주체로서 행위하는 것이지 공권력을 행사하는 것이거나 공권력작용과 일체성을 가진 것이 아니라 할 것이므로 이에 관한 분쟁은 행정소송이 아닌 민사소송의 대상이 될 수밖에 없다고 할 것이다.

3. 입찰참가자격 제한조치의 주체 및 근거법령

가. 국가기관

1) 입찰제한조치의 주체 : 중앙관서의 장

(1) 국가계약법 제27조제1항은 "각 중앙관서의 장"이 입찰참가자격 제한조치를 하도록 규정하고 있다. 즉, 국가계약법의 일반적인 규정은 "각 중앙관서의 장 또는 그 위임을 받은 공무원(계약담당공무원)"으로 표현하고 있는데 비해, 입찰참가자격 제한조치를 규정한 동 제27조제1항은 "그 위임을 받은 공무원"을 명시하지 않고 "중앙관서의 장"으로만 규정함에 따라 중앙관서의 장의 위임을 받은 계약담당공무원은 입찰제한조치권자에서 배제되어 있다고 할 수 있다.

따라서 중앙관서의 장이 소속 직원이나 소속기관에 입찰참가자격 제한조치의 권한을 위임해서는 아니 된다고 보아야 할 것이다.

(2) 여기서, "중앙관서의 장"의 범위를 보면, 국가계약법 제4조에 따라 「국가재정법」 제6조에 규정된 각 중앙관서의 장 즉, 「헌법」 또는 「정부조직법」, 그 밖의 법률에 따라 설치된 중앙행정기관의 장이 이에 해당되며, 헌법상의 국회·대법원·헌법재판소 및 중앙선거관리위원회 등은 국회의 사무총장, 법원 행정처장, 헌법재판소의 사무처장 및 중앙선거관리위원회의 사무총장이 중앙관서의 장의 지위에 있게 된다.

(3) 중앙행정기관의 형태는 일반적으로 부·처 및 청으로 되어 있는데(정부조직법 §2②), "부"의 형태로는 기획재정부, 국토교통부, 행정안전부, 국방부 등 행정각 부 가 있으며, "처"의 형태로는 국가보훈처, 법제처 등이 있고, "청"의 형태로는 조달청, 방위사업청 등이 있다.

(4) 또한, 중앙행정기관이 「정부조직법」 외의 다른 법률로 설치된 경우를 보면, 「독점규제 및 공정거래에 관한 법률」(이하 "공정거래법"이라 한다) 제35조에 근거하여 설치된 공정거래위원회, 「금융위원회의 설치 등에 관한 법률」 제3조에 근거하여 설치된 금융위원회 등을 들 수 있다.

(5) "청"의 명칭을 사용하고 있는 기관 중 중앙행정기관인 "청"과 중앙행정기관이 아닌 것이 있어 이를 혼동하지 않도록 유의할 필요가 있다. 즉, 조달청, 방위사업청 등은 정부조직법에 명시된 중앙행정기관에 포함하고 있지만, 국토교통부 소속기관인 지방국토관리청은 명칭은 같은 "청"을 사용하고 있더라도 국토교통부의 소관 사무를 분장 받은 내청으로써 중앙행정기관이 아니다. 따라서 이 경우는 국토교통부장관이 입찰제한조치권자가 된다.

※ 제한조치 주체를 중앙관서의 장 등으로 국한한 취지 : 입찰참가자격 제한조치를 중앙관서의 장(지방자치단체의 장, 공기업·준정부기관의 장, 기타공공기관의 장 및 지방공기업의 장을 포함)만이 할 수 있도록 하고, 그 소속 직원이나 소속기관

이 제한조치를 하는 것을 배제한 것은 앞에서 본 바와 같이 동 제한조치가 해당 업체의 영업활동을 상당기간 제한하게 되고, 또한, 사실상 모든 국가기관, 지방자치단체 및 공기업·준정부기관이 실시하는 입찰에 참가할 수 없게 되어 입찰참가대상자의 권익을 크게 제한하는 것이 되므로 보다 신중하고 엄격하게 대처하여 부당하게 제한하는 사례가 발생되지 않도록 하기 위함이라 할 수 있다.

2) 근거 법령

(1) 국가가 한 당사자가 되어 체결한 계약에서 부정당업자에 대한 입찰제한처분의 근거가 되는 법령은 다음과 같이 국가계약법, 동법 시행령 및 동법 시행규칙이며, 그 절차에 대해서는 「행정절차법」에 따라 수행하게 된다.

◈ **국가계약법 제27조(부정당업자의 입찰참가자격 제한)** ① 각 중앙관서의 장은 다음 각 호의 어느 하나에 해당하는 자(이하 "부정당업자"라 한다)에게는 2년 이내의 범위에서 대통령령으로 정하는 바에 따라 입찰참가자격을 제한하여야 하며, 그 제한사실을 즉시 다른 중앙관서의 장에게 통보하여야 한다. 이 경우 통보를 받은 다른 중앙관서의 장은 대통령령으로 정하는 바에 따라 해당 부정당업자의 입찰참가자격을 제한하여야 한다.

1. 계약을 이행함에 있어서 부실·조잡 또는 부당하게 하거나 부정한 행위를 한 자
2. 경쟁입찰, 계약 체결 또는 이행 과정에서 입찰자 또는 계약상대자 간에 서로 상의하여 미리 입찰가격, 수주 물량 또는 계약의 내용 등을 협정하였거나 특정인의 낙찰 또는 납품대상자 선정을 위하여 담합한 자
3. 「건설산업기본법」, 「전기공사업법」, 「정보통신공사업법」, 「소프트웨어산업 진흥법」 및 그 밖의 다른 법률에 따른 하도급에 관한 제한규정을 위반(하도급통지의무위반의 경우는 제외한다)하여 하도급한 자 및 발주관서의 승인 없이 하도급을 하거나 발주관서의 승인을 얻은 하도급조건을 변경한 자
4. 사기, 그 밖의 부정한 행위로 입찰·낙찰 또는 계약의 체결·이행 과정에서 국가에 손해를 끼친 자
5. 「독점규제 및 공정거래에 관한 법률」 또는 「하도급거래 공정화에 관한 법률」을 위반하여 공정거래위원회로부터 입찰참가자격 제한의 요청이 있는 자
6. 「대·중소기업 상생협력 촉진에 관한 법률」 제27조제5항에 따라 중소기업청장으로부터 입찰참가자격 제한의 요청이 있는 자
7. 입찰·낙찰 또는 계약의 체결·이행과 관련하여 관계 공무원(제27조의3제1항에 따른 과징금부과심의위원회, 제29조제1항에 따른 국가계약분쟁조정위원회, 「건설기술진흥법」에 따른 중앙건설기술심의위원회·특별건설기술심의위원회 및 기술자문위원회, 그 밖에 대통령령으로 정하는 위원회의 위원을 포함한다)에게 뇌물을 준 자
8. 계약을 이행할 때에 「산업안전보건법」에 따른 안전·보건 조치 규정을 위반하여 근로자

에게 대통령령으로 정하는 기준에 따른 사망 등 중대한 위해를 가한 자(2021.7.6. 신설)

9. 그 밖에 다음 각 목의 어느 하나에 해당하는 자로서 대통령령으로 정하는 자

가. 입찰·계약 관련 서류를 위조 또는 변조하거나 입찰·계약을 방해하는 등 경쟁의 공정한 집행을 저해할 염려가 있는 자

나. 정당한 이유 없이 계약의 체결 또는 이행 관련 행위를 하지 아니하거나 방해하는 등 계약의 적정한 이행을 해칠 염려가 있는 자

다. 다른 법령을 위반하는 등 입찰에 참가시키는 것이 적합하지 아니하다고 인정되는 자

② 삭제 〈1997.12.13.〉

③ 각 중앙관서의 장 또는 계약담당공무원은 제1항에 따라 입찰참가자격을 제한받은 자와 수의계약을 체결하여서는 아니 된다. 다만, 제1항에 따라 입찰참가자격을 제한받은 자 외에는 적합한 시공자, 제조자가 존재하지 아니하는 등 부득이한 사유가 있는 경우에는 그러하지 아니하다.

④ 제1항에도 불구하고 각 중앙관서의 장은 제1항 각 호의 행위가 종료된 때(제5호 및 제6호의 경우에는 중소벤처기업부장관 또는 공정거래위원회로부터 요청이 있었던 때)부터 5년이 지난 경우에는 입찰참가자격을 제한할 수 없다. 다만, 제2호 및 제7호의 행위에 대하여는 위반행위 종료일부터 7년으로 한다.

⑤ 각 중앙관서의 장은 제1항에 따라 입찰참가자격을 제한할 경우, 그 제한내용을 대통령령으로 정하는 바에 따라 공개하여야 한다.

◈ 동법 시행령 제76조(부정당업자의 입찰참가자격 제한)

◈ 동법 시행규칙 제76조(부정당업자의 입찰참가자격 제한기준 등),
제77조(입찰참가자격 제한에 관한 게재 등)

◈ 행정절차법(공통)

(2) 국가기관의 입찰제한처분에 대한 기준이 부령(시행규칙) 형식으로 되어 있어 동 부령은 행정청 내부의 사무처리준칙을 규정한 것에 지나지 않아 대외적으로 국민이나 법원을 기속하는 효력이 없다는 이유를 들어 그 기준에 따른 처분이 적법한지에 대한 논란이 있었으나, 이에 대해 대법원 판례는 '처분기준이 그 자체로 헌법 또는 법률에 합치되지 않거나 그 기준을 적용한 결과가 처분사유인 위반행위의 내용 및 관계 법령의 규정과 취지에 비추어 현저히 부당하다고 인정할 만한 합리적인 이유가 없는 한, 섣불리 그 기준에 따른 처분이 재량권의 범위를 일탈하였다거나 재량권을 남용한 것으로 판단해서는 안 된다'고 판시하고 있다(대법원 2018.5.15. 선고 2016두57984 판결).

대법원 판례(대법원 2018.5.15. 선고 2016두57984 판결)

판시사항 제재적 행정처분이 재량권의 범위를 일탈·남용하였는지 판단하는 방법 및 제재적 행정처분의 기준이 부령의 형식으로 되어 있는 경우, 그 기준에 따른 처분이 적법한지 판단하는 방법.

판결요지 제재적 행정처분이 재량권의 범위를 일탈하였거나 남용하였는지 여부는 처분사유인 위반행위의 내용과 위반의 정도, 처분에 의하여 달성하려는 공익상의 필요와 개인이 입게 될 불이익 및 이에 따르는 제반 사정 등을 객관적으로 심리하여 공익침해의 정도와 처분으로 인하여 개인이 입게 될 불이익을 비교·교량하여 판단하여야 한다.
이러한 제재적 행정처분의 기준이 부령 형식으로 규정되어 있더라도 그것은 행정청 내부의 사무처리준칙을 규정한 것에 지나지 않아 대외적으로 국민이나 법원을 기속하는 효력이 없다. 따라서 그 처분의 적법 여부는 처분기준만이 아니라 관계 법령의 규정 내용과 취지에 따라 판단하여야 한다. 그러므로 처분기준에 부합한다고 하여 곧바로 처분이 적법한 것이라고 할 수는 없지만, 처분기준이 그 자체로 헌법 또는 법률에 합치되지 않거나 그 기준을 적용한 결과가 처분사유인 위반행위의 내용 및 관계 법령의 규정과 취지에 비추어 현저히 부당하다고 인정할 만한 합리적인 이유가 없는 한, 섣불리 그 기준에 따른 처분이 재량권의 범위를 일탈하였다거나 재량권을 남용한 것으로 판단해서는 안 된다.

나. 지방자치단체

1) 입찰제한조치의 주체 : 지방자치단체의 장

지방자치단체의 경우는 지방계약법에 따른 지방자치단체의 장이 입찰제한조치의 주체가 된다. 지방자치단체의 범위를 다음과 같이 정리해 볼 수 있다.

가) 일반 지방자치단체

① 광역자치단체 : 특별시, 광역시, 특별자치시[3], 도, 특별자치도
② 기초자치단체 : 시, 군, 자치구(특별시, 광역시 및 특별자치시의 관할 구역 안의 구)

나) 특별 지방자치단체 : 지방자치단체 조합 등

[3] 2011.5.30. 지방자치법 개정으로 특별자치시가 추가(2012.7.1. 시행)

다) 교육행정기관 (지방계약법 §3, 지방자치법 §112)

① 광역자치단체 및 기초자치단체의 교육청
② 공립 초·중·고등학교 등

2) 근거 법령

지방자치단체가 한 당사자가 되어 체결한 계약에서 부정당업자에 대한 입찰제한처분의 근거가 되는 법령은 다음과 같이 지방계약법, 동법 시행령 및 동법 시행규칙이며, 그 절차에 대해서는 「행정절차법」에 따라 수행하게 된다.

◈ **지방계약법 제31조(부정당업자의 입찰참가자격제한)** ① 지방자치단체의 장(지방자치단체의 장이 제7조제1항에 따라 중앙행정기관의 장 또는 다른 지방자치단체의 장에게 계약사무를 위임하거나 위탁하여 처리하는 경우에는 그 위임 또는 위탁을 받은 중앙행정기관의 장 또는 지방자치단체의 장을 포함한다. 이하 제6항·제7항, 제31조의2제1항·제5항 및 제31조의5제1항·제3항에서 같다)은 다음 각 호의 어느 하나에 해당하는 자(이하 "부정당업자"라 한다)에 대해서는 대통령령으로 정하는 바에 따라 2년 이내의 범위에서 입찰참가자격을 제한하여야 한다.
(이하 생략)

◈ 동법 시행령 제92조(부정당업자의 입찰참가자격 제한)
◈ 동법 시행규칙 제76조(부정당업자의 입찰참가자격 제한기준 등),
제76조의2(청문),
제77조(입찰참가자격 제한에 관한 게재 등)

다. 공공기관

1) 입찰제한조치의 주체

"공공기관운영법"에 따른 공기업·준정부기관과 기타공공기관을 포함한 공공기관의 경우는 해당 공공기관의 장이 입찰제한조치의 주체가 된다.[4)]

4) 공공기관운영법은 2007.1.19. 제정(2007.4.11. 시행)되었으며, 동법에 근거한 공기업·준정부기관 계약사무규칙은 2007.11.28. 제정(2008.1.1. 시행)되었다.

2) 근거 법령

가) 공기업·준정부기관

(1) 공기업·준정부기관이 한 당사자가 되어 체결한 계약에서 부정당업자에 대한 입찰제한처분의 근거가 되는 법령은 다음과 같이 공공기관운영법, 공기업·준정부기관 계약사무규칙이며, 그 절차에 대해서는 「행정절차법」에 따라 수행하게 된다.

◈ **공공기관운영법 제39조(회계원칙 등)** ② 공기업·준정부기관은 공정한 경쟁이나 계약의 적정한 이행을 해칠 것이 명백하다고 판단되는 사람·법인 또는 단체 등에 대하여 2년의 범위 내에서 일정기간 입찰참가자격을 제한할 수 있다.
③ 제1항과 제2항의 규정에 따른 회계처리의 원칙과 입찰참가자격의 제한기준 등에 관하여 필요한 사항은 기획재정부령으로 정한다.

◈ **공기업·준정부기관 계약사무규칙 제15조(부정당업자의 입찰참가자격 제한)** 법 제39조제3항에 따라 기관장은 공정한 경쟁이나 계약의 적정한 이행을 해칠 것이 명백하다고 판단되는 자에 대해서는 「국가를 당사자로 하는 계약에 관한 법률」 제27조에 따라 입찰참가자격을 제한할 수 있다.

◈ 동 계약사무규칙 제16조(의견 청취 및 심의 절차)

※ 종전에는 「공기업·준정부기관 계약사무규칙」 제15조에 공기업·준정부기관의 입찰제한조치 대상 및 기준 등을 구체적으로 규정해 놓았으나, 2016.9.12. 공적기능을 수행하는 공공기관의 설립취지에 따라 계약사무에 관한 국가기관과의 형평성을 확보하기 위하여 부정당업자의 입찰참가자격 제한 대상 및 기준 등을 국가계약법에서 규정하고 있는 내용과 일치시키도록 개정한 것임.

대법원 판례(대법원 2018.10.25. 선고 2016두33537 판결)

판시사항

[1] 공기업·준정부기관의 계약상대방에 대한 입찰참가자격 제한 조치가 법령에 근거한 행정처분인지 계약에 근거한 권리행사인지 판단하는 방법

[2] 공공기관의 운영에 관한 법률 제39조제2항의 규정 취지 및 위 조항이 공기업·준정부기관을 상대로 하는 부정당행위에 대해서만 적용되는지 여부

판결요지

[1] 공기업·준정부기관이 법령 또는 계약에 근거하여 선택적으로 입찰참가자격 제한 조치를 할 수 있는 경우, 계약상대방에 대한 입찰참가자격 제한 조치가 법령에 근거한 행정처분인지 아니면 계약에 근거한 권리행사인지는 원칙적으로 의사표시의 해석 문제이다. 이때에는 공기업·준정부기관이 계약상대방에게 통지한 문서의 내용과 해당 조치에 이르기까지의 과정을 객관적·종합적으로 고찰하여 판단하여야 한다.
그럼에도 불구하고 공기업·준정부기관이 법령에 근거를 둔 행정처분으로서의 입찰참가자격 제한 조치를 한 것인지 아니면 계약에 근거한 권리행사로서의 입찰참가자격 제한 조치를 한 것인지가 여전히 불분명한 경우에는, 그에 대한 불복방법 선택에 중대한 이해관계를 가지는 그 조치 상대방의 인식가능성 내지 예측가능성을 중요하게 고려하여 규범적으로 이를 확정함이 타당하다.

[2] 공공기관의 운영에 관한 법률 제39조제2항은, 공기업·준정부기관이 공정한 경쟁이나 계약의 적정한 이행을 해칠 것이 명백하다고 판단되는 행위를 한 부정당업자를 향후 일정 기간 입찰에서 배제하는 조항으로서, 공적 계약의 보호라는 일반 예방적 목적을 달성함과 아울러 해당 부정당업자를 제재하기 위한 규정이다.
따라서 위 조항이 적용되는 부정당행위는 공기업·준정부기관을 상대로 하는 행위에 한정되는 것으로 해석함이 타당하다.

(2) 공공기관운영법 제39조제2항에 공기업·준정부기관은 공정한 경쟁이나 계약의 적정한 이행을 해칠 것이 명백하다고 판단되는 자에 대해 입찰참가자격을 제한할 수 있도록 규정하고 있는데, "공정한 경쟁이나 계약의 적정한 이행을 해칠 것이 명백한지에 대한 판단" 기준의 사례로 대법원 판례는 입찰이나 계약 체결 등과 관련하여 담당자에게 뇌물을 제공하는 것은 입찰 등의 공정한 경쟁이나 적정한 이행을 해치는 전형적인 행위인 점, 원고 소속 임직원들은, 이 사건 납품계약과 관련하여 기술평가서 검토 등의 업무를 총괄한 소외인에게 뇌물을 제공하였다는 범죄사실로 유죄판결을 받아 그 판결이 확정된 점 등을 종합해 볼 때, '공정한 경쟁이나 계약의 적정한 이행을 해칠 것이 명백하다고 판단되는 법인'에 해당한다고 판시하고 있다(대법원 2017.12.22. 선고 2017두58779 판결).

대법원 판례(대법원 2017.12.22. 선고 2017두58779 판결)

판시사항 입찰이나 계약체결 등과 관련하여 담당자에게 뇌물을 제공하는 것은 '공정한 경쟁이나 계약의 적정한 이행을 해칠 것이 명백하다'고 본 사례.

판결요지 ① 입찰이나 계약 체결 등과 관련하여 담당자에게 뇌물을 제공하는 것은 입찰 등의 공정한 경쟁이나 적정한 이행을 해치는 전형적인 행위인 점, ② 원고 소속 임직원들은, '이 사건 납품계약과 관련하여 기술평가서 검토 등의 업무를 총괄한 소외인에게 뇌물을 제공하였다'는 범죄사실로 유죄판결을 받아, 그 판결이 확정된 점, ③ 이러한 뇌물제공 행위는 입찰에서 원고에게 유리한 지위를 차지하도록 하기 위한 목적에 의하여 이루어진 것으로 임직원들의 사적인 비위로 치부할 수 없는 점, ④ 피고 감사실 조사 결과서에는 '뇌물을 수수한 소외인이 원고에 대하여 편의를 봐주지 않았다면 원고가 이 사건 납품계약의 낙찰자가 될 수 없었다'는 취지가 기재되어 있는 점 등의 사정을 종합하여, 원고가 공공기관운영법 제39조제2항이 정하는 '공정한 경쟁이나 계약의 적정한 이행을 해칠 것이 명백하다고 판단되는 법인'에 해당한다.

(3) 한편, 이와는 달리 금전 수수행위로 인하여 계약상대자가 계약의 적정한 이행을 해칠 것이 명백한 법인으로 판명되었다고 인정하기 부족하여 동 법인에 대한 입찰제한처분은 위법하다는 판례를 소개해 둔다(서울고등법원 2011.4.13. 선고 2010누21145 판결).

판례(서울고등법원 2011.4.13. 선고 2010누21145 판결)

판시사항 금전수수가 계약의 적정한 이행을 해칠 것이 명백하다고 인정하기에 부족하다고 본 사례.

판결요지 원고(계약상대자) 직원으로 이 사건 공사 현장 소장인 소외 2는 피고(발주청) 직원으로 현장 감독관인 소외 1에게 공사 관련 부탁과 함께 2회에 걸쳐 200만 원을 교부하였다. 그러나 이 사건 계약이 원고 전체 매출액에서 차지하는 비중이 미미한 점, 소외 2가 소외 1 요구에 따라 수동적으로 금전을 지급하게 되었고, 그 액수 또한 200만 원에 불과한 점, 금전을 지급한 취지도 원활하게 공사 진행을 하게 해 달라는 것과 나무 식재 문제로 본사에 오가지 않도록 해 달라는 것으로 계약의 적정한 이행과 관계가 없거나 소외 2 개인의 사적인 부탁일 뿐인 점, 이 사건 공사가 모두 이행되어 별 문제 없이 준공 검사를 마친 점, 원고가 과거 부정당업자 입찰참가제한조치를 받은 전력이 없는 점 등에 비추어 보면, 소외 2가 한 금전 수수 행위로 인하여 원고가 이 사건 계약의 적정한 이행을 해칠 것이 명백한 법인으로 판명되었다고 인정하기 부족하므로 이 사건 처분은 위법하다.

나) 기타공공기관

공공기관 중 공기업·준정부기관을 제외한 "기타공공기관" 중에서 전년도 기준 자산규모가 500억 원 이상이고, 해당연도 예산규모가 250억 원 이상인 기관은

"기타공공기관 계약사무 운영규정"(기획재정부 훈령) 제14조에 따라 입찰제한 조치를 할 수 있으며, 그 외의 기타공공기관은 자체 계약규정에 따라 조치한다.

◈ **기타공공기관 계약사무 운영규정(기획재정부훈령) 제14조 (부정당업자의 입찰참가자격 제한)**

① 기관장은 계약상대자, 입찰자 또는 「국가를 당사자로 하는 계약에 관한 법률 시행령」 제30조제2항에 따라 전자조달시스템을 이용하여 견적서를 제출하는 자(이하 "계약상대자 등"이라 한다)나 계약상대자 등의 대리인, 지배인 또는 그 밖의 사용인이 공정한 경쟁이나 계약의 적정한 이행을 해칠 것이 명백한 경우로서 「국가를 당사자로 하는 계약에 관한 법률」 제27조제1항제2호·제3호·제5호·제7호 및 「국가를 당사자로 하는 계약에 관한 법률 시행령」 제76조제1항제1호 가목에 해당하는 경우에는 계약상대자 등에게 1개월 이상 2년 이하의 범위에서 그 입찰참가자격을 제한할 수 있다. 다만, 계약상대자 등의 대리인, 지배인 또는 그 밖의 사용인의 행위로 인하여 입찰참가자격의 제한 사유가 발생한 경우로서 계약상대자 등이 그 행위를 방지하기 위하여 상당한 주의와 감독을 게을리하지 아니한 경우에는 제한하지 아니한다.

② 제1항에 따른 입찰참가자격의 제한에 관한 기간, 제한기간의 가감, 그 밖에 필요한 사항은 「국가를 당사자로 하는 계약에 관한 법률 시행규칙」 제76조에서 정하는 바에 따른다.

③ 공동계약의 경우에는 입찰참가자격의 제한 사유를 직접 발생하게 한 자에 대하여 제1항을 적용한다.

④ 입찰참가자격을 제한받은 자가 법인이나 단체인 경우에는 그 대표자에 대하여, 중소기업협동조합인 경우에는 그 원인을 직접 발생하게 한 조합원에 대하여도 제1항을 적용한다. 다만, 법인 또는 단체의 대표자가 다수인 경우로서 해당 입찰 또는 계약에 관한 업무를 처리하지 아니한 대표자에 대하여는 그러하지 아니하다.

⑤ 입찰참가자격이 제한된 자를 대표자로 사용하여 그 대표자가 입찰에 관여하는 경우에는 그 사용자에 대하여도 제1항을 적용한다.

⑥~⑦ (삭제)

⑧ 기관장은 입찰참가자격이 제한된 자가 상호변경이나 대표자변경 등의 방법으로 제한기간에 입찰에 참가하는 것을 방지하기 위하여 입찰참가자의 주민등록번호(법인은 대표자의 주민등록번호), 법인등록번호(법인만 해당한다), 사업자등록번호, 관계 법령에 따른 면허 또는 등록번호 등을 확인하여야 한다.

⑨ 기관장 또는 계약담당자는 부득이한 사유가 없으면 입찰참가자격을 제한받은 자와 수의계약을 체결하여서는 아니 된다.

⑩ 입찰참가자격을 제한받은 자는 이의가 있으면 해당 기관장에게 그 취소 또는 변경을 신청할 수 있다.

⑪ 기관장은 「국가를 당사자로 하는 계약에 관한 법률」, 「지방자치단체를 당사자로 하는 계약에 관한 법률」, 「공기업·준정부기관 계약사무규칙」에 따라 입찰참가자격 제한 사실을 통보받거나 지정정보처리장치에 게재된 자에 대하여도 입찰에 참가할 수 없도록 할 수 있다.

◈ 동 운영규정 제15조 (의견 청취 및 심의 절차)

[참고] 공공기관 분류

공공기관운영법에 따른 공공기관은 "공기업·준정부기관"과 "기타공공기관"으로 분류되고, 공기업은 다시 "시장형 공기업"과 "준시장형 공기업"으로, 준정부기관은 "기금관리형 준정부기관"과 "위탁집행형 준정부기관"으로 나누어진다.

※ **공공기관 분류 요약** (2021년 기준 공공기관 수)

☞ 공공기관의 지정 및 분류는 기획재정부장관이 매년 재정비하여 "알리오시스템" (2005.12월에 개통)을 통해 공시하고 있음.[5)]

※ **공공기관 지정 현황 (2021년, 350개)**

구 분	(주무기관) 기관명
시장형 공기업 (16)	(산업부) 한국가스공사, 한국광물자원공사, 한국남동발전㈜, 한국남부발전㈜, 한국동서발전㈜, 한국서부발전㈜, 한국석유공사, 한국수력원자력㈜, 한국전력공사, 한국중부발전㈜, 한국지역난방공사, 주식회사 강원랜드 (국토부) 인천국제공항공사, 한국공항공사 (해수부) 부산항만공사, 인천항만공사
준시장형 공기업 (20)	(기재부) 한국조폐공사 (문체부) 그랜드코리아레저㈜ (농식품부) 한국마사회 (산업부) ㈜한국가스기술공사, 대한석탄공사, 한국전력기술㈜, 한전KDN㈜, 한전KPS㈜ (국토부) 제주국제자유도시개발센터, 주택도시보증공사, 한국도로공사, 한국부동산원, 한국철도공사, 한국토지주택공사, 주식회사 에스알 (해수부) 여수광양항만공사, 울산항만공사, 해양환경공단 (방통위) 한국방송광고진흥공사 (환경부) 한국수자원공사

5) 알리오시스템(알리오; http://www.alio.go.kr/) : 공공기관의 경영정보를 통합하여 공개하는 시스템으로서, 공공기관의 경영현황을 일반 국민에게 투명하게 공개해 국민에 의한 상시 감시시스템을 마련하자는 취지에서 구축된 시스템이다.

구 분	(주무기관) 기관명
기금관리형 준정부기관 (13)	(교육부) 사립학교교직원연금공단 (문체부) 국민체육진흥공단, 한국언론진흥재단 (산업부) 한국무역보험공사 (복지부) 국민연금공단 (고용부) 근로복지공단 (중기부) 기술보증기금, 중소기업진흥공단 (금융위) 신용보증기금, 예금보험공사, 한국자산관리공사, 한국주택금융공사 (인사처) 공무원연금공단
위탁집행형 준정부기관 (83)	(기재부) 한국재정정보원 (교육부) 한국교육학술정보원, 한국장학재단 (과기부) (재)우체국금융개발원, (재)한국우편사업진흥원, 우체국물류지원단, 정보통신산업진흥원, 한국과학창의재단, 한국방송통신전파진흥원, 한국연구재단, 한국인터넷진흥원, 한국정보화진흥원, 재단법인 연구개발특구진흥재단 (외교부) 한국국제협력단 (문체부) 국제방송교류재단, 한국콘텐츠진흥원, 아시아문화원, 한국관광공사 (농식품부) 농림수산식품교육문화정보원, 농림식품기술기획평가원, 축산물품질평가원, 한국농수산식품유통공사, 한국농어촌공사 (산업부) 대한무역투자진흥공사, 한국가스안전공사, 한국광해관리공단, 한국디자인진흥원, 한국산업기술진흥원, 한국산업기술평가관리원, 한국산업단지공단, 한국석유관리원, 한국에너지공단, 한국원자력환경공단, 한국에너지기술평가원, 한국전기안전공사, 한국전력거래소 (복지부) 건강보험심사평가원, 국민건강보험공단, 한국사회보장정보원, 한국노인인력개발원, 한국보건복지인력개발원, 한국보건산업진흥원, (재)한국보육진흥원, 한국건강증진개발원 (환경부) 국립공원공단, 국립생태원, 한국환경공단, 한국환경산업기술원 (고용부) 한국고용정보원, 한국산업안전보건공단, 한국산업인력공단, 한국장애인고용공단 (여가부) 한국건강가정진흥원, 한국청소년상담복지개발원, 한국청소년활동진흥원 (국토부) 국가철도공단, 국토교통과학기술진흥원, 국토안전관리원 한국국토정보공사, 한국교통안전공단, 재단법인 대한건설기계안전관리원, (해수부) 선박안전기술공단, 한국수산자원관리공단, 해양수산과학기술진흥원, 한국해양수산연수원 (행안부) 한국승강기안전공단 (중기부) 중소기업기술정보진흥원, 소상공인시장진흥공단, 창업진흥원 (금융위) 서민금융진흥원 (공정위) 한국소비자원 (방통위) 시청자미디어재단 (보훈처) 독립기념관, 한국보훈복지의료공단 (식약처) 한국식품안전관리인증원 (경찰청) 도로교통공단 (소방청) 한국소방산업기술원 (산림청) 한국임업진흥원, 한국산림복지진흥원, 한국수목원관리원 (농진청) 농업기술실용화재단 (특허청) 재단법인 한국특허전략개발원 (기상청) 한국기상산업기술원

구 분	(주무기관) 기관명
기타 공공기관 (218)	(국조실) 경제·인문사회연구회, 과학기술정책연구원, 건축공간연구원, 국토연구원, 대외경제정책연구원, 산업연구원, 에너지경제연구원, 정보통신정책연구원, 통일연구원, 한국개발연구원, 한국교육개발원, 한국교육과정평가원, 한국교통연구원, 한국노동연구원, 한국농촌경제연구원, 한국법제연구원, 한국보건사회연구원, 한국여성정책연구원, 한국조세재정연구원, 한국직업능력개발원, 한국청소년정책연구원, 한국해양수산개발원, 한국행정연구원, 한국형사정책연구원, 한국환경정책·평가연구원 (기재부) 한국수출입은행, 한국투자공사 (교육부) 강릉원주대학교치과병원, 강원대학교병원, 경북대학교병원, 경북대학교치과병원, 경상대학교병원, 국가평생교육진흥원, 동북아역사재단, 부산대학교병원, 부산대학교치과병원, 서울대학교병원, 서울대학교치과병원, 전남대학교병원, 전북대학교병원, 제주대학교병원, 충남대학교병원, 충북대학교병원, 한국고전번역원, 한국사학진흥재단, 한국학중앙연구원 (과기부) 과학기술일자리진흥원, (재)우체국시설관리단, 광주과학기술원, 국가과학기술연구회, 국립광주과학관, 국립대구과학관, 국립부산과학관, 기초과학연구원, 대구경북과학기술원, 울산과학기술원, 재단법인 한국여성과학기술인지원센터, 한국건설기술연구원, 한국과학기술기획평가원, 한국과학기술연구원, 한국과학기술원, 한국과학기술정보연구원, 한국기계연구원, 한국기초과학지원연구원, 한국나노기술원, 한국데이터산업진흥원, 한국생명공학연구원, 한국생산기술연구원, 한국식품연구원, 한국에너지기술연구원, 한국원자력연구원, 한국원자력의학원, 한국재료연구원, 한국전기연구원, 한국전자통신연구원, 한국지질자원연구원, 한국천문연구원, 한국철도기술연구원, 한국표준과학연구원, 한국한의학연구원, 한국항공우주연구원, 한국핵융합에너지연구원, 한국화학연구원 (외교부) 한국국제교류재단, 재외동포재단 (통일부) 북한이탈주민지원재단, (사)남북교류협력지원협회 (법무부) 대한법률구조공단, 정부법무공단, 한국법무보호복지공단, (국방부) 전쟁기념사업회, 한국국방연구원, 국방전직교육원 (행안부) 민주화운동기념사업회, (재)일제강제동원피해자지원재단 (문체부) (재)국악방송, (재)예술경영지원센터, (재)예술의전당, (재)한국문화정보원, 게임물관리위원회, 국립박물관문화재단, 대한장애인체육회, 대한체육회, 세종학당재단, 영상물등급위원회, 태권도진흥재단, 영화진흥위원회, 한국문화예술위원회, 한국공예디자인문화진흥원, 한국도박문제관리센터, 한국문학번역원, 한국문화관광연구원, 한국문화예술교육진흥원, 한국문화진흥㈜, 한국영상자료원, 한국예술인복지재단, 한국저작권보호원, 한국저작권위원회, 한국체육산업개발㈜, 한국출판문화산업진흥원 (농식품부) 가축위생방역지원본부, 국제식물검역인증원, 농업정책보험금융원, 재단법인 한식진흥원, 축산환경관리원, 한국식품산업클러스터진흥원

구 분	(주무기관) 기관명
기타 공공기관 (218)	(산업부) 전략물자관리원, 한국로봇산업진흥원, 한국산업기술시험원, 재단법인 한국에너지재단, 한국세라믹기술원, 재단법인 한국에너지정보문화재단, 한전원자력연료㈜, 한전엠씨에스(주), 한국전력 국제원자력대학원대학교 (복지부) (재)한국장애인개발원, 국립암센터, 국립중앙의료원, 대구경북첨단의료산업진흥재단, 대한적십자사, 오송첨단의료산업진흥재단, 한국국제보건의료재단, 한국보건의료연구원, 한국보건의료인국가시험원, 한국사회복지협의회, 한국의료분쟁조정중재원, 재단법인 한국장기조직기증원, 한약진흥재단, 재단법인 의료기관평가인증원, 국가생명윤리정책원, 재단법인 한국공공조직은행, 아동권리보장원, 재단법인 한국자활복지개발원 (환경부) 국립낙동강생물자원관, 국립호남권생물자원관, 수도권매립지관리공사, ㈜워터웨이플러스, 한국상하수도협회, 환경보전협회, 한국수자원조사기술원 (고용부) 건설근로자공제회, 노사발전재단, 학교법인한국폴리텍, 한국고용노동교육원, 한국기술교육대학교, 한국잡월드, 한국사회적기업진흥원 (여가부) 한국양성평등교육진흥원, 한국여성인권진흥원 (국토부) 건설기술교육원, 공간정보품질관리원, 국립항공박물관, 새만금개발공사, 주택관리공단㈜, 코레일관광개발㈜, 코레일네트웍스㈜, 코레일로지스㈜, 코레일유통㈜, 코레일테크㈜, 한국도로공사서비스(주), 항공안전기술원, 한국해외인프라도시개발지원공사 (해수부) 국립해양과학관, 국립해양박물관, 국립해양생물자원관, 한국어촌어항공단, 한국해양과학기술원, 한국해양조사협회, 한국항로표지기술원, 한국해양진흥공사 (중기부) (재)중소기업연구원, ㈜중소기업유통센터, 신용보증재단중앙회, 한국벤처투자, 주식회사 공영홈쇼핑, 재단법인 장애인기업종합지원센터 (금융위) 중소기업은행, 한국산업은행, 한국예탁결제원 (공정위) 한국공정거래조정원 (원안위) 한국원자력안전기술원, 한국원자력안전재단, 한국원자력통제기술원 (보훈처) 88관광개발㈜ (식약처) 한국의료기기안전정보원, 한국의약품안전관리원, 식품안전정보원 (관세청) (재)국제원산지정보원 (방사청) 국방과학연구소, 국방기술품질원 (문화재청) 한국문화재재단 (산림청) 한국등산트레킹지원센터 (기상청) (재)차세대수치예보모델개발사업단, (재)APEC기후센터 (특허청) 한국발명진흥회, 한국지식재산보호원, 한국지식재산연구원, 한국특허정보원

라. 지방공기업

1) 제한조치의 주체

지방공기업의 경우는 지방공기업법에 따른 지방공기업의 장이 그 제한주체가 된다.

지방공기업의 범위를 다음과 같이 정리해 볼 수 있다(지방공기업법 §2).

① 지방직영기업 : 지방자치단체가 직접 설치·경영하는 사업(상·하수도, 공영개발, 지역발전기금 사업 등)
② 지방공사(동법 §53) : 지방자치단체가 자본금의 50% 이상을 출자한 법인(도시개발공사 등)
③ 지방공단(동법 §76) : 지방자치단체가 자본금 전액을 출자한 법인(시설관리공단 등)
④ 지방공사 및 지방공단 외의 출자법인(동법 §77의3) : 지방자치단체가 자본금 또는 재산의 50% 미만을 출자·출연한 주식회사(출자법인) 또는 재단법인(출연법인)

2) 근거 법령

◈ 지방공기업법 제6조(「지방자치법」 등의 적용) 지방직영기업에 대하여는 이 법에서 규정한 사항을 제외하고는 「지방자치법」, 「지방재정법」, 그 밖의 관계 법령을 적용한다.

◈ 지방공기업법 제64조의2(회계처리의 원칙 등) ④ 지방공사는 계약을 체결하는 경우 공정한 경쟁 또는 계약의 적정한 이행을 해칠 것이 명백하다고 판단되는 자에 대하여는 2년 이내의 범위에서 입찰참가자격을 제한할 수 있다.
⑤ 공사는 제4항에 따라 입찰참가자격을 제한받은 자와 수의계약을 체결하여서는 아니 된다. 다만, 제4항에 따라 입찰참가자격을 제한받은 자 외에는 적합한 시공자·제조자가 존재하지 아니하는 등 부득이한 사유가 있는 경우에는 그러하지 아니하다.
⑥ 제1항부터 제5항까지의 규정에 따른 회계처리, 계약의 기준 및 절차, 입찰참가자격의 제한 등에 관하여 필요한 사항은 대통령령으로 정한다.

◈ 지방공기업법 제76조(설립·운영) : (지방공단의 계약업무는 지방공단의 관련규정을 준용)

4. 조달청이 위탁받아 계약을 체결한 경우의 제한주체

가. 국가 또는 지방자치단체로부터 위탁받은 경우

(1) 「조달사업에 관한 법률」(이하 "조달사업법"이라 한다)에 따라 조달청장이 다른 중앙관서 또는 지방자치단체로부터 위탁을 받아 계약을 체결한 경우, 입찰참가자격 제한조치의 주체는 조달청장인지 또는 위탁을 의뢰한 기관인지가 논점이 될 수 있겠는데, 중앙행정기관이 국가계약법 제6조에 근거하여 계약업무를 조달청에 위탁하는 경우, 입찰참가자격 제한 처분의 수권도 이루어진다고 보아야 할 것이므로 각 중앙관서의 장이 조달청에 계약업무를 위탁하는 경우에는 조달청장이 입찰참가자격 제한처분을 할 수 있다 하겠다(계약제도과-226, 2018.2.21., 계약제도과-558, 2011.5.23.).

다만, 계약을 체결한 후에는 위탁을 의뢰한 수요기관이 계약관리 업무를 수행하게 됨에 따라 계약관리 과정에서 발생한 입찰참가자격 제한조치는 해당 수요기관의 장이 수행하는 것이 타당하다고 본다.

◈ 국가계약법 제6조(계약사무의 위임·위탁) 제3항 : 각 중앙관서의 장은 대통령령으로 정하는 바에 따라 그 소관의 계약에 관한 사무를 다른 관서에 위탁할 수 있다.

(2) 지방계약의 경우, 종전에는 조달청장이 입찰 및 계약업무를 위탁받아 수행하더라도 그 적용법은 지방계약법 제7조제2항 단서로 동법에서 정하는 바에 따라 계약사무를 처리하도록 규정하고 있어, 입찰참가자격 제한조치도 해당 지방자치단체의 장이 수행하는 것으로 운영하여 왔으나(대판 2012.11.15. 2011두31635), 2013.8.6. 지방계약법 개정(§31①)으로 위탁받은 중앙행정기관의 장이 직접 제한조치를 하도록 변경됨에 따라 조달청장이 제한조치를 하게 된다.

* 입찰참가자격 제한조치의 실효성과 공정성을 확보하기 위해 계약사무를 위임 또는 위탁받은 경우, 위탁받은 중앙행정기관의 장 또는 지방자치단체의 장이 부정당업자에 대한 입찰참가자격을 직접 제한할 수 있도록 2013.8.6. 지방계약법을 개정한 것임.

나. 공기업·준정부기관으로부터 위탁받은 경우

공기업·준정부기관의 계약업무 위탁과 관련하여 대법원 판례(대법원 2017.12.28. 선고 2017두39433)를 종합해 보면, 조달청장이 수요기관을 대신하여 국가계약법 제27조제1항에 규정된 입찰제한처분을 할 수 있으려면 그에 관한 수권의 근거 또는 수권의 취지가 포함된 업무 위탁에 관한 근거가 법률에 별도로 마련되어 있어야 하는데, 공공기관운영법 제44조제2항은 국가계약법상의 입찰참가자격 제한 처분의 수권 취지가 포함된 업무 위탁에 관한 근거 규정에 해당하므로 공기업·준정부기관으로부터 공공기관운영법 제44조제2항에 따라 계약체결 업무를 위탁받을 경우 조달청장은 국가계약법 제27조제1항에 따라 입찰제한처분을 할 수 있다.

판례(대법원 2017.12.28. 선고 2017두39433 판결)

판시사항

[1] 조달청장이 조달사업에 관한 법률 제5조의2제1항 또는 제2항에 따라 수요기관으로부터 계약 체결을 요청받아 그에 따라 체결하는 계약의 성격.

[2] 준정부기관으로부터 공공기관의 운영에 관한 법률 제44조제2항에 따라 계약 체결 업무를 위탁받은 조달청장이 국가계약법 제27조제1항에 따라 계약상대방에 대하여 입찰참가자격 제한 처분을 할 수 있는지 여부.

판결요지

[1] 조달청장이 조달사업에 관한 법률 제5조의2제1항 또는 제2항에 따라 수요기관으로부터 계약 체결을 요청받아 그에 따라 체결하는 계약은, 국가가 당사자가 되고 수요기관은 수익자에 불과한 '제3자를 위한 계약'에 해당한다.

[2] 국가계약법 제2조는 그 적용 범위에 관하여 국가가 대한민국 국민을 계약상대자로 하여 체결하는 계약 등 국가를 당사자로 하는 계약에 대하여 위 법을 적용한다고 규정하고 있고, 제3조는 국가를 당사자로 하는 계약에 관하여는 다른 법률에 특별한 규정이 있는 경우를 제외하고는 이 법에서 정하는 바에 의한다고 규정하고 있으므로, 국가가 수익자인 수요기관을 위하여 국민을 계약상대자로 하여 체결하는 요청조달계약에는 다른 법률에 특별한 규정이 없는 한 당연히 국가계약법이 적용된다.
그러나 위 법리에 의하여 요청조달계약에 적용되는 국가계약법 조항은 국가가 사경제 주체로서 국민과 대등한 관계에 있음을 전제로 한 사법관계에 관한 규정에 한정되고, 고권적 지위에서 국민에게 침익적 효과를 발생시키는 행정처분에 관한 규정까지 당연히 적용된다고 할 수 없다. 특히 요청조달계약에 있어 조달청장은 수요기관으로부터 요청받은 계약 업무를

이행하는 것에 불과하므로, 조달청장이 수요기관을 대신하여 국가계약법 제27조제1항에 규정된 입찰참가자격 제한 처분을 할 수 있으려면 그에 관한 수권의 근거 또는 수권의 취지가 포함된 업무 위탁에 관한 근거가 법률에 별도로 마련되어 있어야 한다.

한편 공공기관운영법 제44조제2항은 "공기업·준정부기관은 필요하다고 인정하는 때에는 수요물자 구매나 시설공사계약의 체결을 조달청장에게 위탁할 수 있다."라고 규정하고 있다. 그런데 이처럼 공공기관운영법에 계약 체결 업무의 위탁에 관하여 법률 규정을 별도로 두고 있는 취지는 조달청에서 운영하고 있는 전문적이고 체계적인 조달시스템을 완전하게 이용하도록 하기 위한 것인 점, 요청조달계약의 수요기관이 준정부기관인 경우 공공기관운영법 제39조제2항에 따라 독자적인 입찰참가자격 제한 처분 권한을 보유하고 있는 점, 조달청장에게 계약 체결 업무가 전적으로 위탁된 이상 조달청장은 국가계약법에서 정한 제반 절차에 따라 위탁기관의 계약과 관련한 사무를 처리하여야만 하는 점 등을 종합하여 보면, 공공기관운영법 제44조제2항은 국가계약법상의 입찰참가자격 제한 처분의 수권 취지가 포함된 업무 위탁에 관한 근거 규정에 해당한다.

이러한 법리와 관련규정의 내용 및 취지에 비추어 보면, 준정부기관으로부터 공공기관운영법 제44조제2항에 따라 계약 체결 업무를 위탁받은 조달청장은 국가계약법 제27조제1항에 따라 입찰참가자격 제한 처분을 할 수 있는 권한이 있다고 봄이 타당하다.

다. 기타공공기관으로부터 위탁받은 경우

(1) 조달청장이 공공기관 중 기타공공기관으로부터 위탁받아 계약을 체결한 경우의 입찰참가자격 제한조치의 주체에 대해 대법원 판례(대법원 2017.6.29. 2014두14389)를 종합해 보면, 조달청장은 수요기관으로부터 요청받은 계약업무를 이행하는 것에 불과하므로 조달청장이 수요기관을 대신하여 국가계약법 제27조제1항에 규정된 입찰참가자격 제한조치를 할 수 있기 위해서는 그에 관한 수권의 취지가 포함된 업무 위탁에 관한 근거가 법률에 별도로 마련되어 있어야 하나, 공공기관운영법에는 공기업·준정부기관의 경우와는 달리 기타공공기관은 입찰참가자격 제한조치의 수권 등에 관한 법령상 근거가 없으므로 조달청장은 기타공공기관의 계약상대자에 대해 입찰참가자격 제한조치를 할 수 없다고 보아야 할 것이다.

(2) 따라서 기타공공기관이 조달청장에게 계약체결을 위탁한 경우에도 입찰참가자격 제한조치의 주체는 해당 기타공공기관의 장이 된다 하겠다.

대법원 판례(대법원 2017.6.29. 선고 2014두14389 판결)

판시사항 수요기관이 기타공공기관인 요청조달계약의 경우에 관하여 조달청장이 구 국가계약법 제27조제1항에 따라 계약상대방에 대하여 입찰참가자격 제한 처분을 할 수 있는지 여부.

판결요지 구 국가계약법(2012.12.18. 법률 제11547호로 개정되기 전의 것) 제2조는 적용 범위에 관하여 국가가 대한민국 국민을 계약상대자로 하여 체결하는 계약 등 국가를 당사자로 하는 계약에 대하여 위 법을 적용한다고 규정하고 있고, 제3조는 국가를 당사자로 하는 계약에 관하여는 다른 법률에 특별한 규정이 있는 경우를 제외하고는 이 법에서 정하는 바에 의한다고 규정하고 있으므로, 국가가 수익자인 수요기관을 위하여 국민을 계약상대자로 하여 체결하는 요청조달계약에는 다른 법률에 특별한 규정이 없는 한 당연히 국가계약법이 적용된다.

그러나 위 법리에 의하여 요청조달계약에 적용되는 국가계약법 조항은 국가가 사경제 주체로서 국민과 대등한 관계에 있음을 전제로 한 사법(사법)관계에 관한 규정에 한정되고, 고권적 지위에서 국민에게 침익적 효과를 발생시키는 행정처분에 관한 규정까지 당연히 적용된다고 할 수 없다. 특히 조달청장이 조달사업에 관한 법률 제5조의2제1항 또는 제2항에 따라 수요기관으로부터 계약 체결을 요청받아 그에 따라 체결하는 계약(이하 '요청조달계약'이라 한다)에 있어 조달청장은 수요기관으로부터 요청받은 계약 업무를 이행하는 것에 불과하므로, 조달청장이 수요기관을 대신하여 국가계약법 제27조제1항에 규정된 입찰참가자격 제한 처분을 할 수 있기 위해서는 그에 관한 수권의 취지가 포함된 업무 위탁에 관한 근거가 법률에 별도로 마련되어 있어야 한다.

그런데 공공기관의 운영에 관한 법률 제44조제2항은 "공기업·준정부기관은 필요하다고 인정하는 때에는 수요물자 구매나 시설공사계약의 체결을 조달청장에게 위탁할 수 있다."라고 규정함으로써, 공기업·준정부기관에 대해서는 입찰참가자격 제한 처분의 수권 취지가 포함된 업무 위탁에 관한 근거 규정을 두고 있는 반면, 기타공공기관은 여기에서 제외하고 있음을 알 수 있다.

따라서 수요기관이 기타공공기관인 요청조달계약의 경우에 관하여는 입찰참가자격 제한 처분의 수권 등에 관한 법령상 근거가 없으므로, 조달청장이 국가계약법 제27조제1항에 의하여서는 계약상대방에 대하여 입찰참가자격 제한 처분을 할 수는 없고, 그 밖에 그러한 처분을 할 수 있는 별도의 법적 근거도 없다.

5. 입찰참가자격 제한조치의 대상

가. "부정당업자"를 제한조치 대상별로 2가지 유형으로 구분 적용

시행령 제76조제2항은 다음과 같이 "부정당업자"를 2가지 유형으로 구분하여 놓고 이에 해당될 경우 입찰제한 조치를 하도록 규정하고 있다(2019.12.18. 이후부터 적용).

① 입찰자, 계약상대자 및 전자견적서 제출자(이하 "계약상대자 등"이라 한다)에 해당하는 자에 대해 입찰제한 조치를 하는 경우

② "계약상대자 등"의 지위에 있지 않더라도 공정거래법 또는 「하도급거래 공정화에 관한 법률」(이하 "하도급법"이라 한다)을 위반하여 공정거래위원회로부터 입찰제한처분 요청이 있는 자와 「대·중소기업 상생협력 촉진에 관한 법률」(이하 "상생협력법"이라 한다) 제27조제5항에 따라 중소벤처기업부장관으로부터 입찰참가자격 제한처분 요청이 있는 자에 대해 입찰제한 조치를 하는 경우

◈ 영 제76조제2항 : 각 중앙관서의 장은 다음 각 호의 어느 하나에 해당하는 자(이하 "부정당업자"라 한다)에 대해서는 즉시 1개월 이상 2년 이하의 범위에서 입찰참가자격을 제한해야 한다. 다만, 부정당업자의 대리인, 지배인 또는 그 밖의 사용인이 법 제27조제1항 각 호의 어느 하나에 해당하는 행위를 하여 입찰참가자격 제한 사유가 발생한 경우로서 부정당업자가 대리인, 지배인 또는 그 밖의 사용인의 그 행위를 방지하기 위해 상당한 주의와 감독을 게을리하지 않은 경우에는 부정당업자에 대한 입찰참가자격을 제한하지 않는다.

1. 계약상대자, 입찰자 또는 제30조제2항에 따라 전자조달시스템을 이용해 견적서를 제출하는 자로서 법 제27조제1항제1호부터 제4호까지 및 제7호·제8호의 어느 하나에 해당하는 자
2. 법 제27조제1항제5호 또는 제6호에 해당하는 자

나. 계약상대자, 입찰자, 전자견적서 제출자(계약상대자 등)

1) 계약상대자

(1) 입찰과정을 거쳐 낙찰된 자가 계약을 체결함으로써 발주기관에 대한 계약상대자의 지위에 있게 되거나, 수의계약을 통해 계약상대자가 될 경우 모두 입찰참가자격 제한조치 대상이 된다 하겠다.

(2) "계약상대자"의 범위에 대해 보면, 계약상대자가 체결한 계약에는 주계약자가 체결한 계약뿐만 아니라 주계약자를 위하여 체결한 이행보증계약도 포함된다고 보고 있어(대법원 2013.5.23. 2011두19666), 이행보증자도 "계약상대자"의 범위에 포함된다 하겠다.

대법원 판례(대법원 2013.5.23. 2011두19666 판결)

판시사항 정당한 이유 없이 계약을 체결 또는 이행하지 아니한 계약 상대자를 입찰참가자격의 제한 대상자로 정하고 있는 '계약상대자'의 의미 및 그 계약에 주계약자를 위하여 체결한 이행보증계약이 포함되는지 여부

판결요지 구 국가계약법(2012.12.18. 개정되기 전의 것) 제27조제1항, 구 국가계법 시행령(2010.7.21. 개정되기 전의 것) 제76조제1항은 정당한 이유 없이 계약을 체결 또는 이행하지 아니한 계약상대자를 입찰참가자격의 제한 대상자로 정하고 있는데, 여기서 '계약상대자'란 계약의 상대방이라는 의미로서 그 계약에는 주계약자가 체결한 계약뿐만 아니라 주계약자를 위하여 체결한 이행보증계약도 포함된다고 보는 것이 타당하다.

(3) 참고로 연대보증인제도가 폐지(2011.1.1. 폐지)되기 전에 연대보증인이 하자보수 의무를 이행하지 않은 경우 입찰참가자격 제한이 가능하도록 공사계약일반조건에 규정하여 입찰제한처분을 하여 온 점에서 이행보증자도 입찰제한처분 대상에 포함하는데 무리가 없다고 할 수 있다.

2) 입찰자

(1) “입찰자”의 의미는 “해당 경쟁입찰에 참가한 자”로 보아야 하며, 어떤 업체의 행위가 국가계약법 제27조제1항 각 호의 행위를 한 것처럼 보이더라도, 계약상대자 또는 경쟁입찰에 참가한 자에 해당하지 않는다면, 입찰참가자격 제한조치 대상이 될 수 없다고 보고 있다. 즉, 기획재정부 유권해석(계약제도과-1159, 2012.9.4.)에서 입찰참가자격 등록만 하고 있는 자 또는 “입찰참가자격 사전심사”(PQ)에 참가중인 자는 “입찰자”로 보기 어려워 입찰참가자격 제한조치 대상이 되지 않는다고 보고 있다.

따라서 PQ에 관한 서류 중 위조서류가 제출되었을 경우에도 입찰에 참가한 상태에 있으면 입찰자의 지위에 있게 되어 제재대상이 되나, 입찰에 참가하지 않은 상태에 있으면 입찰자의 지위에 있지 않아 제재대상이 아니라 할 것이다.[6]

(2) 이때, 입찰자로서 “입찰에 참가한 자”의 범위를 어떤 상태로 볼 것인가 즉, 입찰서를 제출한 상태부터인지 또는 입찰참가신청서를 제출한 상태부터인지가 논점이 될 수 있겠는데, 2019.12.18. 시행령 개정으로 폐지되기 전의 제76조제1항제1호 “다”목이 ‘입찰참가신청서 또는 입찰참가승낙서를 제출하고도 정당한 이유 없이 해당 회계연도 중 3회 이상 입찰(전자조달시스템을 통한 입찰은 제외)에 참가하지 아니한 자’에 대해 제한조치를 하도록 규정한 취지를 고려해 볼 때, 입찰참가신청서를 제출(접수)한 상태부터 입찰자로서의 지위에 있다고 보는 것이 타당하다고 생각된다.

3) 전자견적서 제출자

(1) 영 제30조제2항에 따라 추정가격이 2천만 원(여성기업, 장애인기업 등은 5천만 원) 초과인 소액수의계약 대상에 대해 실시하고 있는 “전자조달시스템을 이용하여 견적서를 제출하는 자”(“전자견적서 제출자”)의 경우, 그 동안 제한조치

6) “입찰참가자격 사전심사”(PQ : Pre-Qualification)는 입찰에 참가하려는 자에 대해 입찰전에 미리 계약조건 등의 내용대로 완성할 수 있는 능력이 있는지 여부를 판단하기 위해 심사하는 것을 말한다.

대상이 아니었으나, 2010.10.22. 그 대상으로 추가됨에 따라 이날 이후부터는 제한조치 대상에 포함되게 되었으며, 공기업·준정부기관의 경우는 2013.11.18. 「공기업·준정부기관 계약사무규칙」에, 「기타공공기관 계약사무 운영규정」의 적용을 받는 기타공공기관은 2013.12.10. 각각 이를 제한대상으로 추가함에 따라 이날 이후 발생된 것부터 제한조치 대상에 포함되게 되었다.

* 2천만 원 초과의 소액수의계약 체결을 위해 전자조달시스템에 견적서를 제출하는 자가 담합·사기 등으로 공정한 경쟁 질서를 해치더라도 입찰참가자격 제한조치가 곤란한 문제점을 개선하기 위해 2010.10.22. 시행령에 전자견적서 제출자도 제한조치 대상에 추가한 것임(공기업·준정부기관계약사무규칙은 2013.11.18. 에, "기타공공기관 계약사무 운영규정"은 2013.12.10. 개정).

(2) 또한, 소액수의계약에서 계약상대자로 결정된 자가 스스로 계약을 포기한 경우 차 순위 자를 계약상대자로 결정할 수 있도록 허용하고 있는데(정부 입찰·계약집행기준 §10의2 ②제6호; 2012.7.9.), 이때 계약을 포기한 자에 대해 입찰참가자격 제한조치를 할 수 있는지에 대해 보면, 기획재정부 유권해석(계약제도과-441, 2014.4.8.)은 "전자견적서를 제출하더라도 이는 수의계약을 위한 절차에 해당하므로 정당한 이유 없이 계약을 체결하지 아니하였다는 사유만으로는 입찰참가자격을 제한할 수 없는 것"으로 보고 있다.

(3) 한편, 전자조달시스템을 이용하지 않고 단순히 견적서를 제출하는 자나 관서운영경비 집행과 관련하여 서류 등을 제출하는 자는 입찰제한처분의 대상에 해당되지 않는다 할 것이며, 다만, 계약이 체결된 후에는 계약상대자로서 계약불이행 등과 관련된 입찰제한처분 대상에는 해당된다 할 것이다(계약제도과-1485, 2015.10.19.).

다. "계약상대자 등"이 아닌 경우도 제한조치 대상이 되는 경우

(1) 시행령 제76조제3항제2호는 앞에서 보았듯이 "계약상대자 등"의 지위에 있지 않더라도 입찰제한처분을 할 수 있는 경우를 ① 공정거래법 또는 하도급법

을 위반하여 공정거래위원회로부터 입찰제한처분 요청이 있는 자와 ② 상생협력법 제27조제5항에 따라 중소벤처기업부장관으로부터 입찰제한처분 요청이 있는 자 등 2가지를 규정하고 있다.

(2) 여기에 해당하는 자는 담합한 자, 하도급법 위반자, 수탁기업에 대한 납품대금 미지급자 등으로서, 비록 이들이 입찰 및 계약절차 진행 정도에 따라 "계약상대자 등"의 지위에 있지 않더라도 입찰제한처분 요청을 받으면, 해당 중앙관서의 장은 이들에게 입찰제한처분을 할 수 있다. 이에 따라 예컨대, 입찰제한처분 요청이 있는 자에 대해 그 동안 입찰과정에서 함께 담합을 한 후 해당 입찰에 참여하지 않은 자에 대해서는 입찰자가 아니라는 이유로 입찰제한처분을 하지 못해 온 사례와 같은 문제점이 2019.12.18. 이후부터는 해소되었다고 할 수 있다.

☞ 담합한 자, 하도급법 위반자 및 수탁기업에 대한 납품대금 미지급자 등에 대한 제재의 실효성을 확보하기 위해 공정거래위원회 또는 중소벤처기업부장관으로부터 해당 법 위반을 이유로 입찰참가자격 제한 요청이 있는 경우에는 계약절차 진행 여부와 상관없이 입찰참가자격을 제한하도록 2019.9.17. 시행령에 신설한 것임(2019.12.18. 시행).

(3) 그동안 대법원 판례는 담합행위를 한 후 해당 경쟁입찰에 참가하지 아니하였거나, 해당 경쟁입찰에 참가하지 아니함으로써 경쟁입찰의 성립 자체를 방해하는 담합행위자는 설사 그 경쟁입찰을 유찰시켜 수의계약이 체결되도록 하기 위한 목적에서 비롯된 것이라 하더라도 이는 '계약상대자 또는 입찰자'에 해당한다고 할 수 없어 입찰참가자격 제한조치 대상이 되지 않는다고 판시하고 있으나(대법원 2008.2.28. 2007두13791, 13807),

2019.12.18. 이후로는 담합 등에 대한 입찰제한처분 요청이 있는 자에 대해서는 입찰 및 계약절차 진행 정도에 따른 "계약상대자 등"의 지위 여부에 상관없이 제한처분을 할 수 있게 되었다고 보면 될 것이다. 다만, 이때 동 개정 시행령 부칙 제7조(부정당업자의 입찰참가자격 제한에 관한 경과조치)제2항에 동 시행령 개정 전에 요청받은 입찰참가자격 제한에 관하여는 종전의 규정에 따르도록 규정하고 있는 점을 유의할 필요가 있다.

(4) 따라서 법 제27조제1항제2호에 따른 담합행위에 대해 입찰제한조치를 할 경우의 제한조치 대상은 "계약상대자 등"으로 한정하는데 비해, 시행령 제76조제3항제2호에 따라 공정거래위원회로부터 담합행위로 입찰제한 요청을 한 경우의 제한조치 대상은 "계약상대자 등"은 물론 "계약상대자 등"의 지위에 있지 않은 자(예 : 담합에 가담은 하였으나, 입찰에 참가하지 않은 자)도 포함된다고 정리해 볼 수 있다.

대법원 판례(대법원 2008.2.28. 2007두13791, 13807 판결)

판시사항 '특정인의 낙찰을 위하여 담합한 자'의 의미 및 이에 경쟁 입찰의 성립 자체를 방해하기 위하여 경쟁입찰에 참가하지 않은 자가 해당하는지 여부.

판결요지 침익적 행정처분의 근거가 되는 행정법규는 엄격하게 해석·적용하여야 하고 행정처분의 상대방에게 불리한 방향으로 지나치게 확장해석하거나 유추 해석하여서는 안 되며, 그 입법 취지와 목적 등을 고려한 목적론적 해석이 전적으로 배제되는 것은 아니라 하더라도 그 해석이 문언의 통상적인 의미를 벗어나서는 안 될 것인바, 국가계약법 시행령 제76조제1항(현 제2항) 본문이 입찰참가자격 제한의 대상을 '계약상대자 또는 입찰자'로 정하고 있는 점 등에 비추어 보면, 같은 항 제7호(현 법 제27조제1항제2호)에 규정된 '특정인의 낙찰을 위하여 담합한 자'는 '당해 경쟁입찰에 참가한 사람'으로서 그 입찰에서 특정인이 낙찰되도록 하기 위한 목적으로 담합한 사람을 의미한다고 보아야 하고, 당해 경쟁입찰에 참가하지 아니함으로써 경쟁입찰의 성립 자체를 방해하는 담합행위자는 설사 그 경쟁입찰을 유찰시켜 수의계약이 체결되도록 하기 위한 목적에서 비롯된 것이라 하더라도 위 '계약상대자 또는 입찰자'에 해당한다고 할 수 없다.

라. 부정당업자의 대리인·지배인, 그 밖의 사용인의 경우 (영 §76③)

(1) "부정당업자"("계약상대자 등"과 "계약상대자 등" 외의 자를 포함)의 대리인, 지배인 또는 그 밖의 사용인(이하 "대리인 등"이라 한다)이 입찰참가자격 제한사유에 해당될 경우에도 "부정당업자"에 대해 제한조치를 해야 한다. 다만, "부정당업자"의 대리인 등이 입찰참가자격 제한사유에 해당하는 행위를 했을 때, "부정당업자"가 그 행위를 방지하기 위해 상당한 주의와 감독을 게을리하지 아니한 경우에는 "부정당업자"에 대해 제한조치를 하지 않는다.

* "대리인 등"의 모든 행위에 대해 사업주("부정당업자")에게 책임을 묻는 것은 "책임주의 원칙"에 반할 수 있다는 헌법재판소의 위헌결정[7]에 따라 "부정당업자"가 "대리인 등"의 부정당한 행위를 방지하기 위해 상당한 주의·감독의무를 이행한 경우에는 면책하도록 하기 위해 2010.10.22. 시행령에 사업주의 면책규정을 신설한 것임.

(2) 이때, 대표자의 상당한 주의와 감독 여부를 어떻게 판단할 것이지가 논점이 될 수 있다. 이에 대한 대법원 판례(대법원 2012.5.9., 2011도11264)를 보면, 해당 법률의 입법취지 및 양벌규정을 마련한 취지 등은 물론 위반행위의 구체적 모습과 행위자에 대한 감독가능성이나 구체적인 지휘·감독 관계, 법인이 위반행위 방지를 위하여 실제 행한 조치 등을 전체적으로 종합하여 판단하여야 하도록 판시하고 있는 점에서, 면책사유에 해당되려면 상당한 노력과 입증 등이 뒷받침되어야 할 것으로 본다.

대법원 판례(대법원 2018.7.12. 선고 2015도464 판결)

판시사항 법인은 사용인 등에 의하여 위반행위가 발생한 그 업무와 관련하여 상당한 주의 또는 관리·감독 의무를 게을리한 과실로 인하여 처벌되는지 여부 및 구체적인 사안에서 법인의 과실 유무를 판단하는 기준

판결요지 형벌의 자기책임원칙에 비추어 볼 때 산업기술의 유출방지 및 보호에 관한 법률 제38조의 양벌규정은 법인이 사용인 등에 의하여 위반행위가 발생한 그 업무와 관련하여 상당한 주의 또는 관리감독 의무를 게을리한 때에 한하여 적용된다. 이러한 양벌규정에 따라 법인은 위반행위가 발생한 그 업무와 관련하여 법인이 상당한 주의 또는 관리·감독 의무를 게을리한 과실로 인하여 처벌된다.

구체적인 사안에서 법인이 상당한 주의 또는 관리·감독을 게을리하였는지 여부는 당해 위반행위와 관련된 모든 사정 즉, 당해 법률의 입법 취지, 처벌조항 위반으로 예상되는 법익 침해의 정도, 위반행위에 관하여 양벌규정을 마련한 취지 등은 물론 위반행위의 구체적인 모습과 그로 인하여 실제 야기된 피해 또는 결과의 정도, 법인의 영업 규모 및 행위자에 대한 감독가능성이나 구체적인 지휘·감독 관계, 법인이 위반행위 방지를 위하여 실제 행한 조치 등을 전체적으로 종합하여 판단하여야 한다.

7) 헌법재판소 2009.7.30자 2008헌가18 결정

※ 책임주의 원칙 : "책임 없으면 형벌 없다"는 법언에 따라 책임이 없으면 범죄 역시 성립하지 않고, 범죄 형량도 책임의 크고 작음에 따라 결정해야 한다는 형법상의 원칙이다. 이는 헌법상 법치국가의 원리에 내재하는 원리이면서, 국민 누구나 인간으로서의 존엄과 가치를 가지고 스스로의 책임에 따라 자신의 행동을 결정할 것을 보장하고 있는 헌법 제10조의 취지로부터 도출된 원리이다. 책임의 범위내로 형벌권을 한정함으로써, 국가의 형벌권으로부터 개인의 자유를 보장하는 장치가 됨.[8)]

(3) 한편, "사용인"의 개념에 대해 대법원 판례를 보면, '법인의 사용인에는 법인과 정식 고용계약이 체결되어 근무하는 자뿐만 아니라 그 법인의 업무를 직접 또는 간접으로 수행하면서 법인의 통제·감독 하에 있는 자도 포함된다'고 판시하고 있고(대법원 2006.2.24. 선고 2003도4966 판결), '사용자 책임의 요건으로서의 사용관계가 있느냐 여부는 실제적으로 지휘·감독을 하였느냐의 여부에 관계없이 객관적·규범적으로 보아 사용자가 그 불법 행위자를 지휘·감독해야 할 지위에 있었느냐의 여부를 기준으로 결정해야 한다.'라고 판시하고 있다(대법원 2001.8.21. 2001다3658).

(4) 기획재정부 유권해석(계약제도과-996, 2018.7.6. 등)도 '하수급자가 "계약상대자 등"으로부터 특정한 행위를 지휘·감독받는 경우라면 그 밖의 사용인에 해당한다고 볼 수 있을 것'이라고 해석하고 있는 점에서, 하수급자는 일반적으로 "계약상대자 등"의 사용인에 해당되지 않으나 "계약상대자 등"으로부터 특정한 행위를 지휘·감독받는 경우에는 사용인에 해당되는 것이라고 정리해 볼 수 있다.

(5) 이와 관련하여 최근 대법원 판례(대법원 2020.2.27. 선고 2017두39266 판결)를 보면, 입찰참가자격 제한 처분은 반드시 현실적인 행위자가 아니라도 법령상 책임자로 규정된 자에게 부과될 수 있는 것으로 판시하고 있으며, 이에 따라 계약상대자가 국내외 협력업체의 일부 납품과 관련하여 시험성적서의 진위 여부를 확인하였고, 협력업체를 직접 방문하여 품질심사 및 제품검사를 하는 등의

8) 헌법 제10조 : 모든 국민은 인간으로서의 존엄과 가치를 가지며, 행복을 추구할 권리를 가진다. 국가는 개인이 가지는 불가침의 기본적 인권을 확인하고 이를 보장할 의무를 진다.

관리감독을 하였다고 발주기관에 주장하였던 점 등에서 협력업체는 원자재의 납품 및 시험성적서 제출과 관련하여 계약상대자의 감독 아래에 있었음을 알 수 있어 협력업체가 이 사건 시행령 조항의 '그 밖의 사용인'에 해당한다고 판시하고 있다.

대법원 판례(대법원 2020.2.27. 선고 2017두39266 판결)

판시사항

[1] 현실적인 행위자가 아닌 법령상 책임자로 규정된 자에게 입찰참가자격 제한 처분을 부과할 수 있는지 여부(적극)

[2] 구 국가계약법 시행령 제76조제1항 단서에 따라 입찰참가자격 제한 사유의 발생에 관하여 독자적인 책임이 없는 계약상대자, 입찰자 등은 제재의 대상에서 제외되는지 여부(적극) 및 위 조항이 법률유보의 원칙이나 자기책임의 원칙에 반하여 무효인지 여부(소극)

판결요지 구 국가계약법 시행령(2016.9.2. 개정되기 전의 것) 제76조제1항(이하 '이 사건 시행령 조항'이라 한다)은 본문에서 '계약상대자, 입찰자 등(이하 '계약상대자 등'이라 한다)이나 계약상대자 등의 대리인, 지배인 또는 그 밖의 사용인이 각호의 어느 하나에 해당하는 경우에는 부정당업자인 해당 계약상대자 등에게 입찰참가자격을 제한하여야 한다'고 규정하면서, 단서에서 "계약상대자 등의 대리인, 지배인 또는 그 밖의 사용인이 다음 각호의 어느 하나에 해당하는 행위를 하여 입찰참가자격의 제한 사유가 발생한 경우로서 계약상대자 등이 그 행위를 방지하기 위하여 상당한 주의와 감독을 게을리하지 아니한 경우에는 그러하지 아니하다."라고 규정하고 있다. 그리고 같은 항 제8호는 '입찰 또는 계약에 관한 서류를 위·변조하거나 부정하게 행사한 자 또는 허위서류를 제출한 자'를 입찰참가자격 제한 사유의 하나로 규정하고 있다.

이러한 부정당업자의 입찰참가자격을 제한하는 제도를 둔 취지는 국가를 당사자로 하는 계약에서 공정한 입찰 및 계약질서를 어지럽히는 행위를 하는 사람에 대하여 일정 기간 입찰참가를 배제함으로써 국가가 체결하는 계약의 성실한 이행을 확보함과 동시에 국가가 입게 될 불이익을 미리 방지하기 위한 데 있다.

입찰참가자격 제한 처분은 위와 같은 입법 목적을 달성하기 위하여 경쟁의 공정한 집행이나 계약의 적정한 이행을 해칠 염려가 있거나 그 밖에 입찰에 참가시키는 것이 적합하지 아니하다는 객관적 사실 및 평가에 착안하여 가하는 제재이므로 반드시 현실적인 행위자가 아니라도 법령상 책임자로 규정된 자에게 부과될 수 있다. 이는 대리인 등 타인을 사용하여 이익을 얻는 부정당업자는 그로 인한 위험이나 불이익을 감수하는 것이 타당하다는 점에서도 그러하다.

이 사건 시행령 조항 단서 중 '그 행위를 방지하기 위하여 상당한 주의와 감독'을 해야 하는 것은 입찰참가자격 제한 사유의 발생을 방지하기 위한 계약상대자 등 자신의 의무이다. 이 사건 시행령 조항 단서에 의하여 입찰참가자격 제한 사유의 발생에 관하여 독자적인 책임이 없는 계약상대자 등은 제재의 대상에서 제외된다.

이처럼 이 사건 시행령 조항은 국가계약법의 위임에 따라 입찰참가자격 제한 요건을 구체화하면서, 계약상대자 등의 독자적인 책임이 인정되지 않는 경우에는 입찰참가자격을 제한하지 않도록 규정하고 있으므로, 법률유보원칙이나 자기책임원칙에 반하여 무효라고 볼 수 없다.

대법원 판례(대법원 2020.2.27. 선고 2017두39266 판결)

판시사항 원고의 '사용인'이 시험성적서를 위·변조한 것으로 볼 수 있는지 여부

판결요지

(1) 원심은, 원고가 자신의 의무 이행을 위하여 이용한 협력업체는 이 사건 시행령 조항의 '그 밖의 사용인'에 해당하고, 따라서 원고의 협력업체들이 시험성적서를 위·변조한 것은 원고의 사용인이 시험성적서를 위·변조한 경우에 해당한다고 판단하였다.

(2) 원심이 원고의 협력업체가 이 사건 시행령 조항의 '그 밖의 사용인'에 해당한다고 본 근거는 다음과 같다.

(가) 이 사건 시행령 조항의 '그 밖의 사용인'은 반드시 부정당업자와 고용계약을 체결하는 등 일반적인 업무 전반에 관하여 직접적인 지휘·감독을 받는 자에 한정되는 것이 아니라, 부정당업자 스스로 처리해야 하는 의무가 있는 업무를 제3자에게 위탁하여 처리하도록 함으로써 부정당업자의 책임하에 그의 의무를 대신하여 처리하는 자 등을 포함한다.

(나) 원고는 피고와의 이 사건 각 계약의 계약상대자로서 이 사건 각 계약에서 부과된 의무를 부담하는 자이고, 원고의 협력업체들은 피고에 대하여 그와 같은 의무를 부담하는 자가 아니다.

(다) 원고는 이 사건 각 계약의 이행을 위하여 자신이 선정한 협력업체들에 물품을 제작·납품하도록 하였으므로 위 협력업체들은 원고의 영역과 책임 범위 내에 있다고 볼 수 있다.

(라) 원고는 협력업체들로부터 납품받은 품목에 대하여 직접 시험검사를 실시하거나 공인시험기관에 시험검사를 의뢰하여 시험성적서를 제공받아 제출함으로써 피고에 대한 계약상 품질보증의무를 이행할 수 있었음에도 불구하고 그 대신 협력업체들로부터 시험성적서를 받아 피고에게 제출하는 방법을 택하였다.

(3) 원심이 들고 있는 위와 같은 근거에다가 기록에 의하여 알 수 있는 다음과 같은 사정, 즉 이 사건 처분이 있기 전 원고는 국내외 협력업체의 일부 납품과 관련하여 시험성적서의 진위 여부를 확인하였고, 협력업체를 직접 방문하여 품질심사 및 제품검사를 하는 등의 관리감독을 하였다고 피고에게 주장하였던 점 등을 더하여 보면, 이 사건에서 원고의 협력업체는 원자재의 납품 및 시험성적서 제출과 관련하여 원고의 감독 아래에 있었음을 알 수 있다.

(4) 따라서 원고의 협력업체가 이 사건 시행령 조항의 '그 밖의 사용인'에 해당한다는 원심의 판단에 이 사건 시행령 조항 중 '그 밖의 사용인'의 해석·적용에 관한 법리를 오해하는 등의 잘못이 없다.

※ **사실조회 회신사례** (2018구합87149) (계약제도과-868, 2019.5.23.)

> ① 「국가계약법 시행령」 제76조제2항(2019.9.17. 개정되기 전)에는 "각 중앙관서의 장은 계약상대자, 입찰자 또는 제30조제2항에 따라 전자조달시스템을 이용하여 견적서를 제출하는 자(이하 이 조에서 '계약상대자 등'이라 한다)로서 법 제27조제1항 각 호의 어느 하나에 해당하는 자(이하 '부정당업자'라 한다)에 대해서는 즉시 1개월 이상 2년 이하의 범위에서 입찰참가자격을 제한하여야 한다. 다만, 계약상대자 등의 대리인, 지배인 또는 그 밖의 사용인이 법 제27조제1항 각 호의 어느 하나에 해당하는 행위를 하여 입찰참가자격 제한 사유가 발생한 경우로서 계약상대자 등이 대리인, 지배인 또는 그 밖의 사용인의 그 행위를 방지하기 위하여 상당한 주의와 감독을 게을리하지 아니한 경우에는 계약상대자 등에 대한 입찰참가자격을 제한하지 아니한다."라고 규정하고 있으므로, 하도급자는 계약상대자 등에 해당하지 아니하여 상기 규정에 따른 입찰참가자격 제한이 곤란할 것으로 보입니다.
>
> ② 계약상대자가 특정업무에 대하여 구체적으로 하도급자를 지휘·감독하는 경우에 하도급자는 사용인에 해당한다고 볼 수 있으므로, 하도급자가 국가계약법 제27조제1항 각 호의 어느 하나에 해당하는 자라면 계약상대자 등에 대하여 입찰참가자격을 제한할 수 있다고 할 수 있을 것입니다.
>
> ③ 국가계약법 시행규칙 제76조 관련 [별표 2]에서 "재하도급금지 규정에 위반하여 하도급한 자"를 부정당업자제재 대상으로 정하는 것은 동법 시행령 제76조제2항에서 계약상대자 등에게 사용인 등의 행위에 대하여 주의·관리 의무를 게을리 하였을 경우 책임을 지도록 한 규정에 근거한 것으로 볼 수 있습니다. 구체적인 경우에 있어 입찰참가자격 제한 여부는 지휘·감독 관계의 존부, 주의감독 의무 이행 여부 등 제반사정을 고려하여 각 중앙관서의 장이 판단할 사항입니다.

마. 부정당업자가 개인사업자인 경우

입찰참가자격을 제한할 대상인 부정당업자가 개인사업자인 경우에는 해당 개인사업자에게 입찰참가자격제한 조치를 하게 된다.

바. 법인, 단체 및 중소기업협동조합의 경우(양벌규정) (영 §76⑥)

(1) 입찰참가자격의 제한을 받은 자가 법인이나 단체인 경우에는 그 대표자에게도 제한조치를 한다. 다만, 법인이나 단체의 대표자가 여러 명이 있는 경우로서 해당 입찰 또는 계약에 관한 업무를 관장하지 아니한 대표자에 대하여는 제한조치를 하지 않는다.

☞ 입찰참가자격의 제한을 받은 자가 법인인 경우 그 대표자에 대하여도 제한조치를 하는 취지는 실질적으로 법인의 의사를 결정하는 자는 대표자이므로 대표자에 대하여도 함께 제한하려는데 있다고 할 수 있음.

(2) 중소기업협동조합이 제한조치를 받은 경우에는 그 원인을 제공한 조합원에게도 제한조치를 한다. 이와 반대로 조합원 회사가 중소기업협동조합과 무관하게 입찰참가자격 제한의 원인을 제공한 행위를 하였을 경우에는 중소기업협동조합에 대해 입찰참가자격 제한을 해서는 안 될 것이다.

(3) 한편, 공기업·준정부기관의 경우는 입찰제한처분을 받은 자가 법인이나 단체일 때 그 대표자에 대해서는 대법원 판례(대법원 2017.6.15. 선고 2016두52378)에 따라 입찰제한처분을 할 수 없다고 보아야 할 것이다.

그 이유로는 공공기관운영법 제39조제3항에서 기획재정부령(공기업·준정부기관 계약사무규칙)에 위임한 것은 '입찰참가자격의 제한기준 등에 관하여 필요한 사항'일 뿐이고, 이는 규정의 문언 상 입찰참가자격을 제한하면서 그 기간의 정도와 가중·감경 등에 관한 사항을 의미하는 것이지 처분대상까지 위임한 것이라고 볼 수는 없으므로 동 규칙 조항에서 위와 같이 처분대상을 확대하여 정한 것은 상위법령의 위임 없이 규정한 것이어서 이는 위임입법의 한계를 벗어난 것으로서 대외적 효력을 인정할 수 없다고 본 것이다.

대법원 판례(대법원 2017.6.15. 선고 2016두52378 판결)

판시사항 입찰참가자격을 제한받은 자가 법인이나 단체인 경우에는 그 대표자에 대하여도 입찰참가자격 제한을 할 수 있도록 규정한 구 공기업·준정부기관 계약사무규칙 제15조제4항의 대외적 효력을 인정할 수 있는지 여부.

판결요지 공공기관의 운영에 관한 법률(이하 '공공기관운영법'이라 한다) 제39조제2항은 입찰참가자격 제한 대상을 '공정한 경쟁이나 계약의 적정한 이행을 해칠 것이 명백하다고 판단되는 사람·법인 또는 단체 등'으로 규정하여 입찰참가자격 제한 처분 대상을 해당 부정당행위에 관여한 자로 한정하고 있다.

반면, 구 공기업·준정부기관 계약사무규칙(2016.9.12. 기획재정부령 제571호로 개정되기 전의 것, 이하 '계약사무규칙'이라 한다) 제15조제4항(이하 '위 규칙 조항'이라 한다)은 '입찰참가자격을 제한받은 자가 법인이나 단체인 경우에는 그 대표자'에 대하여도 입찰참가자격 제한을 할 수 있도록 규정하여, 부정당행위에 관여하였는지 여부와 무관하게 법인 등의 대표자 지위에 있다는 이유만으로 입찰참가자격 제한 처분의 대상이 될 수 있도록 함으로써, 법률에 규정된 것보다 처분대상을 확대하고 있다.

그러나 공공기관운영법 제39조제3항에서 부령에 위임한 것은 '입찰참가자격의 제한기준 등에 관하여 필요한 사항'일 뿐이고, 이는 규정의 문언 상 입찰참가자격을 제한하면서 그 기간의 정도와 가중·감경 등에 관한 사항을 의미하는 것이지 처분대상까지 위임한 것이라고 볼 수는 없다. 따라서 위 규칙 조항에서 위와 같이 처분대상을 확대하여 정한 것은 상위법령의 위임 없이 규정한 것이므로 이는 위임입법의 한계를 벗어난 것으로서 대외적 효력을 인정할 수 없다. 이러한 법리는 계약사무규칙 제2조제5항이 '공기업·준정부기관의 계약에 관하여 계약사무규칙에 규정되지 아니한 사항에 관하여는 국가를 당사자로 한 계약에 관한 법령을 준용한다.'고 규정하고 있다고 하여 달리 볼 수 없다.

(4) 다만, 이와 관련하여 최근의 기획재정부 유권해석(2021.7.12.)은 '「공기업·준정부기관 계약사무규칙」(시행 2019.10.4.) 제15조는 "법 제39조제3항에 따라 기관장은 공정한 경쟁이나 계약의 적정한 이행을 해칠 것이 명백하다고 판단되는 자에 대해서는 국가계약법 제27조에 따라 입찰참가자격을 제한할 수 있다."라고 규정하고 있음에 따라 국가계약법 제27조 및 같은 법 시행령 제76조제6항에 따라 법인 또는 단체가 법 제27조제1항 각 호의 어느 하나에 해당하는 경우에는 법인 또는 단체의 대표자(대표자가 여러 명 있는 경우에는 해당 입찰 및 계약에 관한 업무를 소관하는 대표자로 한정)에 대해서도 입찰참가자격을 제한할 수 있을 것으로 보인다.'라고 해석하고 있어 앞의 대법원 판례와 배치되고 있는 점에 대해 이를 명확히 정립할 필요가 있다 하겠다.

➡ 기타공공기관의 경우는 "기타공공기관 계약사무 운영규정"(기획재정부 훈령) 제14조(부정당업자의 입찰참가자격 제한) 제4항에 법인이나 단체인 경우에는 그 대표자에 대하여도 제한조치를 하도록 규정하고 있어 대표자에 대해 제한조치를 할 수 있다고 볼 수 있겠음.

사. 공동계약의 경우 (영 §76⑤)

공동수급체 구성원 중에서 입찰참가자격 제한의 원인을 제공한 자에 대해서만 제한조치를 한다. 즉, 공동수급체 구성원 중 제한의 원인을 직접 제공한 자가 아니더라도 결과적으로 정당한 이유 없이 계약내용과 다르게 시공한 구성원 모두에 대하여 제한조치를 해야 하는데, 이는 공동수급체 구성원이 출자(시공)비율대로 이행하지 아니하고 출자(시공)비율 보다 높거나 낮게 이행하면, 모두 제한조치를 받게 된다는 의미이다.

* 종전에는 제한사유를 "직접" 야기 시킨 자에 대해 제한조치토록 하였으나, 2000.12.27. 시행령 개정으로 제한사유를 직접 야기 시킨 자가 아니더라도 결과적으로 계약내용과 다르게 이행한 구성원 모두에 대해 제한조치토록 강화된 것이며, 2016.9.2. 시행령 개정 시 용어를 정비(야기 → 제공)한 것이라 할 수 있음.

아. 제한조치 된 자를 대표자로 사용하는 경우 (영 §76⑨)

(1) 입찰참가자격이 제한된 자를 대표자로 사용하는 자에 대해서도 영 제76조 제7항 및 제8항을 적용한다. 즉, 그 제한기간 동안 해당 관서에서 집행하는 입찰에 참가할 수 없도록 하여야 하고, 경쟁입찰에 있어 낙찰된 자가 계약체결 전에 입찰참가자격 제한을 받은 경우에도 그와 계약을 체결해서는 아니 된다.

(2) 이때, 다음의 경우에는 그러하지 아니 한다.

① 대표자가 여러 명 있는 경우로서 해당 대표자가 입찰에 관여하지 아니한 경우

② 대표자가 「중소기업협동조합법」 제3조제1항에 따른 중소기업협동조합의 이사장인 경우로서, 입찰참가자격 제한 사유와 관련 없는 조합 또는 조합원이 입찰에 참가하려는 경우(2022.1.1.부터 시행).

* 수개의 중소기업자들이 1개의 법인을 구성하는 중소기업협동조합의 경우, 입찰참가자격 제한 사유와 관련이 없는 조합 또는 조합원에 대하여는 부정당업자제재 확장 범위에서 제외되도록 함으로서, 입찰참가자격 제한의 확장범위를 합리적으로 개선하기 위해 2021.7.6. 시행령을 개정하여 신설한 것임.

6. 입찰참가자격 제한조치의 시기 및 기간

가. 입찰제한조치의 시기

(1) 영 제76조제3항에 각 중앙관서의 장은 입찰참가자격 제한사유에 해당하는 자, 즉, "부정당업자"에 대해서는 "즉시" 1개월 이상 2년 이하의 범위에서 입찰참가자격을 제한하도록 규정하고 있다.

(2) 여기서 제한조치의 시기에 대해서는 입찰참가자격 제한사유에 해당하는 경우 "즉시" 제한조치를 하도록 규정하고 있을 뿐, 국가계약법령 어디에도 "즉시"에 대한 구체적인 개념에 대해 명시해 놓은 것이 없어 입찰참가자격 제한업무에 애로가 우려되는데, 이에 대해 구체적으로 살펴보면, 실제로 제한조치를 하려면 해당 사실의 인지가 전제되어야 할 것이므로 해당 사실을 인지한 날부터 제한조치를 할 수 밖에 없을 것이며, 해당 사실을 인지한 후 제한조치를 한 기간이 "즉시"라는 기간개념에 부합되는지의 여부에 대해서는 제한조치에 착수한 시기, 제한조치에 소요된 행정절차 및 소요된 기간에 대한 경과 사유, 민법 및 행정절차법 등 관련 법 규정과 법의 일반원칙 등을 종합적으로 고려하여 판단해야 할 것으로 생각된다.

※ "즉시"에 대한 국어사전적 의미는 "어떤 일이 행하여지는 바로 그때"를 말하며, 「민원사무처리에 관한 법률 시행령」(제3조) 상 민원사무처리기간이 "즉시"인 경우는 "3근무시간 이내"를 의미함.

☞ 종전에는 제한사실이 있은 후 "지체 없이" 제한조치토록 규정되어 있었으나, 2013.6.19. 시행령 개정 시 "즉시"로 변경된 것임.

나. 입찰제한조치의 기간 (법 §27, 영 §76④, 규칙 §76)

(1) 입찰참가자격 제한기간은 1개월 이상 2년 이내의 범위에서 위반행위별로 부실벌점, 하자비율, 부정행위 유형, 고의·과실 여부, 뇌물 액수, 국가에 손해를 끼친 정도 등을 고려하여 기획재정부령으로 정하도록 하고 있는데, 시행규칙 별

표2에 제한사유별로 제한기간을 구체적으로 규정해 놓고 있다.

* 당초 법 제27조에 '입찰참가자격의 제한기간을 대통령령이 정하는 일정기간'으로 규정하고 있었으나, 이는 제한의 기간을 전혀 예측할 수 없어 "명확성의 원칙"에 위반되고, 또한 하위법령에 제한기간을 전적으로 모두 위임하고 있어 "포괄위임금지원칙"에 위반된다는 헌법재판소 결정(헌재 2005.6.30. 자2005헌가1)에 따라 2005.12.14. "2년 이내의 범위에서 대통령령이 정하는 바에 따라"로 개정하게 된 것임.

(2) 또한, 위반행위의 동기·내용 및 횟수 등을 고려하여 제한기간의 2분의1의 범위에서 가중 또는 감경할 수 있으며, 이 경우, 가중 시에는 2년을 초과할 수는 없고, 감경 시에도 1개월 이상은 제한하여야 한다(규칙 §76 별표2).

☞ 제한기준 및 제한기간에 대한 세부사항은 제3절에 상술해 놓았음.

7. 입찰제한조치의 제척기간 (법 §27④)

(1) 입찰제한조치도 일정기간이 지나면 제한조치를 할 수 없는 제척기간을 두고 있다. 즉, 제척기간에 대해 국가계약법 제27조제4항은 다음과 같이 규정하고 있다.[9]

① 입찰제한조치 대상인 위반행위가 종료된 때부터 5년이 경과

② 법 제27조제1항제5호(공정거래법 또는 하도급법 위반) 및 제6호(상생협력법 위반)의 경우에는 공정거래위원회 또는 중소벤처기업부장관으로부터 요청이 있었던 때부터 5년이 경과.[10]

9) 「건설산업기본법」에 따른 영업정지, 과징금의 부과, 건설업 등록의 말소 등도 제척기간을 두고 있다(동법 §84의2; 2013.6.19. 시행).

10) * 제5호 : 「독점규제 및 공정거래에 관한 법률」 또는 「하도급거래 공정화에 관한 법률」을 위반하여 공정거래위원회로부터 입찰참가자격 제한의 요청이 있는 자.
* 제6호 : 「대·중소기업 상생협력 촉진에 관한 법률」 제27조제5항에 따라 중소벤처기업부장관으로부터 입찰참가자격 제한의 요청이 있는 자.

③ 법 제27조제1항제2호(담합) 및 제7호(뇌물)의 경우에는 위반행위 종료일부터 7년이 경과.

☞ 그 동안 입찰제한조치에 대해 제척기간을 두고 있지 않았으나, 2016.3.2. 법적 안정성을 확보하기 위해 도입한 것임(2016.9.3. 시행).

(2) 여기서 제척기간의 기산이 “위반행위가 종료된 때부터” 라고 규정되어 있어 “위반행위가 종료된 때”를 언제로 보느냐에 대해 명확하게 규정되어 있지 않으나, 참고로 담합의 경우, 담합행위가 종료된 날은 합의가 있었던 날이 아니라 합의에 기한 실행행위가 종료된 날을 의미한다는 대법원 판례 및 운송물 인도시의 제척기간 계산 관련 대법원 판례를 소개해 둔다.

대법원 판례(대법원 2021.1.14. 선고 2019두59639 판결)

판결요지 독점규제 및 공정거래에 관한 법률 제19조제1항제1호에 정한 가격 결정 등의 합의와 그에 기초한 실행행위가 있었던 경우 ‘부당한 공동행위가 종료한 날’은 합의가 있었던 날이 아니라 합의에 기초한 실행행위가 종료한 날을 말한다.

따라서 합의에 참가한 일부 사업자가 부당한 공동행위를 종료하기 위해서는 다른 사업자에 대하여 합의에서 탈퇴하였음을 알리는 명시적 내지 묵시적인 의사표시를 하고 독자적인 판단에 따라 담합이 없었더라면 존재하였을 가격 수준으로 인하하는 등 합의에 반하는 행위를 하여야 한다. 또한 합의에 참가한 사업자 전부에 대하여 부당한 공동행위가 종료되었다고 하기 위해서는 합의에 참가한 사업자들이 명시적으로 합의를 파기하고 각 사업자가 각자의 독자적인 판단에 따라 담합이 없었더라면 존재하였을 가격 수준으로 인하하는 등 합의에 반하는 행위를 하거나 또는 합의에 참가한 사업자들 사이에 반복적인 가격 경쟁 등을 통하여 담합이 사실상 파기되었다고 인정되는 행위가 일정 기간 계속되는 등 합의가 파기되었다고 볼만한 사정이 있어야 한다.

대법원 판례(대법원 2015.2.12. 선고 2013두6169 판결)

판결요지 구 독점규제 및 공정거래에 관한 법률(2013.7.16. 법률 제11937호로 개정되기 전의 것, 이하 ‘공정거래법’이라고 한다) 제19조제1항제1호에서 정한 가격결정 등의 합의 및 그에 기한 실행행위가 있었던 경우 부당한 공동행위가 종료된 날은 합의가 있었던 날이 아니라 합의에 기한 실행행위가 종료된 날을 의미하고, 이러한 법리는 공정거래법 제19조제1항제3호에서 정한 거래제한 등의 합의가 있는 경우 또는 가격결정 등의 합의와 거래제한 등의 합의가 결합한 경우에도 그대로 적용된다.

> **대법원 판례**(대법원 2019.6.13. 선고 2019다205947 판결)
>
> **판결요지** 이 사건 운송계약에 따른 운송물의 목적지는 메르신과 이스켄데룬으로 보아야 한다. 그러나 원고의 인도의무는 운송계약에서 정한 양륙항에 입항한 시점에 종료되는 것이 아니라, 정당한 수하인에게 인도하여야 완료되는 것이다.
>
> 따라서 원심으로서는 원고가 이 사건 운송물을 정당한 수하인에게 인도한 날을 기준으로 제척기간을 계산하거나, 만약 운송물의 인도가 불가능하게 된 경우에는 운송물을 인도할 날을 기준으로 제척기간 도과 여부를 판단하여야 한다.

(3) 한편, 동 제척기간에 대해 국가계약법 개정 시, 부칙에 별도의 경과규정은 두고 있지 아니하나, 동 제척기간제도는 그 동안 위반행위 이후 장기간이 경과하더라도 입찰참가자격을 제한토록 함에 따라 과잉규제 논란이 있었던 종전 규정을 시정하기 위해 도입된 것이므로 도입 취지상 동법 시행일(2016.9.3.) 이전에 위반행위가 발생한 경우도 제척기간을 도과하였다면 개정규정이 적용된다고 보면 된다[계약제도과-1570(2016.11.21.)].

8. 법령 개정으로 제한사유 추가 또는 변경시의 적용

(1) 입찰참가자격 제한사유 또는 제한기준이 법령개정으로 추가 또는 변경되었을 경우, 그 개정된 내용의 적용 시기는 개정 법령의 부칙에 정한 내용에 따르면 될 것이다. 일반적으로 제한사유가 개정되었을 경우 개정규정은 부칙에 "이 법(영) 시행 후 최초로 제한사유가 발생하는 것부터 적용한다."라고 규정하고 있어 제한사유가 발생한 시점을 명확히 확인하는 것이 필요하다.

(2) 만일, 개정 법령의 부칙에 적용례가 규정되어 있지 않을 경우에도 "법률 불소급의 원칙"에 따라 "부정당업자"에게 불이익이 되지 않도록 운용하여야 할 것이며, 이는 앞에서 본 바와 같이 입찰참가자격 제한조치에 대해 그 제한기준 등을 엄격하게 적용하여야 하고, 확대 또는 유추해석이나 자의적인 운용을 금지토록 하고 있는 취지와도 부합된다 할 수 있다.

9. 뇌물·담합 등의 사건에 대해 위반행위 발생사실을 확인하기 곤란한 경우의 제재

(1) 일반적으로 발주기관은 입찰제한조치 사유가 발생되었는지의 여부에 대해 자체적으로 판단하여 위반행위가 인정되는 경우 즉시 입찰참가자격을 제한하여야 하는 것이므로, 입찰제한조치에 있어 공정거래위원회, 법원 또는 검찰 등의 판단을 기다려 제재처분을 하여야 하거나 동 기관의 판단에 기속되는 것은 아니라고 할 수 있다.

(2) 그러나, 조사 또는 수사권이 없는 발주기관으로서는 뇌물이나 담합 등의 사건에 대해 입찰제한조치 사유 발생사실을 확인하기 곤란할 수 있으므로 이러한 사안에 대하여는 불가피하게 동 조사기관 등의 판단을 참고하여 위반행위 여부를 확정할 수 있다고 본다. 이에 대해 기획재정부는 '구체적인 사안에 있어 공성거래위원회, 법원 또는 검찰 등의 판단결과를 반영할지 여부에 대하여는 각 발주기관이 위반행위에 대한 증거자료의 수준, 사실관계 확정의 난이도 등 제반사정을 고려하여 판단할 사항'이라고 유권해석하고 있다(계약제도과-856(2016.6.24.).

(3) 또한, 이와 관련한 법원 판례는 반드시 뇌물성 여부에 대한 법원의 판단을 전제로만 위 처분을 할 수 있다고 볼 수 없으므로 법원 판단 전에 행한 입찰제한처분이 적법하다고 판시한 사례가 있다(수원지법 2011.10.13. 선고 2011구합6524 판결).

판례(수원지법 2011.10.13. 선고 2011구합6524 판결)

판시사항 ○○공사가 갑 회사의 공사계약의 이행과 관련하여 '관계 공무원에게 뇌물을 준 자'에 해당한다며 입찰참가자격을 제한하는 부정당업자제재처분을 한 사안에서, 처분이 적법하다고 한 사례.

판결요지 갑 주식회사와 터널교통관리시스템(TTMS) 구축공사 도급계약을 체결한 ○○공사가, 갑 회사 대표이사가 ○○공사 직원인 공사 감독관과 식사를 하다가 감독관이 자리를 비운 사이 그의 외투 주머니에 300만 원이 들어 있는 봉투를 넣은 사실을 확인한 후 공사계약을 해제하는 한편 갑 회사가 구 국가계약법 시행령 제76조제1항제10호(현 법 제27조제1

항제7호, 이하 같다)에서 정한 공사계약의 이행과 관련하여 '관계공무원에게 뇌물을 준 자'에 해당한다며 공공기관의 운영에 관한 법률 제39조제2항을 근거로 1.5개월간 입찰참가자격을 제한하는 내용의 부정당업자제재처분을 한 사안에서, 구 국가계약법 시행령 제76조제1항제10호에서 정한 '뇌물'은 형법 제129조 이하에서 정한 뇌물의 개념과 같고, 위 조항에서 정한 '관계공무원'은 특정범죄가중처벌 등에 관한 법률 제4조 및 같은 법 시행령 제2조제39호가 적용되므로 ○○공사의 임직원은 뇌물수수와 관련된 판단에서 공무원으로 의제되며, 구 국가계약법 시행령 제76조제1항제10호 등 관련규정에서 뇌물죄에 대한 법원의 판결을 요구하고 있지 않은 점 등을 고려해 보면 반드시 뇌물성 여부에 대한 법원의 판단을 전제로만 위 처분을 할 수 있다고 볼 수 없으므로, 처분이 적법하다.

10. 입찰제한조치 대상이 형사법규에도 위반이 되는 경우의 제재

입찰제한조치 사유가 발생되었을 때, 동 사유가 형사법규의 위반 사실도 되는 경우, 형사판결 확정에 앞서 입찰제한조치를 하여도 무방한지에 대해 보면, 대법원 판례는 '행정처분과 형벌은 각각 그 권력적 기초, 대상, 목적이 다르므로 관련법규가 예외적으로 형사소추 선행 원칙을 규정하고 있지 않은 이상 형사판결 확정에 앞서 일정한 위반사실을 들어 행정처분을 할 수 있다'고 판시하고 있다(대법원 2017.6.19. 2015두59808).

대법원 판례(대법원 2017.6.19. 선고 2015두59808 판결)

판시사항 일정한 법규 위반 사실이 행정처분의 전제사실이자 형사법규의 위반 사실이 되는 경우, 형사판결 확정에 앞서 일정한 위반사실을 들어 행정처분을 하였다고 하여 절차적 위반이 있다고 할 수 있는지 여부

판결요지 행정처분과 형벌은 각각 그 권력적 기초, 대상, 목적이 다르다. 일정한 법규 위반 사실이 행정처분의 전제사실이자 형사법규의 위반 사실이 되는 경우에 동일한 행위에 관하여 독립적으로 행정처분이나 형벌을 부과하거나 이를 병과할 수 있다. 법규가 예외적으로 형사소추 선행 원칙을 규정하고 있지 않은 이상 형사판결 확정에 앞서 일정한 위반사실을 들어 행정처분을 하였다고 하여 절차적 위반이 있다고 할 수 없다.

11. 조세포탈 등을 한 자의 입찰참가 배제

가. 입찰참가배제 대상

(1) 다음의 조세포탈 등을 한 자로서 유죄판결이 확정된 날부터 2년이 지나지 아니한 자에 대하여도 입찰에 참가하는 것이 배제되며, 수의계약 체결도 원칙적으로 배제된다(법 §27의5, 영 §12).

① 「조세범처벌법」 제3조에 따른 조세 포탈세액이나 환급·공제받은 세액이 5억 원 이상인 자
② 「관세법」 제270조에 따른 부정한 방법으로 관세를 감면 받거나 면탈하거나 환급받은 세액이 5억 원 이상인 자
③ 「지방세기본법」 제102조에 따른 지방세 포탈세액이나 환급·공제 세액이 5억 원 이상인 자
④ 「국제조세조정에 관한 법률」 제34조에 따른 해외금융계좌의 신고의무를 위반하고, 그 신고의무 위반금액이 「조세범처벌법」 제16조제1항에 따른 금액(50억 원)을 초과하는 자
⑤ 「외국환거래법」 제18조에 따른 자본거래의 신고의무를 위반하고, 그 신고의무 위반금액이 같은 법 제29조제1항제3호에 해당(10억 원)하는 자

* 조세포탈에 대한 제재를 보다 강화하기 위해 2013.8.13. 법 27조의5에 신설(의원 입법, 2014.2.14. 시행)한데 이어 시행령에 그 범위, 절차 등을 구체화한 것임(2013.12.30. 신설, 2014.2.14. 시행).

(2) 조세포탈 등을 한 자에 대한 입찰참가 배제에 관하여는 영 제76조제5항·제6항·제8항 및 제9항을 준용한다.

◈ 영 제76조제5항 : 법 제25조에 따른 공동계약의 공동수급체가 법 제27조제1항 각 호의 어느 하나에 해당하는 경우에는 입찰참가자격 제한의 원인을 제공한 자에 대해서만 제3항을 적용한다.

◈ 영 제76조제6항 : 다음 각 호의 어느 하나에 해당하는 자가 법 제27조제1항 각 호의 어느 하나에 해당하는 경우에는 그 구분에 따른 자에 대해서도 제3항을 적용한다.
1. 법인 또는 단체: 법인 또는 단체의 대표자(대표자가 여러 명 있는 경우에는 해당 입찰 및 계약에 관한 업무를 소관하는 대표자로 한정한다)
2. 「중소기업협동조합법」에 따른 중소기업협동조합: 입찰참가자격 제한의 원인을 제공한 조합원.

◈ 영 제76조제8항 : 각 중앙관서의 장 또는 계약담당공무원은 경쟁입찰에 있어 낙찰된 자가 계약체결 전에 제3항, 제5항 또는 제6항에 따라 입찰참가자격 제한을 받은 경우에는 그 낙찰자와 계약을 체결해서는 아니 된다. 다만, 법 제21조에 따른 장기계속계약의 낙찰자가 최초로 계약을 체결한 이후 입찰참가자격 제한을 받은 경우로서 해당 장기계속계약에 대한 연차별계약을 체결하는 경우에는 해당 계약상대자와 계약을 체결할 수 있다.

◈ 영 제76조제9항 : 각 중앙관서의 장 또는 계약담당공무원은 제6항제1호에 따라 입찰참가자격이 제한된 자를 대표자로 사용하는 자에 대해서도 제7항 및 제8항을 적용한다. 다만, 다음 각 호의 어느 하나에 해당하는 경우는 제외한다.
1. 대표자가 여러 명 있는 경우로서 해당 대표자가 입찰에 관여하지 않은 경우
2. 대표자가 「중소기업협동조합법」 제3조제1항에 따른 중소기업협동조합의 이사장인 경우로서 입찰참가자격 제한 사유와 관련 없는 조합 또는 조합원이 입찰에 참가하려는 경우

나. 입찰참가자격배제 여부에 관한 입증서류 확인 (영 §12④, ⑤)

(1) 계약담당공무원은 「형의 실효 등에 관한 법률」 제2조제5호에 따른 범죄경력 자료의 회보서나 판결문 등의 입증서류를 제출하게 하는 등의 방법으로 계약상대자가 조세포탈 등을 한 자에 대한 입찰참가 배제사유에 해당하는지를 계약체결 전까지 확인하여야 한다.

(2) 계약담당공무원은 계약상대자가 입찰에 참가할 때에 자격배제 여부에 관한 입증서류를 제출하기 어려운 경우에는 앞의 배제사유에 해당하지 아니한다는 사실을 적은 서약서를 제출하게 할 수 있다. 이 경우 서약서에는 서약서에 적은 내용과 다른 사실이 발견된 때에는 계약을 해제·해지할 수 있고, 부정당업자제재처분을 받을 수 있다는 내용이 포함되어야 한다.

12. 입찰제한처분이 재량권의 범위를 일탈·남용하였는지 판단하는 방법

(1) 입찰제한처분을 포함한 제재적 행정처분이 재량권의 범위를 일탈하였거나 남용하였는지 여부에 대해 대법원 판례(대법원 2015.12.10. 선고 2014두5422 판결)는 '처분사유인 위반행위의 내용과 위반의 정도, 그 처분에 의하여 달성하려는 공익상의 필요와 개인이 입게 될 불이익 및 이에 따르는 제반 사정 등을 객관적으로 심리하여 공익침해의 정도와 처분으로 인하여 개인이 입게 될 불이익을 비교·교량하여 판단하여야 한다'라고 판시하고 있으며,

(2) 또한, 대법원 판례(대법원 2007.9.20. 선고 2007두6946 판결)는 '제재적 행정처분의 기준이 부령의 형식으로 규정되어 있더라도 그것은 행정청 내부의 사무처리준칙을 성한 것에 지나지 아니하여 대외적으로 국민이나 법원을 기속하는 효력이 없고, 당해 처분의 적법 여부는 위 처분기준만이 아니라 관계 법령의 규정 내용과 취지에 따라 판단되어야 하므로, 위 처분기준에 적합하다 하여 곧바로 당해 처분이 적법한 것이라고 할 수는 없지만, 위 처분기준이 그 자체로 헌법 또는 법률에 합치되지 아니하거나 위 처분기준에 따른 제재적 행정처분이 그 처분사유가 된 위반행위의 내용 및 관계 법령의 규정 내용과 취지에 비추어 현저히 부당하다고 인정할 만한 합리적인 이유가 없는 한 섣불리 그 처분이 재량권의 범위를 일탈하였거나 재량권을 남용한 것이라고 판단해서는 안 된다'라고 판시하고 있다.

13. 특별사면과 관련한 제재처분 대상

(1) 특별사면과 관련하여 특별사면 대상에 대해 "광복 70주년 특별사면 및 특별감면조치(2015.8.13.)" 시의 사례를 살펴보면, 건설업체에 대한 행정제재 해제범위의 구체적 지침을 명시한 「건설업체 등에 대한 제재조치의 해제범위 공고」(2015.8.22.)는 해제대상 행정처분을 "2015.8.13. 이전에 부과된 행정처분"으로

명시하면서 "2015.8.13. 이전 행위에 대해 2015.8.13. 이전까지 행정제재 처분이 이루어지지 않은 경우는 해제 범위에 해당되지 않는다."고 규정하고 있다.[11)]

(2) 따라서, 참고로 2015.8.13. 이전에 발주기관이 입찰제한처분 사유가 발생되었음을 인지하였으나 제한처분을 하지 못한 경우에는 비록 그 처분사유가 특별사면일 이전에 발생되었다고 하더라도 앞의 공고에 따른 특별사면 대상은 아니라는 해석을 하고 있다(계약제도과-125, 2017.2.3.).

(3) 또한, 특별사면이 있은 후 행정청이 그 이전의 범죄사실에 따른 입찰참가자격 제한처분을 한 경우, 처분이 지연되지 않았다면 특별사면 대상이 될 수 있었다는 사정만으로 입찰참가자격 제한처분이 위법하다고 볼 수 있는지 여부에 대해, 대법원 판례는 "특별사면은 사면권자의 고도의 정치적·정책적 판단에 따른 시혜적인 조치이고, 특별사면 진행 여부 및 그 적용 범위는 사전에 예상하기 곤란할 뿐 아니라, 처분청에 처분상대방이 특별사면 대상이 되도록 신속하게 절차를 진행할 의무까지 인정된다고 보기도 어렵다. 따라서 처분이 지연되지 않았다면 특별사면 대상이 될 수 있었다는 사정만으로 입찰참가자격 제한처분이 위법하다고 볼 수는 없다"고 판시하고 있다(대법원 2018.5.15. 선고 2016두57984 판결).

대법원 판례(대법원 2018.5.15. 선고 2016두57984 판결)

판시사항 특별사면이 있은 후 행정청이 그 이전의 범죄사실에 따른 입찰참가자격 제한처분을 한 경우, 처분이 지연되지 않았다면 특별사면 대상이 될 수 있었다는 사정만으로 입찰참가자격 제한처분이 위법하다고 볼 수 있는지 여부 및 이 경우 입찰참가자격 제한처분에 관한 재량권 일탈·남용이 인정되는지 판단하는 방법.

판결요지 특별사면은 사면권자의 고도의 정치적·정책적 판단에 따른 시혜적인 조치이고, 특별사면 진행 여부 및 그 적용 범위는 사전에 예상하기 곤란할 뿐 아니라, 처분청에 처분상대방이 특별사면 대상이 되도록 신속하게 절차를 진행할 의무까지 인정된다고 보기도 어렵다. 따라서 처분이 지연되지 않았다면 특별사면 대상이 될 수 있었다는 사정만으로 입찰참가자격 제한처분이 위법하다고 볼 수는 없다.

11) 입찰제한처분에 대한 특별사면 사례를 보면, ① 2000년8월15일 밀레니엄 특별사면, ② 2006년8월15일 특별사면, ③ 2012년 신년 특별사면, ④ 2015년8월15일 특별사면 사례를 들 수 있다.

다만 법원으로서는 처분이 지연된 경위, 지연된 처분에 따른 사면 대상 제외 이외에 처분상대방이 입게 된 특별한 불이익이 있는지, 그 밖의 감경사유는 없는지, 처분상대방에 대한 제재의 필요성, 처분상대방이 처분 지연으로 인하여 특별사면의 혜택을 누리게 되지 못한 점이 처분 양정에 고려되었는지, 처분 결과가 비례와 형평에 반하는지 등을 종합적으로 고려하여 입찰참가자격 제한처분에 관한 재량권 일탈·남용이 인정되는지를 판단할 수 있을 따름이다.

유권해석 사례

사례 1 공기업·준정부기관이 법인 또는 단체에 대한 부정당업자 제재처분 시 해당 법인 또는 단체의 대표자에 대해서도 부정당업자 제재 처분이 가능한지 여부

회 신 (계약정책과, 2021.7.12.)

공적기능을 수행하는 공공기관의 설립취지에 따라 계약사무에 관한 국가기관과의 형평성을 확보하기 위해 부정당업자의 입찰참가자격 제한 대상을 「국가를 당사자로 하는 계약에 관한 법률」에서 규정하고 있는 내용과 일치시키고자, 현재 「공기업·준정부기관 계약사무규칙」(시행 2019.10.4.) 제15조는 "법 제39조제3항에 따라 기관장은 공정한 경쟁이나 계약의 적정한 이행을 해칠 것이 명백하다고 판단되는 자에 대해서는 「국가를 당사자로 하는 계약에 관한 법률」 제27조에 따라 입찰참가자격을 제한할 수 있다."라고 규정하고 있습니다.

따라서 「국가를 당사자로 하는 계약에 관한 법률」 제27조 및 같은 법 시행령 제76조제6항에 따라 법인 또는 단체가 법 제27조제1항 각 호의 어느 하나에 해당하는 경우에는 법인 또는 단체의 대표자(대표자가 여러 명 있는 경우에는 해당 입찰 및 계약에 관한 업무를 소관하는 대표자로 한정)에 대해서도 입찰참가자격을 제한할 수 있을 것으로 보임.

사례 2 "물품 보수비율"과 관련한 부정당업자 제재기준 및 제척기간 산정

회 신 (계약제도과-2165, 2019.12.24.)

국가계약법 시행규칙 [별표2]에는 "법 제27조제1항제1호에 해당하는 자 중 계약의 이행을 조잡하게 한 자" 중 물품의 보수비율이 100분의 6 이상인 경우 부정당업자제재를 하도록 규정하고 있으며, "보수비율이란 물품보증기간 중 계약금액에 대한 보수비용발생 누계금액비율을 말한다."라고 정의하고 있습니다.

한편 국가계약법 제27조제4항에 의하면 각 중앙관서의 장은 부정당행위가 종료된 때부터 5년이 경과한 경우에는 입찰참가자격을 제한할 수 없다고 규정하고 있습니다. 따라서 물품보증기간 중 발생한 물품의 보수비율이 100분의 6 이상인 경우로서 보증기간이 종료된 때부터 5년이 경과한 경우에는 입찰참가자격을 제한할 수 없을 것으로 보임.

사례 3 국가계약법 시행령 신구법 적용 관련

회 신 (계약제도과-1809, 2019.10.28.)

국가계약법 시행령 제76조제1항제1호(2021.7.6. 개정되기 전)의 적용과 관련 하여, 동 시행령 부칙 제7조제1항은 "이 영 시행 전에 발생한 사항에 따른 입찰참가자격 제한에 관하여는 제76조제1항제1호의 개정규정에도 불구하고 종전의 규정에 따른다."고 규정하고 있는바, 피처분자가 이 영 시행 전에 행한 행위에 대한 입찰참가가격 제한에 관하여는 종전의 규정을 따라야 할 것임.

사례 4 하도급자에 대한 입찰제한조치 가능 여부

회 신 (계약제도과-996, 2018.7.6.)

국가계약법 시행령 제76조제2항(2019.9.17. 개정되기 전)에서 '각 중앙관서의 장은 계약상대자, 입찰자 또는 제30조제2항에 따라 전자조달시스템을 이용하여 견적서를 제출하는 자(이하 이 조에서 "계약상대자 등"이라 한다)로서 법 제27조제1항 각 호의 어느 하나에 해당하는 자(이하 "부정당업자"라 한다)에 대해서는 즉시 1개월 이상 2년 이하의 범위에서 입찰참가자격을 제한하여야 한다.

다만, 계약상대자 등의 대리인, 지배인 또는 그 밖의 사용인이 법 제27조제1항 각 호의 어느 하나에 해당하는 행위를 하여 입찰참가자격 제한 사유가 발생한 경우로서 계약상대자 등이 대리인, 지배인 또는 그 밖의 사용인의 그 행위를 방지하기 위하여 상당한 주의와 감독을 게을리하지 아니한 경우에는 계약상대자 등에 대한 입찰참가자격을 제한하지 아니한다.'라고 규정하고 있는바, 하도급자는 계약상대자 또는 입찰자가 아니므로 상기 규정에 따른 입찰참가자격 제한이 곤란할 것임.

계약상대자가 하도급자에게 특정업무에 대해 구체적으로 지휘·감독하는 경우에는 동 하도급자는 사용인에 해당한다고 할 것이므로, 이 경우에는 하도급인이 국가계약법 제27조제1항의 위반행위를 한 경우 계약상대자에 대해 입찰참가자격 제한을 할 수 있다고 할 것임.

다만, 계약상대자가 하도급자의 지휘·감독에 상당한 주의와 감독을 게을리하지 않았다면 계약상대자에 대한 입찰참가자격을 제한할 수 없다고 보아야 할 것이며, 구체적인 경우에 있어 입찰참가자격 제한 여부는 지휘·감독 관계의 존부, 주의감독 의무 이행 여부 등 제반사정을 고려하여 각 중앙관서의 장이 판단할 사항임.

사례 5 입찰제한조치의 주체는?

회 신 (계약제도과-398, 2018.3.28.)

국가는 각 중앙행정기관의 장이, 공기업·준정부기관 및 기타공공기관은 기관장이 각 해당 규정에 따라 입찰참가자격 제한을 할 수 있음. 국가의 경우 하위관서(예: 지방국토관리청 등)에서 입찰참가자격 제한을 하려는 경우에는 각 중앙관서의 장에게 요청하여야 하며, 국가계약법에서 입찰참가자격 제한은 기속행위로 규정하고 있어 제한 사유에 해당한다면 각 중앙관서의 장은 입찰참가자격 제한을 하여야 할 것임.

사례 6 중앙행정기관이 조달청에 계약업무를 위탁한 경우 입찰제한조치의 주체는?

회 신 (계약제도과-226, 2018.2.21.)

중앙행정기관이 국가계약법 제6조에 근거하여 계약업무를 조달청에 위탁하는 경우 입찰참가자격 제한 처분의 수권도 이루어진다고 보아야 할 것임. 따라서 각 중앙관서의 장이 조달청에 계약 업무를 위탁하는 경우에는 조달청장이 부정당업자 입찰참가자격제한을 할 수 있을 것임.

각 중앙관서의 장은 국가계약법 제27조, 동법 시행령 제76조에 규정된 입찰참가자격제한 사유에 해당하는 경우 동법 시행규칙 별표에 따라 부정당업자의 입찰참가자격 제한을 하여야 함. 질의하신 사안이 법령의 부정당업자 입찰참가자격 사유에 해당하는지 여부는 제반사정을 고려하여 발주기관에서 판단할 사항임.

사례 7 중앙행정기관이 산하기관에 계약업무를 위탁한 경우 입찰제한조치의 주체는?

회 신 (계약제도과-191, 2018.2.13.)

국가계약법 제6조(계약사무의 위임·위탁), 대법원 판례[계약업무 위탁규정을 입찰참가자격제한 처분의 수권 취지가 포함된 업무위탁에 관한 근거규정으로 해석(대법원 2017.12.28. 선고 2017두39433 판결)]을 종합적으로 고려하면, 계약 업무를 위임·위탁하여 처리하는 경우에는 그 계약의 위임·위탁 범위에 입찰참가자격제한 처분 권한도 포함된다고 보아야 할 것임. 「방위사업법」에 따라 방위사업청장이 핵심기술의 연구개발에 관한 계약 및 관리를 ○○연구소장에 위탁하는 것이 상기와 같은 위임·위탁으로 볼 수 있는지 여부는 「방위사업법령」소관부처로 문의하시기 바람.

사례 8 입찰제한조치 제척기간의 설정 취지

회 신 (계약제도과-163, 2018.2.2.)

국가계약법(2016.9.3. 시행) 제27조제4항에서 일정기간이 경과하면 부정당업자의 입찰참가자격 제한을 할 수 없도록 규정하고 있는바, 이는 규정된 기간이 경과하면 부정당업자의 입찰참가자격 제한 처분을 할 수 있는 권리가 소멸되는 것을 의미하는 것임.

각 중앙관서의 장은 상기 규정에 정해진 기간 내에 국가계약법령의 기준과 절차에 따라 입찰참가자격 제한 처분을 하여야 할 것임.

사례 9 공기업·준정부기관도 조세포탈 등을 한 자에 대해 입찰제한처분을 할 수 있는지 여부

회 신 (계약제도과-821, 2017.6.30.)

국가계약에 있어서 부정당업자의 입찰참가자격 제한 규정은 엄격하게 해석하여야 하며, 확대 또는 유추해석을 하여서는 아니 될 것임. 공기업·준정부기관의 경우 「공공기관의 운영에 관한 법률」에 조세포탈 등을 한 자의 입찰참가자격 제한 규정이 없으므로, 국가계약법 제27조의5를 준용하여 조세포탈 등을 한 자의 입찰참가자격 제한을 할 수는 없을 것임.

사례 10 2차 협력업체를 사용인으로 보아 제재할 수 있는지 여부

회 신 (계약제도과-577, 2017.5.18.)

국가계약법 시행령 제76조제2항(2019.9.17. 개정되기 전)에서 '각 중앙관서의 장은 계약상대자, 입찰자 또는 제30조제2항에 따라 전자조달시스템을 이용하여 견적서를 제출하는 자(이하 이 조에서 "계약상대자 등"이라 한다)로서 법 제27조제1항 각 호의 어느 하나에 해당하는 자(이하 "부정당업자"라 한다)에 대해서는 즉시 1개월 이상 2년 이하의 범위에서 입찰참가자격을 제한하여야 한다.

다만, 계약상대자 등의 대리인, 지배인 또는 그 밖의 사용인이 법 제27조제1항 각 호의 어느 하나에 해당하는 행위를 하여 입찰참가자격 제한 사유가 발생한 경우로서 계약상대자 등이 대리인, 지배인 또는 그 밖의 사용인의 그 행위를 방지하기 위하여 상당한 주의와 감독을 게을리하지 아니한 경우에는 계약상대자 등에 대한 입찰참가자격을 제한하지 아니한다.'라고 규정하고 있음.

하수급자가 계약상대자 등에게 특정한 행위를 지휘·감독받는 경우라면 상기 조항 단서의 '그 밖의 사용자'에 해당한다고 볼 수 있을 것이며, 그 밖의 사용인이 법 제27조제1항 각 호의 어느 하나에 해당하는 행위를 하여 입찰참가자격 제한 사유가 발생한 경우 계약상대자 등이 그 행위를 방지하기 위하여 상당한 주의와 감독을 게을리하지 아니한 경우 계약상대자 등에 대한 입찰참가자격을 제한하지 아니하는바, 상당한 주의와 감독을 게을리하지 아니하였는지는 여부는 제반사정을 고려하여 발주기관이 판단하여야 할 것임.

사례 11 부정당업자 제재처분 특별사면 관련 질의 회신

회 신 (계약제도과-125, 2017.2.3.)

「광복 70주년 특별사면 및 특별감면조치」중 건설업체에 대한 행정제재 해제범위의 구체적 지침을 명시한 「건설업체 등에 대한 제재조치의 해제범위 공고」(2015.8.22.)는 해제대상 행정처분을 "2015.8.13일 이전에 부과된 행정처분"으로 명시하면서 "2015.8.13일 이전 행위에 대하여 2015.8.13일 이전까지 행정제재 처분이 이루어지지 않은 경우는 해제 범위에 해당되지 않는다"고 규정하고 있음.

따라서, 2015.8.13일 이전에 발주기관이 입찰참가자격 제한사실을 인지하였으나 처분에 이르지 못한 경우에는 위 조치에 따른 특별사면 대상은 아니라고 할 것입니다. 구체적인 경우에 있어서 입찰참가자격 제한을 할 지 여부에 대하여는 발주기관이 관계법령 및 제반사정 등을 고려하여 종합적으로 판단할 사항임.

사례 12 하도급자가 사용인에 해당되는지 여부

회 신 (계약제도과-35, 2017.1.6.)

국가계약법 시행령 제76조제2항에 따라 사용인의 행위가 제재 사유에 해당하는 경우에는 계약상대자 등에게 제재처분을 하도록 규정하고 있음.

계약상대자가 하도급자에게 특정행위에 대해 구체적으로 지휘·감독한 경우에는 사용인에 해

당한다고 할 것이므로 하도급자의 행위에 따라 계약상대자에게 부정당업자 제재 처분이 가능할 것임. 다만, 구체적으로 하도급자가 사용인에 해당하는 지 여부는 제반사정을 고려하여 각 중앙관서의 장이 판단할 사항임.

사례 13 입찰제한조치의 제척기간 적용 시기

회 신 (계약제도과-1570, 2016.11.21.)

2016.9.3. 시행된 국가계약법 제27조제4항의 입찰참가자격 제한처분에 대한 제척기간은 동법 부칙에 별도의 경과규정은 두고 있지 아니하나, 동 제도는 위반행위 이후 장기간이 경과하더라도 입찰참가자격을 제한토록 함에 따라 과잉규제 논란이 있었던 종전 규정을 시정하기 위해 도입된 것이므로 취지상 동법 시행일 이전에 위반행위가 발생한 경우에도 제척기간을 도과하였다면 개정규정이 적용된다고 할 것임.

사례 14 입찰참가자격 제한에 대한 법인 면책요건 관련 질의 회신

회 신 (계약제도과-1107, 2016.8.1.)

국가계약법 시행령 제76조제2항(2019.9.17. 개정되기 전)은 "···계약상대자 등의 대리인, 지배인 또는 그 밖의 사용인이 다음 각 호의 어느 하나에 해당하는 경우에는 법 제27조제1항에 따른 부정당업자인 해당 계약상대자 등에게 제27조제1항에 따라 즉시 1개월 이상 2년 이하의 범위에서 입찰참가자격을 제한하여야 한다.

다만, 계약상대자 등의 대리인, 지배인 또는 그 밖의 사용인이 다음 각 호의 어느 하나에 해당하는 행위를 하여 입찰참가자격의 제한 사유가 발생한 경우로서 계약상대자 등이 그 행위를 방지하기 위하여 상당한 주의와 감독을 게을리하지 아니한 경우에는 그러하지 아니하다."라고 규정하고 있으므로, 발주기관은 청문 등 입찰참가자격 제한 처분절차에서 계약상대자가 사용인에 대한 주의·감독 의무를 다하였음을 주장하는 경우에는 동 주장에 대한 충분한 검토를 거쳐 입찰참가자격 제한여부를 결정하여야 할 것임.

사례 15 뇌물·담합 등의 사건에 대하여도 발주기관이 직접 제재조치를 할 수 있는지 여부

회 신 (계약제도과-1107, 2016.8.1.)

발주기관은 국가계약법 시행령 제76조의 위반행위의 발생 여부에 대하여 자체적으로 판단하여 위반행위가 인정되는 경우 즉시 입찰참가자격을 제한하여야 하는 것이므로, 입찰참가자격 제한에 있어 공정위·법원·검찰 등의 판단을 기다려 제재처분을 하여야 하거나 동 기관의 판단에 기속되는 것은 아니라 할 것임,

다만, 수사권이 없는 발주기관으로서는 뇌물·담합 등의 사건에 대하여는 위반행위 발생사실을 확인하기 곤란한 경우가 있으므로 이러한 사안에 대하여는 불가피하게 상기기관의 판단을 참고하여 위반행위의 여부를 확정할 수도 있다고 판단되며, 구체적인 사안에 있어 공정위·법원·검찰 등의 판단결과를 반영할지 여부에 대하여는 각 발주기관이 위반행위에 대한 증거자료의 수준, 사실관계 확정의 난이도 등 제반 사정을 고려하여 판단할 사항임.

사례 16 단순 견적서 제출자에 대한 입찰제한조치 가능 여부

회 신 (계약제도과-1485, 2015.10.19.)

국가계약법 시행령 제76조제2항(2019.9.17. 개정되기 전)에서는 입찰참가자격 제한처분의 대상을 계약상대자, 입찰자 또는 제30조제2항에 따라 지정정보처리장치를 이용하여 견적서를 제출하는 자로 규정하고 있습니다.

따라서, 시행령 제30조제2항의 지정정보처리장치를 이용하지 않고 단순히 견적서를 제출하는 자와 관서운영경비 집행과 관련하여 서류 등을 제출하는 자는 입찰참가자격 제한처분의 대상에 해당되지 않는다 할 것입니다. 다만, 계약이 체결된 이후에는 계약상대자로서 계약불이행 등과 관련된 입찰참가자격 제한처분의 대상에는 해당된다할 것임.

사례 17 연대보증인 하자보증의무 미 이행 시 입찰참가자격제한조치 가능 여부

회 신 (계약제도과-1081, 2015.8.6.)

연대보증인이 시공의무이행(하자보수이행을 포함한다)을 보증한 공사에서, 계약일이 2009년 2월 17일인 계약인 경우에 적용되는 법규(공사계약일반조건, 시행 2008.12.29.)에는 하자보수 이행의무를 이행하지 않은 연대보증인의 부정당업자 입찰참가자격 제한이 가능하도록 규정하고 있으므로 연대보증 업체에 대한 부정당업자 입찰참가자격 제한도 가능하다 할 것임.

다만, 계약이행이 완료되고 계약서의 하자담보책임기간이 만료된 후 추가적인 하자담보책임기간 설정 및 하자보수보증금 추가납부 요구는 연대보증인의 하자보수 이행의무에 포함되지 않는다 할 것이며, 따라서 동 사유로 인한 연대보증 업체에 대한 부정당업자 입찰참가자격 제한은 불가하다 할 것임.

사례 18 위탁계약자의 계약상대방에 대한 입찰참가자격제한 가능 여부

회 신 (계약제도과-794, 2015.6.23.)

국가계약법 제2조에는 "동법은 국가가 대한민국 국민을 계약상대자로 하여 체결하는 계약 등 국가를 당사자로 하는 계약에 대하여 적용한다."라고 규정되어 있음. 따라서 사인 간의 계약에는 동법을 적용할 수 없고 상대 계약자의 부정당 행위에 대해 국가계약법상의 입찰참가자격 제한을 할 수는 없을 것임.

사례 19 인건비 이중 지급에 대한 입찰참가자격제한 및 환수 가능 여부

회 신 (계약제도과-791, 2015.6.23.)

① 시행령 제76조제1항(현행 법 제27조제1항)의 입찰참가자격제한 주체는 각 중앙관서의 장이 되며, 계약상대자가 계약 전에 제출한 견적서가 동조 제1항제8호의 허위서류에 해당하는지 여부는 제반사정 등을 고려하여 발주기관이 판단할 사항임.

② 국가계약법은 절차법으로 인건비 이중지급 여부 등 실질적인 계약내용 및 부당이득 환수에 관한 것은 발주기관이 계약문서 등을 검토하여 판단할 사항임.

사례 20 수의계약의 계약상대방도 입찰참가자격제한 대상이 될 수 있는지 여부

회 신 (계약제도과-310, 2015.3.24.)

국가계약법 시행령 제76조제2항(2019.9.17. 개정되기 전)에서는 부정당업자 입찰참가자격 제한 대상으로 계약상대방을 규정하고 있으므로 수의계약의 계약상대방도 부정당업자 입찰참가자격 제한 제재의 대상이 될 수 있음.

사례 21 소액수의견적입찰의 낙찰자가 계약미체결 시 부정당업자 제재를 할 수 있는지 여부

회 신 (계약제도과-441, 2014.4.8.)

해당규정에서 국가계약법 시행령 제30조제2항에 따라 전자조달시스템을 이용하여 견적서를 제출한다 하더라도 이는 수의계약을 위한 절차에 해당하므로, 제30조제2항에 따라 전자조달시스템을 이용하여 견적서를 제출하는 자 또는 그 자의 대리인, 지배인 또는 그 밖의 사용인이 정당한 이유없이 계약을 체결하지 아니하였다는 사유만으로는 입찰참가자격을 제한할 수 없는 것으로 보는 것이 적정할 것입니다.

사례 22 계약상대자의 하수급업체의 부정행위에 대해 계약상대자를 부정당업자 제재를 할 수 있는지 여부

회 신 (계약제도과-438, 2014.4.8.)

입찰참가자격의 제한여부는 계약상대자, 입찰자 또는 영 제30조제2항에 따라 전자조달시스템을 이용하여 견적서를 제출하는 자(이하 "계약상대자 등"이라 함)나 "계약상대자 등"의 대리인, 지배인 또는 그 밖의 사용인이 국가계약법 시행령 제76조 각 호의 어느 하나의 사유에 해당하는지를 각 중앙관서의 장이 판단하여 결정하여야 할 것임.

사례 23 건설업 면허등록이 말소된 업체에 대해서도 부정당업자 제재가 가능한지 여부

회 신 (계약제도과-1135, 2013.8.23.)

입찰참가자격의 제한을 받는 법인의 면허가 말소된 경우라 하더라도 법인과 대표자 모두에 대하여 입찰참가자격을 제한하는 것이 타당할 것으로 판단됨.

사례 24 계약상대자의 외주제작자나 제3자를 대상으로 부정당업자제재를 할 수 있는지 여부

회 신 (계약제도과-1147, 2013.8.27.)

계약상대자 또는 입찰참가자(계약상대자 또는 입찰참가자의 대리인, 지배인, 그 밖의 사용인을 포함)에 해당되지 않는 계약상대자의 외주제작자나 제3자에 대해서는 입찰참가자격을 제한할 수 없는 것으로 판단됨.

사례 25 하수급인도 부정당업자 제재대상에 포함되는지?

회 신 (계약제도과-921, 2013.7.6.)

계약상대자 또는 입찰참가자(계약상대자 또는 입찰참가자의 대리인, 지배인, 그 밖의 사용인을 포함)에 해당되지 않는 하수급인에 대해서는 입찰참가자격을 제한할 수 없는 것으로 판단됨.

※ 유사사례(하수급예정자에 대해 입찰참가자격 제한조치 가능 여부) : 공사의 적격심사 시 계약상대자가 제출한 하도급관리계획서상의 하수급예정자가 해당 계약을 포기하였다 하여 동 하수급예정자에 대해 입찰참가자격제한조치를 할 수는 없는 것임(회제 41301-2053, 2001.10.17.).

사례 26 입찰참가자격 등록만 하고 있는 자, PQ에 참가중인 자도 제재대상이 되는지?

회 신 (계약제도과-1159, 2012.9.4.)

시행령 제76조는 부정당업자 제재의 대상을 "입찰자" 등으로 규정하고 있음에 비추어, 시행규칙 제15조에 따라 입찰참가자격 등록만 하고 있는 자는 "입찰자"로 볼 수 없으므로 부정당업자 제재대상이 되지 않을 것임. 또한 시행규칙 제40조에 따른 입찰참가신청 전에 실시하는 PQ에 참가중인 자도 "입찰자"로 보기 어려운 바, 부정당업자 제재대상이 되지 않는다고 보는 것이 타당할 것임.

사례 27 계약상대자 또는 입찰참가자의 국적

회 신 (계약제도과-706, 2012.6.7.)

공공기관이 체결한 계약에 있어서 '계약상대자 또는 입찰참가자'에는 국내업체 뿐만 아니라 국외업체도 포함되며, 공공기관의 장이 입찰참가자격을 제한하는 경우에는 「공기업·준정부기관 계약사무규칙」 제15조제6항에 따라 동조동항 각 호의 사항(입찰참가자격 제한기간 및 제한사유, 해당 업체명과 주소 및 대표자의 성명 등)을 명백히 하여 (현)전자조달시스템 등에 게재하여야 함.

사례 28 부정당업자 제재처분이 법원으로부터 집행정지 결정을 받은 경우

회 신 (계약제도과-132, 2012.2.8.)

공사입찰에 있어 시행령 제76조에 따라 입찰참가자격이 제한중인 업체는 그 제한기간 중에는 국가기관, 지방자치단체 및 공공기관이 실시하는 입찰에 참가할 수 없으며, 경쟁입찰에 있어서 낙찰이 되더라도 동조제10항에 따라 계약을 체결할 수 없음. 다만 부정당업자 제재처분이 법원으로부터 집행정지 결정을 받은 경우에는 해당 업체에 대한 제재처분의 효력이 정지되어 있으므로 입찰참가 및 계약체결 등에 있어서 제한사항이 없다고 할 것임.

사례 29 하수급자가 시행령 제76조의 "그 밖의 사용인"에 해당하는지 여부

회 신 (계약제도과-1593, 2011.12.29.)

시행령 제76조제2항(2019.9.17. 개정되기 전)의 "그 밖의 사용인"은 일반적으로 하도급계약에 의한 하수급인을 포함한다고 볼 수 없을 것이나, 하수급자가 "계약상대자 등"에게 특정한 행위를 구체적으로 지휘·감독받는 경우라면 사용인에 해당한다고 할 것이므로, 하수급자가 사용인에 해당하는지 여부는 "계약상대자 등"이 하수급자의 불법행위를 지휘하였는지 등을 고려하여 판단할 사항임.

사례 30 조달청장에게 계약체결 요청 시 부정당업자 제재 주체

회 신 (계약제도과-558, 2011.5.23.)

「조달사업에 관한 법률」 제5조의2는 동법 시행령에서 정하는 기준에 해당하는 경우 조달청장에게 계약체결을 요청하도록 하고 있는 바, 이러한 계약체결의 위탁에는 계약과 불가분관계에 있는 부정당업자 제재의 권한도 포함된다고 볼 수 있을 것임.

따라서 조달청장은 계약체결에 관한 법정 수탁기관으로서 계약체결 과정에서 부정당업자 제재사유를 발생시킨 입·낙찰자에 대하여 국가계약법 제27조에 따라 부정당업자 제재를 할 수 있음.

사례 31 부정당업자 제재 주체 해당 여부

회 신 (계약제도과-144, 2011.2.17.)

해양환경관리공단은 특별법에 의해 설립된 법인으로서 국가계약법 제27조 및 동법 시행령 제76조의 규정이 적용되는 기관이 아니며, 동 공단이 행한 제재 조치는 해당 기관이 시행하는 입찰에 한하여 참가를 제한하겠다는 사법상의 통지에 불과하고 국가기관, 지방자치단체 및 「공공기관의 운영에 관한 법률」에 따른 공공기관에 기속력을 미치지 아니하므로 이 건의 경우 한국어촌어항협회에 대해 입찰참가자격 제한 의무를 부과하지 아니함.

사례 32 소송중인 사안에 대한 부정당업자 제재 가능여부

회 신 (회계제도과-1729, 2009.10.14.)

국가기관이 행한 입찰, 낙찰 또는 계약체결에 대하여 발주기관의 결정에 불복하여 "계약상대자 등"이 취소소송 등을 제기하였을지라도 법원의 구체적인 결정(집행정지 결정 등)이 있기 전에는 국가계약법령에서 정한 요건에 해당될 경우 계약상대방에 대한 계약해제 및 부정당업자 제재조치 등이 가능할 것임.

사례 33 부정당업자제재처분 시기를 임의로 정할 수 있는지 여부

질 의 A업체가 다른 계약 건으로 부정당업자제재를 받고 있을 때, 그 계약건의 부정당업자제재기간 종료 후에 다른 건의 부정당업자제재 조치를 하는 것이 가능한지?

회 신 (회계제도과-287, 2008.4.30.)

각 중앙관서의 장은 영 제76조에 해당하는 계약상대자 또는 입찰자에 대하여는 법 제27조에 따라 당해 사실이 있은 후 (현)즉시 일정기간 입찰참가자격을 제한하여야 하며, 중앙관서의 장이 임의로 입찰참가자격 제한의 시기를 정할 수는 없음.

사례 34 법인과 법인의 대표자에 대한 부정당업자 제재

회 신 (회계제도과-2925, 2006.12.22.)

영 제76조에 따라 부정당업자제재처분을 받은 자가 법인인 경우에는 동조 제4항(현행 제6항)에 따라 그 대표자에 대하여도 제재토록 하고 있는 바, 동 규정은 계약상 의무를 이행할 책임이 있는 계약상대자인 법인이 이를 이행하지 아니할 경우에 법인은 물론 실질적으로 법인의 의사를 결정하는 대표자에 대하여도 동일하게 제재하여 국가계약에 있어 공정한 입찰 및 계약의 성실한 이행 등을 확보하고자 하는 취지임.

사례 35 파산선고 된 법인의 파산관재인(변호사)에 대한 제재여부

회 신 (회계제도과-379, 2005.2.23.)

입찰참가자격의 제한을 받은 자가 법인인 경우 그 대표자에 대하여도 부정당업자 제재처분을 하는 바, 파산선고로 파산절차가 개시된 경우에는 계약상 의무를 이행할 종전 법인은 사실상 존재하지 않게 되므로, 법원에 의해 파산선고와 동시에 선임된 파산관재인에 대하여 부정당업자 제재를 하는 것은 대표자에 대한 부정당업자 제재의 취지와 부합하지 않는 것임.

사례 36 2개 기관에 허위실적서류 제출로 인해 한 기관이 부정당업자처분을 한 경우, 다른 기관도 제재처분이 가능한지 여부

회 신 (회계제도과-377, 2003.12.29.)

귀 질의의 경우 허위실적서류를 서로 다른 관서에 제출한 경우라면 각 중앙관서의 장은 시행규칙 제76조 등을 적용하여 부정당업자제재조치를 하여야 함.

※ 유사사례(서로 다른 기관에서 동일한 사유의 제재조치를 할 경우 제재시점 및 기간의 동일성 여부) : 부정당업자 제재사유가 같은 종류의 것이라 하더라도 서로 다른 기관에서 각각 제재조치를 할 경우 그 제재시점 및 제재기간이 서로 같아야 하는 것은 아님(회계 45107-1330, 1995.8.10.).

사례 37 부정당업자 제재 후 법원의 권고가 있을 경우 이를 수락, 다시 처분을 할 수 있는지?

질 의 부정당업자에 대해 입찰참가자격 제한처분(당초 11개월 → 4개월로 경감)을 한 중앙관서의 장이 그 처분에 절차상의 중대한 하자나 무효원인이 존재하지 않을지라도 법원의 권고(4개월 → 3개월)가 있을 경우 이를 수락, 당초의 처분을 취소하고 새로운 처분을 할 수 있는지?

회 신 (회제 41301-1411, 2002.9.27.)

부정당업자에 대한 입찰참가자격을 제한함에 있어서 그 위반정도가 경미하거나 기타 정상을 참작할 특별한 사유가 있는 경우에는 규칙 제76조제4항에 따라 그 제한기간을 경감할 수 있는 바, 당초 처분과정에서 동 규정에 따라 처분기간을 경감한 경우 재경감할 것인지의 여부는 해당 중앙관서의 장이 발생된 경감사유 등을 고려하여 판단·결정할 사항임.

사례 38 (현)공기업·준정부기관의 장이 계약에 관한 사무를 지역본부장에게 위임한 경우 부정당업자 제재권한도 포함되는지 여부

회 신 (회제 41301-1020, 2003.9.22.)

국가계약법에 의한 부정당업자의 입찰참가자격제한조치는 해당 중앙관서의 장이 하도록 규정하고 있으며, 동 조치는 입찰참가자 또는 계약상대자의 입찰참가 권리를 제한하는 것이므로 기관자체의 업무위임 등에 따라 산하기관에 위임할 수 있는 범위에 해당되지 않는다고 보는 바, (현)공기업·준정부기관 계약사무규칙에 의한 부정당업자의 입찰참가자격제한조치도 이와 동일하다고 봄.

사례 39 공동수급체(분담이행방식) 일부 구성원이 부정당업자 제재조치를 받은 경우 잔존 구성원도 제재대상인지?

회 신 (회제 41301-117, 2002.1.29.)

분담이행방식으로 체결한 공동계약에서 계약담당공무원이 시공포기의 사유로 인하여 공동수급체의 일부 구성원을 영 제76조의 규정에 의하여 입찰참가자격 제한조치를 한 경우, 해당 구성원은 발주자에 대한 계약상의 의무이행에 대하여 분담내용에 따라 각자 책임을 지므로 이와 무관한 구성원은 제재대상이 아님.

사례 40 시공자 및 입찰자가 입찰담합 혐의로 기소되어 재판계류중인 경우 부정당업자 제재시기

회 신 (회제 41301-1275, 2001.7.3.)

귀 질의와 같이 해당 시공사 및 입찰자가 입찰담합 혐의로 기소되어 재판계류중인 경우의 구체적인 제재시기에 관한 사항은 해당 중앙관서의 장이 해당 사실의 확인 등을 통하여 결정하여야 할 것으로 사료됨.

제2절 ㅣ 입찰참가자격 제한사유

Ⅰ. 개요

1. 제한사유의 열거주의

(1) 입찰참가자격 제한조치는 그 제한기간 동안 "부정당업자"의 영업활동이 제한을 받게 되는 등 "부정당업자"의 권익침해와 관계되는 사항이므로 법 제27조제1항 및 이에 근거한 시행령 제76조에 그 제한사유를 구체적으로 열거하고 있다.

(2) 따라서, 동 제한사유는 예시적 성격이 아닌 구체적 열거사항으로서, "부정당업자"의 어떤 행위가 비록 입찰참가자격 제한제도의 취지에 부합되는 것으로 볼 수 있다고 하더라도 제한조치의 예측가능성, 신뢰보호의 원칙 등에 따라 동 법령의 조문에 명시된 제한사유에 명확하게 부합하지 않으면 제한조치를 해서는 안 될 것이다(확대해석 또는 유추해석이나 자의적인 운용 금지).

2. 제한사유 요약 (19개)

각 호별	제한 사유 (19개)
〈법§27①〉	
① 제1호	계약의 부실·조잡·부당·부정 이행
② 제2호	담합행위

각 호별	제한 사유 (19개)
③ 제3호	하도급 규정 위반
④ 제4호	사기, 그 밖의 부정한 행위로 국가에 손해 발생
⑤ 제5호	공정거래위원회 요청(공정거래법 및 하도급법 위반)
⑥ 제6호	중소벤처기업부장관 요청
⑦ 제7호	뇌물제공
⑧ 제8호	산업안전보건법 위반으로 중대위해를 가한 자
(제9호 근거)	
〈시행령§76②〉	
○ 제1호	**〈경쟁의 공정한 집행을 저해할 염려가 있는 자〉**
⑨ 가목	서류의 위조·변조·부정행사 또는 허위서류 제출
⑩ 나목	고의 무효입찰
- 다목	연 3회 이상 입찰 불참 ⇒ 2019.12.18. 삭제
⑪ 라목	입찰참가·계약체결 및 계약이행 방해
- 마목	적격심사서류 미제출 등 ⇒ 2019.12.18. 삭제
- 바목	종합심사서류 미제출 등 ⇒ 2019.12.18. 삭제
- 사목	턴키입찰 시 실시설계서 미제출 ⇒ 2019.12.18. 삭제
○ 제2호	**〈계약의 적정한 이행을 해칠 염려가 있는 자〉**
⑫ 가목	정당한 이유 없이 계약의 불 체결 또는 불이행
⑬ 나목	조사설계금액·원가계산금액 등의 부적정 산정
⑭ 다목	타당성조사 부실 수행
⑮ 라목	감독·검사의 직무수행 방해
⑯ 마목	건설사업관리기술인의 부당 교체
○ 제3호	**〈다른 법령을 위반하는 등 입찰에 참가시키는 것이 적합하지 아니하다고 인정되는 자〉**
⑰ 가목	안전대책 소홀
⑱ 나목	정보 무단 누출
⑲ 다목	정보시스템 등에 허가 없이 접속, 무단으로 정보수집 설치

[참고 1] 입찰제한 사유 근거규정이 2016.3.2. 대폭 개정(2016.9.3. 시행)되어 시행령에 규정되어 있던 사항이 법으로 상향 규정되는 등 전반적으로 조문이 재배열되었으며, 그 후 2021.7.6. 종전의 영 제76조제1항제3호 가목의 안전대책 소홀과 산업안전보건법 위반사항 중 산업안전보건법 위반사항을 분리하여 법 제27조제1항제8호 및 영 제76조제1항에 규정함으로써 제한사유가 종전의 18개에서 19개로 되었음.

[참고 2] 입찰제한 사유 중 종전 시행령 제76조제1항제1호의 다목(연 3회 이상 입찰 불참), 마목(적격심사서류 미제출), 바목(종합심사서류 미제출) 및 사목(턴키입찰 실시설계서 미제출)은 입찰의 공정성·적정성을 저해할 소지가 낮은 유형으로 보아 기업부담을 덜어주기 위해 2019.12.18. 폐지되었음.

[참고 3] 공기업·준정부기관의 경우, 2013.11.18. 「공기업·준정부기관 계약사무규칙」 개정으로 제한사유가 종전의 국가계약법령 중 담합, 하도급 규정 위반, 하도급법 및

공정거래법 위반, 뇌물, 서류 위변조 등 5가지로 축소되었다가 2016.9.12. "공기업·준정부기관 계약사무규칙"을 개정, 다시 국가계약법의 경우와 동일하게 적용토록 하였음(임의규정 형식).

Ⅱ. 제한사유별 세부사항 (법 §27, 영 §76①, ②)

1. 계약의 부실·조잡·부당·부정 이행 등 (법 §27① 제1호)

◉ 계약을 이행함에 있어서 부실·조잡 또는 부당하게 하거나 부정한 행위를 한 자

(1) 계약의 이행을 "부실"하게 한 것으로는, 시행규칙 별표2의 '부정당업자의 입찰참가자격 제한기준'에 규정한 부실시공, 부실설계 또는 부실감리를 한 것으로 보면 될 것이며, 이는 부실벌점으로 측정된다.

☞ "부실벌점"은 「건설기술진흥법」 제53조(건설공사 등의 부실측정)에 따른 부실벌점을 말함.

(2) 계약의 이행을 "조잡"하게 한 것으로는, 공사의 경우 시행규칙 별표2에 규정한 하자비율이 100% 이상, 물품의 경우 보수비율이 6% 이상에 해당하는 것으로서, 그 미만인 경우는 제한조치 대상에 해당되지 아니 한다. 다만, 동 별표2에 명시되어 있는 공사 및 물품 외의 용역 등의 경우는 해당 중앙관서의 장이 조잡의 정도를 고려하여 제한기간을 결정하면 될 것이며, 특히, 계약목적물이 설계용역일 때에는 공사의 경우에 준하여 그 조잡정도를 산출할 수 있을 것이다(회제 41301-3829, 1998.12.1.).

※ "하자비율"이란 하자담보책임기간 중 하자검사결과 하자보수보증금에 대한 하자발생 누계금액비율을 말하며, 하자비율 산정 시 하자보수보증금 및 하자발생 누계금액은 공종별로 산정하는 것이 아니라 계약건별로 산정함(회제 41301-1215, 2002.8.31.).

※ “보수비율”이란 물품보증기간 중 계약금액에 대한 보수비용 발생 누계금액비율을 말함.

☞ 물품구매계약을 연간 단가계약으로 체결한 경우, “계약금액”은 해당 물품에 대한 납품요구금액이 아니라 계약단가에 해당 연도 내에 사용할 이행예정수량을 곱한 총 계약금액을 말함. 국가기관이 동일한 물품의 구매에 대하여 총액계약과 단가계약을 별도로 체결한 경우에는 보수비율을 계약건별로 각각 적용해야 함(회계제도과-748, 2004.5.19.).

(3) 계약의 이행을 “부당”하게 한 것으로는, 시행규칙 별표2에 규정한 설계서(물품제조의 경우에는 규격서)와 달리 구조물 내구성 연한의 단축, 안전도의 위해를 가져오는 정도의 부당한 시공(물품의 경우에는 부당한 제조)을 한 것이라 할 수 있다.

(4) 계약을 이행함에 있어 “부정”한 행위를 한 것으로는, 시행규칙 별표2에 규정한 “설계서상의 기준규격보다 낮은 다른 자재를 쓰는 행위 등”으로 보면 될 것이다.

(5) 계약의 이행을 “부당”하게 하거나, 계약을 이행함에 있어 “부정”한 행위를 한 것에는 해당하나, 이를 이유로 입찰제한처분을 한 것은 비례원칙 등을 위반하여 재량권을 일탈·남용하였으므로 결과적으로 동 처분이 위법하다고 판단한 대법원 판례를 소개해 둔다(대법원 2018.11.29. 선고 2018두49390 판결).

① 원고가 수의계약이 가능한 제품으로 계약을 체결한 후에 수의계약이 불가능한 제품을 대신 수요기관에 납품한 것은 그 자체로 국가계약법의 취지에 반하는 것으로 부당하거나 부정한 행위로 평가할 수 있고,

② 원고의 계약위반 행위가 부당하거나 부정한 행위에 해당되지 않는다는 근거의 하나로 원고가 납품한 제품이 이 사건 계약에서 정한 제품보다 효용성이 크다거나 고가·고급 사양의 제품이라는 사정을 들고 있다. 그러나 원고 또한 궁극적으로 자신의 영리를 목적으로 그러한 행위를 한 것이고, 그로 인해 결과적으로 같은 제품을 생산하는 다른 중소기업자들의 납품 기회를 박탈하였다는 점에서 보면, 그러한 이유만으로 원고의 계약위반 행위가 정당화되지 않으며,

③ 원고가 수요기관의 요청에 부응하여 다른 제품을 납품하였다는 사정 또한 원고의 계약위반 행위가 부당하거나 부정한 행위에 해당되지 않는다는 근거로 삼고 있으나, 원고 스스로 수요기관에 우수조달물품이 아닌 제품도 수의계약이 가능하다는 잘못된 정보를 전달하였고, 나아가 이러한 사정을 형량요소로 삼는 것은 별론으로 하고 처분사유가 있는지를 좌우하는 근거로 볼 수도 없으나,

⇒ 위 처분이 비례원칙 등을 위반하여 재량권을 일탈·남용하였으므로 결과적으로 위법하다고 판단한 원심의 결론은 정당하다고 판시.

대법원 판례(대법원 2018.11.29. 선고 2018두49390 판결)

판시사항 갑 주식회사가 조달청장과 우수조달물품으로 지정된 고정식 연결의자를 수요기관인 지방자치단체에 납품하는 내용의 물품구매계약을 체결한 후 각 지방자치단체에 지정된 우수조달물품보다 품질이 뛰어난 프리미엄급 의자를 납품하였는데, 조달청장이 갑 회사가 수요기관에 납품한 의자가 우수조달물품이 아닌 일반제품이라는 이유로 3개월간 입찰참가자격을 제한하는 처분을 한 사안에서, 원심이 위 처분에 처분사유가 인정되지 않는다고 판단한 부분은 수긍하기 어려우나 위 처분이 비례원칙 등을 위반하여 재량권을 일탈·남용하였으므로 결과적으로 위법하다고 판단한 원심의 결론은 정당하다고 한 사례.

판결요지 갑 주식회사가 조달청장과 우수조달물품으로 지정된 고정식 연결의자를 수요기관인 지방자치단체에 납품하는 내용의 물품구매계약을 체결한 후 각 지방자치단체에 지정된 우수조달물품보다 품질이 뛰어난 프리미엄급 의자를 납품하였는데, 조달청장이 갑 회사가 수요기관에 납품한 의자가 우수조달물품이 아닌 일반제품이라는 이유로 3개월간 입찰참가자격을 제한하는 처분을 한 사안에서, 위 물품구매계약은 갑 회사와 조달청장이 당사자이고 수요기관인 지방자치단체들이 계약상 수익자인 제3자를 위한 계약인데, 제3자인 지방자치단체들이 계약 내용을 임의로 변경할 수 없으므로, 갑 회사가 임의로 위 계약에서 정한 제품과 다른 제품을 납품한 행위 자체가 계약위반에 해당하는 점, 갑 회사가 수의계약이 가능한 제품으로 계약을 체결한 후에 수의계약이 불가능한 제품을 대신 수요기관에 납품한 것은 그 자체로 국가를 당사자로 하는 계약에 관한 법률의 취지에 반하는 것으로 부당하거나 부정한 행위로 평가할 수 있는 점, 결과적으로 같은 제품을 생산하는 다른 중소기업자들의 납품 기회를 박탈하였다는 점에서 보면 갑 회사가 납품한 제품이 물품구매계약에서 정한 제품보다 효용성이 크다거나 고가·고급 사양의 제품이라는 이유만으로 갑 회사의 계약위반 행위가 정당화되지 않는 점 등을 종합하면, 원심이 위 처분에 처분사유가 인정되지 않는다고 판단한 부분은 수긍하기 어려우나 위 처분이 비례원칙 등을 위반하여 재량권을 일탈·남용하였으므로 결과적으로 위법하다고 판단한 원심의 결론은 정당하다고 한 사례.

유권해석 사례

사례 41 부정한 제조를 한 자에 대한 제재

회 신 (계약제도과-431, 2011.4.25.)

시행령 제76조1항제1호(현행 법 제27조제1항) 및 시행규칙 별표2의 제3호 "나"목에 따라 "규격서상의 기준규격보다 낮은 다른 자재를 쓰는 등 부정한 제조를 한 자"에 대하여는 입찰참가자격을 제한하도록 하고 있는 바, 귀 기관에서 질의하신 사안이 동 사유에 해당되는지의 여부는 계약목적 및 제반 사실관계 등을 고려하여 판단·결정해야 할 것으로 보임. 다만, 시행령 제76조제1항제17호 규정은 시행(2010.10.22.) 후 최초로 제한사유가 발생하는 자"부터 적용토록 하고 있으므로 계약업체가 제조 납품한 시점(2010.1.12~9.3)이 동 조항 시행일 이전인 경우 동 조항을 적용하기는 곤란할 것으로 판단됨.

사례 42 하도급업체의 불법행위에 대해 계약상대자에게 부정당업자제재 가능 여부

질 의 계약상대자를 하수급업체의 불법적인 토사반입에 대한 관리책임과 시행규칙 별표2 제3호 나목의 "설계서상의 기준규격보다 낮은 다른 자재를 쓰는 등 부정한 시공을 한 자" 또는 별표2 제15호 "감독 또는 검사에 있어서 그 직무의 수행을 방해한 자"에 해당하는 것으로 보아 부정당업자 제재를 할 수 있는지?

회 신 (회계제도과-2089, 2009.12.24.)

해당 계약과 관련하여 하수급업체가 공사현장에 불법적인 방법으로 토사를 반입한 경우, 계약상대자의 하수급업체 관리책임 및 시행규칙 별표2 제3호 나목과 제15호를 근거로 하여 계약상대자를 부정당업자로 제재할 것인지 여부는 동법 제27조 및 동법 시행령 제76조, 계약에 관한 제반사항 등을 고려하여 계약의 적정한 이행에 문제가 발생하였는지 및 제재처분에 대한 법적 근거가 있는지 등을 발주기관이 판단하여 결정하는 것이 타당할 것임.

다만, 하수급업체가 반입한 토사에 대한 품질을 검사한 결과가 설계서상 기준규격보다 동등 이상일 뿐만 아니라 그 토사를 사용한 공사시공에 하자가 발생하지 않았다면 계약상대자가 별표2 제3호 나목의 "설계서상의 기준규격보다 낮은 다른 자재를 쓰는 등 부정한 시공을 한 자"에 해당한다고 보기 어려울 것임.

또한 감독 또는 검사는 공사의 적정한 이행을 위한 것이므로 계약상대자의 행위가 동 공사의 적정한 이행과 직접적 관련성이 없거나, 동 공사의 이행에 지장을 초래하지 않는다면, 계약상대자가 별표 제15호의 "감독" 또는 검사에 있어서 그 직무수행을 방해한 자"에 해당한다고 보기는 어려울 것임.

사례 43 계약이행 불능으로 계약을 해지한 경우 계약보증금 국고귀속 및 부정당업자 제재 가능 여부

회 신 (회계제도과-1312, 2009.8.14.)

계약상대자의 적절한 계약이행을 담보하기 위한 계약보증금은 국가계약법 제12조 및 동법 시행령 제50조에 따라 납부하도록 하고, 계약상대자가 정당한 이유 없이 계약상의 의무를 이행하지 아니한 때에는 동법 제12조 및 동 시행령 제51조에 따라 국고에 귀속시켜야 하는 바, 계약상대자의 책임 있는 사유로 계약목적물의 성능측정에서 부적합으로 판정되어 계약내용의 이행이 불가능하게 됨에 따라 계약을 해지한 경우라면 계약상대자가 정당한 이유 없이 계약상 의무를 이행하지 아니한 경우로 보아 계약보증금을 국고에 귀속하는 것이 타당할 것임.

또한 계약상대자가 계약이행을 부실·조잡 또는 부당하게 한 경우에는 동법 제27조 및 동 시행령 제76조에 따라 입찰참가자격을 제한하여야 하는 바, 계약담당공무원은 입찰참가자격 제한여부와 관련하여 계약상대자가 계약이행을 부실·조잡 또는 부당하게 행하여 성능 부적합 판정을 받았는지 등을 계약의 목적 및 계약목적물의 특성 등을 고려하여 판단할 수 있을 것임.

사례 44 물품납품 후 보증기간 내에 하자발생 시 부정당업자제재

질 의 물품납품 후 보증기간 내에 하자가 발생하여 계약상대자가 물품전량을 대체납품 또는 물품대금을 전액 반납한 경우 부정당업자제재 가능 여부

회 신 (회계제도과-2062, 2005.10.4.)

물품구매계약에 있어 물품보증기간 중 계약금액에 대한 보수비용 발생 누계금액비율(보수비율)이 규칙 제76조 관련 별표2 각호에서 정하고 있는 일정 비율이상인 때에는 그 조잡정도에 따라 1월 이상 2년 이하의 범위에서 부정당업자의 입찰참가자격을 제한하여야 하는 바, 물품납품 후 보증기간 내에 하자가 발생하여 계약상대자가 물품구매계약일반조건 제21조제2항에 따라 해당 물품을 전량 대체 납품하였거나 물품대금을 전액 반납한 사항과는 별개로 부정당업자 제재사유에 해당되는 경우에는 입찰참가자격을 제한함이 타당하다고 봄.

사례 45 용역의 경우 조잡정도에 따른 재한기간 결정방법

질 의 규칙 [별표2]의 입찰참가자격 제한기준에서 공사와 물품에 대하여만 조잡정도에 따라 제한기간을 세분화해 놓고 있는데, 그 이외의 계약의 경우 제한기간 결정방법은?

회 신 (회제 41301-3829, 1998.12.1.)

공사, 물품 및 용역 등의 계약에서 계약상대자가 계약을 이행함에 있어서 조잡하게 한 경우에는 영 제76조제1항제3호(현행 법 제27조제1항) 및 계약당사자간의 계약문서인 공사계약일반조건 제49조의 규정에 의하여 입찰참가자격 제한조치의 사유가 되는 것이며, 동 입찰참가자격 제한의 세부기준을 정한 규칙 제76조 관련 [별표2]의 제1호 내지 제3호의 각 "나"목의 규정은 계약이행의 조잡정도에 따른 제재기간을 세분화 한 것인 바, 동 규정에 예시된 공사와 물품 이외의 계약의 경우에는 해당 중앙관서의 장이 조잡의 정도를 고려하여 제재기간을 결정할 사항이며, 공사의 경우 하자담보책임기간 중 하자검사결과 하자보수보증금에 대한 하자발생 누계금액비율이 100분의 100 미만인 경우에는 상기 규정에 의한 입찰참가자격제한조치 대상에 해당되지 아니함.

2. 담합행위 (법 §27① 제2호)

◉ **경쟁입찰, 계약의 체결 또는 이행 과정에서 입찰자 또는 계약상대자 간에 서로 상의하여 미리 입찰가격, 수주 물량 또는 계약의 내용 등을 협정하였거나 특정인의 낙찰 또는 납품대상자 선정을 위하여 담합한 자**

가. 담합의 개념 및 유형

1) "담합"의 개념

국가계약법령에 담합의 개념에 관하여 정의를 해놓은 것이 없어 명확히 정립하기는 어려우나, 법 제27조제1항제2호에 규정한 "입찰, 계약의 체결 또는 이행 과정에서 입찰자 또는 계약상대자 간에 서로 상의하여 미리 입찰가격, 수주물량 또는 계약의 내용 등을 협정한 것"을 담합으로 볼 수 있을 것이며, 「건설산업기본법」 제95조제1호(벌칙)에 규정한 "건설공사의 입찰에 있어 부당한 이익을 취득하거나 공정한 가격 결정을 방해할 목적으로 입찰자가 서로 공모하여 미리 조작한 가격으로 입찰한 것"도 담합이라고 해석할 수 있을 것이다.

* 종전에는 '경쟁입찰 과정'에서 발생한 담합에 대하여만 입찰참가자격 제한조치가 가능하도록 규정하고 있어, '계약체결 과정'으로 해석하는 다수공급자계약(MAS)에서의 2단계 경쟁에서 담합 사실이 적발되더라도 제한조치를 할 수 없는 문제점을 개선하기 위해 2013.6.19. 시행령을 개정, "계약의 체결 또는 이행 과정"에서 발생하는 담합에 대해서도 제한조치를 할 수 있도록 추가한 것임.[12]

2) 담합을 한 자의 유형

(1) 시행규칙(§76①, 별표2)은 입찰참가자격 제한 시, 담합행위 유형을 세분하

12) "다수공급자계약"(MAS ; Multiple Award Schedule) : 조달청이 수요기관의 다양한 수요를 충족하기 위해 품질·성능 또는 효율 등이 같거나 비슷한 종류의 수요물자를 수요기관이 선택할 수 있도록 2인 이상을 계약상대자로 체결하는 공급계약이라 할 수 있으며, 수요물자의 1회 납품요구 대상이 5천만 원(중소기업자 간 경쟁제품은 1억 원) 이상인 경우, 수요기관이 다수공급자계약의 적격자로 선정된 업체들로 하여금 제안서를 제출하게 하여 가격 평가를 통해 납품 업체와 물량을 결정하게 된다.

여 '담합을 주도한 자'와 단순히 '담합을 한 자'로 구분하고, 담합을 주도한 자의 경우도 다시 '담합을 주도하여 낙찰을 받은 자'와 '담합을 주도하기는 하였으나 낙찰을 받지 않은 자'로 구분하여 제한기간을 다르게 적용토록 하고 있으며, 단순히 '담합을 한 자'의 경우는 특정인의 낙찰을 위하여 담합하였거나 그렇지 않은 담합 모두를 대상으로 하고 있다.

(2) 여기서 '담합을 주도한 자'의 의미에 대해 판례 등을 종합해 볼 때, 본인 또는 특정인의 실제 낙찰을 목적으로 기획 또는 회의를 주재하거나 다른 사업자를 설득·종용하는 등 중심적인 위치에서 활동한 자를 의미한다고 볼 수 있으며, 담합을 주도한 자를 단순히 담합을 한 자와 구분하여 그 제한기간을 다르게 적용하도록 하고 있는 것은 담합을 주도한 자가 단순 가담자에 비해 입찰질서를 더욱 어지럽히는 결과를 초래한다고 보기 때문이라 할 수 있다.

(3) '담합을 주도하여 낙찰을 받은 자'에 대한 제재기간을 원칙적으로 2년으로 정하고 있는 것과 관련하여 그 처분기준이 현저히 부당하다고 볼 수 없다는 판례를 소개해 둔다(대법원 2019.2.28. 선고 2018두49444 판결).

대법원 판례(대법원 2019.2.28. 선고 2018두49444 판결)

판시사항 제재적 행정처분이 재량권의 범위를 일탈·남용하였는지 판단하는 방법 및 제재적 행정처분의 기준이 부령의 형식으로 규정되어 있는 경우, 그 기준에 따른 처분이 적법한지 판단하는 방법

판결요지 ① (중략) 제재적 행정처분의 기준이 부령 형식으로 규정되어 있더라도 그것은 행정청 내부의 사무처리준칙을 규정한 것에 지나지 않아 대외적으로 국민이나 법원을 기속하는 효력이 없다. 따라서 그 처분의 적법 여부는 처분기준만이 아니라 관계 법령의 규정 내용과 취지에 따라 판단하여야 한다. 그러므로 처분기준에 부합한다 하여 곧바로 처분이 적법한 것이라고 할 수는 없지만, 처분기준이 그 자체로 헌법 또는 법률에 합치되지 않거나 그 기준을 적용한 결과가 처분사유인 위반행위의 내용 및 관계 법령의 규정과 취지에 비추어 현저히 부당하다고 인정할 만한 합리적인 이유가 없는 한, 섣불리 그 기준에 따른 처분이 재량권의 범위를 일탈하였다거나 재량권을 남용한 것으로 판단해서는 안 된다. ② (중략) 원고의 담합행위는 관급 PHC 파일 구매 입찰에 관하여 관련 조합을 중심으로 다수 회원사와 함께 상당 기간 반복적으로 이루어졌다. 이러한 원고의 조직적인 담합행위로 인하여 관급 PHC 파일 구매 입찰에서 경쟁의 공정한 집행이 침해되었다. 구

국가계약법 시행규칙(2016.9.23. 기획재정부령 제573호로 개정되기 전의 것) 제76조제1항 [별표2] 제9호 (가)목은 '담합을 주도하여 낙찰을 받은 자'에 대한 제재기간을 원칙적으로 2년으로 정하고 있다. 이러한 처분기준이 그 자체로 헌법 또는 법률에 합치되지 아니하거나 위 처분기준에 따라 제재적 행정처분을 하는 것이 현저히 부당하다고 볼 수 없다. 담합행위에 따른 낙찰 건수 및 낙찰금액 중 처분사유로 특정된 부분만을 한정하여 보더라도, 그 횟수가 7회에 이르고, 그 낙찰금액도 17억 원이 넘는 거액이다. 나아가 담합행위에 가담하게 된 동기나 그 역할 등에서 원고에게 특별히 참작할 사정이 엿보이지도 아니한다. 따라서 피고가 이 사건 처분 당시에 원심에서 축소된 낙찰 건수 및 낙찰금액만을 위반행위로 파악하였다고 하더라도, 위 처분기준보다 기간을 감경하였을 것이라고 보기 어렵다. 결국 원심이 든 사유만으로 이 사건 처분에 재량권 일탈·남용의 위법이 있다고 단정할 수 없다.

(4) 한편, "특정인의 낙찰을 위하여 담합한 자"의 의미에 대해 공개입찰에서 특정인이 낙찰되도록 하는 경우는 물론 공개입찰의 성립 자체를 방해하여 특정인으로 하여금 수의계약을 체결하게 하는 행위도 포함된다는 판례도 소개해 둔다(서울고등법원 2007.6.13. 선고 2006누28507,28514(병합) 판결).

판례(서울고등법원 2007.6.13. 선고 2006누28507,28514(병합) 판결)

(중략) 공개입찰의 성립 자체를 방해하여 특정인으로 하여금 수의계약을 체결하게 하는 행위 역시 같은 법에서 규정한 경쟁의 공정한 집행 또는 계약의 적정한 이행을 해칠 염려가 있는 행위에 해당함은 분명하다 할 것이고, 한편 '특정인의 낙찰을 위하여 담합한 자'의 의미를 당해 공개입찰에서 특정인이 낙찰되도록 하는 경우에 한정되고, 공개입찰의 성립 자체를 방해하여 특정인으로 하여금 수의계약을 체결하게 하는 행위는 제외된다고 한정하여 해석하여야 할 근거도 없다 할 것이므로, 위 시행령의 해석에 있어서는 공개입찰의 성립 자체를 방해하여 특정인으로 하여금 수의계약을 체결하게 하는 행위도 '특정인의 낙찰을 위하여 담합한 자'에 해당한다고 할 것이다.

나. 담합에 대한 판례입장

(1) 입찰자간에 서로 상의하여 미리 입찰가격 등에 대해 협의 등을 한 행위와 관련하여 이를 담합행위로 본 판례와 그렇지 않은 것으로 본 판례가 있는 점에서 입찰참가자격 제한대상이 되는 담합행위에 해당되는지의 여부는 개별 사안별로 판단하여야 할 사항이라 할 수 있다.

(2) 담합행위로 본 판례

① 공개입찰의 성립 자체를 방해하여 특정인으로 하여금 수의계약을 체결하게 하는 행위도 '특정인의 낙찰을 위하여 담합한 자'에 해당한다고 할 것이며, 무응찰 또는 1인만이 입찰하여 입찰이 유효하게 성립된 바 없으므로 입찰의 공정을 해하는 입찰방해가 없었다고 주장하나, '특정인의 낙찰을 위하여 담합한 자'에 해당하기 위하여 공개입찰에 2인 이상의 유효한 입찰이 있어야 하는 것은 아니다. [서울고등법원 2007.6.13. 2006누28507, 28514(병합)].

② 담합행위가 설사 동업자들 사이의 무모한 출혈경쟁을 방지하기 위한 수단에 불과하여 입찰가격에 있어 입찰 실시자의 이익을 해하거나 입찰자에게 부당한 이익을 얻게 하는 것이 아니었다 하더라도 그들 상호간에 공모하여 미리 조작한 가격에 따라 소속 피고인 법인들 명의로 입찰한 이상 이는 건설업법 제59조(현행 건설산업기본법 제95조) 제1호 소정의 행위에 해당된다(대판 1995.5.9. 94도2131).

(3) 담합행위에 해당되지 않는다고 본 판례

① 일부 입찰자가 단순히 정보를 교환하여 응찰가격을 조정하는 행위는 건설업법 제59조(현행 건설산업기본법 제95조) 제1호에서 규정하고 있는 담합행위에 포함되지 않는다(대판 1997.3.28. 95도1199).

② 단지 기업이윤을 고려한 적정선에서 무모한 출혈경쟁을 방지하기 위하여 일반거래 통념상 인정되는 범위 내에서 입찰자 상호간에 의사의 타진과 절충을 한 것에 불과한 경우는 담합에 포함되지 않는다(대법원 1994.12.2. 94다41454).

다. 입찰에 참가하지 아니하거나 업체들 간의 합의로 입찰을 유찰시킨 행위의 경우

(1) 해당 입찰에 참가하지 아니함으로써 경쟁입찰의 성립 자체를 방해하는 담

합행위를 한 자에 대해 입찰제한처분을 할 수 있는지에 대해 보면, 기획재정부 유권해석은 '입찰참가자격제한은 계약상대자 또는 입찰자(계약상대자 또는 입찰자의 대리인, 지배인, 기타 사용인을 포함)를 대상으로 하는 것이며, 그 외의 자에 대해서는 입찰참가자격제한을 할 수는 없으므로 그 경쟁입찰이 유찰되어 수의계약을 체결하였다 하더라도 시행령 제76조제1항제7호(현행 법 §27① 제2호)를 적용하여 입찰참가자격제한을 할 수는 없다'라고 해석하고 있으며(계약제도과-634, 2016.5.9.), 또한, 업체들 간의 합의로 입찰을 유찰시킨 행위에 대해서는 '경쟁입찰에서 입찰자간의 상의에 해당한다 할 수 없고, 입찰가격의 협정이나 특정인의 낙찰을 위한 담합에 해당한다고 할 수 없으므로 동 행위에 대해 해당 조항의 사유로 부정당업자 입찰참가자격 제한처분을 할 수 없을 것'이라고 해석하고 있다(계약제도과-168, 2016.1.28.).

(2) 이는 결국, 법 제27조제1항제2호에 해당하는 담합행위를 한 자에 대해 입찰제한조치를 하려면 국가계약법령에서 규정한 "계약상대자 등"의 지위에 있어야 가능하다는 점을 알 수 있다.

라. 담합행위를 하였으나 해당 입찰에 참가하지 아니한 경우

담합행위를 한 자가 해당 경쟁입찰에 참가하지 아니한 경우에도 입찰참가자격 제한조치를 할 수 있는지에 대한 판례를 보면, 국가계약법 시행령 제76조제2항(현행 제3항)은 "계약상대자, 입찰자 또는 전자견적서 제출자("계약상대자 등")가 입찰참가자격 제한사유에 해당하는 사실이 있을 경우 제한토록 규정하고 있고, 국가계약법 제27조제1항제2호에 '특정인의 낙찰을 위하여 담합한 자'는 '해당 경쟁입찰에 참가한 자'로서 해당 입찰에서 특정인이 낙찰되도록 하기 위한 목적으로 담합한 자를 의미한다고 봄이 상당하다는 점에서 경쟁입찰에 참가하지 아니한 자에 대해서는 비록 담합행위에 가담하였더라도 계약상대자 등에 해당되지 않아 제한조치를 할 수 없다고 판시한 사례가 있다(대판 2008.2.28. 07두13791, 13807).

[참고] 공정거래위원회로부터 담합행위로 입찰제한 요청이 있는 경우(영 §76③제2호)와 비교

- 앞에서 본 대로 경쟁입찰에 참가하지 아니한 자에 대해서는 비록 담합행위에 가담하였더라도 "계약상대자 등"에 해당되지 않아 제한조치를 할 수 없겠으나, 2019.12.18. 시행령 개정·시행으로 이날 이후부터는 시행령 제76조제3항제2호에 따라 공정거래위원회로부터 담합행위로 입찰제한 요청이 있는 자에 대해서는 설사 입찰 및 계약절차 진행 정도에 따라 "계약상대자 등"의 지위에 있지 않더라도 해당 중앙관서의 장은 이들에게 입찰제한조치를 할 수 있게 되었다(다만, 이때 동 개정 시행령 부칙 제7조제2항에 따라 시행령 개정 전에 요청받은 입찰참가자격 제한에 관하여는 종전의 규정에 따르도록 규정하고 있는 점을 유의할 필요가 있음).
- 따라서 법 제27조제1항제2호에 따라 담합행위로 인한 입찰제한조치를 할 경우의 제한조치 대상은 "계약상대자 등"으로 한정하는데 비해, 시행령 제76조제3항제2호에 따라 공정거래위원회로부터 공정거래법령 위반(담합)으로 입찰제한 요청을 한 경우의 제한조치 대상은 "계약상대자 등"은 물론 "계약상대자 등"의 지위에 있지 않은 자도 포함된다고 정리해 볼 수 있다.

[참고] 국가계약법 외의 담합 관련법 규정

- **건설산업기본법 제95조제1호(벌칙)** 건설공사의 입찰에서 다음 각 호의 어느 하나에 해당하는 행위를 한 자는 5년 이하의 징역 또는 5천만 원 이하의 벌금에 처한다.
  1. 부당한 이익을 취득하거나 공정한 가격 결정을 방해할 목적으로 입찰자가 서로 공모하여 미리 조작한 가격으로 입찰한 자
  2. 다른 건설업자의 견적을 제출한 자
  3. 위계 또는 위력, 그 밖의 방법으로 다른 건설업자의 입찰행위를 방해한 자
- **공정거래법 제19조(부당한 공동행위의 금지)** ① 사업자는 계약·협정·결의 기타 어떠한 방법으로도 다른 사업자와 공동으로 부당하게 경쟁을 제한하는 다음 각 호의 어느 하나에 해당하는 행위를 할 것을 합의(이하 "부당한 공동행위"라 한다)하거나 다른 사업자로 하여금 이를 행하도록 하여서는 아니 된다.
  8. 입찰 또는 경매에 있어 낙찰자, 경락자, 투찰가격, 낙찰가격 또는 경락가격, 그 밖에 대통령령으로 정하는 사항을 결정하는 행위
- **형법 제315조(경매, 입찰의 방해)** 위계 또는 위력 기타 방법으로 경매 또는 입찰의 공정성을 해한 자는 2년 이하의 징역 또는 700만 원 이하의 벌금에 처한다.

유권해석 사례

사례 46 해당 입찰에 참가하지 아니함으로써 경쟁입찰의 성립 자체를 방해하는 담합행위자에 대한 제재 가능 여부

회 신 (계약제도과-634, 2016.5.9.)

부정당업자 입찰참가제한처분은 법령에 정해진 경우에 가능하며, 국가계약법 시행령 제76조(부정당업자의 입찰참가자격 제한) 개정 시 부칙에 해당 조항은 이 영 시행 후 최초로 제한사유가 발생하는 자부터 적용한다고 규정하고 있음.

국가계약법 시행령(2009.5.8. 시행) 제76조제1항제7호(현 국가계약법 §27① 제2호) 사유는 경쟁입찰에 있어서 당해 입찰에 참가한 자가 특정인의 낙찰을 위해 담합한 경우에 부정당업자 제재처분을 할 수 있다는 의미로 보아야 할 것입니다. 질의하신 사안과 같이 당해 입찰에 참가하지 아니함으로써 경쟁입찰의 성립 자체를 방해하는 담합행위자는 그 경쟁입찰이 유찰되어 수의계약을 체결하였다 하더라도 동 조항을 적용하여 입찰참가자격제한을 할 수는 없을 것임.

위 조항에서 입찰참가자격제한은 계약상대자 또는 입찰자(계약상대자 또는 입찰자의 대리인, 지배인, 기타 사용인을 포함)를 대상으로 하는 것이며, 그 외의 자에 대해서는 입찰참가자격제한을 할 수는 없음.

계약업무 위임에 부정당업자 제재의 권한도 포함되는지 여부는 당초 위임의 범위에 따라서 판단하여야 하는바, 그 위임근거법령의 규정내용, 계약체결 과정에서의 업무분장 등 제반사정을 고려하여 부정당업자제재의 권한의 귀속주체를 따로 볼 수 있을 것임.

사례 47 업체들 간의 합의로 입찰을 유찰시킨 행위가 입찰제한처분 대상이 되는지 여부

회 신 (계약제도과-168, 2016.1.28.)

국가계약법 시행령 제76조제1항제7호(현행 법 §27① 제2호)에서는 부정당업자 입찰참가자격 제한사유로 '경쟁입찰에 있어서 입찰자간에 서로 상의하여 미리 입찰가격을 협정하였거나 특정인의 낙찰을 위하여 담합한 자'로 규정하고 있음.

업체들 간의 합의로 입찰을 유찰시킨 행위는 경쟁입찰에서 입찰자간의 상의에 해당한다 할 수 없고, 입찰가격의 협정이나 특정인의 낙찰을 위한 담합에 해당한다고 할 수 없으므로 동 행위에 대해 동 조항의 사유로 부정당업자 입찰참가자격 제한처분을 할 수 없을 것임.

사례 48 한 입찰자가 특정 입찰자의 낙찰을 목적으로 본인과 대리인의 지위에서 동시에 투찰하는 경우 담함에 해당되는지?

회 신 (계약제도과-550, 2010.12.20.)

시행령 제76조제1항제7호(현행 법 §27① 제2호)는 "경쟁입찰에 있어서 입찰자간에 서로 상의하여 미리 입찰가격을 협정하였거나 특정인의 낙찰을 위하여 담합한 자"에 대하여 입찰참가자격을 제한토록 규정하고 있는 바, 한 입찰자가 특정 입찰자의 낙찰을 목적으로, 동일 입찰 건에서 자신의 입찰에 대해서는 본인의 지위에서, 다른 입찰자의 입찰에 대해서는 대리인의 지위에서 동시에 투찰을 하는 경우는 국가계약법 시행령이 입찰참가자격 제한 사유로 규정하고 있는 담합에 해당할 것이며, 질의하신 사항이 이에 해당하는 지 여부는 당사자 간 협의 여부, 공모를 추정할 수 있는 객관적 정황 등 제반사정을 감안하여 계약담당공무원이 판단할 사항임.

한편, 시행령 제76조제9항(현행 제13항)은 "각 중앙관서의 장은 제1항 내지 제4항의 규정에 의하여 자격이 제한된 자가 상호·대표자변경 등의 방법으로 제한기간 내에 입찰에 참가하는 것을 방지하기 위하여 입찰참가자의 주민등록번호, 법인등록번호, 관계법령상의 면허 또는 등록번호를 확인하여야 한다"고 규정하고 있으므로, 입찰참가자격 제한행위를 한 법인의 상호 및 대표자가 변경된 경우라도 사업자등록번호가 그대로 유지되고 있다면 입찰참가자격 제한이 가능함.

3. 하도급법규 위반 (법 §27① 제3호)

◉ **「건설산업기본법」·「전기공사업법」·「정보통신공사업법」·「소프트웨어 진흥법」 또는 그 밖에 다른 법령에 따른 하도급의 제한규정에 위반(하도급 통지의무 위반 제외)하여 하도급한 자 및 발주관서의 승인 없이 하도급을 하거나 발주관서의 승인을 얻은 하도급 조건을 변경한 자**

(1) "하도급의 제한규정에 위반"(하도급통지의무 위반의 경우를 제외)하여 하도급을 한 것으로는, 「건설산업기본법」의 경우 제29조(건설공사의 하도급 제한)에 따른 일괄하도급의 금지, 동일업종 간 하도급의 금지, 재하도급의 금지 등을 위반하여 하도급을 한 것 등이 이에 해당되는 것으로 보면 될 것이다.

➡ 지방계약의 경우는 하도급 통지의무 위반을 포함하면서, 다만, 거짓이나 그 밖에 부정한 방법으로 위반한 경우만 해당토록 하고 있음.

(2) "발주관서의 승인 없이 하도급을 한 것"으로는, 주계약자관리방식의 공동계약에서 주계약자 외의 종합건설업자인 구성원은 다른 법령의 규정이나 시공품질의 향상, 현장사정 등 불가피한 사유가 있는 경우에는 주계약자와 합의하고 발주관서의 승인을 얻으면 하도급이 가능함에도 발주관서의 사전 서면승인 없이 하도급을 한 경우(공동계약운용요령 §13⑤)이거나, 발주관서의 사전 승인을 받아 하도급을 하도록 입찰공고문이나 계약조건에 명시하였음에도 이를 위반하여 하도급을 한 경우 등을 예로 들 수 있다.

(3) 또한, 물품제조계약에 있어서도 계약상대자가 계약이행 시 계약목적물의

전부 또는 주요 부분을 발주관서의 승인 없이 하도급을 하는 것도 "발주관서의 승인 없이 하도급을 한 것"에 해당된다고 보는 것이 타당하다(계약제도과-678, 2012.5.31.).

(4) "발주관서의 승인을 얻은 하도급조건을 변경"한 것으로는, 하도급조건을 하도급자에게 유리하게 변경한 것은 해당되지 않고 불리하게 변경한 것만 해당된다고 보는 것이 타당하다고 본다. 이는 부정당업자의 제재사유별 제재기간을 규정해 놓은 시행규칙 별표2의 개별기준 제5호 "바"목이 "하도급조건을 하도급자에게 불리하게 변경한 자"에 대해 4개월의 제재기간을 규정해 놓은 점에서도 불리하게 변경한 것만 해당된다는 점을 뒷받침하고 있다 하겠다.

(5) 한편, "그밖에 다른 법령"으로는 「소방시설공사업법」 및 「문화재 수리 등에 관한 법률」 등을 들 수 있다.

※ 부정당업자의 제재사유별 제재기간을 규정해 놓은 시행규칙 별표2의 개별기준 제5호가 종전에는 "건설업 미등록자에게 하도급한 자"로 규정되어 있어 전기공사업 및 정보통신공사업 미등록자도 포함되는지 여부에 대한 혼선이 있는 점을 해소하기 위해 2014.11.4. "면허·등록 등 관련 자격이 없는 자에게 하도급한 자"로 개정된 것임.

[참고] 공정거래위원회로부터 하도급법령 위반으로 입찰제한 요청이 있는 경우(영 §76③ 제2호)와 비교

- 2019.12.18. 시행령 개정·시행으로 이날 이후부터는 시행령 제76조제3항제2호에 따라 공정거래위원회로부터 하도급법령 위반으로 입찰제한 요청이 있는 자에 대해서는 비록 입찰 및 계약절차 진행 정도에 따라 "계약상대자 등"의 지위에 있지 않더라도 해당 중앙관서의 장은 이들에게 입찰제한조치를 할 수 있게 되었다(다만, 이때 동 개정 시행령 부칙 제7조제2항에 따라 시행령 개정 전에 요청받은 입찰참가자격 제한에 관하여는 종전의 규정에 따르도록 규정하고 있는 점을 유의할 필요가 있음).
- 따라서 법 제27조제1항제3호에 따른 하도급법령 위반으로 입찰제한조치를 할 경우의 제한조치 대상은 "계약상대자 등"으로 한정하는데 비해, 시행령 제76조제3항제2호에 따라 공정거래위원회로부터 하도급법령 위반으로 입찰제한 요청을 한 경우의 제한조치 대상은 "계약상대자 등"은 물론 "계약상대자 등"의 지위에 있지 않은 자도 포함된다고 정리해 볼 수 있다.

유권해석 사례

사례 49 입찰공고 또는 계약문서에 "발주관서의 승인 없이 하도급을 한 자"에 대해 입찰참가자격을 제한한다는 내용이 없어도 제한이 가능한지 여부

회 신 (계약정책과-71, 2021.1.14.)

국가계약법령에 따라 체결하는 계약에서 입찰공고 또는 계약문서에 '발주관서의 승인 없이 하도급을 한 자'에 대하여 입찰참가자격을 제한한다는 내용을 포함하지 않은 경우에도 중앙관서의 장은 국가계약법 제27조제1항제3호에 따라 발주관서의 승인 없이 하도급한 자에 대하여 입찰참가자격을 제한해야 할 것임.

사례 50 계약이 해제된 자 및 "발주관서의 승인 없이 하도급한 자"에 대한 입찰참가자격 제한 가능 여부

회 신 (계약제도과-1400, 2019.8.20.)

국가계약법 제27조제1항은 "각 중앙관서의 장은 다음 각 호의 어느 하나에 해당하는 자(이하 "부정당업자"라 한다)에게는 2년 이내의 범위에서 대통령령으로 정하는 바에 따라 입찰참가자격을 제한하여야 하며, 그 제한사실을 즉시 다른 중앙관서의 장에게 통보하여야 한다. 이 경우 통보를 받은 다른 중앙관서의 장은 대통령령으로 정하는 바에 따라 해당 부정당업자의 입찰참가자격을 제한하여야 한다."고 규정하고 있으며, 계약이 해제된 자에 대한 부정당업자 입찰참가자격 제한과 관련해서는 별도 규정하고 있는 바가 없음.

또한, 동 조항 제3호는 "발주관서의 승인 없이 하도급한 자"에 대해 입찰참가자격 제한을 하도록 규정하고 있는바, 이에 해당한다면 제재가 가능할 것으로 판단됩니다. 구체적인 사안에 있어 부정당업자 제재를 할지 여부는 계약담당공무원이 관련법령 및 제반사정을 종합적으로 고려하여 판단하여야 할 것임.

사례 51 「전기공사업법」에서 요구하는 이행에 필요한 면허·등록을 득하지 아니한 자에게 하도급을 한 경우 제재가능 여부

회 신 (계약제도과-960, 2018.6.29.)

국가계약법 제27조제1항제3호에서 '「건설산업기본법」, 「전기공사업법」, 「정보통신공사업법」, 「소프트웨어산업 진흥법」및 그 밖의 다른 법률에 따른 하도급에 관한 제한규정을 위반(하도급 통지의무 위반의 경우는 제외)하여 하도급한 자 및 발주관서의 승인 없이 하도급을 하거나 발주관서의 승인을 얻은 하도급조건을 변경한 자'에게 입찰참가자격 제한을 하도록 규정하고 있으며, 동법 시행규칙 별표1에서는 제한기준을 규정하고 있음.

하도급에 관한 제한규정을 위반한 하도급과 위반하지 아니한 하도급이 혼재하고 있는 경우에는 제한규정을 위반한 하도급을 기준으로 하여 입찰참가자격 제한 기간 등을 산정하여야 할 것임.

발주기관에 통보하지 않아 승인 없이 하도급계약을 체결하였다면 국가계약법 제27조제1항 제3호의 '발주관서의 승인 없이 하도급을 한 자'에 해당될 것임.

사례 52 「전기공사업법」에서 요구하는 이행에 필요한 면허·등록을 득하지 아니한 자에게 하도급을 한 경우 제재가능 여부

회 신 (계약제도과-551, 2016.4.19.)

공공계약을 이행함에 있어 관련 법령(「전기공사업법」 포함)에서 요구하는 이행에 필요한 면허·등록을 득하지 아니한 자에게 하도급을 한 경우, 각 중앙관서의 장은 국가계약법 시행령 제76조제1항제2호(현행 법 §27① 제3호)의 규정에 의하여 해당 계약상대방 등에게 동법 시행규칙 제76조제1항 [별표2] '부정당업자의 입찰참가자격제한기준'의 규정에서 정한 기간의 입찰참가자격 제한조치를 하여야 함.

상기 별표의 '부정당업자의 입찰참가자격 제한기준'이 '건설업 미등록자에게 하도급한 자'에서 '면허·등록 등 관련자격이 없는 자에게 하도급한 자'로 변경(2014.11.4.)된 것은 건설업 이외의 '기타 공사 면허가 없는 자'에 대한 하도급도 부정당업자 제재대상임을 명확히 하기 위함임.

질의하신 상황이 상기 사유에 해당하여 입찰참가자격 제한을 할 것인지 여부는 구체적 사실에 근거하여 각 중앙관서의 장이 판단할 사항임.

사례 53 부정당업자 제재사유(시행규칙) 중 "건설업미등록자에게 하도급한 자"에 전기공사업 미등록자도 포함되는지 여부

회 신 (계약제도과-166, 2014.2.12.)

시행규칙 별표2의 제4호 다목은 건설산업기본법·전기공사업법·정보통신공사업법 그 밖에 다른 법령에서 정한 등록 등을 하지 않은 자에게 하도급한 자에게 적용되는 것으로 보는 것이 적정할 것임.

사례 54 물품구매계약을 체결한 후 발주기관의 승인이 없는 하도급이 가능한지 여부

회 신 (계약제도과-678, 2012.5.31.)

"발주관서의 승인 없이 하도급을 한 자"에 대해서는 시행령 제76조제1항제2호 후단(현행 법 §27① 제3호)의 규정에 따라 입찰참가자격을 제한하여야 하며, 동 규정은 계약상대자의 책임 하에 계약목적물을 직접 납품하여야 하고, 사업의 전부 또는 주요 부분에 대한 하도급을 제한하고 있는 국가계약의 취지를 감안할 때, 물품 구매계약의 경우에도 적용된다고 봄이 타당할 것임. 따라서, 발주기관의 승인 없이 계약상대자가 아닌 타 동종업체를 통해 물품을 납품한 귀 기관 사안의 경우 "발주관서의 승인 없이 하도급을 한 자"에 해당되어 입찰참가자격 제한이 가능할 것으로 판단됨.

사례 55 무단 하도급으로 인한 부정당업자 제재

회 신 (계약제도과-14, 2011.1.5.)

물품제조계약에 있어 계약상대자가 계약이행 시 계약목적물의 전부 또는 주요 부분을 발주관서의 승인 없이 하도급을 하는 것은 시행령 제76조제1항제2호의 '발주관서의 승인 없이 하도급한 자'에 해당되어 입찰참가자격 제한대상임.

사례 56 관련법령을 위반하여 제3자에게 계약을 이행토록 한 계약상대자는 입찰참가자격 제한 대상이 되는지?

회 신 (회계제도과-570, 2010.4.7.)

시행령 제76조제1항제2호(현행 법 §27① 제3호)는 입찰참가자격 제한 대상을 「건설산업기본법」, 「전기공사업법」 등 다른 법령에 의한 하도급의 제한규정에 위반하여 하도급한 자 및 발주관서의 승인 없이 하도급한 자로 규정하고 있으므로, 관련법령을 위반하여 제3자에게 계약을 이행토록 한 계약상대자는 입찰참가자격 제한 대상이 된다고 볼 것임. 다만, 동 제76조제1항은 입찰자와 계약상대자를 입찰참가자격 제한 대상으로 하고 있으므로 계약상대자의 하수급인에 대한 입찰참가자격 제한은 가능하지 않음.

사례 57 발주기관의 승인 없는 하도급과 부정당업자 제재조치

질 의 시행령 제76조제1항제2호(현행 법 §27① 제3호)에서 "발주관서의 승인 없이 하도급한 자"에 대해 입찰참가자격을 제한하도록 하고 있는 바, 동 승인의 의미가 관련법령상 승인을 하도록 규정이 되어 있음에도 하지 않는 경우에 문제가 되는 것인지, 관련법령과 상관없이 발주관서의 승인 없이 하는 모든 하도급을 의미하는 것인지?

회 신 (회계제도과-2284, 2007.12.31.)

발주관서의 승인 없이 하도급을 한 자에 대해서는 시행령 제76조제1항제2호 후단(현행 법 §27① 제3호)에 따라 입찰참가자격을 제한해야 함. 동 후단의 규정은 국가기관이 체결하는 계약과 관련하여 동 계약에 대한 관련 법령이 없는 경우라도 적용되며, 또한, 계약서의 내용과는 상관없이(계약서에 하도급 관련 내용의 유무에 불구) "발주관서의 승인 없이 사업의 전부 또는 주요 부분을 하도급 한 자"에 대하여 적용되는 것임.

사례 58 적격심사 중 적격심사대상자가 부정당업자 제재사유에 해당될 경우 심사대상에서 제외하여야 하는지 여부

회 신 (회제 41301-845, 2003.7.11.)

낙찰자 선정을 위하여 적격심사 중에 있는 경우로서 적격심사대상자가 시행령 제76조제1항제2호(현행 법 §27① 제3호)의 규정에 의한 입찰참가자격 제한조치 사유에 해당되는 사안이 발생한 경우라 하더라도 적격심사 당일 현재 동 제재조치가 이루어지지 않았다면 동 적격심사대상자를 적격심사대상에서 배제할 수는 없다고 봄.

사례 59 부정당업자제재는 다른 법령에 의한 제재와 관계없이 가능한지 및 면허종류에 관계없이 가능한지?

회 신 (회제 41301-2282, 1999.7.24.)

건설산업기본법·전기공사업법·전기통신공사업법 기타 다른 법령에 의한 하도급의 제한규정에 위반(하도급통지의무위반의 경우를 제외)하여 하도급한 자는 시행령 제76조제1항제2호(현행 법 §27① 제3호)에 따라 입찰참가자격 제한처분을 받게 되는 바, 동 제재는 다른 법령에 의한 제재와는 관계없이 하는 것이며, 동 제재를 받은 자는 제재기간 동안 면허종류에 관계없이 국가기관의 입찰참가가 제한되는 것임.

4. 사기 등으로 손해발생 (법 §27① 제4호)

◉ **사기, 그 밖의 부정한 행위로 입찰·낙찰 또는 계약의 체결·이행 과정에서 국가에 손해를 끼친 자**

(1) 입찰·낙찰 또는 계약의 체결·이행 과정에서 "사기, 그 밖의 부정한 행위"가 이루어졌고, 또한 이로 인해 국가(발주기관)에 손해를 끼친 자에 대해서는 그 끼친 손해액 규모에 따라 일정기간 입찰참가자격을 제한하여야 한다(2010.10.22. 신설).

* 그 동안 정부가 실시하는 입찰절차나 계약의 체결 및 이행과정에서 사기나 그 밖의 부정한 행위로 국가(발주기관)에 손해를 끼치더라도 종전 규정으로는 입찰참가자격을 제한하기 어려운 점을 보완하기 위해 2010.7.21. 동 규정을 신설한 것임(2010.10.22. 시행).

(2) 정부계약 관련 법령 등에서 어떠한 행위가 "사기, 그 밖의 부정한 행위"에 해당되는지에 대해서는 명확하게 정의되어 있는 것은 없으나, 형법 제347조(사기) 제1항을 통해 보면, 사기행위를 '사람을 기망하여 재물의 교부를 받거나 재산상의 이익을 취득한 행위'라 할 수 있으며, 「조세범처벌법」과 관련한 대법원 판례에서는 '사기 기타 부정한 행위'라 함은 조세의 부과와 징수를 불가능하게 하거나 현저히 곤란하게 하는 위계 기타 부정한 적극적인 행위라고 판시하고 있고(대법원 2014.5.16. 선고 2011두29168 판결), 「보조금 관리에 관한 법률」과 관련한 대법원 판례에서는 '허위의 신청 그 밖의 부정한 방법'이란 정상적인 절차에 의하여서는 보조금을 지급받을 수 없음에도 위계 기타 사회통념상 부정이라고 인정되는 행위로서 보조금 교부에 관한 의사결정에 영향을 미칠 수 있는 적극적 및 소극적 행위를 의미한다고 판시하고 있다(대법원 2016.11.24. 선고 2016도8419 판결).

(3) 결국, 입찰 등의 과정에서 "사기, 그 밖의 부정한 행위"가 이루어졌는지의 여부는 개별 사안별로 여러 정황을 종합·고려하여 판단할 수밖에 없을 것이다.

이와 관련한 입찰제한처분 사례를 보면, 조달청의 나라장터를 통한 전자입찰에서 처분청이 "사기, 그 밖의 부정한 행위"를 한 것으로 보아 입찰제한처분을 한 데 대해, 이의 취소를 구하는 소송에서 대법원은 '이 사건 부정행위는 지능적이고 계획적인 범죄행위에 해당할 뿐 아니라, 이로 인하여 낙찰받은 금액도 적지 않아 그 제재의 필요성도 상당하다'는 점 등을 들어 당초 입찰제한처분에 잘못이 없다고 판시한 사례가 있다(대법원 2018.5.15. 선고 2016두57984 판결).[13]

(4) 참고로 "사기, 그 밖의 부정한 행위"에 대한 판단에 도움이 될 수 있도록 이에 대한 사례를 구체적으로 열거해 놓은 「조세범처벌법」 관련규정을 소개해 둔다.

◈ **조세범 처벌법 제3조(조세 포탈 등)** 제6항 : "사기나 그 밖의 부정한 행위"란 다음 각 호의 어느 하나에 해당하는 행위로서 조세의 부과와 징수를 불가능하게 하거나 현저히 곤란하게 하는 적극적 행위를 말한다(2010.1.1. 신설).

1. 이중장부의 작성 등 장부의 거짓 기장
2. 거짓 증빙 또는 거짓 문서의 작성 및 수취
3. 장부와 기록의 파기
4. 재산의 은닉, 소득·수익·행위·거래의 조작 또는 은폐
5. 고의적으로 장부를 작성하지 아니하거나 비치하지 아니하는 행위 또는 계산서, 세금계산서 또는 계산서합계표, 세금계산서합계표의 조작
6. 「조세특례제한법」 제24조제1항제4호에 따른 전사적 기업자원관리설비의 조작 또는 전자세금계산서의 조작
7. 그 밖에 위계에 의한 행위 또는 부정한 행위

(5) 한편, "국가에 손해를 끼친 자"에서의 "손해"의 범위에 대해서도 명확하게 정의되어 있는 것은 없으나, 기획재정부 유권해석은 금전적 손해 또는 금전으로 측정이 가능한 구체적 손해를 의미하는 것으로 보는 것이 적정하고 금전으로 측정이 곤란한 막연하고 추상적인 손해까지 포괄하는 것은 아니라고 해석하고 있다(계약제도과-1476, 2014.11.20.).

---

13) 이 사건은 동 판례에 따르면, 202011.10.경부터 2012.5.경까지 나라장터 전자입찰에서 악성 프로그램을 이용하여 낙찰 하한가를 알아낸 다음 낙찰 가능한 입찰금액으로 투찰한 부정행위는 컴퓨터등 사용 사기죄 및 입찰방해죄의 범죄사실로 징역 2년, 집행유예 3년의 유죄판결을 선고 받은바 있다.

유권해석 사례

사례 60 입찰참가자격 제한사유에서의 '손해'의 의미

회 신 (계약제도과-1476, 2014.11.20.)

시행령 제76조제1항제17호(현행 법 §27①제4호)에서 규정하고 있는 입찰참가자격 제한사유인 "사기, 그 밖의 부정한 행위로 입찰·낙찰 또는 계약의 체결·이행 과정에서 국가에 손해를 끼친 자"에서의 '손해'의 범위는 해당 규정을 구체화한 시행규칙 [별표2] 19호 등에 근거하여 판단해 보건대, 금전적 손해 또는 금전으로 측정이 가능한 구체적 손해를 의미하는 것으로 보는 것이 적정할 것이며, 금전으로 측정이 곤란한 막연하고 추상적인 손해까지 포괄하는 것은 아니라고 판단됨.

사례 61 부당한 기성대가 수령자에 대한 부정당업자 제재 가능 여부

회 신 (계약제도과-741, 2012.6.8.)

시행령 제76조제1항제8호(현행 제2호 가목)는 계약에 관한 허위서류를 제출한 자에 대하여, 제17호는 사기 등 부정한 행위로 계약의 이행과정에서 국가에 손해를 끼친 자에 대하여 부정당업자 입찰참가자격을 제한토록 하고 있음.

질의와 관련하여, 계약상대자가 설계서에 없는 미승인 근거리 토취장을 이용하였음에도 불구하고 설계서대로 이행한 것으로 하여 기성검사 서류를 제출하고 기성대가를 수령함으로써 국가에 손해가 발생한 경우라면, 시행령 제76조제1항제8호보다는 제17호에 따라 부정당업자 입찰참가자격 제한을 하는 것이 타당할 것임.

5. 공정거래위원회 요청 (법 §27① 제5호)

◉ **"공정거래법" 또는 "하도급법"을 위반하여 공정거래위원회로부터 입찰참가자격제한 요청이 있는 자**

가. 공정거래법 위반 관련(담합)

1) 관련규정

(1) 공정거래위원회가 "공정거래법" 위반사항에 대해 해당 발주기관에 입찰참

가자격 제한요청을 할 경우, 그 대상은 주로 부당한 공동행위 즉, 입찰담합행위라 할 수 있으며, 이와 관련하여 공정거래위원회는 공정거래법 제19조제6항에 근거하여 "입찰에 있어서의 부당한 공동행위 심사지침"(공정거래위원회 예규)을 마련, 입찰담합의 유형 및 내용과 구체적인 심사기준, 발주기관에 입찰참가자격 제한조치를 요청하는 기준 등을 규정하여 운영하고 있다.

(2) 이 지침에 따르면, 공정거래법 위반행위를 한 사업자에 대한 조치 외에 필요한 경우 동법 위반행위의 정도, 횟수 등을 고려하여 발주기관에 입찰참가자격 제한을 요청할 수 있으며, 특히 과거 5년간 입찰담합으로 받은 벌점 누계가 5점을 초과한 사업자에 대해서는 원칙적으로 입찰참가자격제한 요청을 하여야 한다.

* 과거 5년간의 기간산정 : 해당 입찰담합에 대한 위원회 시정조치일부터 과거 5년으로 역산하되 초일을 산입.

☞ 심각한 재정 낭비를 초래하고 공정한 경쟁기반을 훼손하는 입찰담합이 시장에서 좀처럼 근절되지 않고 있는 상황이고, 특히 현행 심사지침 상의 제한요청 기준이 너무 높아서 실제 자격제한 요청이 이루어진 사례가 없는 등 입찰참가자격 제한요청 제도의 실효성이 떨어진다는 지적이 제기되고 있는 점을 고려, 2020.1.1부터 벌점 누계가 5점을 초과한 사업자에 대해서는 "다시 입찰담합을 한 경우"가 아니더라도 원칙적으로 입찰참가자격제한 요청을 하도록 동 지침을 개정한 것임.

2) 담합사실로 입찰제한요청이 있을 경우의 조치

(1) 공정거래법을 위반한 입찰담합에 대해 공정거래위원회로부터 입찰참가자격 제한요청이 있을 경우 해당 중앙관서의 장은 국가계약법 제27조제1항제5호 및 동법 시행령 제76조제3항제2호에 따라 입찰제한 조치를 해야 한다.

(2) 이 경우 입찰제한 조치 대상자는 2019.12.18. 시행령 개정·시행으로 이날 이후부터는 "계약상대자 등" 뿐만 아니라 입찰 및 계약절차 진행 정도에 따라 "계약상대자 등"의 지위에 있지 않은 자(예 : 담합에 가담은 하였으나 입찰에 참가하지 않은 자 등)도 그 대상이 된다(앞의 제1절 5. "입찰참가자격 제한조치의

대상" 및 제2절 Ⅱ의 2.참조)

(3) 다만, 이때 동 개정 시행령 부칙 제7조제2항에 따라 시행령 개정 전(2019. 12.18. 전)에 요청받은 입찰참가자격 제한에 관하여는 종전의 규정에 따르도록 규정하고 있음을 유의할 필요가 있다.

[참고] "입찰에 있어서의 부당한 공동행위 심사지침"(공정거래위원회 예규 제330호, 2019.11.22.) 주요 내용

1. 목 적

- 입찰담합의 유형 및 내용과 구체적인 심사기준을 제시하여 입찰에 관련된 활동과 공정거래법과의 관계를 명확히 알려주고 이해시킴으로써 관련업계에 공정경쟁에 대한 인식을 고취하고 입찰과 관련한 법위반행위를 미연에 방지함.
- 나아가 입찰과정에서의 공정성과 투명성을 확보하여 관련업계의 자율적인 경쟁풍토 조성과 건전한 경영활동 보장

2. 이 지침의 성격 및 적용범위

(1) 이 지침의 성격

- 이 지침은 독점규제및공정거래에관한법률(이하 "법"또는 "공정거래법"이라 한다) 제19조(부당한 공동행위 금지)에 의한 사업자간의 부당한 공동행위(이하 법 제26조(사업자단체의 금지행위)제1항에 의한 "사업자단체의 금지행위"를 포함한다)로서 입찰행위에 있어서의 부당한 공동행위(이하 "담합"이라 한다)에 적용되는 것으로 입찰담합과 관련하여 일반적으로 생각할 수 있는 유형과 처리지침을 예시적으로 열거한 것임.
- 입찰담합으로 추정되는 사항으로 본 지침에 내용이 설명되어 있지 않은 활동에 대해서는 공정거래법 규정의 정신에 비추어 개별 사안별로 판단되어질 것임.

(2) 적용범위

- 이 지침은 사업자 및 사업자단체의 공공적·사적 입찰과 관련된 활동에 포괄적으로 적용됨.

3. 입찰담합의 제 유형과 법위반행위 : (생략)

4. 법위반행위에 대한 조치

(1) 시정조치

- 공정거래위원회는 입찰과 관련하여 사업자가 공동으로 또는 사업자단체가 법위반 행위를 한 경우에는 당해 사업자(또는 사업자단체)에 대하여 당해 행위의 중지, 법위반사실의 공표, 기타 필요한 조치를 명할 수 있음.〈법 제21조(시정조치) 및 제27조(시정조치)〉

- 필요한 조치로는 입찰담합과 관련한 협정의 파기, 협정을 파기한 사실의 주지철저, 금후 경쟁을 실질적으로 제한하는 행위를 하는 것의 금지, 법위반사실의 공표 등임.

- 위의 법위반행위에 대한 조치와 관련하여 입찰담합을 주도한 사업자와 입찰과정에서 최종 낙찰자에 협력한 사업자는 모두 담합참가자로 간주되며 위원회의 조치내용에 있어서 차이는 없음.

(2) 입찰참가자격제한 조치 요청

- 공정거래위원회는 법 위반행위를 한 당해 사업자(또는 사업자단체)에 대한 조치 외에 필요한 경우 법 위반행위의 정도, 횟수 등을 고려하여 발주기관에 입찰참가자격제한을 요청할 수 있음.(국가를 당사자로 하는 계약에 관한 법률 제27조, 같은 법 시행령 제76조)

- <u>다만, 과거 5년간 입찰담합으로 받은 벌점 누계가 5점을 초과한 사업자(또는 사업자단체)에 대해서는 원칙적으로 입찰참가자격제한 요청을 하여야 함.</u>

* 과거 5년간의 기간산정 : 당해 입찰담합에 대한 위원회 시정조치일 부터 과거 5년으로 역산하되 초일을 산입.

〈시정조치 유형별 점수〉

유형	경고	시정권고	시정명령	과징금	고발
점수	0.5	1.0	2.0	2.5	3.0

* 1개의 사건에 대하여 서로 다른 유형의 시정조치가 병과된 경우에는 최상위 조치유형의 점수만 반영함.

(3) 과징금, (4) 고발, (5) 자진신고자등에 대한 감면 등 : (생략)

5. 입찰담합 방지 위한 유의사항 : (생략)

나. 하도급법 위반 관련

1) 관련규정

「하도급거래 공정화에 관한 법률」("하도급법") 위반사항에 대해서도 공정거래위원회는 하도급법 제26조제2항에 따라 하도급법 관련규정을 위반한 원사업자 또는 수급사업자에 대하여 그 위반 및 피해의 정도를 고려하여 벌점을 부과하고, 그 누적 벌점이 일정기준(하도급법 시행령 제17조)을 초과하는 경우에는 관계 행정기관의 장에게 입찰참가자격의 제한, 영업정지, 그 밖에 하도급거래의 공정화를 위하여 필요한 조치를 취할 것을 요청하여야 하도록 하고 있다.

◈ **하도급법 제26조(관계 행정기관의 장의 협조)** 제2항 : 공정거래위원회는 제3조제1항부터 제4항까지 및 제9항, 제3조의4, 제4조부터 제12조까지, 제12조의2, 제12조의3, 제13조, 제13조의2, 제14조부터 제16조까지, 제16조의2제7항 및 제17조부터 제20조까지의 규정을 위반한 원사업자 또는 수급사업자에 대하여 그 위반 및 피해의 정도를 고려하여 대통령령으로 정하는 벌점을 부과하고, 그 벌점이 대통령령으로 정하는 기준을 초과하는 경우에는 관계 행정기관의 장에게 입찰참가자격의 제한, 「건설산업기본법」 제82조제1항제7호에 따른 영업정지, 그 밖에 하도급거래의 공정화를 위하여 필요한 조치를 취할 것을 요청하여야 한다.

◈ **하도급법 시행령 제17조(벌점 부과기준 등)** ① 법 제26조제2항에 따라 공정거래위원회가 부과하는 벌점의 부과기준은 별표3과 같다.
② 법 제26조제2항에서 "대통령령으로 정하는 기준을 초과하는 경우"란 별표3 제1호 라목에 따른 누산점수가 다음 각 호의 구분에 따른 점수를 초과하는 경우를 말한다.
1. 입찰참가자격의 제한 요청 : 5점
2. 「건설산업기본법」 제82조제1항제7호의 사유에 따른 영업정지 요청 : 10점
③ 별표3에 따른 벌점의 부과와 감경에 필요한 세부사항은 공정거래위원회가 정하여 고시한다.

※ 벌점부과 대상이 되는 위반 유형 : 하도급계약의 내용 등 서면관련사항 위반, 부당납품단가 인하 관련 위반, 대금지급 관련 위반, 보복조치 및 탈법행위 관련 위반 등으로서, 이에 따른 벌점부과 유형은 경고, 시정권고, 시정명령, 과징금 및 고발 등이 있음.

2) 하도급법 위반으로 입찰제한요청이 있을 경우의 조치

(1) 하도급법을 위반하여 공정거래위원회로부터 입찰참가자격 제한요청이 있을 경우 해당 중앙관서의 장은 국가계약법 제27조제1항제5호 및 동법 시행령 제76조제3항제2호에 따라 입찰제한 조치를 해야 한다.

(2) 이 경우 입찰제한 조치 대상자는 2019.12.18. 시행령 개정·시행으로 이날 이후부터는 "계약상대자 등" 뿐만 아니라 입찰 및 계약절차 진행 정도에 따라 "계약상대자 등"의 지위에 있지 않은 자(예 : 하도급법 관련규정을 위반하였으나 입찰에 참가하지 않은 자 등)도 그 대상이 된다(앞의 제1절 5. "입찰참가자격 제한조치의 대상" 및 제2절 II의 2.참조)

(3) 다만, 이때 동 개정 시행령 부칙 제7조제2항에 따라 시행령 개정 전(2019. 12.18. 전)에 요청받은 입찰참가자격 제한에 관하여는 종전의 규정에 따르도록 규정하고 있음을 유의할 필요가 있다.

[참고] 하도급 위반 관련 벌점의 부과기준(하도급법 시행령 제17조 관련 별표3, 2018.10.16.)

1. 용어의 뜻

가. "벌점"이란 법 제26조제2항에 따른 입찰참가자격의 제한 요청 등의 기초자료로 사용하기 위하여 법을 위반한 사업자에게 공정거래위원회가 제2호에 따른 벌점의 부과기준에 따라 부과한 점수를 말한다.

나. "경감점수"란 사업자가 받은 벌점에서 제3호 가목에 따른 벌점의 경감기준에 따라 경감하는 점수를 말한다.

다. "가중점수"란 사업자가 받은 벌점에서 제3호 나목에 따라 가중하는 점수를 말한다.

라. "누산점수"란 직전[상습법위반사업자 명단공표의 경우에는 명단공표일이 속하는 연도 1월 1일부터, 입찰참가자격제한 요청 및 영업정지 요청의 경우에는 제2호 가목에 따른 공정거래위원회의 시정조치일부터 역산(초일을 산입한다)한다. 이하 이 표에서 같다] 3년 동안 해당 사업자가 받은 모든 벌점을 더한 점수에서, 해당 사업자가 받은 모든 경감점수를 더한 점수를 빼고 모든 가중점수를 더한 점수를 더한 점수를 말한다.

마. "현금결제비율"이란 총 하도급대금 결제액 중에서 현금결제액(현금과 수표에 의한 결제액의 합계액을 말한다)의 비율을 말하고, "결제액"이란 해당 사건 인지일(신고서 접수일 또는 직권조사 개시일) 또는 상습법위반사업자 명단공표일 직전 사업연도의 연간 결제액을 말한다.

바. "전자입찰비율"은 총 하도급계약금액 중 전자입찰에 의한 하도급계약금액의 비율을 말하며, 하도급계약금액은 해당 사건 인지일(신고서 접수일 또는 직권조사 개시일) 또는 상습법위반사업자 명단공표일의 직전 사업연도의 연간 하도급금액으로 한다.

사. "직권조사 개시일"이란 법 위반혐의와 관련한 자료제출 요청일, 당사자 또는 이해관계인에 대한 출석요청일, 현장조사 실시일 중 가장 빠른 날을 말한다.

2. 벌점의 부과기준

가. 벌점은 법 위반행위가 속하는 위반유형에 대하여 각각 시정조치 유형별 점수를 산출하고(같은 유형에 속하는 법 위반행위에 대하여 서로 다른 유형의 시정조치를 한 경우에는 가장 중한 시정조치 유형의 점수만 반영한다), 각 시정조치 유형별 점수를 더하여 정하며, 시정조치 유형별 점수는 다음과 같다.

1) 경고(서면직권실태조사에서 발견된 법 위반 혐의사항에 대한 공정거래위원회의 자진시정요청에 따른 경우): 0.25점

2) 경고(신고 또는 직권인지에 따른 경우): 0.5점

3) 시정권고: 1.0점

4) 시정명령(법 위반행위를 자진시정한 원사업자 또는 발주자에 대하여 향후 재발방지를 명하는 경우): 1.0점

5) 시정명령: 2.0점

6) 과징금: 2.5점(법 제4조, 제11조, 제12조의3제3항제1호, 제19조를 위반한 행위로 과징금을 부과 받은 경우는 2.6점으로 한다)

7) 고발: 3.0점(법 제4조, 제11조, 제12조의3제3항제1호, 제19조를 위반한 행위로 고발된 경우는 5.1점으로 한다)

나. 가목에서 법 위반행위가 속하는 위반유형은 다음과 같다.

1) 서면 관련 위반: 법 제3조제1항부터 제4항까지 및 제9항을 위반한 경우

2) 부당납품단가 인하 관련 위반: 법 제4조, 제11조 또는 제16조의2제7항을 위반한 경우

3) 대금지급 관련 위반: 법 제6조, 제13조, 제13조의2, 제14조부터 제16조까지 및 제17조를 위반한 경우

4) 보복조치 및 탈법행위 관련 위반: 법 제19조 또는 제20조를 위반한 경우

5) 그 밖의 위반: 법 제3조의4, 제5조, 제7조부터 제10조까지, 제12조, 제12조의2, 제12조의3 또는 제18조를 위반한 경우

다. 가목의 기준에도 불구하고 다음의 어느 하나에 해당하는 경우에는 그 벌점을 0점으로 한다.

1) 원사업자 또는 발주자가 미지급금을 법 제22조제2항에 따른 공정거래위원회의 조사가 개시된 날 또는 공정거래위원회로부터 미지급금의 지급에 관한 요청을 받은 날부터 30일 이내에 수급사업자에게 지급함에 따라 경고를 받은 경우

2) 분쟁당사자 사이에 합의가 이루어지고 당사자가 그 합의내용을 이행한 것이 확인된 경우로서 공정거래위원회가 법 제24조의6제4항에 따라 원사업자에게 시정조치 또는 시정권고를 하지 않은 경우

3. 벌점의 경감·가중 및 누산기준

가. 유형별 벌점의 경감점수는 다음과 같다.

1) 원사업자가 직전 1년 동안 계속하여 하도급거래에서 법 제3조의2에 따른 표준하도급계약서를 사용한 경우(수급사업자에게 뚜렷하게 불리하도록 내용을 수정하거나 특약을 추가하는 경우는 제외한다): 2점

2) 원사업자가 직전 1년 동안 「민법」 제32조에 따라 설립된 한국공정경쟁연합회, 「산업발전법」 제32조에 따른 한국생산성본부, 「건설산업기본법」 제50조에 따른 건설업자단체, 「중소기업협동조합법」 제3조제1항제4호에 따른 중소기업중앙회, 그 밖에 공정거래위원회가 인정하는 기관에서 실시하는 3시간 이상의 하도급 관련 특별교육을 이수한 경우(교육이수명령에 따른 교육은 제외한다). 다만, 가)와 나) 모두에 해당되는 경우에는 가)만 인정한다.

가) 업체 대표자가 이수한 경우: 0.5점
나) 하도급 관련 업무 담당임원이 이수한 경우: 0.25점

3) 원사업자가 직전 1년 동안 공정거래위원회 위원장 또는 관계 행정기관의 장으로부터 하도급거래 우수업체 표창[6)에 따른 협약의 이행실적 평가에 따라 공정거래위원회 위원장 또는 관계 행정기관의 장으로부터 받은 표창은 제외한다]을 받은 경우: 2점

4) 현금결제 우수업체인 경우

가) 현금결제비율 100%: 1점

나) 현금결제비율 80% 이상 100% 미만: 0.5점

5) 전자입찰비율이 80% 이상인 업체인 경우: 0.5점

6) 원사업자 또는 대기업이 수급사업자 또는 협력사와 하도급 관련 법령의 준수 및 상호 지원·협력을 약속하는 협약을 체결하고, 공정거래위원회가 직전 1년 이내에 실시한 협약의 이행실적 평가에서 양호 등급 이상을 받은 경우

가) 최우수: 3점
나) 우수: 2점
다) 양호: 1점

7) 원사업자가 벌점 부과일 직전 1년 동안 법 제14조제1항제2호에 따라 발주자 및 수급사업자와 합의하여 발주자가 직접 수급사업자에게 대금을 지급하도록 한 경우: 0.5점

8) 원사업자가 벌점 부과일 직전 1년 동안 하도급대금지급관리시스템을 활용하여 발주자가 직접 수급사업자에게 대금을 지급하도록 한 경우: 0.5점

나. 벌점의 가중점수는 다음과 같다.

원사업자 또는 발주자가 직전 3년 동안 법 제6조, 제13조제1항·제3항, 제6항부터 제8항까지의 규정, 제14조제1항, 제15조 또는 제17조제1항을 3회 이상 위반하고, 제2호 다목1)에 따라 벌점을 2회 이상 면제받은 경우에는 "(벌점의 면제횟수 - 1) × 0.5"의 점수를 벌점에 가중한다.

다. 누산점수를 계산할 때에는 가목의 항목마다 1회만 벌점을 경감할 수 있다.

6. 중소벤처기업부장관 요청 (법 §27① 제6호)

◉ **"상생협력법" 제27조제5항에 따라 중소벤처기업부장관으로부터 입찰참가자격 제한의 요청이 있는 자**

가. 관련규정

「대·중소기업 상생협력 촉진에 관한 법률」("상생협력법") 제27조제5항에 따라 중소벤처기업부장관은 위탁기업이 수탁기업에 물품 등의 제조를 위탁할 때, 약정

서의 발급, 납품대금의 지급, 검사의 합리화, 납품대금 지급 등과 관련하여 해당 규정을 위반한 위탁기업에 대해 상생협력법 시행규칙(§5의3)으로 정하는 바에 따라 그 위반 및 피해의 정도별로 벌점을 부과할 수 있으며, 그 벌점이 일정기준(상생협력법 시행규칙 제5조의3 ; 5점)을 초과하는 경우 중소벤처기업부장관은 공정거래위원회위원장과 미리 협의하여 입찰참가자격 제한을 관계 행정기관의 장에게 요청할 수 있다.

* 대기업과 중소기업 간의 위탁거래 과정에서 발생하는 불공정거래행위를 방지하고 건설하도급자 및 외주근로자 근로조건 보호를 위한 건설환경 조성을 위해 2007.10.10. 시행령을 개정, "상생협력법"의 규정에 위반하여 중소벤처기업부장관으로부터 요청이 있는 자도 입찰참가자격을 제한할 수 있도록 제한범위에 추가한 것임.

☞ 벌점부과 대상이 되는 위반 유형 및 벌점부과 유형은 하도급법의 경우와 유사함(상생촉진법 시행규칙 §5의3).

◈ 상생협력법 제27조제5항 : 중소벤처기업부장관은 제21조(약정서의 발급), 제22조(납품대금의 지급 등), 제22조의2(공급원가 변동에 따른 납품대금의 조정), 제23조(검사의 합리화) 또는 제25조(준수사항)제1항을 위반한 위탁기업에 대하여 중소벤처기업부령으로 정하는 바에 따라 그 위반 및 피해의 정도에 따라 벌점을 부과할 수 있으며, 그 벌점이 중소벤처기업부령으로 정하는 기준을 초과하는 경우에는 「국가를 당사자로 하는 계약에 관한 법률」 제27조, 「지방자치단체를 당사자로 하는 계약에 관한 법률」 제31조 또는 「공공기관의 운영에 관한 법률」 제39조에 따른 입찰참가자격의 제한을 해당 중앙관서의 장, 지방자치단체의 장 또는 공공기관의 장에게 요청할 수 있다.

◈ **상생협력법 시행규칙 제5조의3(벌점의 부과기준 등)** ① 법 제27조제5항에 따라 중소벤처기업부장관이 법 제21조부터 제23조까지 또는 법 제25조제1항을 위반한 위탁기업에 대하여 벌점을 부과하는 때에는 별표의 부과기준에 따른다.
② 법 제27조제5항에서 "중소벤처기업부령으로 정하는 기준을 초과하는 경우"란 별표에 따른 누산점수가 5점을 초과하는 경우를 말한다.
③ 중소벤처기업부장관이 법 제27조제5항에 따라 입찰참가자격 제한을 요청하는 경우에는 그 요청 여부에 대하여 공정거래위원회위원장과 미리 협의하여야 한다.

2) 상생협력법 위반으로 입찰제한요청이 있을 경우의 조치

(1) 상생협력법을 위반하여 중소벤처기업부장관으로부터 입찰참가자격 제한요

청이 있을 경우 해당 중앙관서의 장은 국가계약법 제27조제1항제6호 및 동법 시행령 제76조제3항제2호에 따라 입찰제한 조치를 해야 한다.

(2) 이 경우 입찰제한 조치 대상자는 2019.12.18. 시행령 개정·시행으로 이날 이후부터는 "계약상대자 등" 뿐만 아니라 입찰 및 계약절차 진행 정도에 따라 "계약상대자 등"의 지위에 있지 않은 자(예 : 상생협력법 관련규정을 위반하였으나 입찰에 참가하지 않은 자 등)도 그 대상이 된다(앞의 제1절 5. "입찰참가자격 제한조치의 대상" 및 제2절 Ⅱ의 2.참조)

(3) 다만, 이때 동 개정 시행령 부칙 제7조제2항에 따라 시행령 개정 전(2019. 12.18. 전)에 요청받은 입찰참가자격 제한에 관하여는 종전의 규정에 따르도록 규정하고 있음을 유의할 필요가 있다.

[참고] 벌점의 부과기준(상생협력법 시행규칙 제5조의4제1항 관련 별표)

1. 용어의 정의

가. "벌점"이란 법 제27조제5항에 따른 입찰참가자격 제한 요청 등의 기초자료로 활용하기 위하여 이 법을 위반한 위탁기업에 대하여 중소벤처기업부장관이 제2호의 벌점의 부과기준에 따라 부과한 점수를 말한다.

나. "경감점수"란 위탁기업이 받은 벌점에서 제3호에 따른 벌점의 경감기준에 따라 경감하도록 한 점수를 말한다.

다. "누산점수"란 벌점을 부과하려는 법위반행위에 대한 개선요구, 시정권고, 시정명령 또는 공표(이하 "시정조치"라 한다)가 있은 날을 기준으로 과거 3년 간 모든 벌점을 합산한 점수에서 과거 3년 간 모든 경감점수를 합산한 점수를 뺀 점수를 말한다.

2. 벌점의 부과기준

가. 벌점은 1)의 법위반행위가 속하는 위반유형에 대하여 2)의 시정조치 유형별 벌점기준에 따라 점수를 산출하고, 각 시정조치 유형별 점수를 모두 합산하여 결정한다. 다만, 동일한 유형에 속하는 법 위반행위에 대하여 서로 다른 유형의 시정조치를 받은 경우에는 가장 높은 벌점만 반영하되, 2)의 라)에 해당하는 시정조치가 포함된 경우에는 그러하지 아니하다.

1) 법위반행위가 속하는 위반유형

위반유형	법 위반행위
가) 서면 관련 위반	법 제21조 위반행위
나) 납품대금 조정 협의 및 납품대금 감액 관련 위반	법 제22조의2제7항 위반행위 법 제25조제1항제1호 위반행위
다) 대금지급 관련 위반	법 제22조 위반행위 법 제25조제1항제2호 위반행위 법 제25조제1항제4호 위반행위 법 제25조제1항제6호 위반행위 법 제25조제1항제8호 위반행위
라) 보복조치 금지 위반	법 제25조제1항제13호 위반행위 법 제25조제1항제14호 위반행위
마) 그 밖의 위반	법 제23조 위반행위 법 제25조제1항제3호 위반행위 법 제25조제1항제5호 위반행위 법 제25조제1항제7호 위반행위 법 제25조제1항제9호 위반행위 법 제25조제1항제10호 위반행위 법 제25조제1항제11호 위반행위 법 제25조제1항제12호 위반행위 법 제25조제1항제13호의2 위반행위

2) 시정조치 유형별 벌점기준

시정조치 유형	벌점
가) 법 제27조제1항 및 제2항에 따른 개선요구를 받은 경우	2.0
나) 법 제28조제3항에 따른 시정권고를 받은 경우	1.5
다) 법 제28조제3항에 따른 시정명령을 받은 경우	2.0
라) 법 제27조제1항·제2항 및 법 제28조제4항 본문에 따라 공표한 경우	3.1

나. 위탁기업이 과거 3년 간 법위반행위로 2회 이상 시정조치를 받았을 경우 이후 시정조치의 대상이 되는 법위반행위에 대하여 가목에서 결정되는 벌점에 100분의 50을 가중하여 벌점을 부과한다.

다. 가목1)라)에 따른 위반유형에 해당하여 가목2)에 따른 시정조치를 받은 경우에는 벌점 5.1점을 부과한다.

라. 제3호 가목4)에 따라 법 제22조의2에 따른 납품대금의 조정을 위한 제도(이하 “납품대금조정제도”라 한다)의 운영 계획을 제출하여 벌점을 경감받은 후 이행기간 내에 그 계획을 이행하지 않은 경우에는 벌점의 경감을 취소하고 이행기간이 끝난 날의 다음 날에 벌점 5.1점을 부과한다.

3. 벌점의 경감기준

가. 유형별 벌점의 경감 점수는 다음과 같다.

1) 법 제27조제3항에 따라 포상을 받은 기업이나 관계 행정기관의 장으로부터 공정한 수탁·위탁거래 관계의 확립과 관련한 포상을 받은 기업으로 중소벤처기업부장관이 인정하는 경우: 2점

2) 제5조의3에 따라 수탁·위탁거래 우수기업으로 선정된 경우: 2점

3) 법 제28조의2에 따른 교육명령을 이행한 경우: 다음의 구분에 따른 점수. 다만, 가)와 나) 모두에 해당하는 경우에는 가)만 인정한다.

가) 위탁기업의 대표자가 교육명령을 이행한 경우: 0.5점

나) 수탁·위탁거래 관련 업무 담당 임원이 교육명령을 이행한 경우: 0.25점

4) 납품대금조정제도를 도입·운영하고 있는 경우(1년 이내의 이행기간을 정하여 납품대금조정제도의 도입·운영 계획을 중소벤처기업부장관에게 문서로 제출한 경우를 포함한다): 기본점수(둘 이상에 해당하는 경감 사유가 있는 경우에는 가장 높은 점수만 반영한다)와 추가점수를 합산한 점수

가) 기본점수

(1) 수탁·위탁계약서(표준계약서를 포함한다), 수탁기업 대상 설명회, 홈페이지 게재 등을 통하여 납품대금조정제도를 도입·운영하고 있음을 중소벤처기업부장관이 인정할 수 있는 경우: 0.25점

(2) 과거 3년 간 수탁기업의 신청에 따라 납품대금의 조정을 위한 협의를 개시한 사실이 있는 경우: 0.5점

(3) 과거 3년 간 납품대금의 조정에 관한 합의에 따라 납품대금을 인상한 실적이 있는 경우: 과거 3년을 1년 단위의 세 구간으로 나누었을 때 실적이 있는 구간이 1개인 경우 1.0점, 2개인 경우 1.25점, 3개인 경우 1.5점

나) 추가점수

(1) 과거 3년 간 납품대금을 인상한 수탁기업의 수가 10개 이상 20개 미만인

경우: 0.25점

(2) 과거 3년 간 납품대금을 인상한 수탁기업의 수가 20개 이상인 경우: 0.5점

다) 가) 및 나)에 따른 납품대금 인상 실적은 다음의 계산식에 따른 인상반영률(하나의 수탁기업이 둘 이상의 품목에 대하여 납품대금의 조정을 신청한 경우에는 물량가중평균 인상반영률을 말한다)이 30퍼센트 이상인 것에 한하여 산정한다.

* 반영비율 산정방식 : (생략)

나. 가목에 따른 벌점의 경감은 해당 사유별로 한 번씩만 적용한다.

7. 뇌물제공 (법 §27① 제7호)

◉ **입찰·낙찰 또는 계약의 체결·이행과 관련하여 관계 공무원에게 뇌물을 준 자**

가. 관계 공무원의 범위 (법 §35)

(1) "관계 공무원"의 범위를 보면, 해당 입찰 및 계약업무를 담당하는 공무원뿐만 아니라 법 제27조제1항제7호, 법 제35조 및 영 제118조에 따라 다음의 위원회의 위원 중 공무원이 아닌 위원도 「형법」 제129조(수뢰, 사전수뢰)·제130조(제삼자 뇌물제공)·제131조(수뢰 후 부정처사, 사후수뢰) 및 제132조(알선수뢰)의 규정을 적용할 때에는 공무원으로 본다.

① 법 제27조의3에 따른 과징금부과심의위원회

② 법 제29조제1항에 따른 국가계약분쟁조정위원회

③ 영 제42조제7항에 따른 종합심사낙찰제심사위원회

④ 영 제43조제8항에 따른 협상에 의한 계약에서의 제안서평가위원회(경쟁적 대화에 의한 계약에서의 제안서평가위원회 포함)

⑤ 영 제94조제1항에 따른 계약심의위원회

* 2018.12.4.(2019.3.5. 시행) "경쟁적 대화에 의한 계약" 방법이 도입되면서 영 제43조의3제6항에 영 제43조제8항을 준용토록 규정함에 따라 경쟁적 대화에 의한 계약에서의 제안서평가위원회 위원도 공무원으로 보도록 되었음.

➡ 지방계약의 경우 : 상·하수도 사업, 마을 진입로 개설 등 주민생활과 관련이 있는 공사에 대한 주민참여감독자도 관계 공무원의 범위에 포함하고 있음(지방계약법 §31① 제7호 나목).

(2) 국가계약법령 규정 외의 경우로는 「건설기술진흥법」(§84)에 따른 중앙건설기술심의위원회·특별건설기술심의위원회 및 기술자문위원회의 위원을 포함하며, 「특정범죄가중처벌 등에 관한 법률」 제4조(뇌물죄 적용대상의 확대)에 규정한 사람도 공무원으로 보고 있다(법 §27① 제7호).

* 턴키입찰공사에 대한 중앙건설기술심의위원회의 설계평가위원, 국가계약분쟁조정위원회 위원, 입찰금액적정성심사위원회 위원 등도 공무원으로 보아 평가업무수행과 관련한 금품수수 시 뇌물죄를 적용하고, 또한, 입찰참가자격 제한조치도 가능하도록 2000.12.27. 이를 추가한데 이어, 2014.12.30. 과징금부과심의위원회 위원 등에 대한 공무원 의제근거를 법 제35조에 명문화 규정해 놓은 것임(2015.7.1. 시행).

(3) 공기업·준정부기관의 계약업무 수행자는 공공기관운영법 제53조(벌칙 적용에서의 공무원 의제)에 따라 「형법」 제129조부터 제132조까지의 적용에 있어서는 공무원으로 의제되고 있다.

(4) 한편, 관계공무원의 범위는 현직에 재직하면서 계약 등과 직접적으로 관련된 자를 의미한다 할 것이므로 퇴직 후에 뇌물을 받은 자는 이에 포함되지 않는다 할 것이다(계약제도과-30, 2016.1.7.).

나. 뇌물의 개념

(1) "뇌물"이란 직무(공무원이 그 지위에 수반하여 공무로서 처리하는 일체의

직무)의 대가로서의 부당한 이익을 얻는 것을 말하며, 직무의 대가라 하여도 직무 중의 어떤 특정한 행위에 대한 대가이거나 포괄적인 것이거나를 가릴 필요는 없고 직무행위에 대한 대가로서 인정되는가에 따라 뇌물성이 결정되는 것으로 보는데,[14] 법 제27조제1항제7호에서의 "뇌물"은 기본적으로 제129조 이하에서 정한 뇌물의 개념과 같다고 보면 될 것이다(회계제도과-2371, 2004.12.17.).

(2) 형법에서의 "뇌물죄"와 관련하여 대법원 판례는 "뇌물죄는 직무집행의 공정과 이에 대한 사회의 신뢰에 기초하여 직무행위의 불가매수성을 보호법익으로 하고 있고, 직무에 관한 청탁이나 부정한 행위를 필요로 하지 않으므로 뇌물성을 인정하는데 특별히 의무위반 행위나 청탁의 유무 등을 고려할 필요가 없고, 금품수수 시기와 직무집행 행위의 전후를 가릴 필요도 없다"라고 판시하고 있으며, "뇌물죄"에서 말하는 '직무'에는 법령에 정하여진 직무뿐만 아니라 그와 관련 있는 직무, 관례상이나 사실상 소관하는 직무행위, 결정권자를 보좌하거나 영향을 줄 수 있는 직무행위, 과거에 담당하였거나 장래에 담당할 직무 외에 사무분장에 따라 현실적으로 담당하고 있지 않아도 법령상 일반적인 직무권한에 속하는 직무 등 공무원이 그 직위에 따라 담당할 일체의 직무를 포함한다."라고 판시하고 있다(대법원 2017.12.22. 선고 2017도12346 판결).

(3) 또한, 뇌물죄와 관련하여 뇌물죄로 성립하는 경우와 성립하지 않는 경우를 구분해 놓은 대법원 판례를 보면, '형법 제129조제1항의 뇌물수수죄가 성립하려면 공무원이 그 직무에 관하여 뇌물을 수수하여야 하며, 공무원이 이익을 수수한 행위가 공무원의 직무와 관련이 없다면 뇌물수수죄는 성립하지 않는다. 공무원이 장래에 담당할 직무에 대한 대가로 이익을 수수한 경우에도 뇌물수수죄가 성립할 수 있지만, 그 이익을 수수할 당시 장래에 담당할 직무에 속하는 사항이 그 수수한 이익과 관련된 것임을 확인할 수 없을 정도로 막연하고 추상적이거나, 장차 그 수수한 이익과 관련지을 만한 직무권한을 행사할지 자체를 알 수 없다면, 그 이익이 장래에 담당할 직무에 관하여 수수되었다거나 그 대가로 수수되었다고

14) 앞의 법률용어사전, 1132쪽

단정하기 어렵다'라고 판시하고 있다(대법원 2017.12.22. 선고 2017도12346 판결).

대법원 판례(대법원 2017.12.22. 선고 2017도12346 판결)

판시사항

[1] 뇌물죄에서 뇌물성을 인정하는데 특별히 의무위반 행위나 청탁의 유무 등을 고려할 필요 또는 금품수수 시기와 직무집행 행위의 전후를 가릴 필요가 있는지 여부 및 뇌물죄에서 말하는 '직무'의 범위

[2] 뇌물수수죄의 성립요건인 직무관련성, 공무원이 장래에 담당할 직무에 대한 대가로 이익을 수수한 경우, 뇌물수수죄가 성립할 수 있는지 여부 및 이때 수수한 이익과 장래에 담당할 직무와의 관련성 정도

판결요지

[1] 뇌물죄는 직무집행의 공정과 이에 대한 사회의 신뢰에 기초하여 직무행위의 불가매수성을 보호법익으로 하고 있고, 직무에 관한 청탁이나 부정한 행위를 필요로 하지 않으므로 뇌물성을 인정하는데 특별히 의무위반 행위나 청탁의 유무 등을 고려할 필요가 없고, 금품수수 시기와 직무집행 행위의 전후를 가릴 필요도 없다. 뇌물죄에서 말하는 '직무'에는 법령에 정하여진 직무뿐만 아니라 그와 관련 있는 직무, 관례상이나 사실상 소관하는 직무행위, 결정권자를 보좌하거나 영향을 줄 수 있는 직무행위, 과거에 담당하였거나 장래에 담당할 직무 외에 사무분장에 따라 현실적으로 담당하고 있지 않아도 법령상 일반적인 직무권한에 속하는 직무 등 공무원이 그 직위에 따라 담당할 일체의 직무를 포함한다.

[2] 형법 제129조제1항의 뇌물수수죄가 성립하려면 공무원이 그 직무에 관하여 뇌물을 수수하여야 한다. 따라서 공무원이 이익을 수수한 행위가 공무원의 직무와 관련이 없다면 뇌물수수죄는 성립하지 않는다. 공무원이 장래에 담당할 직무에 대한 대가로 이익을 수수한 경우에도 뇌물수수죄가 성립할 수 있지만, 그 이익을 수수할 당시 장래에 담당할 직무에 속하는 사항이 그 수수한 이익과 관련된 것임을 확인할 수 없을 정도로 막연하고 추상적이거나, 장차 그 수수한 이익과 관련지을 만한 직무권한을 행사할지 자체를 알 수 없다면, 그 이익이 장래에 담당할 직무에 관하여 수수되었다거나 그 대가로 수수되었다고 단정하기 어렵다.

(4) 뇌물을 준 자는 법인의 대표자가 아닌 그 법인의 담당직원인 경우에도 그 담당직원의 행위가 법인의 업무와 관련되어 있고 법인의 대리인·지배인 그 밖에 사용인의 자격에서 행한 행위일 경우에는 입찰참가자격제한 대상이 될 수 있다고 보고 있다(회계제도과-2204, 2005.10.17.).

(5) 수수한 금품의 뇌물성 인정여부와 관련하여 뇌물로 인정한 판례를 소개해 둔다.

대법원 판례(대법원 2001.10.12. 선고 2001도3579 판결)

판시사항 뇌물죄에 있어 직무관련성 및 뇌물성

판결요지 뇌물죄는 공무원의 직무집행의 공정과 이에 대한 사회의 신뢰 및 직무행위의 불가매수성을 그 보호법익으로 하고 있고, 직무에 관한 청탁이나 부정한 행위를 필요로 하는 것은 아니기 때문에 수수된 금품의 뇌물성을 인정하는 데 특별한 청탁이 있어야만 하는 것은 아니며, 또한 금품이 직무에 관하여 수수된 것으로 족하고 개개의 직무행위와 대가적 관계에 있을 필요는 없고, 공무원이 그 직무의 대상이 되는 사람으로부터 금품 기타 이익을 받은 때에는 사회상규에 비추어 볼 때에 의례상의 대가에 불과한 것이라고 여겨지거나, 개인적인 친분관계가 있어서 교분상의 필요에 의한 것이라고 명백하게 인정할 수 있는 경우 등 특별한 사정이 없는 한 직무와의 관련성이 없는 것으로 볼 수 없으며, 공무원이 직무와 관련하여 금품을 수수하였다면 비록 사교적 의례의 형식을 빌어 금품을 주고받았다 하더라도 그 수수한 금품은 뇌물이 된다.

다. 뇌물제공 관련 입찰제한처분 시기

(1) 뇌물 제공과 관련하여 법원의 확정판결이 있은 후에 입찰제한처분을 할 것인지 또는 법원의 확정판결 전에 입찰제한처분을 하여도 무방한지에 대해 의견이 나누어질 수 있다.

(2) 이에 대한 기획재정부의 유권해석은 '법원의 확정판결이 있은 후에 법인에 대한 부정당업자 제재를 하는 것이 타당할 것이나, 부정당업자 제재에 반드시 법원의 확정판결을 요한다고 볼 수 없으므로 소속직원의 금품제공에 대하여 검찰의 기소유예가 있는 경우에도 발주기관의 판단에 따라 법인에 대한 부정당업자 제재는 가능하다'고 해석하고 있다(계약제도과-622, 2010.12.31.).

(3) 이와 관련한 법원 판례도 반드시 뇌물성 여부에 대한 법원의 판단을 전제로만 위 처분을 할 수 있다고 볼 수 없으므로 법원의 판단 전에 행한 입찰제한처분이 적법하다고 판시한 사례가 있다(수원지법 2011.10.13. 선고 2011구합6524 판결).

판례(수원지법 2011.10.13. 선고 2011구합6524 판결)

판시사항 갑 주식회사와 터널교통관리시스템(TTMS) 구축공사 도급계약을 체결한 한국도로공사가, 갑 회사 대표이사가 한국도로공사 직원인 공사감독관 외투 주머니에 몰래 돈이 든 봉투를 넣은 사실을 확인한 후 공사계약을 해제하는 한편 갑 회사가 공사계약의 이행과 관련하여 '관계공무원에게 뇌물을 준 자'에 해당한다며 국가를 당사자로 하는 계약에 관한 법률 시행령 제76조제1항제10호 등을 근거로 입찰참가자격을 제한하는 부정당업자제재처분을 한 사안에서, 처분이 적법하다고 한 사례.

판결요지 갑 주식회사와 터널교통관리시스템(TTMS) 구축공사 도급계약을 체결한 한국도로공사가, 갑 회사 대표이사가 한국도로공사 직원인 공사감독관과 식사를 하다가 감독관이 자리를 비운 사이 그의 외투 주머니에 300만 원이 들어 있는 봉투를 넣은 사실을 확인한 후 공사계약을 해제하는 한편 갑 회사가 국가를 당사자로 하는 계약에 관한 법률 시행령(이하 '국가계약법 시행령'이라 한다) 제76조제1항제10호에서 정한 공사계약의 이행과 관련하여 '관계공무원에게 뇌물을 준 자'에 해당한다며 공공기관의 운영에 관한 법률 제39조제2항을 근거로 1.5개월간 입찰참가자격을 제한하는 내용의 부정당업자제재처분을 한 사안에서, 국가계약법 시행령 제76조제1항제10호에서 정한 '뇌물'은 형법 제129조 이하에서 정한 뇌물의 개념과 같고, 위 조항에서 정한 '관계공무원'은 특정범죄가중처벌 등에 관한 법률 제4조 및 같은 법 시행령 제2조제39호가 적용되므로 한국도로공사의 임직원은 뇌물수수와 관련된 판단에서 공무원으로 의제되며, 국가계약법 시행령 제76조제1항제10호 등 관련규정에서 뇌물죄에 대한 법원의 판결을 요구하고 있지 않은 점 등을 고려해 보면 반드시 뇌물성 여부에 대한 법원의 판단을 전제로만 위 처분을 할 수 있다고 볼 수 없으므로, 처분이 적법하다고 한 사례.

라. 입찰·낙찰 또는 계약의 체결·이행 관련

(1) 정부계약에서 입찰제한조치 대상인 뇌물제공이 성립하려면, 해당 입찰이나 낙찰, 또는 계약의 체결이나 이행과 관련되어야 하며, 이와 관련된 뇌물이라면 뇌물제공의 시기와 관련 없이 입찰참가자격 제한조치가 가능하다 할 것이다(계약제도과-35, 2017.1.6.).

(2) 계약이행과 관련한 뇌물에 해당한다고 본 판례(대법원 1985.7.23. 85누136 등)를 보면, "건설회사의 현장소장이 해당 공사와 관련하여 편의를 보아 달라는 명목으로 관계공무원에게 금원을 제공하였다면 이는 동 회사를 위한 것으로 보여지므로 그 증뢰가 회사의 자금 또는 회사 대표이사의 지시에 의하여 이루어진 것이 아니라 하더라도 위와 같은 증뢰행위는 그 계약의 이행과 관련하여 관계

공무원에게 증뢰한 경우에 해당한다."고 판시하고 있는 한편, 계약이행과 관련한 뇌물로는 인정되나 이를 이유로 인한 입찰제한처분은 적절하지 않다고 판시한 사례도 있다(대법원 1999.3.9. 선고 98두18565 판결).

대법원 판례(대법원 1999.3.9. 선고 98두18565 판결)

판시사항 계약이행과 관련하여 관계 공무원에게 뇌물을 준 업체에 대한 입찰참가자격제한처분을 취소하는 것이 현저히 공공복리에 적합하지 아니한 경우에 해당하지 않는다고 본 사례

판결요지 행정처분이 위법한 때에는 이를 취소함이 원칙이고 그 위 법한 처분을 취소·변경함이 도리어 현저히 공공의 복리에 적합하지 않은 경우에 극히 예외적으로 위법한 행정처분의 취소를 허용하지 않는다는 사정판결을 할 수 있으므로 사정판결의 적용은 극히 엄격한 요건 아래 제한적으로 하여야 하고, 그 요건인 현저히 공공복리에 적합하지 아니한가의 여부를 판단함에 있어서는 위법·부당한 행정처분을 취소·변경하여야 할 필요와 그 취소·변경으로 인하여 발생할 수 있는 공공복리에 반하는 사태 등을 비교·교량하여 그 적용 여부를 판단하여야 한다.

기록에 의하면, 이 사건 처분의 취소로 인하여 그 대표이사가 계약이행과 관련하여 관계 공무원에게 뇌물을 준 적이 있는 원고의 입찰자격이 일시적이나마 제한되지 아니한 채 회복될 것이지만, 이러한 조치가 현저히 공공의 복리에 적합하지 않은 경우에 해당한다고는 할 수 없다.

마. 뇌물에 대한 입찰제한 기간 감경 관련

국가계약법령상 입찰제한조치 시의 제한기간은 시행규칙 제76조 별표2 입찰제한기준의 일반기준 다목에 따라 그 위반행위의 동기·내용 및 횟수 등을 고려하여 2분의 1의 범위에서 줄일 수 있으나, 입찰제한 사유 19가지 중 유일하게 뇌물에 대해서만 감경할 수 없도록 동 다목 단서에 명시적으로 규정해 놓았다.

이는 공공계약 분야에서 관계공무원에 대한 뇌물공여 사례가 발생되지 않도록 하려는 정부의 강한 의지가 담겨있는 것으로 볼 수 있겠다.

유권해석 사례

사례 62 계약상대자 등의 뇌물제공 관련 제재처분 가능 여부

회 신 (계약제도과-324, 2018.3.15.)

국가계약법 제27조제1항제7호는 "입찰, 낙찰 또는 계약의 체결·이행과 관련하여 관계 공무원에게 뇌물을 준 자"에 대하여 입찰참가자격 제한을 하도록 규정하고 있으며, 동 조항의 "뇌물"이라 함은 형법상의 뇌물을 의미한다 할 것임. 한편, 법인의 직원이 뇌물을 제공한 경우 원칙적으로 해당법인에 대한 입찰참가자격 제한을 하여야 할 것이나, 국가계약법 시행령 제76조제1항(현행 제2항)에 따라 해당법인이 "대리인, 지배인 또는 그밖의 사용인의 행위를 방지하기 위하여 상당한 주의와 감독을 게을리하지 않은 경우"에 해당한다면 법인에 대한 입찰참가자격 제한을 하여서는 아니 될 것임.

구체적인 경우에 있어 뇌물에 해당하는지 여부 및 해당 법인의 주의 감독의무 유무 등 입찰참가자격 제한요건에 대한 판단은 발주기관이 형법 등 관련법령과 제반사정을 종합적으로 고려하여 판단할 사항임.

입찰참가자격 제한은 발주기관이 위반사실을 인지한 경우 즉시 제재를 하여야 하는 것이나, 발주기관이 뇌물의 제공 여부 및 대가관계 유무 등 제재요건 해당여부를 인지하기 어려운 경우에는 법원 판결 등 사법기관의 판단을 기초로 제재여부를 결정하는 것도 가능하다고 할 것임.

사례 63 뇌물제공 관련 제재처분 기간 산정

회 신 (계약제도과-820, 2017.6.30.)

관계 공무원(공무원으로 의제되는 자 포함)이 뇌물수수로 법원에서 유죄 판결을 받은 경우, 뇌물 공여자인 계약상대자에 대하여 국가계약법 제27조제1항제7호에 따라 2년 이내의 범위에서 입찰참가자격을 제한을 하여야 할 것임. 공기업·준정부기관인 경우 「공기업·준정부기관 계약사무규칙」 제15조에 따라 입찰참가자격을 제한할 수 있을 것이며, 이 경우 제재처분 기간을 산정하기 위한 뇌물의 기준금액은 판결문 등을 고려하여 발주기관에서 판단하여야 할 것임.

사례 64 뇌물은 해당 입찰 또는 계약과 관련한 것이어야 하는지?

회 신 (계약제도과-35, 2017.1.6.)

국가계약법 시행령 제76조제2항은 입찰참가자격 제한 처분의 대상자를 계약상대자, 입찰자 또는 시행령 제30조제2항(현행 제3항)에 따라 전자조달시스템을 이용하여 견적서를 제출하는 자("계약상대자 등")로 규정하고 있으므로, 뇌물제공과 관련한 자가 계약상대자이거나 계약을 위해 입찰 또는 견적서를 제출한 자인 경우에 동법 제27조제1항제7호(뇌물)의 사유로 입찰참가자격 제한처분을 할 수 있다고 할 것임.

한편, 여기서의 뇌물은 해당 입찰 또는 계약과 관련한 뇌물로 해석하여야 할 것이며 입찰

및 계약과 관련된 뇌물이라면 뇌물제공의 시기와 관련 없이 입찰참가자격 제한 처분이 가능하다 할 것임.

또한, 특정행위가 입찰참가자격 제한 사유에 해당하는 지 여부는 구체적인 사실관계를 기초로 해당 발주기관에서 자체적으로 판단하여야 할 사항으로 검찰·법원 등의 판단에 반드시 구속되는 것은 아니나, 뇌물제공과 같이 수사권이 없는 발주기관이 사실관계 자체를 확정하기 곤란한 사안에 대하여는 불가피하게 검찰의 기소 또는 법원의 판결 등을 근거로 사실관계를 확정하고 제재처분을 할 수도 있다고 할 것임.

사례 65 퇴직 공무원도 뇌물을 받은 것으로 보아 재한처분을 할 수 있는지 여부

회 신 (계약제도과-30, 2016.1.7.)

국가계약법 시행령 제76조제1항제10호(현행 법 §27①제7호)에서는 입찰·낙찰 또는 계약의 체결·이행과 관련하여 관계공무원에게 뇌물을 준 자에게 부정당업자 입찰참가자격 제한 처분을 하도록 규정하고 있음.

관계공무원은 현직에 재직하며 계약 등과 직접적으로 관련된 자를 의미한다 할 것이므로 퇴직 이후 뇌물을 받은 자는 이에 포함되지 않는다 할 것임.

사례 66 금품제공자에 대한 부정당업자 제재 가능여부

회 신 (계약제도과-622, 2010.12.31.)

① 시행령 제76조제1항제10호(현행 법 §27①제7호)는 협상에 의한 계약에서 제안서평가위원회 위원에게 "뇌물을 준 자"에 대하여 부정당업자 제재가 가능 하도록 하고 있음. 이 경우 "뇌물"은 형법상의 "뇌물"에 해당한다고 할 것이므로 법원의 확정판결이 있은 후에 법인에 대한 부정당업자 제재를 하는 것이 타당할 것이나, 부정당업자 제재에 반드시 법원의 확정판결을 요한다고 볼 수 없으므로 소속직원의 금품제공에 대하여 검찰의 기소유예가 있는 경우에도 발주기관의 판단에 따라 법인에 대한 부정당업자 제재는 가능하다고 할 것임.

② 부정당업자 제재를 함에 있어 소속직원이 제안서평가위원에게 금품을 제공한 행위에 대해 법인의 고의·과실을 요하는 것은 아니나, 감독의무 해태를 탓할 수 없는 정당한 사유가 있는 등의 특별한 사정이 있는지를 판단하여 부정당업자 제재 여부를 결정하는 것이 타당할 것임.

③ 협상에 의한 계약에서 협상적격 1순위 자가 부정당업자 제재를 받은 경우에는 2순위 자와 협상이 가능하다고 할 것임. 협상에 의한 계약의 입찰과정에서 협상을 포기한 협상적격 1순위 자는 낙찰자의 지위에 있지 아니하므로 시행령 제76조제1항제6호(현행 제2항제2호 가목)에 "정당한 이유 없이 계약을 체결하지 아니한 자"에 해당하지 아니함.

사례 67 뇌물과 연루된 자가 건설업체 대표가 아닌 담당직원인 경우에도 부정당업자 제재를 하여야 하는지 여부

질 의

① 뇌물과 관련하여 부정당업자 입찰참가자격을 제한함에 있어 (현)"즉시"의 시점(검찰기소일, 법원의 확정판결일 등)이 언제인지 여부

② 뇌물과 연루된 자가 건설업체 대표가 아닌 담당직원인 경우에도 부정당업자 제재를 하여야 하는지 여부

③ 검찰에서 뇌물혐의가 있다고 인정하거나 법원에서 뇌물죄로 확정판결이 통보된 경우에도 행정절차법에 의한 청문을 실시하여야 하는지 여부

회 신 (회계제도과-2204, 2005.10.17.)

① 당해 사실이 있은 후 경과한 기간이 (현)"즉시"라는 기간개념에 해당되는지 여부에 대하여는 민법 및 행정소송법 등 관련법령의 규정과 법의 일반원칙 등을 종합하여 판단·처리하여야 할 것이며,

② 뇌물을 준 자가 법인의 대표이사가 아닌 그 법인의 담당직원인 경우에도 그 담당직원의 행위가 법인의 업무와 관련되어 있고 법인의 대리인·지배인 기타 사용인의 자격에서 행한 행위라면 부정당업자제재를 하여야 할 것으로 봄.

③ 한편, 행정절차법에 의한 청문을 실시하여야 하는지 여부에 대하여는「행정절차법」 제2조(적용범위)의 규정을 참고하시기 바람.

사례 68 뇌물의 범위 관련

회 신 (회계제도과-2371, 2004.12.17.)

영 제76조제1항제10호(현행 법 §27①제7호)에서 "뇌물"이란 기본적으로 형법상 뇌물에 해당하는 것을 의미한다고 할 것인 바, 귀 질의의 경우에 있어 공사의 편의와 관련하여 명절 전후 관행적으로 금품을 수수한 경우가 동 규정에 의한 뇌물에 해당하는지 여부는 해당 중앙관서의 장이 관련 법원의 판결내용 등에 따라 판단·처리할 사항임.

사례 69 뇌물 제공 후 발주기관 사정으로 입찰절차가 취소된 경우 제재가능 여부

질 의 입찰과 관련하여 대리인이 뇌물을 제공하였으나 발주기관의 사정으로 해당 입찰절차가 취소된 경우에도 부정당업자 제재가 가능한지?

회 신 (회계제도과-1297, 2004.8.10.)

경쟁입찰에 있어서 입찰과 관련하여 관계공무원에게 뇌물을 준 자에 대하여는 영 제76조제1항제10호(현행 법 §27①제7호)에 따라 부정당업자 제재조치를 하여야 하는 바, 발주기관이 예산삭감 등의 사유로 해당 입찰절차를 취소한 경우라 하더라도 입찰자의 대리인이 입찰과 관련하여 관계공무원에게 뇌물을 준 경우라면, 동 대리인에 대하여 부정당업자제재조치를 하여야 할 것으로 사료되며, 다만, 구체적인 경우가 이에 해당되는지 여부는 해당 중앙관서의 장이 입찰과 관련하여 관계공무원에게 뇌물을 제공하였는지의 여부 등을 고려하여 처리할 사항임.

8. 「산업안전보건법」 위반에 따른 근로자 사망사고
(법 §27①제8호, 영 §76①)

◉ **계약을 이행할 때에 「산업안전보건법」에 따른 안전·보건 조치 규정을 위반하여 동시에 2명 이상의 근로자가 사망한 재해를 발생시킨 자**

(1) 체결된 계약을 이행함에 있어 「산업안전보건법」에 따른 안전·보건 조치 규정을 위반하여 근로자에게 대통령령으로 정하는 기준에 따른 사망 등 중대한 위해 즉, 동법 제38조, 제39조 및 제63조를 위반하여 동시에 2명 이상의 근로자가 사망한 재해를 발생시킨 자에 대해 입찰제한처분을 하여야 한다.

(2) 이때의 입찰제한조치 기간은 동시에 사망한 근로자 수에 따라 그 기간을 달리하여 1년~2년 기간 제한조치를 하게 된다(시행규칙 §76 별표2의 개별제한기준 제20호 다목).

* 사업장에서 「산업안전보건법」에 따른 안전·보건조치를 소홀히 하여 근로자가 사망하는 재해를 발생시킨 자에 대한 입찰제한 기간을 사망자 수에 따라 종전의 6개월~1년6개월로 제한하던 것을 2019.9.17. 동 별표 기준을 개정, 1년~2년 기간으로 강화시켜 놓았음(2019.12.18. 시행).

(3) 계약 이행 중 안전·보건 조치의무를 위반하여 근로자에게 사망 등 중대한 위해를 가한 자에 대한 입찰참가자격 제한에 관한 사항에 대해, 종전에 시행령에 규정(영 제76조제1항제3호 가목)되어 있던 것을 2021.1.5. 법률에 직접 규정(2021.7.6. 시행)한데 이어 시행령에 “중대한 위해의 범위”를 「산업안전보건법」 제38조, 제39조 및 제63조를 위반하여 동시에 2명 이상의 근로자가 사망한 재해를 발생시킨 경우로 구체화해 놓은 것이다.

◈ **산업안전보건법 제38조(안전조치)** ① 사업주는 다음 각 호의 어느 하나에 해당하는 위험으로 인한 산업재해를 예방하기 위하여 필요한 조치를 하여야 한다.

1. 기계·기구, 그 밖의 설비에 의한 위험
2. 폭발성, 발화성 및 인화성 물질 등에 의한 위험
3. 전기, 열, 그 밖의 에너지에 의한 위험

② 사업주는 굴착, 채석, 하역, 벌목, 운송, 조작, 운반, 해체, 중량물 취급, 그 밖의 작업을 할 때 불량한 작업방법 등에 의한 위험으로 인한 산업재해를 예방하기 위하여 필요한 조치를 하여야 한다.

③ 사업주는 근로자가 다음 각 호의 어느 하나에 해당하는 장소에서 작업을 할 때 발생할 수 있는 산업재해를 예방하기 위하여 필요한 조치를 하여야 한다.

1. 근로자가 추락할 위험이 있는 장소
2. 토사·구축물 등이 붕괴할 우려가 있는 장소
3. 물체가 떨어지거나 날아올 위험이 있는 장소
4. 천재지변으로 인한 위험이 발생할 우려가 있는 장소

④ 사업주가 제1항부터 제3항까지의 규정에 따라 하여야 하는 조치(이하 "안전조치"라 한다)에 관한 구체적인 사항은 고용노동부령으로 정한다.

◈ **산업안전보건법 제39조(보건조치)** ① 사업주는 다음 각 호의 어느 하나에 해당하는 건강장해를 예방하기 위하여 필요한 조치(이하 "보건조치"라 한다)를 하여야 한다.

1. 원재료·가스·증기·분진·흄(fume, 열이나 화학반응에 의하여 형성된 고체증기가 응축되어 생긴 미세입자를 말한다)·미스트(mist, 공기 중에 떠다니는 작은 액체방울을 말한다)·산소결핍·병원체 등에 의한 건강장해
2. 방사선·유해광선·고온·저온·초음파·소음·진동·이상 기압 등에 의한 건강장해
3. 사업장에서 배출되는 기체·액체 또는 찌꺼기 등에 의한 건강장해
4. 계측감시(計測監視), 컴퓨터 단말기 조작, 정밀공작(精密工作) 등의 작업에 의한 건강장해
5. 단순반복작업 또는 인체에 과도한 부담을 주는 작업에 의한 건강장해
6. 환기·채광·조명·보온·방습·청결 등의 적정기준을 유지하지 아니하여 발생하는 건강장해

② 제1항에 따라 사업주가 하여야 하는 보건조치에 관한 구체적인 사항은 고용노동부령으로 정한다

◈ **산업안전보건법 제63조(도급인의 안전조치 및 보건조치)** 도급인은 관계수급인 근로자가 도급인의 사업장에서 작업을 하는 경우에 자신의 근로자와 관계수급인 근로자의 산업재해를 예방하기 위하여 안전 및 보건 시설의 설치 등 필요한 안전조치 및 보건조치를 하여야 한다. 다만, 보호구 착용의 지시 등 관계수급인 근로자의 작업행동에 관한 직접적인 조치는 제외한다.

9. 서류 위조·변조, 부정행사, 허위서류 제출 등
(법 §27①제9호 가목, 영 §76②제1호 가목)

◉ **입찰 또는 계약에 관한 서류(제39조에 따라 전자조달시스템을 통하여 입찰서를 제출하는 경우에 「전자서명법」 제2조제8호에 따른 공인인증서를 포함한다)를 위조·변조하거나 부정하게 행사한 자 또는 허위서류를 제출한 자**

가. 입찰 또는 계약에 관한 서류

(1) "입찰에 관한 서류"는 입찰자가 입찰참가자격 사전심사(PQ) 시, 입찰참가신청 시 또는 입찰 시 등에 발주기관에 제출하는 서류라고 할 수 있겠는데, 주요사항을 예시하면 다음과 같다.

① 입찰참가자격 사전심사(PQ) 시 : 시공실적증명서류, 경영상태 심사서류, 용역에서 책임기술자의 참여경력 및 실적 등

② 입찰참가신청 시 : 입찰참가신청서(소정서식), 해당 공사에 해당하는 면허수첩 또는 자격등록증 서류, 인감증명서, 그 밖에 공고 또는 통지로 요구하는 서류, 공동계약이 허용된 경우 공동수급협정서 및 시행규칙 제15조의 입찰참가자격등록에 관한 서류 등

③ 입찰 시 : 입찰서, 산출내역서, 물품에서의 납품실적증명서, 전자조달시스템에 의하여 입찰서를 제출하는 경우의 「전자서명법」 제2조제6호에 따른 인증서(서명자의 실지명의를 확인할 수 있는 것으로 한정) 등

◈ **전자서명법 제2조제6호** : "인증서"란 전자서명생성정보가 가입자에게 유일하게 속한다는 사실 등을 확인하고 이를 증명하는 전자적 정보를 말한다.

☞ "입찰 및 계약에 관한 서류"의 범위에 대해 법원에 증거서류로 제출하는 경우까지를 포함하는 것으로 볼 수는 없을 것임.

(2) “계약에 관한 서류”는 계약의 체결뿐만 아니라 계약의 이행과 관련하여 작성된 서류(계약제도과-328, 2018.3.15., 회계제도과-570, 2010.4.7. 등)로서, “계약에 관한”의 개념은 계약의 체결 및 이행을 모두 포괄하는 개념이라 할 수 있다. 따라서 위조·변조 등의 대상이 되는 계약에 관한 서류도 계약상대자가 계약의 체결은 물론 계약의 이행과 관련하여 발주기관에 제출하는 서류를 말한다. 예컨대, 공사계약서에 첨부되는 산출내역서를 포함하여 각종 보증서, 공사공정예정표, 준공신고서 및 대가지급신청서, 시험성적서 등이 이에 해당된다고 할 수 있다.

(3) 한편, “계약에 관한 서류”에 대해 최근 대법원 판례(2020.2.27. 선고 2017두39266 판결)에 문언의 통상적 의미에 비추어 보더라도 ‘계약에 관한 서류’가 ‘계약의 체결에 관한 서류’ 또는 ‘계약상 제출 의무가 있는 서류’로 한정된다고 보기 어려우므로 ‘계약에 관한 서류’에는 계약체결에 관한 서류뿐만 아니라 계약의 적정한 이행 확보와 관련된 서류도 포함된다고 보아야 한다고 판시하고 있어 “계약에 관한 서류”에 대한 의미가 분명해 졌다고 할 수 있다.

대법원 판례(대법원 2020.2.27. 선고 2017두39266 판결)

판시사항 구 국가계약법 시행령 제76조제1항제8호(현행 제1항제1호 가목)에서 말하는 ‘계약에 관한 서류’에 계약체결에 관한 서류뿐 아니라 계약의 적정한 이행 확보와 관련된 서류도 포함되는지 여부(적극)

판결요지 이 사건 시행령 조항은 제8호(현행 제1항제1호 가목)에서 ‘입찰 또는 계약에 관한 서류를 위·변조하거나 부정하게 행사한 자 또는 허위서류를 제출한 경우’를 입찰참가자격 제한 사유로 규정하고 있다. 이 사건 시행령 조항의 다른 호는 ‘계약의 체결 또는 이행’(제6, 7, 10, 12, 17호)과 ‘계약의 이행’(제1, 5호)을 명확히 구분하고 있으나 제8호(현행 제1항제1호 가목)는 ‘계약에 관한 서류’라고 포괄적으로 규정하고 있다.

계약의 적정한 이행을 확보하기 위해서는 계약의 체결에 관한 서류뿐만 아니라 계약의 이행에 관한 서류의 위·변조 등 행위에 대해서도 제재할 필요가 있다. 문언의 통상적 의미에 비추어 보더라도 ‘계약에 관한 서류’가 ‘계약의 체결에 관한 서류’ 또는 ‘계약상 제출 의무가 있는 서류’로 한정된다고 보기 어렵다.

따라서 이 사건 시행령 조항 중 제8호(현행 제1항제1호 가목)에서 말하는 ‘계약에 관한 서류’에는 계약체결에 관한 서류뿐만 아니라 계약의 적정한 이행 확보와 관련된 서류도 포함된다고 보아야 한다.

※ "계약에 관한 서류"에서 계약의 체결은 물론 계약의 이행도 포함되어야 하는 논거

- 법 제1항8호 가목에 규정한 "입찰·계약 관련 서류" 및 영 제76조제1항제1호 가목에 규정한 "입찰 또는 계약에 관한 서류" 표기에 대해 계약의 체결은 물론 계약의 이행도 포함되는 것으로 보아야 하는 논거를 살펴보면, ①정부계약과 관련한 서류의 위·변조 등에 대해 계약의 체결과 관련한 서류만 해당되고 특별히 계약의 이행과 관련한 서류를 제재대상에서 배제할 이유가 없고, ②법 제27조제1항 중 다른 제재사유인 제2호, 제4호, 제7호 및 제8호 나목 등에서 "계약의 체결 또는 이행"이라고 표기하였으며, 법 제27조제1항제8호 가목(영 §76① 제1호 가목)이 계약의 체결과 관련한 서류에 대해서만 위·변조 등을 제재하려는 의도였다면 앞의 다른 사유 표기의 예와 같이 "계약의 체결에 관한 서류"로 표기하는 것이 마땅할 것이다.
- 무엇보다도, 국가계약법의 제명("국가를 당사자로 하는 계약에 관한 법률")은 물론 국가계약법 제1조(목적)가 "이 법은 국가를 당사자로 하는 계약에 관한 기본적인 사항을 정함으로써 계약업무를 원활하게 수행할 수 있도록 함을 목적으로 한다."라고 규정하고 있고, 같은 법 제2조(적용범위), 제3조(다른 법률과의 관계) 등 많은 조문에서 "계약에 관한"으로 표기하고 있는데서, "계약에 관한"의 의미는 당연히 계약의 체결은 물론 계약의 이행을 모두 포괄하는 의미라는 점에서, 유독 법 제1항8호 가목에 규정한 "입찰·계약 관련 서류" 및 영 제76조제1항제1호 가목에 규정한 "입찰 또는 계약에 관한 서류"에 계약의 이행을 배제한 것으로 해석하는 것은 앞의 조문의 취지와도 배치된다 할 것이다.

나. 위조

(1) "위조"란 작성권한이 없는 사람이 다른 사람 명의를 도용하여 문서를 작성하거나, 기존의 문서를 변경하여 전혀 새로운 문서가 되게 하는 것이라 할 수 있다. 강학 상 넓은 의미의 위조의 개념에는 작성권한이 없는 사람이 다른 사람 명의의 문서를 작성하는 "유형위조"와 자기명의의 문서에 내용상으로 허위기재를 하는 "무형위조"로 구분되는데, 형법 상 문서의 위조라고 할 때에는 통상 유형위조를 말한다.[15]

(2) 종전에는 대법원이 허위서류 작성을 무형위조로서 입찰참가자격 제한사유인 위조행위에 해당되는 것으로 판시(대법원 2000.10.13. 99두3201)하였으나, 1999.9.9. 시행령 개정으로 입찰참가자격 제한사유에 "허위서류를 제출한 자"를

15) 법률용어사전, 2002, ㈜현암사, 1123쪽

명기함으로써 허위서류 작성이 입찰참가자격 제한사유인 문서의 위조(무형위조)에 포함되는지에 대한 논란이 불필요하게 되었다. 따라서 문서의 유형위조는 문서의 위조로, 무형위조로 보고 있는 허위서류 작성은 별도의 허위서류 제출사유로 구분하여 조치하면 될 것이다.

다. 변조

"변조"란 타인 명의의 문서의 내용에 그 동의 없이 동일성을 해하지 않는 정도의 변경을 가하는 것이라 할 수 있다. 이때 변경을 가함으로 인해 전혀 다른 새로운 내용의 문서가 되었을 경우에는 변조가 아니고 위조에 해당되는 것으로 보고 있다.[16]

※ 문서의 "위조"와 "변조"의 차이 : 위조와 변조 모두 작성권한이 없는 자의 행위라는 점에서는 동일하나, 그 작성된 문서가 기존 문서와 동일성을 가지는 범위 여부에 따라 동일성 범위를 초과하면 위조, 동일성 범위 내이면 변조에 해당된다고 할 수 있음.

라. 부정하게 행사

(1) "입찰 등의 서류를 부정하게 행사한 경우"는 진정하게 성립된 문서를 사용할 권한이 없는 자가 문서명의자로 또는 사용 권한이 있는 것처럼 가장하여 행사하거나, 사용할 권한이 있더라도 본래의 사용 목적이나 정당한 용법에 반하여 사용 또는 행사하는 경우를 의미하는 것이라 할 수 있다.[17] 이는 대체로 불법적이거나 부당하거나 또는 부정직하게 행사한 경우 등을 모두 포괄하는 의미라고 할 수 있겠으며, 개별 사안별로 부정하게 행사하였는지의 여부를 판단할 수밖에 없을 것이다.

(2) 예컨대, 전자입찰에서 공인인증서를 제3자에게 제공하고 입찰을 대행시키

16) 앞의 법률용어사전, 1123쪽
17) 광주지방법원 2004.7.15. 2003구합278

거나, 타인의 공인인증서를 제공받아 G2B를 통해 입찰을 대행한 행위, 공사입찰에서 입찰서 제출이 마감된 후 낙찰1순위에 해당하는 금액을 기재한 입찰서를 개찰하는 과정의 혼란한 틈을 이용하여 입찰함에 던져 넣은 행위(회제 41301-44, 2003.1.13.) 등을 들 수 있다.

(3) 참고로 형법 제236조 소정의 사문서부정행사죄에 대한 대법원 판례는 '사용권한자와 용도가 특정되어 작성된 권리의무 또는 사실증명에 관한 타인의 사문서 또는 사도화를 사용권한 없는 자가 사용권한이 있는 것처럼 가장하여 부정한 목적으로 행사하거나 또는 권한 있는 자라도 정당한 용법에 반하여 부정하게 행사하는 경우에 성립된다'라고 판시하고 있다(대법원 2007.3.30. 선고 2007도629 판결)

마. 허위서류 제출

(1) "허위"란 진실이 아닌 것을 진실인 것처럼 꾸민 것이라 할 수 있다. 따라서 "허위서류 제출"은 작성권한이 있는 자가 진실이 아닌 것을 진실인 것처럼 작성한 서류를 제출한 것이라 할 수 있으며[18], 여기에는 고의로 허위서류를 작성하여 제출한 것을 말하고 단순히 착오나 오기 등에 의한 것은 입찰참가자격 제한조치 대상이 아니라고 보는 것이 타당하다(계약제도과-1380, 2013.10.8., 계약제도과-1564, 2011.12.22. 등).

(2) 조달청 유권해석도 허위서류의 제출을 "작성권한이 있는 자가 진실에 반한 내용으로 작성한 서류를 제출하거나 작성자가 아닌 자가 허위서류임을 알고도 제출하는 경우로 보는 것이 타당할 것이며, "계약상대자 등"의 인지여부("계약상대자 등"이 허위서류임을 전혀 인지하지 못한 사실의 입증은 "계약상대자 등"이 하여야 할 것임)는 해당 중앙관서의 장이 "계약상대자 등"이 제출한 서류를 확인하여 판단하여야 할 것"이라고 해석(2013.4.16.)하고 있다.

18) 대법원 2000.10.13. 99두3201에서의 무형위조에 해당

※ “문서의 위조”와 “허위서류”의 차이 : 작성권한의 유무에 있다 할 수 있음. 즉, 문서의 위조는 작성권한이 없는 사람이 다른 사람의 명의를 도용하여 문서를 작성한 것임에 비해, 허위서류는 작성권한이 있는 자가 진실에 반한 내용으로 작성한 서류인 점에서 차이를 들 수 있음.

(3) “허위서류를 제출한 자”에 해당하는지에 대한 판단하는 기준과 관련하여 대법원 판례를 보면, “허위서류를 제출한 자에 해당하기 위해서는 구체적인 사안에서 계약체결의 경위와 그 내용, 허위서류의 작성 및 제출의 경위, 허위서류의 내용, 허위서류가 계약에서 차지하는 비중 등을 고려할 때 허위서류의 제출이 경쟁의 공정한 집행 또는 계약의 적정한 이행을 해할 염려가 있거나 기타 입찰에 참가시키는 것이 부적절하다고 인정되어야 한다(대법원 2007.11.29. 선고 2006두16458)”는 입장이며, 이에 따라 작업일보 작성에 소속 연봉제 연구원들의 단순한 착오와 오기로 인하여 사실과 다르게 작성된 것으로서 전체 계약에 미치는 영향이 경미하므로, 이 사건 작업일보의 중복 기재로 인하여 경쟁의 공정한 집행 또는 계약의 적정한 이행을 해칠 염려가 있거나 기타 입찰에 참가시키는 것이 부적법하다고 보기 어렵다는 이유로 허위서류를 제출한 자에 해당되지 않는다고 판시한 사례가 있다(대법원 2014.12.11. 선고 2013두26811).

대법원 판례(대법원 2014.12.11. 선고 2013두26811 판결)

판시사항 ‘허위서류를 제출한 자’에 해당하는지 판단하는 기준

판결요지

[1] 부정당업자의 입찰참가자격을 제한하는 제도를 둔 취지는 국가를 당사자로 하는 계약에서 공정한 입찰 및 계약질서를 어지럽히는 행위를 하는 사람에 대하여 일정 기간 입찰참가를 배제함으로써 국가가 체결하는 계약의 성실한 이행을 확보함과 동시에 국가가 입게 될 불이익을 미연에 방지하기 위한 것이므로, ‘허위서류를 제출한 자’에 해당하기 위해서는 구체적인 사안에서 계약체결의 경위와 그 내용, 허위서류의 작성 및 제출의 경위, 허위서류의 내용, 허위서류가 계약에서 차지하는 비중 등을 고려할 때 허위서류의 제출이 경쟁의 공정한 집행 또는 계약의 적정한 이행을 해할 염려가 있거나 기타 입찰에 참가시키는 것이 부적절하다고 인정되어야 한다(대법원 2007.11.29. 선고 2006두16458 참조)

[2] 원심은 ① 원심 판시 이 사건 계약과 같이 계약금액이 계약당사자 간 협의와 정산절차를 거쳐서 확정되는 개산계약에서 계약금액 정산을 위하여 제출되는 원심 판시 이 사건 작업일보는 계약의 주요 내용이나 계약 진행 여부의 판단에 영향을 미치지 아니하고 단지 일정

범위 내에서 계약금액 조정에만 관계되는 점, ② 피고는 계약상대방이 제출하는 정산자료를 계약금액에 모두 반영하여야 하는 것이 아니라 노무공수를 삭감하거나 예가율을 적용하여 조정할 수 있는 권한을 가지고 있는 점, ③ 피고는 원고 소속 연구원들의 노무량을 산정하면서 1일 노무시간을 8시간으로 한정함으로써 위 연구원들이 8시간을 초과하여 근무하더라도 그 초과시간은 노무비 산정에 반영되지 아니하도록 정해 놓은 점, ④ 이에 위 연구원들이 원심 판시 이 사건 사업을 위해 8시간 이상을 작업하였어도 이 사건 작업일보에는 8시간을 한도로 기재해 왔으므로, 해당 연구원이 하루에 실제로 8시간을 초과하여 근무하였을 가능성도 있고, 따라서 이 사건 작업일보와 원심 판시 이 사건 병행사업의 작업일보에 중복 기재되었다고 하여 이 사건 작업일보에 기재된 해당 연구원의 작업시간 전부가 허위 기재라고 단정할 수는 없는 점, ⑤ 위 연구원들은 이 사건 작업일보를 매일 작성하거나 정확히 작성하지 아니하고 1~2주 혹은 그 이상 기간의 작업내용을 몰아서 형식적으로 작성하기도 하였고, 피고 측에서는 실질적으로 이 사건 작업일보를 검증하지 아니한 채 1일 기준 8시간을 넘는 노무시간을 삭감하는 정도로만 정산관리를 해온 점, ⑥ 원고와 피고의 이 사건 작업일보의 작성 및 확인이 이처럼 부실하고 형식적으로 이루어지다 보니 이 사건 사업과 이 사건 병행사업의 작업일보 작성에 관한 체계적인 관리가 이루어지지 아니하였고, 위 두 사업은 서로 관련되어 있는 데다가 사업기간이 겹쳐 있어 두 작업을 동시에 수행하는 연구원들로서는 정확한 작업내용과 시간을 구분하여 작업일보를 작성하는 것이 용이하지 아니하였던 점 등 그 판시와 같은 사정을 들어, 이 사건 작업일보는 피고의 용인과 개산계약의 특성으로 인해 작업일보 기재가 사실상 형식화되어 있는 상황에서 원고 소속 연봉제 연구원들의 단순한 착오와 오기로 인하여 사실과 다르게 작성된 것으로서 전체 계약에 미치는 영향이 경미하므로, 이 사건 작업일보의 중복 기재로 인하여 경쟁의 공정한 집행 또는 계약의 적정한 이행을 해칠 염려가 있거나 기타 입찰에 참가시키는 것이 부적법하다고 보기 어렵다는 이유로, 원심 판시 이 사건 처분이 위법하다고 판단한 것에 잘못이 없다.

(4) 입찰에 관한 서류를 위조·변조하거나 부정하게 행사 또는 허위서류를 제출한 경우에도 입찰참가자격 제한기준은 이로 인하여 낙찰을 받은 경우(1년)와 낙찰을 받지 않은 경우(6개월)로 구분하여 다르게 적용토록 하고 있다(시행규칙 §76① 별표2)).

유권해석 사례

사례 70 "계약에 관한 서류"에는 계약의 이행에 관한 서류도 포함되는지?

회 신 (계약제도과-328, 2018.3.15.)

국가계약법 제27조제1항 및 동 시행령 제76조제1항(현행 제2항)제1호 가목에 따라 입찰 또는 계약에 관한 서류(영 제39조에 따라 전자조달시스템을 통하여 입찰서를 제출하는 경우에

「전자서명법」 제2조제8호에 따른 공인인증서를 포함한다)를 위조·변조하거나 부정하게 행사한 자 또는 허위서류를 제출한 자에 대해서는 입찰참가자격 제한처분을 하여야 함. 상기 규정 중 "계약에 관한 서류"는 계약의 체결에 관한 서류뿐만 아니라 계약의 이행에 관한 서류도 포함된다고 보는 것이 타당하므로 준공 관련 서류도 계약에 관한 서류에 해당한다고 볼 수 있을 것임.

사례 71 개산계약에서 잘못된 증빙서류를 근거로 정산한 경우 제재대상 여부

회 신 (계약제도과-310, 2015.3.24.)

개산계약에서 잘못된 증빙서류를 근거로 정산한 것은 부정당업자 입찰참가자격 제한 사유가 될 수 있을 것이나, 계약담당자가 사유에 해당하는 행위의 유형, 고의·과실 여부 등 제반사정을 고려하여 처분해야 할 사항이라 할 것임.

사례 72 착오에 따른 단순한 오기가 입찰차가자격제한 처분의 사유가 되는 '허위서류'에 해당하는지 여부

회 신 (계약제도과-1380, 2013.10.8.)

계약상대자가 사실이 아님을 알면서도 사실과 다르게 기재한 입찰서류는 "허위서류"에 해당한다고 할 것임. 질의와 관련하여, 서류제출담당자의 단순한 착오에 의한 오기가 명백한 경우라면 이를 '위조·변조·허위'로 보기는 어려울 것이나, 동 사항이 '계약상대자의 단순한 착오에 의한 오기'인지는 제반사정을 종합적으로 고려하여 계약담당공무원이 판단할 사항임.

사례 73 타인명의로 사업자등록을 한 자가 제출한 사업자등록증을 허위서류 제출자로 보아 부정당업자로 제재할 수 있는지 여부

회 신 (계약제도과-1147, 2013.8.27.)

제출된 사업자등록증이 시행령 제76조제1항제8호(현행 제2항제1호 가목)의 사유에 해당되는지는 세법 등 관련법령에 따라 판단되어져야 할 것임.

사례 74 "계약의 적정한 이행을 해칠 우려가 있는 자"에 대한 판단

회 신 (계약제도과-645, 2012.5.24.)

귀 사에서 질의한 사항 중 「공기업·준정부기관 계약사무규칙」 제15조제1항에 따른 '계약의 적정한 이행을 해칠 우려가 있는 자'에 해당되는지의 여부는 사실관계 판단에 관련된 사항으로, 발주기관이 제반 계약여건을 고려하여 판단·결정할 사항임. 또한, 발주기관에 제출된 인력투입 계획과 실제 투입된 인력이 상이하더라도 당초 투입계획보다 실제 투입된 인력의 경력·등급이 동등 이상이고, 인건비 투입 총액이 이를 초과하는 경우라면 국가계약법 시행령 제76조제1항 제8호(현행 제2항제1호 가목)에 따른 입찰참가자격 제한은 곤란하다고 보는 것이 타당할 것임.

사례 75 부적격 기본설계서 제출자의 입찰서류 부정행사자 해당여부

회 신 (계약제도과-234, 2012.3.7.)

시행령 제76조제1항제8호(현행 제2항제1호 가목)는 입찰 또는 계약에 관한 서류를 부정하게 행사한 자 또는 허위서류를 제출한 자에 대하여 부정당업자 제재를 하도록 하고 있음. 여기서 "입찰 등의 서류를 부정하게 행사한 자"라 함은 서류에 사용권한을 가지지 않은 자가 권한을 가진 것처럼 하여 입찰에 참가하거나 권한을 가진 경우에도 서류의 작성 목적 이외의 용도로 해당 서류를 사용한 자를 의미한다고 할 것임.

질의와 관련하여 공동수급체의 구성원 중 대표사가 해당 입찰의 구성원 적격 및 입찰참가자격 요건을 갖추지 못한 설계업체에 하도급을 주어 작성한 기본설계서를 일괄입찰에 제출한 경우라면 대표사를 부적격 기본설계서를 제출한 자로 볼 수는 있어도 위 규정에서 말하는 입찰서류를 부정하게 행사한 자로 보기는 어려울 것임. 또한, 제출된 기본설계서는 내용 그 자체에 거짓이 없다면 허위서류로 보기도 어려울 것임.

부정당업자 제재는 불이익 행정처분으로 명백한 법적근거를 필요로 하고 확대해석이 곤란하다는 점에 비추어 부적격 기본설계서를 제출한 자에 대하여 시행령 제76조에 따라 부정당업자로 제재하는 것은 곤란하다고 할 것이나, 다만, 시행령 제76조제1항제17호(현행 법 §27①제4호)는 사기, 그 밖의 부정한 행위로 입찰과정에서 국가에 손해를 끼친 자에 대하여 부정당업자 제재토록 하고 있음에 비추어 부적격 기본설계서를 제출한 자가 설계보상비를 수령하거나 공사 발주의 지연 등 국가에 손해를 끼친 경우에는 부정당업자 제재가 가능할 것임.

사례 76 착오로 중복 기재한 정산서류 제출을 허위서류 제출로 볼 수 있는지?

회 신 (계약제도과-1515, 2011.12.14.)

시행령 제76조제2항 각호는 국가계약법 제27조제1항에 따라 입찰참가자격을 제한하는 부정당업자를 구체적으로 열거한 것이므로 시행령 제76조제1항제8호(현행 제2항제1호 가목)에 해당함이 명백한 경우에는 동법 제27조제1항에 해당하는지 여부를 별도로 판단할 필요는 없다고 할 것임. 다만, 특정 사안이 동 제8호(현행 제2항제1호 가목)에 해당하는지 여부를 판단함에 있어 동법 제27조제1항이 그 준거가 된다고 할 것임.

동 시행령 제76조제1항제8호(현행 제2항제1호 가목)의 "허위서류"는 진실이 아닌 거짓된 내용으로 작성한 서류를 의미한다고 할 것인 바, 계약상대자가 단순한 입력착오 또는 오기, 위산으로 인해 중복 기재한 정산서류를 허위서류로 보기는 어려울 것임. 또한 정산서류 오류의 정정은 계약관계의 법적 안정성을 해치지 않는 범위에서 원칙적으로 허용된다고 할 것임.

따라서 중복 기재한 정산서류를 제출한 자가 부정당업자 제재의 대상이 되는 허위서류를 제출한 자에 해당하는지 여부에 대해서는 민법, 형법 등 관련법령 및 동 서류의 제출 경위 및 목적, 제출 서류의 기재내용, 서류작성의 고의성, 서류정정의 허용 가능성 등 제반 정황을 종합적으로 고려하여 판단하는 것이 타당할 것임.

사례 77 적격심사 시 1순위 업체가 제출한 감리원 배치계획서에 배치인원을 실명 표기하지 않고 무기명으로 표기한 것이 허위서류에 해당되는지?

회 신 (계약제도과-1194, 2011.10.12.)

귀 기관에서 질의하신 사안이 시행령 제76조제1항제8호(현행 제2항제1호 가목) "허위서류"에 해당되기 위해서는 진실이 아닌 것을 진실인 것처럼 서류내용을 꾸며 제출하여야 하는 바, 적격심사 시 1순위 낙찰업체가 제출한 타 감리용역의 감리원 배치계획서에 배치인원을 실명 표기하지 않고 단순히 무기명으로 표기하여 제출한 경우 동 서류를 허위서류로 보기는 곤란할 것임. 다만, 1순위 낙찰업체가 적격심사 시 감리원 중복 배치에 따른 해당 용역의 실격을 면하기 위하여 타 용역 감리인원을 무기명으로 제출한 경우에는 동 제8호에 해당되어 부정당업자 제재 조치가 가능할 것으로 판단됨.

사례 78 입찰무효에 해당되어도 허위서류 제출 시 부정당업자 제재가 가능한지 여부

회 신 (계약제도과-595, 2011.5.26.)

시행령 제76조에 따른 부정당업자 제재처분의 대상이 되는 입찰자는 추후 해당 입찰자의 입찰행위의 유·무효 판정 여부와 관계없이 객관적으로 입찰에 참가한 자를 의미하는 것임. 따라서 이 건의 경우 입찰자가 입찰참가자격이 없음에도 입찰에 참여하여 추후 해당 입찰이 무효가 되었다 할지라도 입찰에 참가하여 허위서류를 제출한 사실이 있다면 동 시행령 제76조제1항제8호(현행 제2항제1호 가목)에 따라 입찰참가자격을 제한하는 것이 타당할 것임.

사례 79 대가지급에 관한 허위서류를 제출한 계약상대자도 계약에 관한 허위서류를 제출한 자에 해당되는지?

회 신 (회계제도과-570, 2010.4.7.)

시행령 제76조제1항제8호(현행 제2항제1호 가목)는 입찰참가자격 제한 대상으로 "입찰 또는 계약에 관한 허위서류를 제출한 자"를 규정하고 있는 바, 동 규정의 "계약에 관한 서류"는 계약의 체결에 관한 서류뿐만 아니라 계약의 이행에 관한 서류도 포함된다고 보는 것이 타당하므로 대가지급에 관한 허위서류를 제출한 계약상대자도 입찰참가자격 제한 대상이 될 것임.

사례 80 발주기관의 승인 없이 행한 하도급 실적금액을 명기하지 않은 것을 허위서류 제출로 보아 부정당업자 제재처분이 가능한지?

회 신 (회계제도과-1112, 2009.7.6.)

발주기관이 발급한 시공실적증명서 내용자체가 허위가 아닌 한 발주기관의 승인 없이 행한 하도급 실적금액을 명기하지 않았다는 이유만으로 허위서류에 해당하지 않음.

다만, 발주기관의 승인 없이 계약상대자가 사업의 전부 또는 주요부분을 하도급한 경우에는 입찰참가자격을 제한해야 하나, 주요부분이 아닌 비 주요분에 대해 하도급한 경우에도 제재를 가하는 것은 과도한 것임. 귀 질의 경우가 이에 해당하는지 여부는 계약담당공무원이 민법,

형법 등 관련법령 및 동 서류제출 경위 및 목적, 제출 서류의 기재내용, 서류작성의 고의성 등 제반 정황을 종합적으로 고려하여 판단·처리할 사항임.

사례 81 허위실적 제출자에 대한 입찰무효 및 부정당업자제재

질 의 ① 허위실적을 제출한 자에 대해 입찰무효 및 부정당업자제재가 가능한지 여부와 ② 협상1순위 업체가 허위실적을 제출한 경우 부정당업자 제재처분이 가능한지 여부

회 신 (회계제도과-565, 2009.3.25.)

① 질의1에 대하여, 실적제한 용역입찰에서 입찰참가자가 실적을 위·변조하는 등 허위실적을 제출하는 행위는 입찰질서의 혼란 및 입찰방해 등을 초래하는 부당 입찰행위로서 시행령 제76조제1항제8호(현행 제2항제1호 가목)에 의한 부정당업자 제재사유에 해당되며, 시행규칙 제44조제1호의 입찰참가자격이 없는 자의 입찰 또는 용역입찰유의서 제12조(입찰의 무효) 제8호 관계공무원의 업무집행을 방해한 자에 해당되어 입찰무효인 것으로 판단됨.

② 질의2에 대하여, 협상1순위 업체가 허위실적을 제출한 경우 동 입찰은 시행령 제76조에 따라 부정당업자 제재처분이 가능하며, 상기 사유에 근거하여 입찰을 무효로 처리하는 것이 타당한 바, 이 경우 낙찰자 결정은 “협상에 의한 계약체결기준” 제10조제2항에 따라 차 순위자 순으로 협상을 진행하여 결정하는 것임.

사례 82 허위서류 제출과 낙찰자결정의 인과관계 관련

질 의 허위서류를 제출한 후 낙찰된 자에 대하여 그 허위서류가 낙찰에 영향을 미쳤는지 여부를 고려하여 부정당업자 제재기간을 달리하는지?

회 신 (회계제도과-1064, 2008.9.11.)

허위서류의 제출을 통하여 낙찰된 자에 대하여는 단순히 허위서류를 제출한 자보다 더 엄격하게 제재토록 하고 있는바, 동 허위서류가 낙찰자 결정에 실질적인 영향을 미친 경우에는 시행규칙 제76조 관련 [별표2] 제10호 가목의 규정(1년)을 적용하여야 할 것이며, 동 허위서류가 낙찰자 결정에 실질적인 영향을 미치지 않은 경우(허위실적을 제외하더라도 낙찰에 영향을 미치지 않음)에는 동 허위서류로 인해 낙찰이 된 것이 아니므로 동 [별표2] 제10호 나목의 규정(6개월)에 따라 제재하는 것임.

사례 83 하도급자가 서류위조 시 계약상대자의 부정당업자제재 여부

질 의 (상황) : ○○축협에서 ○○발주기관에 계육을 납품하던 중 하도급업체 A사에 부도가 발생하여 정상기한 내 납품에 차질이 발생, B업체는 품질이 나쁜 계육의 포장박스에 검수관의 검수도장을 위조·날인하여 납품하다가 위조사실이 적발되었음.

(질의내용) : ① 계약상대자가 아닌 자의 서류 위조행위가 있었고 이를 계약상대자가 납품하였을 경우 계약상대자를 시행령 제76조제1항제8호 또는 제13호에 따라 부정당업자제재를 할 수 있는지?

② 납품된 물품에 하자가 있어 반품한 경우 시행규칙 별표2 제2호 나목에 따라 '보수'와 동일하게 보아 부정당업자제재를 할 수 있는지?

회 신 (회계제도과-780, 2008.7.17.)

① "질의①"에 대하여, 각 중앙관서의 장은 시행령 제76조제1항 각 호의 어느 하나에 해당하는 계약상대자 또는 입찰자에 대하여는 일정기간 입찰참가자격을 제한하여야 하나, 이 경우 계약상대자 또는 입찰자에 하도급업체는 포함되지 않음.

귀 질의의 경우 하도급자의 위반행위만으로 계약상대자의 입찰참가자격을 제한할 수는 없으며, 다만, 계약담당공무원이 계약상대자와 하도급자간의 계약위임관계, 계약상대자의 지시가 있었는지 여부 등 사실관계를 검토하여 계약상대자의 위반행위가 있었는지를 판단하여 제한여부를 처리해야할 것임.

② "질의②"에 대하여, 시행규칙 [별표2] 제2호 나목 물품에서 "보수비율"에는 물품에 하자가 있어 대체납품한 물품의 비율도 포함되는 것임.

사례 84 현장성능 시험에 참여한 B업체가 허위서류를 제출한 경우 부정당업자 제재가 가능한지?

회 신 (회계제도과-1860, 2007.10.22.)

귀 질의 경우와 같이 실시설계에 반영할 통신방식 선정을 위하여 전문기관에 위탁한 건의 현장 성능시험에 참여한 업체는 국가기관이 실시한 입찰에 참여한 자에 해당하지 아니하므로 부정당업자 제재조치대상은 아니며, 다만, 허위서류 제출로 인한 손해 등에 관하여는 민법 등 관련법령에 따라 처리될 사항임.

사례 85 공무원에게 허위사실을 신고하여 공문서를 수령하고 이를 제출하는 행위도 부정당업자제재 대상이 되는지?

회 신 (회계제도과-905, 2007.10.14.)

귀 질의와 같이 허위서류 제출에는 허위서류를 직접 제출한 것 분 만아니라 공무원에게 허위사실을 신고하여 공문서를 수령하고 이를 제출하는 행위도 포함된다는 의미임.

사례 86 법원에 입찰관련 증거서류 제출 시 그 서류를 허위서류로 보아 "입찰 또는 계약에 관한 허위의 서류를 제출한 경우"에 해당하는 것으로 볼 수 있는지?

회 신 (조달청 법무지원팀-3670, 2006.11.9.)

시행령 제76조제1항제8호(현행 제2항제1호 가목)와와 관련하여 "허위서류 제출"의 대상 및 범위는 입찰 또는 계약에 관한 서류를 발주기관에 제출하는 경우로 보는 것이 타당할 것이며, 법원에 증거서류로서 제출하는 경우까지를 포함하는 것으로는 볼 수 없을 것임.

사례 87 공인인증서 부정사용에 대한 제한 여부

회 신 (회계제도과-515, 2005.3.15.)

전자입찰 시 공인인증서는 입찰참가자 본인여부 확인 및 입찰서의 정당성을 확보하기 위한 필수불가결한 전자적인 문서로서, 입찰에 관한 서류에 해당된다고 볼 수 있겠으며, 동 공인인증서를 부정하게 사용하였는지 여부는 입찰의 위임·피위임 관계의 적법성·정당성 여부, 동 인증서의 사용정황 등을 고려하여 판단할 사항임.

사례 88 입찰이 마감된 이후 공개된 예정가격을 기준으로 입찰금액을 기재한 입찰서를 투찰한 경우 입찰참가자격제한 여부

회 신 (회제 41301-44, 2003.1.13.)

귀 질의의 경우와 같이 입찰이 마감된 이후 공개된 예정가격을 기준으로 입찰금액을 기재하한 입찰서를 투찰한 경우라면 이는 입찰에 관한 서류를 부정하게 행사한 자로 보는 것이 타당하다고 봄.

사례 89 부정당업자 제재를 받지 않은 상태에서 새로운 건에 대한 계약체결이 가능한지?

질 의 계약상대자가 과거입찰과 관련하여 적격심사 서류제출에 부정한 행위를 한 것으로 판명되어 사법당국에 고발되어 수사가 진행 중인 경우라도 부정당업자 제재를 받지 않은 상태에서 새로운 건에 대한 입찰에서 적격심사를 통과한 동 업체를 낙찰자 결정 후 계약체결이 가능한지?

회 신 (회제 41301-1320, 2001.7.9.)

특정입찰에서 정당하게 낙찰된 경우에는 계약체결 전 동 낙찰자의 다른 입찰과정에서 입찰참가자격제한조치 사유가 발생하였더라도, 계약체결당시 동 제재조치가 이루어지지 않았다면 계약담당공무원이 동 낙찰자에 대한 계약체결을 거부할 수는 없다고 봄.

10. 고의 무효입찰 (영 §76②, 제1호 나목)

◉ **고의로 무효의 입찰을 한 자**

(1) “고의”란 ‘자기의 행위에 의하여 일정한 결과가 발생하리라는 것을 알면서 감히 이를 행하는 심리상태라 할 수 있으며, 입찰무효와 관련하여서 대법원 판례는

"고의"를 입찰무효의 요건이 되는 구체적인 의무위반사실을 인식하면서도 감히 그와 같은 의무위반행위를 하는 것을 말하고 입찰을 무효화 시키려는 목적이 있어야 하는 것은 아니다'라고 판시하고 있다(대법원 1986.10.14. 선고 84누314 판결).

(2) 무효의 입찰을 하였다고 하여 모두 입찰참가자격 제한조치를 하는 것이 아니라 고의로 무효의 입찰을 한 자에 대해서만 제한조치를 하게 되는데, 고의는 사람의 심리상태로서 그 성질상 직접적인 증거로 입증하기가 곤란하므로 고의로 무효의 입찰을 한 것인지의 여부는 해당 관서의 장이 해당 입찰의 동기, 목적, 경위, 방법 및 입찰결과 등 간접증거 또는 정황증거를 통하여 입증할 수밖에 없을 것이다.

(3) 여기서, 입찰무효 사유는 영 제39조제4항, 규칙 제44조, 공사의 경우 "공사입찰유의서" 제15조에 규정되어 있는데, 동 규정에 명시되어 있는 입찰무효 사유 중, 시행규칙 제44조제1항제6호(산출내역서 제출 관련) 및 제6의3호(등록사항 변경 관련)에 해당되는 무효사유에 대해서는 입찰제한 조치대상에서 제외한다.

＊ 2019.9.17. 기업부담을 덜어주기 위해 시행령을 개정, 입찰의 공정성·적정성을 저해할 소지가 낮은 유형에 대한 입찰참가자격 제한조치를 폐지한 것임(2019.12.18. 시행).

◈ **국가계약법 시행령 제76조(부정당업자의 입찰참가자격 제한)** ② 법 제27조제1항제9호 각 목 외의 부분에서 "대통령령으로 정하는 자"란 다음 각 호의 구분에 따른 자를 말한다.

1. 경쟁의 공정한 집행을 저해할 염려가 있는 자로서 다음 각 목의 어느 하나에 해당하는 자
   나. 고의로 무효의 입찰을 한 자. <u>다만, 입찰서상 금액과 산출내역서상 금액이 일치하지 않은 입찰 등 기획재정부령으로 정하는 입찰무효사유에 해당하는 입찰의 경우는 제외한다.</u>

◈ **국가계약법 시행규칙 제75조의2(부정당업자의 입찰참가자격 제한)** 영 제76조제2항제1호 나목 단서에서 "입찰서상 금액과 산출내역서상 금액이 일치하지 않은 입찰 등 기획재정부령으로 정하는 입찰무효사유에 해당하는 입찰"이란 <u>제44조제1항제6호</u> 및 <u>제6호의3</u>에 따른 입찰을 말한다.

Chapter 02
부정당업자에 대한 입찰참가자격 제한제도

◈ **국가계약법 시행규칙 제44조(입찰무효)** 제1항(영 제39조제4항에 따라 무효로 하는 입찰은 다음과 같다) 제6호 및 제6의3호

6. 영 제14조제6항에 따른 입찰로서 입찰서와 함께 산출내역서를 제출하지 아니한 입찰 및 입찰서상의 금액과 산출내역서상의 금액이 일치하지 아니한 입찰과 그 밖에 기획재정부장관이 정하는 입찰무효사유에 해당하는 입찰.

6의3. 제15조제1항에 따라 등록된 사항 중 다음 각 목의 어느 하나에 해당하는 등록사항을 변경등록하지 아니하고 입찰서를 제출한 입찰

가. 상호 또는 법인의 명칭

나. 대표자(수인의 대표자가 있는 경우에는 대표자 전원)의 성명

유권해석 사례

사례 90 주소 이전 후 전 주소지에 지역제한경쟁 입찰로 참가한 경우 고의 무효입찰에 해당되는지 여부

질 의 갑회사가 A시에서 B도로 주소를 옮겨 법인등기부상의 주소가 변경된 경우(사업자등록증상으로는 미 이전) 당초 A시의 지역제한경쟁입찰에 참가할 수 있는지 및 참가하는 경우 제재 대상인지?

회 신 (회계 41301-1853, 1999.6.17.)

국가기관이 실시하는 입찰에 있어서 입찰참가자격을 영 제21조제1항제6호에 따라 주된 영업소의 소재지로 제한하는 경우 해당 지역 안에 소재하는 업체란 법인등기부상의 본점 또는 본사가 해당 지역 안에 있는 업체를 의미하는 것이며, 해당 지역 내에 소재하지 아니하는 업체가 입찰에 참가한 경우에는 입찰참가자격이 없는 자가 한 입찰에 해당되어 해당 입찰을 무효로 처리함. 고의로 무효입찰을 한 자가 있는 경우에는 영 제76조제1항(현행 제2항)에 따라 입찰참가자격 제한조치를 함.

사례 91 고의로 무효입찰한 자가 상호, 대표자, 주소 등을 변경한 경우 현재의 법인에 대한 부정당업자 제재여부

회 신 (회제 41301-3291, 1998.10.23.)

고의로 무효의 입찰을 한 자에 대하여는 시행령 제76조제1항제9호(현행 제2항제1호 나목)에 따라 입찰참가자격을 제한하여야 하는 바, 고의로 무효의 입찰을 한 자가 상호, 대표자, 주소 등을 변경한 경우 현재의 법인에 대한 제재여부는 상법상 법인의 권리의무 승계여부 및 동질성 여부 등을 고려하여 처리할 사항이며, 대표자에 대한 제재는 고의로 무효의 입찰을 한 당초 입찰자인 법인의 대표자를 제재하여야 할 것임.

※ 입찰제한 사유 중 종전 시행령 제76조제1항제1호의 다목(연 3회 이상 입찰 불참), 마목(적격심사서류 미제출), 바목(종합심사서류 미제출) 및 사목(턴키입찰 실시설계서 미제출) 등 4개 사유는 2019.9.17. 폐지되었음(2019.12.18. 시행).

☞ 입찰의 공정성·적정성을 저해할 소지가 낮은 유형으로 보아 기업부담을 덜어주기 위해 폐지한 것임.

11. 입찰참가, 계약체결 또는 이행 방해 (영 §76② 제1호 라목)

◉ 입찰참가를 방해하거나 낙찰자의 계약체결 또는 그 이행을 방해한 자

가. 입찰참가를 방해

(1) "입찰참가"라는 의미에 대해서는 입찰참가신청에서부터 입찰 장소에 참석하여 투찰하거나 전자조달시스템을 통하여 입찰서를 제출하는 행위까지로 보는 것이 무리 없는 해석이라고 본다.

(2) "입찰참가를 방해한" 경우에 있어서의 "방해"는 위력, 위계 또는 그 밖의 어떤 방법을 불문하고 입찰에 참가하려는 사람을 참가하지 못하도록 하는 행위라 할 수 있으며, 방해행위가 있으면 충분하고 현실적으로 그 방해행위를 한 결과가 발생할 필요는 없다고 대법원은 판시하고 있다(대법원 1993.2.23. 선고 92도3395 판결).

대법원 판례(대법원 1993.2.23. 선고 92도3395 판결)

판시사항

[1] 입찰방해죄가 결과범인지 여부 및 위력의 정도

[2] 위력을 사용하여 입찰에 참가하려는 사람을 참석하지 못하도록 한 행위

판결요지

[1] 입찰방해죄는 위계 또는 위력 기타의 방법으로 입찰의 공정을 해하는 경우에 성립하는 것으로서, 입찰의 공정을 해할 행위를 하면 족하고 현실적으로 입찰의 공정을 해한 결과가

발생할 필요가 없으며, 위력의 사용은 폭행·협박의 정도에 이르러야만 되는 것도 아니다. [2] 입찰장소의 주변을 에워싸고 사람들의 출입을 막는 등 위력을 사용하여 입찰에 참가하려는 사람을 참석하지 못하도록 한 행위가 입찰방해죄를 구성한다고 한 사례.

☞ 입찰참가 방해 사유에 대해서는 과거 현장 입찰제 시행당시 낙찰제도가 단순히 가격에만 의존한 최저가낙찰제하에서 발주기관이 정한 입찰 장소에 입찰자들이 직접 참석하여 입찰을 실시하던 상황에서 입찰장의 출입을 막는 등의 방법으로 입찰참가를 방해하는 행위가 잦아 이를 방지하기 위해 규정된 것으로 알려져 있음.

(3) 한편, "입찰참가를 방해"한 경우는 입찰에 참가하려는 사람을 대상으로 하므로 입찰업무를 집행하는 기관의 입찰업무를 방해한 경우는 그 제한대상으로 보기 어렵다 하겠다.[19]

나. 낙찰자의 계약체결 또는 그 이행을 방해

(1) 낙찰자의 계약체결 또는 계약체결 후 그 이행과정에서 관련 절차수행을 방해한 자에 대해서도 제한조치를 할 수 있다. 다만, 적격심사낙찰제 또는 종합심사찰제에서의 심사과정, 협상에 의한 계약 또는 경쟁적 대화에 의한 계약에서의 제안서 평가과정, 기술제안입찰에서의 기술제안서 평가과정 등은 그 심사 또는 평가 대상자가 낙찰자로 결정된 상태가 아니므로 낙찰자의 계약체결 방해 대상으로 보는 것은 무리라고 할 수 있다.

(2) 또한, 수의계약의 경우, 입찰 및 낙찰절차라는 개념이 없으므로 낙찰자의 지위가 아닌 수의계약 대상자로서 견적서를 제출하는 단계는 물론 계약의 체결 및 이행단계에서 관련 절차수행을 방해한 자에 대해 제한조치를 할 수 있는 것으로 해석하는 것도 무리라고 보여 진다. 다만, 동 제한규정의 취지상 수의계약의 경우라고 하여 계약체결 또는 그 이행을 방해한 자에 대해 제한조치를 배제할 이유가 없다는 점을 고려해 볼 때, 이를 보완할 필요는 있다고 본다.

---

19) 형법상 "입찰방해죄"에는 입찰업무 방해는 물론 입찰참가를 방해한 경우도 포함하고 있음 (대판 1993.2.23. 92도3395)

유권해석 사례

사례 92 낙찰되지 않은 업체의 사용인이 낙찰자의 계약 이행을 방해한 경우 입찰참가자격 제한 가능 여부

회 신 (계약제도과-72, 2016.1.14.)

국가계약법률 시행령 제76조제1항제12호(현행 제2항제1호 라목) 의하면 입찰에 참여했으나 낙찰되지 않은 업체의 사용인(직원)이 낙찰자의 계약 이행을 방해한 경우 입찰참가자격 제한을 하여야 함. 다만 동 조항 단서규정에 따라 A사(대표자)가 그 행위를 방지하기 위하여 상당한 주의와 감독을 게을리 하지 아니한 경우에는 그러하지 아니함.

12. 계약의 불체결 또는 불이행, 주요조건 위반 (영 §76② 제2호 가목)

◉ **정당한 이유 없이 계약을 체결 또는 이행(적격심사낙찰제에서 계약이행능력심사를 위하여 제출한 하도급관리계획, 외주근로자 근로조건 이행계획에 관한 사항의 이행과 공동계약에 관한 사항의 이행을 포함)하지 아니하거나,**

* 하자보수의무 및 공사이행보증서 제출의무의 이행을 포함(규칙 별표2, 제한개별기준 제16호.)

◉ **입찰공고와 계약서에 명시된 계약의 주요조건(입찰공고와 계약서에 이행을 하지 아니하였을 경우 입찰참가자격 제한을 받을 수 있음을 명시한 경우에 한정)을 위반한 자**

가. "정당한 이유 없이"가 제한조치의 전제

(1) "정당한 이유"의 의미와 관련한 유권해석 사례 및 판례 등

① 회계제도과-1116(2007.6.14.) : "정당한 이유"라 함은 '천재·지변 또는 예기치 못한 돌발사태 등을 포함하여 명백한 객관적인 사유로 인한 경우'라 할 수 있다.

② 대법원 2007.11.15. 2007도7482(조세범처벌법위반) : 조세범처벌법 제10조에서 말하는 "정당한 사유"라 함은 천재·지변·화재·전화 기타 재해

를 입거나 도난을 당하는 등 납세자가 마음대로 할 수 없는 사유를 말하며, 그 정당 사유의 유무를 판단함에 있어서는 그 처벌의 입법 취지를 충분히 고려하면서 체납의 경위, 체납액 및 기간 등을 아울러 참작하여 구체적인 사안에 따라 개별적으로 판단하여야 할 것이다.

③ 대법원 2014.6.26. 2014도5132(병역법위반) : "정당한 사유"라 함은 병무청장 등의 결정으로 구체화된 병역의무의 불이행을 정당화할 만한 사유, 즉 질병 등 복무 이탈자의 책임으로 돌릴 수 없는 사유를 의미한다.

④ 법률착오에 대한 "정당한 이유"에 관한 학설[20) : "상당한 이유설" 과 "회피가능성설"이 있으며, "회피가능성설"이 다수설로서, "회피가능성설"은 착오에 대한 정당한 이유는 결국 그 착오를 회피할 수 없었느냐의 문제이며, 정당한 이유의 판단은 회피가능성의 문제에 귀착되는 것으로 보고 있다.

(2) 정당한 이유에 포함된다고 볼 수 있는 "불가항력"에 대해 계약예규 공사계약일반조건 제32조제1항은 "불가항력이라 함은 태풍·홍수 기타 악천후, 전쟁 또는 사변, 지진, 화재, 전염병, 폭동 기타 계약당사자의 통제범위를 벗어난 사태의 발생 등의 사유("불가항력의 사유")로 인하여 공사이행에 직접적인 영향을 미친 경우로서 계약당사자 누구의 책임에도 속하지 아니하는 경우를 말한다."라고 규정하고 있다(용역계약일반조건 제24조제1항도 같은 취지). 특히, 최근의 COVID-19와 관련하여 이를 전염병의 일종으로서 계약의 불체결 또는 불이행과 직접적으로 인과관계를 가진 것으로 인정될 경우 불가항력에 해당한다고 할 수 있을 것이다.

(3) "정당한 이유"의 의미 종합 : "정당한 이유"에 대한 판례, 유권해석 사례 및 학설 등을 종합해 보면, 정당한 이유는 "기본적으로 천재·지변·화재, 예기치 못한 돌발사태 등 자신이 마음대로 할 수 없는 사유나, 착오를 회피할 수 없었거나 자신의 책임으로 돌릴 수 없는 사유 등을 의미한다."고 정리해 볼 수 있다.

---

20) 이재상, "법률의 착오에 있어서 정당한 이유의 판단기준"(형사정책연구 제18권 제3호, 2007 가을호)

(4) 계약상대자가 계약을 체결 또는 이행하지 아니한 경우에는 먼저 계약상대자에게 정당한 이유가 있는지의 유무를 확인하여 정당한 이유가 있으면 입찰참가자격 제한조치를 해서는 안 될 것이다. "정당한 이유"가 있는지의 유무에 대해서는 해당 계약별로 구체적인 상황을 종합·고려하여 판단할 수밖에 없다 하겠다.[21)]

(5) 기획재정부 유권해석에서 정당한 이유가 있다고 본 사례로는 발주기관이 물품발주 전에 제조사 및 기술지원사와 물품공급 및 기술지원협약을 체결하도록 규정하고 있는 경우, 발주기관이 물품공급 및 기술지원협약을 체결하지 않고 발주한 물품계약에서 계약상대방이 물품공급 및 기술지원을 받지 못하여 계약을 체결하지 못하는 경우에는 정당한 이유 없이 계약체결을 하지 아니하였다고 보기 어렵다고 해석하고 있다. 즉, 계약상 의무의 불이행 등에 대해 발주기관에 귀책사유가 있는 경우에는 계약상대방이 정당한 이유 없이 계약상 의무를 이행하지 아니하였다고 보기는 어렵다 할 것이다(계약제도과-776, 2018.5.31., 계약제도과-546, 2011.5.19.).

나. 계약을 체결하지 아니한 경우

(1) "계약을 체결하지 아니한 자"에 대해 보면, 예컨대, 입찰방법에 따른 경우 낙찰자로 결정되어 계약체결 의무가 주어진 상태임에도 계약을 체결하지 아니한 자가 이에 해당된다 할 수 있다.

(2) 공동계약에서 공동수급체의 일부 구성원이 정당한 이유 없이 계약을 체결하지 아니하는 경우에도 동 구성원에 대해 입찰참가자격 제한조치를 해야 한다. 이는 공동계약 체결 시에는 공동수급체구성원 전원이 계약서에 연명으로 기명날인 또는 서명하도록 규정되어 있는 "공동계약운용요령" 제6조에 위반되기 때문이다.

21) "정당한 이유"가 있다고 한 판례 : 대법원 1983.12.27. 81누366,
"정당한 이유"가 없다고 한 판례 : 대법원 1984.4.24. 83누425 등

(3) 또한, 영 제52조제1항 단서에 따라 공사이행보증서를 제출하여야 하는 자로서 공사이행보증서 제출의무를 이행하지 아니하여 계약을 체결하지 못한 자도 포함되는데, 여기에는 정당한 이유 없이 기한 내에 동 보증서를 제출하지 못하여 계약을 체결하지 못한 경우도 포함된다(공사입찰유의서 §22②).

(4) 협상에 의한 계약의 입찰과정에서 협상적격 1순위 자가 협상을 포기한 경우 제한조치대상이 되는 지에 대해 보면, 협상적격 1순위 자로서 협상적격 1순위 상태에 있을 뿐 아직 낙찰자의 지위에 있지 아니하므로 "정당한 이유 없이 계약을 체결하지 아니한 자"에 해당하지 아니한 것으로 보고 있다(계약제도과-622, 2010.12.31.).

(5) 소액수의계약 대상으로서 견적서 제출자가 계약을 체결하지 않은 경우도 입찰제한처분을 할 수 있는지에 대해 보면, 소액수의계약 체결 시, 최저가격으로 견적서를 제출한 자에게는 경쟁입찰의 낙찰자와는 달리 계약을 체결할 의무가 발생한다고 보기 어려워 해당 견적서 제출자에 대하여는 '정당한 이유 없이 계약을 체결하지 아니한 자"에 해당하지 아니한 것으로 보아 입찰제한처분을 할 수 없다고 보는 것이 타당하다 하겠다(계약제도과-210, 2011.3.4.).

☞ 소액수의계약 대상 중 전자조달시스템을 이용하여 견적서를 제출한 자(2천만원 이상)는 제재대상이 됨(2010.7.21. 시행).

(6) 또한, 입찰서를 제출한 후 입찰서에 기재한 중요부분의 착오가 있어 즉시 입찰취소의 의사표시를 했음에도 이를 인정하지 않고 계약체결에 불응하였다는 이유를 들어 입찰제한처분을 한데 대해 대법원 판례는 재량권을 일탈하여 위법하다고 판시한 사례가 있다(대법원 1983.12.27. 선고 81누366판결).

대법원 판례(대법원 1983.12.27. 선고 81누366판결)

판시사항 입찰금액의 착오기재를 주장하고 공사계약 체결에 불응한 사업자에 대한 입찰참가격정지처분의 당부

판결요지 원고의 대리인이 입찰금액을 60,780,000원으로 기재한다는 것이 착오로 금

6,078,000원으로 잘못 기재한 것은 구 시설공사 입찰유의서(재무부회계예규 1201, 04-101) 제10조제10호 소정의 입찰서에 기재한 중요부분의 착오가 있는 경우에 해당되어 이를 이유로 즉시 입찰취소의 의사표시를 한 이상 피고(조달청장)는 본 건 입찰을 무효로 선언함이 마땅하므로 원고가 이 사건 공사계약체결에 불응하였음에는 정당한 이유가 있다고 할 것이니 원고를 부정당업자로서 6월간 입찰참가자격을 정지한 피고의 처분은 재량권을 일탈하여 위법하다.

다. 계약을 이행하지 아니한 경우

(1) "계약을 이행하지 아니한 자"에는 적격심사낙찰제에서 계약이행능력심사를 위해 제출한 사항 중 하도급관리계획 또는 외주근로자 근로조건 이행계획에 관한 사항을 지키지 아니한 자, 약정한 착수기일을 경과하고도 용역수행을 착수하지 아니한 자 및 하자보수의무를 이행하지 아니한 자 등이 포함된다.

* 건설하도급자 및 외주근로자의 근로조건 보호를 위해 2007.10.10. 시행령을 개정, 계약이행능력심사를 위해 제출한 하도급관리계약 및 외주근로자 근로조건 이행계획에 관한 사항을 정당한 이유 없이 이행하지 아니한 자도 입찰참가자격을 제한할 수 있도록 제한범위에 추가한 것임.

(2) "공동계약에 관한 사항의 이행"과 관련하여서는 실제 시공에 참여하여 공동계약에서 정한 구성원간의 출자비율 또는 분담내용대로 시공하여야 함에도 이와 다르게 시공하였거나 시공에 참여조차 하지 아니 한 경우에는 입찰참가자격 제한조치를 하여야 하는데, 이때의 제한조치는 그 제한사유를 야기 시킨 자 모두에게 행한다. 즉, 출자비율 또는 분담내용 보다 적게 시공한 자는 물론 더 많이 시공한 자도 제한조치를 하여야 한다(동 요령 §13⑤). 여기서 공동계약에는 2003.12.11. 신설된 지식기반사업의 공동계약도 포함한다.

* 종전에는 제한사유를 "직접 야기 시킨 자"에 대해서만 제재토록 하였으나, 2000.12.27. 시행령(§76③)을 개정, "직접"을 삭제함으로써 제한사유를 직접 야기 시킨 자가 아니더라도 결과적으로 계약내용과 다르게 이행한 구성원 모두에 대해 제재토록 한 것이며, 또한 공동계약의 실효성을 확보하기 위해 2003.12.26. "공동계약운용요령"(§13)을 개정, 시공에 참여하지 않은 구성원뿐만 아니라 계

약내용 변경 없이 임의로 추가 시공하는 구성원도 제한조치 대상에 포함되도록 강화한 것임.

(3) 또한, 공동계약과 관련하여 중도 탈퇴자에 대해 입찰제한처분을 할 수 있는지에 대해 보면, 중도 탈퇴의 사유에 따라 제재 여부가 결정된다고 할 수 있다. 즉, 정당한 이유 없이 계약을 이행하지 아니한 자에 대해 입찰제한처분을 하도록 하고 있으므로 공동계약운용요령과 공동수급표준협정서에 따라 발주자 및 구성원 전원이 동의하여 탈퇴한 경우에는 정당한 이유가 있는 것으로 보아야 할 것이며, 따라서 입찰제한처분 대상이 아니라고 할 것이다(계약제도과-27, 2015.1.7.).

(4) "계약을 이행하지 아니한 경우"는 계약내용 전부를 이행하지 아니 한 경우는 물론 계약내용의 일부를 이행하지 아니한 경우와 계약내용 전부를 이행하였더라도 불완전하게 이행한 경우를 모두 포함한다 하겠다.

라. 입찰공고와 계약서에 명시된 계약의 주요조건 위반

(1) 계약의 주요조건을 위반한 자에 대해서도 입찰제한처분을 하게 되는데, 이 경우에는 반드시 입찰공고와 계약서에 이행을 하지 아니하였을 경우 입찰참가자격 제한을 받을 수 있음을 명시한 계약조건을 위반한 경우에 한정하도록 하고 있다.

(2) 이때 유의할 사항은 2016.9.3. 입찰제한처분 사유를 대폭 시행령에서 법으로 상향 규정하면서 전반적으로 재배열하였으며, 이 과정에서 종전에 계약의 주요조건 위반의 경우도 계약내용대로 이행하지 않았다는 이유로 입찰제한처분을 하는 것은 지나치다는 문제점을 개선하기 위해 영 §76② 제2호 가목에 입찰공고와 계약서에 이행을 하지 않으면 입찰제한처분을 받을 수 있음을 명시한 경우로 한정하여 "입찰공고와 계약서에 명시된 주요조건을 위반한 자"에 대해 입찰제한처분을 할 수 있도록 한 것이라는 점이다. 따라서 2016.9.3. 전에 계약의 주요조건을 위반한 경우는 비록 입찰공고에 명시되지 않았다고 하더라도 입찰제한처분을 할 수 있다고 보아야 할 것이다.

➡ 지방계약의 경우, 국가계약의 경우와는 달리 입찰공고와 계약서에 명시한 계약조건을 위반한 경우에 한정하도록 하는 단서는 규정하고 있지 않음.

(3) 갑 회사와 조달청장이 당사자이고 수요기관인 지방자치단체들이 계약상 수익자인 제3자를 위한 계약에서, 제3자인 지방자치단체들이 계약내용을 임의로 변경할 수 없으므로, 갑 회사가 임의로 계약에서 정한 제품과 다른 제품을 납품한 행위 자체는 계약위반에 해당한다고 한 판례가 있다(대법원 2018.11.29. 선고 2018두49390).

유권해석 사례

사례 93 계약의 주요조건을 위반한 자의 입찰참가자격 제한조치

회 신 (계약제도과-1903, 2019.11.14.)

국가계약법 시행령 제76조제1항(현행 제2항)제2호 가목에서는 "정당한 이유 없이 계약을 체결 또는 이행(제42조제5항에 따른 계약이행능력심사를 위하여 제출한 하도급관리계획, 외주근로자 근로조건 이행계획에 관한 사항의 이행과 제72조 및 제72조의2에 따른 공동계약에 관한 사항의 이행을 포함한다)하지 아니하거나 입찰공고와 계약서에 명시된 계약의 주요조건(입찰공고와 계약서에 이행을 하지 아니하였을 경우 입찰참가자격 제한을 받을 수 있음을 명시한 경우에 한정한다)을 위반한 자"에 해당하는 경우에 입찰참가자격 제한을 하도록 규정하고 있습니다.

상기 규정에 따라 계약의 주요조건을 위반한 자의 입찰참가자격 제한은 입찰공고와 계약서 모두에 계약의 주요조건이 명시되고, 동 조건을 이행하지 아니하였을 경우 입찰참가자격제한을 받을 수 있음을 입찰공고와 계약서 모두에 명시한 경우에 한정하여 가능할 것임.

사례 94 납품 및 대가 지급을 완료한 경우 입찰제한조치 가능 여부

회 신 (계약제도과-870, 2018.6.15.)

국가계약법령에 따라 부정당업자에게는 입찰참가자격을 제한하여야 하며, 계약상대자 등이 입찰참가자격 제한 사유에 해당하는 여부는 사실관계 등 제반사정을 고려하여 발주기관이 판단하여야 할 것임. 다만, 질의하신 사안에서 계약목적물을 납품 및 대가 지급을 완료하였다면, 계약상대자를 '계약을 이행하지 아니한 자'로 보기는 곤란할 것임.

사례 95 물품계약에서 계약상대방이 물품공급 및 기술지원을 받지 못하여 계약을 체결하지 못하는 경우가 정당한 이유에 해당되는지 여부

회 신 (계약제도과-776, 2018.5.31.)

계약예규「정부입찰·계약집행기준」 제5조의3에서는 특수한 성능이 일부 포함된 물품계약에 대해 발주기관이 물품발주 전에 제조사 및 기술지원사와 물품공급 및 기술지원협약을 체결하도록 규정하고 있음. 따라서 발주기관이 물품공급 및 기술지원협약을 체결하지 않고 발주한 물품계약에서 계약상대방이 물품공급 및 기술지원을 받지 못하여 계약을 체결하지 못하는 경우에는 정당한 이유 없이 계약체결을 하지 아니하였다고 보기 어려울 것임.

국가계약법 제9조 및 계약예규「물품구매(제조)유의서」 제6조, 동법 시행령 제76조에서는 정당한 이유 없이 계약을 체결하지 아니한 경우 부정당업자 입찰참가자격 제한처분 및 입찰보증금을 국고에 귀속토록 규정하고 있는 바, 계약상 의무의 불이행 등에 대해 발주기관에 귀책사유가 있는 경우에는 계약상대방이 정당한 이유 없이 계약상 의무를 이행하지 아니하였다고 보기는 어렵다 할 것임.

사례 96 공동계약의 중도탈퇴자에 대한 부정당업자 제제 가능 여부

회 신 (계약제도과-806, 2017.6.30.)

국가계약법 시행령 제76조제1항(현행 제2항)제2호 및「공동계약운용요령」 제13조제5항에 따라 공동수급체 구성원 중 정당한 이유 없이 계약이행계획서에 따라 실제 계약이행에 참여하지 아니하는 구성원 또는 출자비율이나 분담내용과 다르게 시공하는 구성원 등에 대하여 입찰참가자격 제한조치가 가능함.

다만,「공동계약운용요령」 제12조제1항 단서조항에서는 파산, 해산, 부도, 법정관리, 워크아웃(기업구조조정촉진법에 따라 채권단이 구조조정 대상으로 결정하여 구조조정중인 업체), 중도탈퇴 등의 사유로 인하여 당초 협정서의 내용대로 계약이행이 곤란한 구성원이 발생하여 공동수급체 구성원 연명으로 출자비율 또는 분담내용의 변경이 가능하도록 규정하고 있는 바, 공동수급표준협정서 제12조제1항에 따라 발주자 및 구성원 전원이 동의하여 중도탈퇴를 한 경우에는 정당한 이유가 있는 것으로 보아 입찰참가자격 제한을 할 수 없다고 보는 것이 타당할 것임.

사례 97 공동수급체 구성원이 계약이행을 포기한 경우의 제재 관련 질의 회신

회 신 (계약제도과-241, 2017.3.7.)

공동수급체 구성원이 계약이행을 포기한 경우에는 국가계약법 시행령 제76조제1항(현행 제2항) 제2호 가목에 따라 부정당업자 입찰참가자격제한 처분을 하여야 함. 이 경우에 잔존구성원은「공동계약운용요령」에 따라 공동도급내용을 변경하는 등의 조치로 계약을 계속 이행해야 할 것이며, 계약이행을 하지 못할 경우에는 동 공동수급체도 부정당업자 제재 대상이 될 것임. 다만, 계약불이행에 정당한 사유가 존재하는지 여부는 발주기관이 제반사정을 고려하여 판단할 사항임.

사례 98 공기업·준정부기관의 법령 개정에 따른 입찰제한처분 대상

회 신 (계약제도과-241, 2017.3.7.)

「공기업·준정부기관 계약사무규칙」 제15조에서는 공정한 경쟁이나 계약의 적정한 이행을

해칠 것이 명백한 자에 대해서는 국가계약법 제27조에 따라 부정당업자 입찰참가제한 처분을 할 수 있도록 규정하고 있으므로 동 사유에 해당하는 경우에는 부정당업자로 제재가 가능하다 할 것임.

다만, 같은 법 시행령 부칙에서는 제76조제1항제2호 가목에서 개정된 부분의 사유는 개정(2016.9.2.) 이후 공고된 입찰에 대해서만 부정당업자 제재가 가능하도록 규정하고 있는 바, 기존의 계약불이행 사유에 따른 부정당업자 입찰참가자격 제한 처분은 가능하다 할 것임.

사례 99 용역계약 이행 착수 지연에 대해 입찰참가자격제한을 할 수 있는지 여부

회 신 (계약제도과-613, 2016.5.2.)

용역계약일반조건 제29조제1항제1호에 따르면 계약담당공무원은 계약상대자가 정당한 이유 없이 약정한 착수기일을 경과하고도 용역수행에 착수하지 아니할 경우 계약을 해제 또는 해지할 수 있음. 또한 국가계약률 시행령 제76조제1항제6호(현행 제2항제2호)에 따르면 각 중앙관서의 장은 계약상대자 등이 정당한 이유 없이 계약을 체결 또는 이행하지 아니한 경우 해당 계약상대자 등에게 입찰참가자격 제한을 하여야 함.

질의와 관련하여 계약상대방의 계약 이행 착수 지연에 정당한 이유가 있는지 여부, 이를 이유로 계약을 해제·해지 할지 여부 및 해당 계약상대방에게 부정당업자 제재 처분을 할지 여부는 계약의 이행 가능성 등 제반사항을 고려하여 발주기관이 판단할 사항임.

사례 100 국외공급자 계약불이행에 따른 국내입찰자의 입찰참가제한 처분 가능 여부

회 신 (계약제도과-1800, 2015.12.9.)

국가계약법 제25조제1항에 따르면 각 중앙관서의 장 또는 계약담당공무원은 공사계약·제조계약 또는 그 밖의 계약에서 필요하다고 인정하면 계약상대자를 둘 이상으로 하는 공동계약을 체결할 수 있음. 조달청 시행 외자구매계약은 국내입찰자와 국외공급자 모두를 계약상대방으로 보고 있으므로 국가계약법상 공동계약이라 할 수 있을 것입니다. 다만 기획재정부 계약예규 「공동계약운용요령」상의 공동이행방식이나 분담이행방식 중 어느 하나에 해당한다 할 수는 없을 것임.

국가계약법 시행령 제76조제1항제6호(현행 제2항제2호 가목)에 따르면 정당한 이유 없이 계약을 체결 또는 이행하지 아니한 자에 대해 입찰참가자격제한을 할 수 있으며, 동조 제3항(현행 제5항)에 따르면 공동계약의 경우에는 입찰참가자격의 제한사유를 야기한 자에 한해 입찰참가자격 제한이 가능함. 당해 사안의 경우 정당한 이유가 있는지 여부 및 제한사유를 야기한 자에 해당하는 지는 계약불이행의 경위, 국외공급자의 해당 물품에 대한 독점적 지위, 계약대금 지급 방식, 국내입찰자의 계약이행 노력 등 제반 사실관계를 고려하여 발주처가 판단해야할 사항임.

부정당업자에 대해 입찰참가자격제한을 해야 하는 경우 국가계약법 제27조의2에 따라 과징금 부과로 갈음할 수 있으며, 당해 사안은 동법 시행령 제76조의2제1항제4호의 공동의 책임이 있는 경우에 해당하여 과징금 부과로 갈음할 필요가 있다고 판단됨.

사례 101 다수공급자계약의 계약상대방에 대한 입찰참가자격제한 가능 여부

회 신 (계약제도과-954, 2015.7.17.)

시행령 제51조제1항 및 제76조제1항제6호(현행 제2항제2호 가목)에 따르면 계약상대자가 정당한 이유 없이 계약의무를 불이행할 경우 계약보증금을 국고에 귀속시키고 입찰참가자격을 제한하여야 함. 다수공급자계약(MAS) 계약상대방이 부도·파산·폐업한 경우를 정당한 이유 없는 계약의무 불이행으로 보고, 상기 처분을 할지 여부는 해당 계약의 특수성, 계약의무 불이행의 고의성 등 제반사항을 고려하여 발주처가 판단할 사항임.

※ 유사사례(다수공급자계약에서 납품이 불가능하게 된 경우의 처리) : 조달사업법 시행령 제7조의2에 따른 다수공급자 계약에서 수요기관의 납품요구가 없다 하더라도 계약상대방의 귀책사유로 납품이 불가능할 것이 명백하여 발주기관이 해당 계약을 해제 또는 해지하는 경우에는 이를 국가계약법 시행령 제76조제1항제6호(현행 제2항제2호 가목)에 따른 계약불이행으로 보아 입찰참가자격을 제한하여야 할 것으로 판단됨. 다수공급자계약의 경우 당해 계약의 상대방이 별건의 계약으로 동 시행령 제76조에 따라 입찰참가자격을 제한받은 경우에도 계속하여 납품요구를 할 것인지의 여부에 대하여는 계약의 성질 또는 목적 등에 따라 계약담당공무원이 결정할 사항임(회계제도과-681, 2010.5.3.).

사례 102 **공동계약의 중도탈퇴자에 대한 부정당업자 제재 가능 여부**

회 신 (계약제도과-27, 2015.1.7.)

계약예규 '공동계약운용요령' 제12조제1항에서는 '계약담당공무원은 공동계약을 체결한 후 공동수급체구성원의 출자비율 또는 분담내용을 변경하게 할 수 없다. 다만, 시행령 제64조 내지 제66조에 의한 계약내용의 변경이나 파산, 해산, 부도, 법정관리, 워크아웃(기업구조조정 촉진법에 따라 채권단이 구조조정 대상으로 결정하여 구조조정중인 업체), 중도탈퇴의 사유로 인하여 당초 협정서의 내용대로 계약이행이 곤란한 구성원이 발생하여 공동수급체 구성원 연명으로 출자비율 또는 분담내용의 변경을 요청한 경우와 제12조제4항의 경우에는 그러하지 아니하다.'라고 규정하고 있습니다. 그리고 공동수급표준협정서 제12조제1항에서는 발주자 및 구성원 전원이 동의하는 경우에는 일부 구성원의 중도탈퇴가 가능하다'고 규정하고 있음.

질의와 관련하여 국가계약법 시행령 제76조제1항제6호(현행 제2항제2호 가목)에서는 정당한 이유 없이 계약을 이행하지 아니한 자에 대하여 입찰참가자격제한 조치를 하도록 하고 있으나, 공동계약운용요령과 공동수급표준협정서에 의하여 발주자 및 구성원 전원이 동의하여 탈퇴한 경우에는 정당한 이유가 있는 것으로 보아야 할 것임.

사례 103 공동수급체 구성원이 파산, 해산, 부도 등의 사유로 계약을 이행하지 아니한 경우 입찰참가자격제한 가능여부

회 신 (계약제도과-1210, 2012.9.14.)

공동이행방식으로 체결한 공사계약에 있어서 공동수급체 구성원 중 정당한 이유 없이 공동계약이행계획서에 따라 실제 계약이행에 참여하지 아니하는 구성원에 대하여는 "공동계약 운용요령" 제13조제5항에 따라 시행령 제76조제1항제6호(현행 제2항제2호 가목)(정당한 이유 없이 계약을 체결 또는 이행하지 아니한 자)의 규정에 의한 입찰참가자격제한조치를 하여야 함. 따라서 공동수급체 구성원이 파산, 해산, 부도 등의 사유로 인한 경우에도 계약을 이행하지 아니하거나, 계약이행을 중도에 포기하는 경우에는 입찰참가자격을 제한하여야 할 것임.

다만, 계약이행 중 파산, 해산, 부도 등의 사유로 당초 협정서의 내용대로 계약이행이 곤란한 구성원이 발생하여 발주자 및 공동수급체 구성원의 동의로 공동수급체에서 탈퇴조치 되면서, 출자비율 또는 분담내용이 변경된 경우에는 "정당한 이유"가 있는 것으로 보아 입찰참가자격을 제한할 수 없다고 보는 것이 타당할 것임.

사례 104 입찰금액 오기에 따른 부정당업자 제재 여부

회 신 (계약제도과-33, 2012.1.10.)

"물품구매입찰유의서" 제12조제6호의 규정에 따르면, 입찰서에 기재한 중요부분에 오기가 있음을 이유로 개찰현장에서 입찰자가 입찰의 취소의사를 표시한 것으로서 발주기관이 이를 인정하는 경우에는 입찰무효에 해당함.

전자입찰의 경우, 개찰과 동시에 낙찰자가 결정되는 전자입찰의 특성상 입찰공고에 표시한 절차와 방법에 의하여 개찰 및 낙찰선언을 하도록 시행령 제40조제3항에 별도로 규정하고 있으므로 개찰 이후에 입찰자가 입찰금액에 오기가 있음을 이유로 입찰취소 의사를 표시한 경우에는 해당 발주기관의 전자입찰 관련 특별유의서 등을 토대로 입찰취소 신청 가능 시기 등을 판단하여 해당 입찰의 무효 여부를 결정하는 것이 타당할 것임.

상기와 같이 동 입찰이 입찰무효에 해당하는지 여부에 대한 판단결과에 따라 낙찰자에 대한 입찰참가자격 제한 여부를 결정하는 것이 타당할 것임.

사례 105 상급기관의 감사결과로 부정당업자제재 가능 여부

회 신 (계약제도과-939, 2011.8.2.)

용역계약에 있어서 부정당업자 제재 처분 여부는 상급기관의 감사결과가 아니라 발주기관에서 계약상대자의 계약 불이행 내용이 제재사유에 해당되는지를 판단하여 결정해야 할 것임. 또한, "계약을 이행하지 아니한 자"는 계약문서에서 정하고 있는 계약조건을 이행하지 않은 경우로 일부 불이행이나 전체 불이행을 구분하지는 않음. 다만, 계약조건의 불이행이 부정당업자 제재 처분을 취할 정도의 사유에 해당되는지를 발주기관이 판단하여 제재 여부를 결정해야 할 것으로 보임. 아울러, 차기 입찰 시 평가기준 개정을 통한 기존 계약업체에 대한 불이익 적용은 소급 적용으로 판단되며, 소급적용을 할 것인지의 여부는 정책적 목적과 기존 계약업체가 받는 불이익 등을 고려하여 발주기관에서 결정할 사안으로 판단됨.

사례 106 기술지원확약을 받지 못한 자에 대한 제재 가능성

회 신 (계약제도과-546, 2011.5.19.)

"정부입찰·계약집행기준" 제5조의2 및 제5조의3에 따라 발주기관은 신기술 또는 특수한 성능 등을 설계서 또는 규격서에 반영하고자 하는 경우 기술보유자 또는 제조사와 기술사용협약을 체결하고 동 협약내용을 입찰공고에 명시하여 낙찰자가 기술지원확약서를 원활히 발급받을 수 있도록 하여야 함. 그럼에도 불구하고 발주기관이 기술보유자 등과 기술사용협약을 체결하지 아니하여 낙찰자가 정상적인 기술지원확약을 받지 못함에 따라 계약을 포기하는 경우에는 해당 낙찰자를 시행령 제76조제1항제6호(현행 제1항제2호 가목)의 "정당한 이유 없이 계약을 체결 또는 이행하지 아니한 자"로 보기는 곤란하다고 할 것임.

사례 107 해외연수용역계약의 체결 불이행에 정당한 이유 해당 여부

회 신 (계약제도과-277, 2011.3.22.)

용역계약에 있어서 "정당한 이유 없이 계약을 체결 또는 이행하지 아니한 자"에 대하여는 시행령 제76조제1항제6호(현행 제2항제2호 가목)의 규정에 따라 해당 사실이 있은 후 (현)즉시 시행규칙 제76조 관련 별표2의 규정에 의한 제재기간 범위에서 입찰참가자격을 제한하여야 하는 바, "정당한 이유"에 해당되는지의 여부는 발주기관이 제반 여건을 고려하여 판단·결정할 사항임.

사례 108 소액수의계약 대상에 견적서 제출자에 대한 제한 여부

회 신 (계약제도과-210, 2011.3.4.)

시행령 제76조제1항제6호(현행 제2항제2호 가목)는 정당한 이유 없이 계약을 체결하지 아니한 자에 대하여 부정당업자 제재를 하도록 하고 있음. 그러나 시행령 제26조제1항제5호 가목에 의한 소액수의계약 시 최저가격으로 견적서를 제출한 자에게는 경쟁입찰의 낙찰자와는 달리 계약을 체결할 의무가 발생한다고 보기 어려워 당해 견적서 제출자에 대하여 시행령 제76조제1항제6호(현행 제2항제2호 가목)의 사유로 부정당업자 제재를 할 수 없다고 보는 것이 타당할 것임.

✏ (해설) 소액수의계약 대상 중 전자조달시스템을 이용하여 견적서를 제출한 자(2천만 원 이상)는 제재대상이 됨(2010.7.21. 시행)

사례 109 당초 승인된 하도급 위반 시 입찰참가자격 제한 여부

회 신 (회계제도과-2044, 2009.12.16.)

국가계약법 시행규칙 [별표2] 부정당업자의 입찰참가자격 제한기준 8호 목에 따라 국가계약법 시행령 제42조제5항에 따른 계약이행능력(적격)심사를 위하여 제출한 하도급관리계획을 지키지 아니한 경우에 입찰참가자격이 제한되며, 참고로「적격심사기준」[별표] 적격심사항목 및 배점한도에 의하면 계약이행능력 심사대상인 하도급관리계회의 적정성은 하도급금액의 적정성을 의미하는 것임.

사례 110 공동이행방식의 공동계약에서 공동수급체 구성원 간 합의를 통한 분담시공 가능여부 및 출자비율을 임의로 변경한 경우 제재 가능 여부

회 신 (회계제도과-1503, 2009.9.8.)

공동계약을 공동이행방식으로 체결한 경우 출자비율은 공동수급체 구성원이 정당한 이유 없이 변경할 수 없으나, 시공분담 및 시공시기 등은 당초 공동수급협정서가 정한 구성원의 출자비율 범위 내에서 공동수급체의 구성원 간의 협의 하에 정할 수 있을 것임.

출자비율의 변경은 시행령 제64조 내지 제66조의 규정에 의한 계약내용의 변경이나 파산, 해산, 부도 등의 사유로 당초 공동수급협정서의 내용대로 계약이행이 곤란한 구성원이 발생하는 경우 계약상대자의 요청에 의하여 발주기관이 승인한 경우에 가능한 것인 바, 공동수급체의 구성원이 임의적으로 출자비율과 다르게 시공하여서는 아니 될 것임. 따라서 정당한 이유 없이 임의적으로 출자비율과 다르게 시공한 구성원에 대해서는 시행령 제76조제1항제6호(현행 제2항제2호 가목)에 따라 부정당업자 입찰참가자격 제한을 하여야 할 것임.

사례 111 하수급인이 계약을 불성실하게 이행한 경우 수급인에게 부정당업자 제재처분이 가능한지 여부

질 의 ① 계약이행과정 중 하수급인의 부정행위로 인하여 수급인을 제재 할 수 있는지?

② 하자물품에 대해 계약상대자에게 손해배상요구를 하였으나, 이에 응하지 않는 경우 하자보수의무 이행을 하지 아니한 자로 제재가 가능한지?

회 신 (회계제도과-918, 2009.5.19.)

① "질의 ①"에 대하여 : 물품구매계약에 있어 계약상대자 또는 입찰자가 시행령 제76조의 사유에 해당하는 경우에는 부정당업자 제재조치를 받게 되는 것이며, 하수급인이 계약을 불성실하게 이행한 경우에도 하수급인에 대해 관리·감독할 의무는 수급인에게 있으므로 수급인에 대해 부정당업자 제재처분이 가능할 것임.

② "질의 ②"에 대하여 : 물품구매계약에서 하자보수의무규정은 없고, 「물품구매계약일반조건」 제21조에 따라 납품 후 1년간 보증의무를 부과하고 있음. 따라서 동 시행령 제76조제1항제6호(현행 제2항제2호 가목) 및 동 시행규칙 별표2 제8호에 의거한 부정당업자 제재처분이 불가능함. 다만, 납품 후 1년간 납품한 물품의 규격과 품질이 계약내용과 상이함을 발견한 경우에는 그 사실을 계약상대자에게 통지하고 당해 물품의 대체납품 또는 당해 물품대금을 반환 청구할 수 있음.

사례 112 국유재산 사용수익허가 불이행시 부정당업자제재 관련

질 의 행정재산의 사용·수익허가 후 계약상대자의 요청으로 사용·수익허가를 취소할 경우 영 제76조제1항제6호(현행 제2항제2호 가목)(정당한 이유없이 계약을 체결 또는 이행하지 아니한 자)를 적용하여 부정당업자로 입찰참가자격을 제한할 수 있는지?

회 신 (회계제도과-101, 2008.11.11.)

국유재산의 사용·수익허가는 국가계약법령의 적용대상이 아니므로, 국유재산을 사용·수익하는 자의 요청으로 허가를 취소 또는 철회한다 하더라도 국가계약법령상 부정당업자제재처분을 할 수는 없음.

사례 113 공동계약에서 부도업체에 대해 부정당업자제재 가능 여부

질 의 공동이행방식의 공사에서, 잔여 공사물량을 전부 A사에게 이행토록 한 부도업체 B사를 영 제76조의 "계약을 이행하지 아니한 자"로 보아 부정당업자 제재를 할 수 있는지?

회 신 (회계제도과-438, 2008.5.26.)

공동이행방식으로 체결한 공사계약에 있어 공동수급체 구성원 중 부도 등의 사유로 당초 협정서의 내용대로 계약이행이 곤란한 구성원이 발생하여 공동수급체 구성원 연명으로 출자비율의 변경을 요청한 경우 계약담당공무원은 「공동계약운용요령」 제12조에 따라 당초 출자비율을 변경할 수 있음.

따라서 귀 기관처럼, 부도가 발생된 업체가 기 이행한 부분만을 부도업체의 출자지분으로 변경하고 잔여 공사 시공에 따른 잔여지분을 타 구성원의 출자지분으로 조정하여 공사계약 이행을 할 수 있도록 출자비율 변경을 요청한 경우에 계약담당공무원은 공동수급체의 공사이행 상황, 공동수급체 잔여구성원 및 부도업체의 계약이행능력 등을 고려하여 출자비율 변경목적이 부정당업자제재를 회피하려는 것인지, 계약이행을 원활하게 하기 위한 것인지 등을 판단하여 승인여부를 결정하여야 하며, 공동수급체가 원활한 계약이행을 위하여 출자비율 변경을 신청하여 계약담당공무원이 이를 승인한 경우에 부도 업체는 영 제76조제1항제6호(현행 제2항제2호 가목)에 의한 입찰참가자격 제한 대상에 해당되지 않음.

사례 114 입찰 시의 조건을 낙찰 후 준수할 수 없다는 이유로 계약을 포기한 것이 정당한 이유에 해당되는지?

회 신 (회계제도과-1116, 2007.6.14.)

국가계약에 있어 각 중앙관서의 장은 시행령 제76조제1항제6호(현행 제2항제2호 가목)에 따라, 정당한 이유 없이 계약을 체결 또는 이행하지 아니한 자에 대하여 입찰참가자격을 제한하여야 하는 것인 바, 동 규정상 "정당한 이유"라 함은 천재·지변 또는 예기치 못한 돌발사태 등을 포함하여 명백한 객관적인 사유로 인한 경우를 말함. 귀 질의의 경우 입찰공고에서 정한 "근로자에게 최저임금 미만으로 지급할 수 없다"는 조건을 낙찰 후 준수할 수 없다는 이유로 계약을 포기한 것은 위 규정의 정당한 사유에 해당된다고 보기는 어려울 것으로 사료됨.

사례 115 입찰가격의 명백한 오기로 낙찰을 포기한 것이 정당한 이유에 해당되는지?

회 신 (회계제도과-588, 2006.3.17.)

물품구매계약에 있어 낙찰자가 정당한 이유 없이 계약을 체결하지 아니하는 경우에는 국가계

약법 제9조제3항 및 동법 시행령 제76조제1항제6호(현행 제2항제2호 가목)에 따라 해당 입찰보증금을 국고에 귀속시키고, 동 부정당업자에 대하여 입찰참가자격을 제한하여야 하나, 다만, 동법 시행령 제39조제3항 및 계약예규 「물품구매입찰유의서」 제9조제4항에 따라 입찰자가 입찰서에 기재한 중요한 부분에 오기가 있음을 이유로 개찰현장에서 입찰의 취소의사를 표시하였고 발주기관이 이를 인정한 경우에는 취소가 가능한 것이며, 이로 인해 낙찰자가 계약을 체결하지 않는 것은 정당한 이유가 있다고 할 것임.

사례 116 일괄입찰에서 공동수급체의 일부구성원이 계약 미체결 시 제재 가능 여부

회 신 (회계제도과-218, 2005.1.31.)

일괄입찰공사를 공동계약(분담이행방식)으로 체결함에 있어 "공동계약운용요령" 제5조 및 제6조에 정하고 있는 바와 같이 공동수급체 대표자는 공동수급협정서를 입찰참가 신청서류 제출 시 함께 제출하고 계약체결 시에는 공동수급체구성원 전원이 계약서에 연명을 서명·날인하여야 하는 바, 귀 질의의 경우와 같이 공동수급체의 일부구성원(설계업체)이 정당한 이유 없이 계약을 체결하지 아니하는 경우에는 영 제76조제1항제6호(현행 제2항제2호 가목) 및 규칙 제76조제1항 관련 [별표2] 제2호 아목에 따라 6월 이상 1년 미만의 범위에서 동 구성원의 입찰참가자격을 제한하여야 할 것임.

사례 117 공동계약에서 시공분담과 부정당업자제재 관련

회 신 (회계제도과-194, 2005.1.26.)

공동이행방식에 의한 공동계약에서 공동수급체의 일부 구성원이 정당한 이유 없이 실제 계약이행에 참여하지 아니하거나(단순히 자본참여만 한 경우 등 포함) 출자비율과 다르게 시공하는 경우 각 중앙관서의 장은 국가계약법 시행령 제76조제1항제6호(현행 제2항제2호 가목) 및 제3항(현행 제5항)에 따라 동 구성원을 제재하여야 하나, 공동수급체구성원은 출자비율의 범위에서 시공부분을 구간별로 분담할 것인지 등의 시공방법을 협의하여 정할 수 있으며, 이와 같이 구간별로 분담하여 시공방법을 정하고 공동계약운용요령 제13조제1항의 규정에 의한 공동수급체구성원별 계약이행계획에 구성원별 시공부분 및 시공시기 등을 포함하여 발주기관에 제출한 경우라면 그 시공시기별로 해당 구성원이 시공할 수 있다고 봄.

사례 118 동가 입찰자 추첨 등의 절차를 거부하고 입찰 포기의사를 표명한 경우 부정당업자 제재 가능 여부

회 신 (회계제도과-359, 2004.3.15.)

귀 질의의 경우가 시행령 제47조에 따라 낙찰이 될 수 있는 동일가격 입찰자가 추첨 등의 절차를 거부하고 입찰 포기의사를 표명한 경우라면, 낙찰자결정 이전이므로 시행령 제76조제1항제6호(현행 제2항제2호 가목)의 낙찰자가 정당한 이유 없이 계약을 체결하지 아니하는 경우에는 해당되지 않는다고 봄.

다만, 입찰포기가 위 같은 항제7호(현행 법 §27①제2호)(담합 등)의 규정에 해당되는지 여부

는 각 중앙관서의 장이 미리 입찰가격을 협정하거나 특정인의 실제 낙찰을 위한 목적으로 기획 또는 회의를 주재하였는지 여부 등 해당 사유발생의 원인 및 배경 등 구체적 사실에 근거하여 판단할 사항임.

사례 119 당초 정한 특약사항대로 시공하지 않은 경우 입찰참가자격 제한조치를 하여야 하는지?

회 신 (회제 41301-1164, 2001.6.30.)

공동이행방식으로 체결한 공동계약에서 각 중앙관서의 장은 공동수급체 구성원 중 정당한 이유 없이 실제 계약이행에 참여하지 아니하는 구성원에 대하여는 영 제76조제1항제6호(현행 제2항제2호 가목)의 규정에 의한 입찰참가자격 제한조치를 하여야 하나, 공동수급협정서상의 비율과 상이하게 출자토록 공동수급체 구성원 간에 특약서 등을 작성한 후 이에 의하지 않고 당초 공동수급협정서 내용대로 시공한 경우 동 특약서 작성 사유만으로는 위 규정에 의한 입찰참가자격 제한조치 사유에 해당되는 것으로 보기 어렵다고 사료됨.

사례 120 연대보증인(보증기관)이 보증시공을 하는 경우 계약상대자는 정당한 이유 없이 계약을 이행하지 않은 자에 해당되는지?

회 신 (회제 41301-456, 1999.2.18.)

공사계약에서 각 중앙관서의 장은 계약상대자가 정당한 이유 없이 계약을 이행하지 아니한 때에는 영 제76조 관련[별표2] 부정당업자의 입찰참가자격 제한기준에 정한 기간의 범위에서 입찰참가자격제한조치를 하여야 함. 이 경우 계약서상에 입보된 연대보증인(보증기관)이 해당 공사를 보증시공을 하여 계약이행을 완료한 경우라 하더라도 정당한 이유 없이 해당 공사를 중도에 포기한 계약상대자는 위의 규정이 적용되는 것임.

사례 121 단년도 계약에서 추가 발주되는 공사에 대해 발주기관의 수의계약 체결요구에 응하지 아니하는 경우 부정당업자 제재처분 가능 여부

회 신 (회제 41301-130, 1999.1.15.)

계약담당공무원은 장기계속공사계약에 있어 계약상대자가 2차 공사 이후의 계약을 체결하지 아니하는 경우에는 공사계약일반조건 제44조제1항제4호에 따라 해당 계약의 전부 또는 일부를 해제 또는 해지할 수 있는 바, 이 경우 해당 발주기관 소속 중앙관서의 장은 시행령 제76조제1항제6호(현행 제2항제2호 가목)에 따라 동 계약상대자에 대하여 시행규칙 제76조제1항[별표2] 부정당업자의 입찰참가자격 제한기준에 정한 기간 범위에서 입찰참가자격 제한조치를 하여야 함.

다만, 장기계속공사계약이 아닌 단년도 공사계약으로서 추가 발주되는 수의계약 대상 공사에 대해 발주기관의 수의계약 체결요구에 응하지 아니하는 경우는 위의 규정에 의한 정당한 이유 없이 계약을 체결 또는 이행하지 아니한 경우에 해당되지 아니하므로 동 규정에 의한 부정당업자 제재사유에 해당되지 아니함.

사례 122 공동이행방식에서 수의계약을 거부하는 구성원에 대한 부정당업자 제재 여부

질 의 ① 공동이행방식에 의하여 계약을 이행하는 중에 추가공사에 대한 수의계약이 발생한 경우로서, 대표사가 일방적으로 수의시담을 하는 등의 경우 수의계약체결을 거부하는 구성원에 대한 부정당업자 제재 가능여부

② 일부구성원과의 수의계약 가능여부

회 신 (회제 41301-1160, 1998.5.21.)

① 귀 질의의 경우와 같이 수의계약 대상공사에 대하여 수의계약체결에 응하지 아니하는 경우는 경쟁입찰에서 낙찰자가 정당한 이유 없이 계약을 체결하지 않는 경우에 해당되지 아니하므로 부정당업자 제재사유에 해당되지 않음.

② 영 제26조제1항제4호 가목 내지 나목의 규정에 의하여 수의계약을 하는 경우 직전 또는 현재의 시공자가 공동이행방식에 의한 공동수급체인 경우에는 동 수급체와 수의계약을 체결할 수 있는 바, 이 경우 동 수급체의 일부 구성원이 수의계약에 응하지 아니하는 경우로서 잔존구성원이 면허, 시공능력 등 당해 발주예정공사의 이행요건을 갖추고 있는 경우라면 동 잔존구성원과 위의 규정에 의한 수의계약을 체결할 수 있을 것임.

사례 123 실시설계서 심의결과 부적격하다는 사유만으로 부정당업자 제재조치 할 수 있는지?

회 신 (회제 41301-105, 1998.3.10.)

부정당업자 제재조치는 영 제76조의 규정에 정한 사유에 해당하는 경우에 하는 것인 바, 실시설계·시공입찰에 있어 입찰 시 제출한 실시설계서를 심의한 결과 부적격하다는 사유만으로는 부정당업자 제재조치를 할 수 없음.

사례 124 환율폭등으로 인한 은행의 L/C 취급 중단사유가 계약을 체결할 수 없는 불가항력적인 사유에 해당되는지

회 신 (회제 41301-74, 1998.3.9.)

물품구매입찰에 있어 낙찰자로 결정된 자는 물품구매입찰유의서 제17조에 따라 낙찰통지를 받은 후 10일 이내에 계약을 체결하여야 하는 바, 낙찰자가 정당한 이유 없이 계약을 체결하지 아니하는 경우 계약담당공무원은 법 제9조 및 영 제38조에 따라 입찰보증금을 국고에 귀속시켜야 하고, 영 제76조에 따라 부정당업자제재 조치를 하여야 하며, 계약체결을 앞둔 시점에서 환율폭등으로 인한 은행의 L/C 취급 중단 등이 있었던 경우, 은행의 L/C 취급업무 중단은 영구적인 사항이 아니므로 계약을 체결할 수 없는 불가항력적인 사유에 해당되는 것으로 보기는 곤란함.

13. 조사설계금액, 원가계산금액의 부적정 산정 (영 §76② 제2호 나목)

◉ **조사설계용역계약 또는 원가계산용역계약에 있어서 고의 또는 중대한 과실로 조사설계금액이나 원가계산금액을 적정하게 산정하지 아니한 자**

(1) 발주기관이 예정가격을 작성하기 위해 원가계산용역기관 등에게 원가계산을 의뢰하는 원가계산용역계약에 있어서도 고의 또는 중대한 과실로 원가계산금액을 적정하게 산정하지 아니한 자에 대해 입찰참가자격 제한조치를 하도록 하고 있다.

(2) 이와 관련하여 예정가격은 과다하게 작성되어서도 안 되지만 너무 과소하게 작성되었음에도 발주기관이 산정한 예정가격을 신뢰하여 입찰에 참여했던 낙찰자가 추후 계약체결을 포기하고 입찰제한조치까지 받는 사례가 많아 이를 예방하기 위해 최근(2019.12.18.) 입찰자가 입찰금액 산정에 참고할 수 있도록 입찰공고 시, 주요 단가의 책정기준이나 적용요율 등을 의무적으로 명시하도록 시행령에 신설(§36)해 놓은 취지에 부응하여 원가산정이 적정하게 이루어지도록 유의할 필요가 있다.

유권해석 사례

사례 125 협상에 의한 계약체결 후 사후정산 시 계약상대자가 과다 청구한 경우 부정당업자 제재사유에 해당되는지 여부

회 신 (회계제도과-361, 2005.2.21.)

영 제76조제1항제4호(현행 제2항제2호 나목)에 따라 "원가계산용역계약에 있어서 고의 또는 중대한 과실로 원가계산금액을 적정하게 산정하지 아니한 자"에 대하여 입찰참가자격을 제한하고 있는 바, 동 규정은 국가기관이 발주한 원가계산용역계약을 낙찰 받아 계약을 체결한 계약상대자가 동 원가계산업무를 적정하게 이행하지 아니한 때에 적용되는 것이므로, 귀 질의에 있어 발주기관이 행사대행용역을 협상에 의한 계약으로 체결(계약금액은 사후정산을 하는 조건으로 계약)한 후 사후정산 시 계약상대자가 계약금액을 과다 계상하여 청구한 경우는 상기 부정당업자 제재사유에 해당되지 않는다고 할 것임.

14. 타당성조사 부실수행 (영 §76② 제2호 다목)

◉ 「건설기술진흥법」 제47조에 따른 타당성조사용역계약에 있어서 고의 또는 중대한 과실로 수요예측 등 타당성조사를 부실하게 수행하여 발주기관에 손해를 끼친 자

타당성조사 부실수행과 관련하여서도 앞의 조사설계금액이나 원가계산금액의 부적정 산정의 경우와 같이 조치하면 될 것이다.

◈ 「건설기술진흥법」 제47조(건설공사의 타당성 조사) ①~③ (생략)
④ 발주청은 타당성을 조사하는 과정에서 작성한 수요예측과 실제 이용실적의 차이가 100분의 30 이상인 경우에는 제3항에 따른 자료를 근거로 건설기술용역사업자의 고의 또는 중과실 여부를 조사하여야 한다.
⑤ 발주청은 제4항의 조사 결과에 따라 고의 또는 중과실로 발주청에 손해를 끼친 건설기술용역사업자에 대하여 제31조제1항에 따른 영업정지처분 등 조치를 시·도지사에게 요청할 수 있다.
⑥ 제1항에 따른 타당성 조사 대상 건설공사의 범위, 타당성 조사의 방법 및 절차, 제4항에 따른 수요예측과 이용실적 차이의 평가시점 및 방법 등에 관한 사항은 대통령령으로 정한다.

15. 감독·검사 직무수행 방해 (영 §76②, 제2호 라목)

◉ 감독 또는 검사에 있어서 그 직무의 수행을 방해한 자

(1) 공사, 제조, 용역 등의 계약을 체결한 경우, 그 계약을 적절하게 이행하도록 하기 위해 감독을 하게 되고, 계약의 전부 또는 일부를 이행하면 이를 확인하기 위해 검사를 하게 되는데, 감독 및 검사 직무는 발주기관의 소속 공무원이 직접 수행하거나 전문기관을 따로 지정하여 수행하게 할 수 있다.

(2) 이때의 감독 및 검사의 직무의 범위에 대해서는 법 제13조 및 제14와 영 제55조 내지 제57조에 구체적으로 규정되어 있는데, 이러한 감독 또는 검사의

직무수행을 방해한 자에 대해서는 계약이행의 원활과 적정성을 확보하기 위해 입찰제한조치를 하여야 한다.

(3) 예컨대, 건설사업관리 용역계약에 있어 그 용역의 계약상대자가 시공사와 공모한 경우, 그 용역 발주자로서의 감독업무를 방해한 경우라면 동 용역의 계약상대자는 감독 또는 검사에 있어서 그 직무의 수행을 방해한 자에 해당되어 입찰참가자격 제한조치가 가능하다(회계제도과-511, 2009.3.17.).

16. 건설사업관리기술인의 부당 교체 (영 §76② 제2호 마목)

◉ **시공단계의 건설사업관리용역계약 시 「건설기술진흥법 시행령」 제60조 및 계약서 등에 따른 건설사업관리기술인 교체 사유 및 절차에 따르지 아니하고 건설사업관리기술인을 교체한 자**

가. 건설사업관리기술인 배치기준, 교체 사유 및 절차

(1) 시공 단계에서 건설사업관리를 수행하는 건설사업관리용역사업자는 해당 건설공사의 규모 및 공종에 적합하다고 인정하는 건설기술인을 건설사업관리 업무에 배치하여야 하며, "책임건설사업관리기술인"을 건설공사의 규모 등을 고려하여 건설기술진흥법("건진법") 시행규칙 제35조에 정한 기준에 따라 배치하여야 한다(건진법 시행령 §60①).[22]

22) 2021.3.16. 건설기술진흥법 개정(2021.6.17. 시행)으로 "건설기술용역"이 "건설엔지니어링"으로 용어가 변경되었으며, "책임건설사업관리기술인"은 발주청과 체결된 건설사업관리 용역계약에 따라 건설사업관리 용역사업자를 대표하고, 해당 공사의 현장에 상주하면서 건설사업관리업무를 총괄하는 자를 말한다[종전에는 "책임건설사업관리기술자"라고 하였으나, 2019.11.1. "책임건설사업관리기술인"으로 용어가 변경되었다].

(2) 책임건설사업관리기술인의 배치기준 (건진법 시행규칙 §35)

① 총공사비 500억 원 이상인 건설공사 : 총공사비 300억 원 이상인 건설공사에 대한 시공단계의 건설사업관리 경력 1년 이상인 특급기술인
② 총공사비 300억 원 이상 500억 원 미만인 건설공사 : 총공사비 200억 원 이상인 건설공사에 대한 시공단계의 건설사업관리 경력 1년 이상인 특급기술인
③ 총공사비 100억 원 이상 300억 원 미만인 건설공사 : 총공사비 100억 원 이상인 건설공사에 대한 시공단계의 건설사업관리 경력 1년 이상인 고급기술인

(3) 또한, 발주청은 "감독권한대행등 건설사업관리"를 통합하여 시행하는 경우에는 배치기준 이하로 조정하여 배치할 수 있으며, 공사예정가격의 70% 미만으로 낙찰된 공사의 시공단계에 건설사업관리기술인을 배치하는 경우에는 국토교통부장관이 정한 기준 이상으로 늘려 배치하여야 한다(건진법 시행령 §60③).[23] 이와 관련하여 국가계약법 시행령 제54조제2항은 그 배치기준의 50% 범위 내에서 추가하여 배치할 수 있도록 규정하고 있다.

◈ 국가계약법 시행령 제54조제2항 : 각 중앙관서의 장 또는 계약담당공무원은 예정가격의 70% 미만으로 낙찰되어 체결된 공사계약의 경우에는 부실시공을 방지하기 위하여 감독공무원의 수(건설기술진흥법 등에 의하여 정하여진 건설사업관리기술인 또는 감리원의 수를 말함)를 그 배치기준의 50% 범위 내에서 추가하여 배치할 수 있다.

(4) 발주청은 이미 배치되었거나 배치될 건설사업관리기술인이 해당 건설공사의 건설사업관리 업무 수행에 적합하지 아니하다고 인정되는 경우에는 그 이유를 구체적으로 밝혀 건설사업관리용역사업자에게 건설사업관리기술인의 교체를 요구할 수 있으며, 건설사업관리용역사업자가 스스로 건설사업관리기술인을 교체하려는 경우에는 미리 발주청의 승인을 받아야 한다(건진법 시행령 §60④).

[23] "국토교통부장관이 정한 기준"은 국토교통부 고시(제2021-961호, 2021.7.14.), 「건설기술용역 대가 등에 관한 기준」 제9조에 규정.

◈ **「건설기술진흥법 시행령」 제60조(건설사업관리기술인의 배치)** ① 시공 단계의 건설사업관리를 수행하는 건설사업관리용역사업자는 해당 건설공사의 규모 및 공종에 적합하다고 인정하는 건설기술인을 건설사업관리 업무에 배치해야 하며, 책임건설사업관리기술인을 건설공사의 규모 등을 고려하여 국토교통부령으로 정하는 기준에 따라 배치해야 한다.
② 발주청은 건설사업관리용역사업자가 건설사업관리기술인을 배치할 때 국토교통부령으로 정하는 배치기준에 따라 등급별로 적절히 배치하도록 해야 한다. 다만, 제55조제3항에 따라 감독 권한대행 등 건설사업관리를 통합하여 시행하는 경우에는 배치기준 이하로 조정하여 배치할 수 있다.
③ 발주청은 공사예정가격의 70퍼센트 미만으로 낙찰된 공사의 시공 단계에 건설사업관리기술인을 배치하는 경우에는 국토교통부장관이 정한 기준 이상으로 늘려 배치해야 한다.
④ 발주청은 이미 배치되었거나 배치될 건설사업관리기술인이 해당 건설공사의 건설사업관리 업무 수행에 적합하지 않다고 인정되는 경우에는 그 이유를 구체적으로 밝혀 건설사업관리용역사업자에게 건설사업관리기술인의 교체를 요구할 수 있으며, 건설사업관리용역사업자가 스스로 건설사업관리기술인을 교체하려는 경우에는 미리 발주청의 승인을 받아야 한다.
⑤ 건설사업관리용역사업자는 공사현장에 배치된 건설사업관리기술인이 업무의 수행기간 중 법에 따른 교육이나 「민방위기본법」 또는 「예비군법」에 따른 교육을 받는 경우나 유급휴가 등으로 현장을 이탈하게 되는 경우에는 건설사업관리 업무에 지장이 없도록 필요한 조치를 해야 한다.
⑥ 발주청은 건설사업관리기술인이 교육을 받는 기간과 「관공서의 공휴일에 관한 규정」에 따른 공휴일(일요일은 제외한다)에 대한 대가를 감액해서는 아니 된다.
⑦ 건설사업관리기술인의 배치 기준·방법 등에 관하여 필요한 사항은 국토교통부령으로 정한다.

나. 건설사업관리기술인의 부당 교체의 경우

앞에서 본 건설사업관리기술인의 배치 기준·방법·절차 등에 대해 규정해 놓은 건설기술진흥법령 및 관련 고시 등에 따르지 않고 건설사업관리기술인을 부당하게 교체한 경우에는 입찰제한조치를 하여야 한다.

17. 안전대책 소홀 (영 §76② 제3호 가목)

◉ **계약의 이행에 있어서 안전대책을 소홀히 하여 공중에게 위해를 가한 자**

(1) 체결된 계약을 이행함에 있어서의 "계약"에는 공사, 물품제조 및 용역계약을 모두 포함하며, "안전대책"에 대해서는 「재난 및 안전관리 기본법」, 시공관련 개별법 등에서 규정한 안전대책으로 보면 될 것이다.

* 종전에는 "공사·물품제조 등의 계약의 이행"이라고 규정되어 있어 용역계약이 포함되어 있는지에 대해 해석상 논란이 있는 점을 고려, 2005.9.8. 시행령을 개정하여 단순히 "계약의 이행"이라고 규정함으로써, 공사, 물품 및 용역 등 모든 계약이 해당되는 것으로 해석하는데 이견이 없도록 한 것임.

(2) "안전대책을 소홀히 하여"에 대한 기획재정부 유권해석(회계제도과-2227, 2004.12.7.)은 "계약이행과정에서 발생할 우려가 있거나 발생가능성이 인지된 안전사고를 방지하기 위해 계약문서·공사 관련 법령 등에서 정하고 있는 안전사고방지를 위한 계획을 적절히 수립하지 않았거나, 물리적·시간적으로 가능한 범위에서 필요한 조치를 적절하게 취하지 않고 게을리 한 것을 의미하며, 안전사고 발생가능성을 전혀 예측할 수 없었던 경우 또는 안전사고 발생가능성을 인지한 후 안전사고 방지를 위해 물리적·시간적으로 가능한 범위에서 필요한 조치를 취하였으나 불가항력 또는 불가피하게 안전사고가 발생한 경우까지 '안전대책을 소홀히 한' 경우로 보기는 무리"라고 해석하고 있다.

(3) 공중에게 위해를 가한 경우에 있어서의 "공중"은 해당 사업장의 근로자를 제외한 일반인을 의미하며, "위해"는 생명 및 신체상의 상해는 물론 재산상의 위해를 모두 포함하고 있으면서 입찰제한기간을 생명 및 신체상의 상해에 대해서는 1년, 재산상의 위해에 대해서는 6개월로 차등을 두고 있다.

(4) 한편, 일반 공중이 아닌 해당 사업장 근로자의 위해에 대해서는 「산업안전보건법」을 적용하게 되는데, 이에 대해서는 2021.7.6. 법 제27조제1항제8호에 그 근거를 직접 규정해 놓은데 이어, 시행령에 그 세부사항을 규정해 놓았다(앞의 제8번째 "「산업안전보건법」 위반에 따른 근로자 사망사고"에 기술).

유권해석 사례

사례 126 시행령 제76조제1항제5호의 "안전대책을 소홀히 하여"의 개념

회 신 (회계제도과-2275, 2004.12.7.)

국가계약법상 입찰참가자격제한 제도는 그 취지 및 성격상 관련규정의 해석 및 운용에 있어 확대해석 또는 유추해석은 지양하고 문리해석을 하는 것을 기본으로 하고 있는 바, 공사의 경우 동법 시행령 제76조제1항제5호(현행 제2항제3호 가목)의 "안전대책을 소홀히 하여"는 계약이행과정에서 발생할 우려가 있거나 발생가능성이 인지된 안전사고를 방지하기 위해 계약문서·공사 관련 법령 등에서 정하고 있는 안전사고방지를 위한 계획을 적절히 수립하지 않았거나, 물리적·시간적으로 가능한 범위에서 필요한 조치를 적절하게 취하지 않고 게을리 한 것을 의미한다고 할 것이며, 안전사고 발생가능성을 전혀 예측할 수 없었던 경우 및 안전사고 발생가능성을 인지한 후 안전사고 방지를 위해 물리적·시간적으로 가능한 범위에서 필요한 조치를 취하였으나 불가항력 또는 불가피하게 안전사고가 발생한 경우까지 "안전대책을 소홀히 한" 경우로 보기는 무리라고 봄.

귀 질의의 경우 입찰참가자격 제한여부는 처분청이 해당 사고 발생원인·상황, 이에 대응한 시공사의 조치사항 및 법원판결내용 등 제반정황을 종합적으로 고려하여 판단하는 것이 타당하다고 봄.

18. 정보 무단 누출 (영 §76② 제3호 나목)

◉ **「전자정부법」 제2조제13호에 따른 정보시스템의 구축 및 유지·보수 계약의 이행과정에서 알게 된 정보 중 누출될 경우, 국가에 피해가 발생할 것으로 판단하여 사전에 누출금지 정보로 지정하고 계약서에 명시한 정보를 무단으로 누출한 자.**

발주기관이 사전에 누출금지정보로 지정하고 계약서에 명시한 정보를 무단으로 누출한 자에 대해서는 정보 누출 횟수 정도에 따라 일정기간 입찰참가자격을 제한하여야 한다. 여기서 "무단으로 누출한 자"란 발주기관의 사전 서면 동의나 승인을 받지 않고 누출한 자라고 보면 될 것이다.

> ◈ 「**전자정부법**」 **제2조(정의)** 이 법에서 사용하는 용어의 뜻은 다음과 같다.
> 1. "전자정부"란 정보기술을 활용하여 행정기관 및 공공기관(이하 "행정기관등"이라 한다)의 업무를 전자화하여 행정기관등의 상호 간의 행정업무 및 국민에 대한 행정업무를 효율적으로 수행하는 정부를 말한다.
> 13. "정보시스템"이란 정보의 수집·가공·저장·검색·송신·수신 및 그 활용과 관련되는 기기와 소프트웨어의 조직화된 체계를 말한다.

* 그 동안 정부가 실시하는 입찰절차나 계약의 체결 및 이행과정에서 국가·공공기관의 정보화시스템 구축 및 운영 중 용역업체 직원들이 취득한 자료를 무단으로 반출하여 인터넷 등을 통해 유출하는 보안사고가 빈번히 발생하고 있는 점을 고려, 이를 방지하기 위해 2010.10.22. 동 규정을 신설한 것임.

19. 정보시스템 등에 허가 없이 접속, 무단으로 정보수집 설치

(영 §76② 제3호 다목)

> ◉ **「전자정부법」 제2조제10호에 따른 정보통신망 또는 같은 조 제13호에 따른 정보시스템("정보시스템등")의 구축 및 유지·보수 등 해당 계약의 이행과정에서 정보시스템등에 허가 없이 접속하거나 무단으로 정보를 수집할 수 있는 비(非)인가 프로그램을 설치하거나 그러한 행위에 악용될 수 있는 정보시스템등의 약점을 고의로 생성 또는 방치한 자.**

* 다른 법령을 위반하는 등 입찰에 참가시키는 것이 적합하지 아니한 경우에 해당하는 사유에 「전자정부법」에 따른 정보시스템 등의 구축 및 유지·보수 등의 과정에서 정보시스템 등에 허가 없이 접속하거나 무단으로 정보를 수집할 수 있는 비(非)인가 프로그램을 설치하는 등의 행위를 한 경우를 추가한 것임(2016.9.2. 신설, 2017.1.1. 시행)

> ◈ 「**전자정부법**」 **제2조(정의)** 이 법에서 사용하는 용어의 뜻은 다음과 같다.
> 10. "정보통신망"이란 「전기통신기본법」 제2조제2호에 따른 전기통신설비를 활용하거나 전기통신설비와 컴퓨터 및 컴퓨터 이용기술을 활용하여 정보를 수집·가공·저장·검색·송신 또는 수신하는 정보통신체제를 말한다.

제3절 | 입찰참가자격 제한기준 (제한기간)

1. 제한기준 설정의 의의

(1) 영 제76조제4항은 입찰참가자격 제한조치 시, 제한기간을 위반행위별로 부실벌점, 하자비율, 부정행위 유형, 고의·과실 여부, 뇌물 액수, 국가에 손해를 끼친 정도 등을 고려하여 기획재정부령(시행규칙)으로 정하도록 규정하고 있고, 시행규칙은 제한사유별로 제한기간을 세분화하여 제한기준을 규정해 놓고 있다.

(2) 이는 종전(2006.5.25. 전)에 제한기준을 3단계로 구분하여 1년 이상 2년 이하, 6월 이상 1년 미만, 1월 이상 6월 미만 등으로 설정하여 놓고 중앙관서의 장이 판단하여 실제 적용기간을 정하도록 규정해 놓음에 따라 재량의 폭이 넓어 자의적으로 재량권을 행사할 수 있다는 문제점이 대두되어 이를 개선하기 위해 제한사유별로 세분화하여 제한기간을 3월, 6월, 1년, 2년 등 구체적으로 명확히 정해 놓은 것이다(2006.6.25. 시행령 개정, 국민권익위원회 권고).

(3) 또한, 제한기준의 일률적이고 기계적인 적용에 따른 형평성 문제를 해결하기 위해 위반행위의 동기나 내용, 위반 횟수 등을 고려하여 제한기간의 2분의 1의 범위에서 제한기간을 가중 또는 감경할 수 있도록 해 놓았다.

(4) 결국, 제한사유를 세분화하고 제한기간을 명확하게 한 것은 재량권의 자의적 행사를 줄이고 투명성을 제고하여 국민에게 제한조치의 예측가능성을 높일 수 있도록 하기 위한 것이라 할 수 있다.

2. 제한사유별 제한기간 (규칙 §76 별표2)

구체적인 입찰참가자격 제한사유별 제한기간은 시행규칙 제76조 관련 별표2에 규정되어 있다(2021.7.6. 시행).

◈ 규칙 제76조 관련 별표2. "부정당업자의 입찰참가자격 제한기준"

1. 일반기준
 가. 각 중앙관서의 장은 입찰참가자격의 제한을 받은 자에게 그 처분일부터 입찰참가자격제한기간 종료 후 6개월이 경과하는 날까지의 기간 중 다시 부정당업자에 해당하는 사유가 발생한 경우에는 그 위반행위의 동기·내용 및 횟수 등을 고려하여 제2호에 따른 해당 제재기간의 2분의 1의 범위에서 자격제한기간을 늘릴 수 있다. 이 경우 가중한 기간을 합산한 기간은 2년을 넘을 수 없다.
 나. 각 중앙관서의 장은 부정당업자가 위반한 여러 개의 행위에 대하여 같은 시기에 입찰참가자격 제한을 하는 경우 입찰참가자격 제한기간은 제2호에 규정된 해당 위반행위에 대한 제한기준 중 제한기간을 가장 길게 규정한 제한기준에 따른다.
 다. 각 중앙관서의 장은 부정당업자에 대한 입찰참가자격을 제한하는 경우 자격제한 기간을 그 위반행위의 동기·내용 및 횟수 등을 고려해 제2호에서 정한 기간의 2분의 1의 범위에서 줄일 수 있으며, 이 경우 감경 후의 제한기간은 1개월 이상이어야 한다. 다만, 법 제27조제1항제7호에 해당하는 자에 대해서는 입찰참가자격 제한기간을 줄여서는 안 된다.(단서 2019.12.18. 신설)

2. 개별기준

입찰참가자격 제한사유	제재기간
1. 법 제27조제1항제1호에 해당하는 자 중 부실시공 또는 부실설계·감리를 한 자	
가. 부실벌점이 150점 이상인 자	2년
나. 부실벌점이 100점 이상 150점 미만인 자	1년
다. 부실벌점이 75점 이상 100점 미만인 자	8개월
라. 부실벌점이 50점 이상 75점 미만인 자	6개월
마. 부실벌점이 35점 이상 50점 미만인 자	4개월
바. 부실벌점이 20점 이상 35점 미만인 자	2개월
2. 법 제27조제1항제1호에 해당하는 자 중 계약의 이행을 조잡하게 한 자	
가. 공사	
1) 하자비율이 100분의 500 이상인 자	2년
2) 하자비율이 100분의 300 이상 100분의 500 미만인 자	1년
3) 하자비율이 100분의 200 이상 100분의 300 미만인 자	8개월
4) 하자비율이 100분의 100 이상 100분의 200 미만인 자	3개월

입찰참가자격 제한사유	제재기간
나. 물품	
1) 보수비율이 100분의 25 이상인 자	2년
2) 보수비율이 100분의 15 이상 100분의 25 미만인 자	1년
3) 보수비율이 100분의 10 이상 100분의 15 미만인 자	8개월
4) 보수비율이 100분의 6 이상 100분의 10 미만인 자	3개월
3. 법 제27조제1항제1호에 해당하는 자 중 계약의 이행을 부당하게 하거나 계약을 이행할 때에 부정한 행위를 한 자	
가. 설계서(물품제조의 경우에는 규격서를 말한다. 이하 같다)와 달리 구조물 내구성 연한의 단축, 안전도의 위해를 가져오는 등 부당한 시공(물품의 경우에는 제조를 말한다. 이하 같다)을 한 자	1년
나. 설계서상의 기준규격보다 낮은 다른 자재를 쓰는 등 부정한 시공을 한 자	6개월
다. 가목의 부당한 시공과 나목의 부정한 시공에 대하여 각각 감리업무를 성실하게 수행하지 아니한 자	3개월
4. 법 제27조제1항제2호에 해당하는 자	
가. 담합을 주도하여 낙찰을 받은 자	2년
나. 담합을 주도한 자	1년
다. 입찰자 또는 계약상대자 간에 서로 상의하여 미리 입찰가격, 수주 물량 또는 계약의 내용 등을 협정하거나 특정인의 낙찰 또는 납품대상자 선정을 위하여 담합한 자	6개월
5. 법 제27조제1항제3호에 해당하는 자	
가. 전부 또는 주요부분의 대부분을 1인에게 하도급한 자	1년
나. 전부 또는 주요부분의 대부분을 2인 이상에게 하도급한 자	8개월
다. 면허·등록 등 관련 자격이 없는 자에게 하도급한 자	8개월
라. 발주기관의 승인 없이 하도급한 자	6개월
마. 재하도급금지 규정에 위반하여 하도급한 자	4개월
바. 하도급조건을 하도급자에게 불리하게 변경한 자	4개월
6. 법 제27조제1항제4호에 해당하는 자(사기, 그 밖의 부정한 행위로 입찰·낙찰 또는 계약의 체결·이행 과정에서 국가에 손해를 끼친 자)	
가. 국가에 10억 원 이상의 손해를 끼친 자	2년
나. 국가에 10억 원 미만의 손해를 끼친 자	1년
7. 법 제27조제1항제5호 또는 제6호에 따라 공정거래위원회 또는 중소기업청장으로부터 입찰참가자격제한 요청이 있는 자	
가. 이 제한기준에서 정한 사유로 입찰참가자격제한 요청이 있는 자	해당 각 호의 기준에 의함
나. 이 제한기준에 해당하는 사항이 없는 경우로서 입찰참가자격제한 요청이 있는 자	6개월

입찰참가자격 제한사유	제재기간
8. 법 제27조제1항제7호에 해당하는 자	
가. 2억 원 이상의 뇌물을 준 자	2년
나. 1억 원 이상 2억 원 미만의 뇌물을 준 자	1년
다. 1천만 원 이상 1억 원 미만의 뇌물을 준 자	6개월
라. 1천만 원 미만의 뇌물을 준 자	3개월
9. 영 제76조제1항에 해당하는 자(계약을 이행할 때에 「산업안전보건법」제38조, 제39조 및 제63조를 위반하여 동시에 2명 이상의 근로자가 사망한 재해를 발생시킨 자)	
가. 동시에 사망한 근로자수가 10명 이상	2년
나. 동시에 사망한 근로자수가 6명 이상 10명 미만	1년 6개월
다. 동시에 사망한 근로자수가 2명 이상 6명 미만	1년
10. 영 제76조제2항제1호 가목에 해당하는 자	
가. 입찰에 관한 서류(제15조제2항에 따른 입찰참가자격 등록에 관한 서류를 포함한다)를 위조·변조하거나 부정하게 행사하여 낙찰을 받은 자 또는 허위서류를 제출하여 낙찰을 받은 자	1년
나. 입찰 또는 계약에 관한 서류(제15조제2항에 따른 입찰참가자격등록에 관한 서류를 포함한다)를 위조·변조하거나 부정하게 행사한 자 또는 허위서류를 제출한 자	6개월
11. 영 제76조제2항제1호 나목에 해당하는 자(고의로 무효의 입찰을 한 자)	6개월
※ 구 영 제76조제1항제1호 다목에 해당하는 자[입찰참가신청서 또는 입찰참가승낙서를 제출하고도 정당한 이유 없이 해당 회계연도 중 3회 이상 입찰에 참가하지 아니한 자. ⇒ 2019.9.17. 삭제(2019.12.18. 시행)	
12. 영 제76조제2항제1호 라목에 해당하는 자(입찰참가를 방해하거나 낙찰자의 계약체결 또는 그 이행을 방해한 자)	3개월
※ 구 영 제76조제1항제1호 마목에 해당하는 자(적격심사서류 미제출자) ⇒ 2019.9.17. 삭제(2019.12.18. 시행)	
※ 구 영 제76조제1항제1호 바목에 해당하는 자(종합심사낙찰제 심사서류 미제출자) ⇒ 2019.9.17. 삭제(2019.12.18. 시행)	
※ 구 영 제76조제1항제1호 사목에 해당하는 자(일괄입찰에서 실시설계서 미제출자) ⇒ 2019.9.17. 삭제(2019.12.18. 시행)	
13. 영 제76조제2항제2호 가목에 해당하는 자	
가. 계약을 체결 또는 이행(하자보수의무의 이행을 포함한다)하지 아니한 자 나. 공동계약에서 정한 구성원 간의 출자비율 또는 분담내용에 따라 시공하지 아니한 자	6개월

입찰참가자격 제한사유	제재기간
1) 시공에 참여하지 아니한 자	3개월
2) 시공에는 참여하였으나 출자비율 또는 분담내용에 따라 시공하지 아니한 자	1개월
다. 계약상의 주요조건을 위반한 자	3개월
라. 영 제52조제1항 단서에 따라 공사이행보증서를 제출하여야 하는 자로서 해당 공사이행보증서 제출의무를 이행하지 아니한 자	1개월
마. 영 제42조제5항에 따른 계약이행능력심사를 위하여 제출한 사항을 지키지 아니한 자	
1) 외주근로자 근로조건 이행계획에 관한 사항을 지키지 아니한 자	3개월
2) 하도급관리계획에 관한 사항을 지키지 아니한 자	1개월
14. 영 제76조제2항제2호 나목 또는 다목에 해당하는 자	
가. 고의에 의한 경우	6개월
나. 중대한 과실에 의한 경우	3개월
15. 영 제76조제2항제2호 라목에 해당하는 자(감독 또는 검사에 있어서 그 직무의 수행을 방해한 자)	3개월
16. 영 제76조제2항제2호 마목에 해당하는 자(시공 단계의 건설사업관리 용역계약 시 「건설기술진흥법 시행령」 제60조 및 계약서 등에 따른 건설사업관리기술자 교체 사유 및 절차에 따르지 아니하고 건설사업관리기술자를 교체한 자)	8개월
17. 영 제76조제2항제3호 가목에 해당하는 자	
가. 안전대책을 소홀히 하여 사업장 근로자 외의 공중에게 생명·신체상의 위해를 가한 자	1년
나. 안전대책을 소홀히 하여 사업장 근로자 외의 공중에게 재산상의 위해를 가한 자	6개월
18. 영 제76조제2항제3호 나목에 해당하는 자(「전자정부법」 제2조제13호에 따른 정보시스템의 구축 및 유지·보수 계약의 이행과정에서 알게 된 정보 중 각 중앙관서의 장 또는 계약담당공무원이 누출될 경우 국가에 피해가 발생할 것으로 판단하여 사전에 누출금지정보로 지정하고 계약서에 명시한 정보를 무단으로 누출한 자)	
가. 정보 누출 횟수가 2회 이상인 경우	3개월
나. 정보 누출 횟수가 1회인 경우	1개월
19. 영 제76조제2항제3호 다목에 해당하는 자(「전자정부법」 제2조제10호에 따른 정보통신망 또는 같은 조 제13호에 따른 정보시스템(이하 이 호에서 "정보시스템등"이라 한다)의 구축 및 유지·보수 등 해당 계약의 이행과정에서 정보시스템등에 허가 없이 접속하거나 무단으로 정보를 수집할 수 있는 비인가 프로그램을 설치하거나 그러한 행위에 악용될 수 있는 정보시스템 등의 약점을 고의로 생성 또는 방치한 자)	2년

입찰참가자격 제한사유	제재기간

〈비고〉
1. 위 표에서 "부실벌점"이란 「건설기술진흥법」 제53조제1항 각 호 외의 부분에 따른 벌점을 말한다.
2. 위 표에서 "하자비율"이란 하자담보책임기간 중 하자검사결과 하자보수보증금에 대한 하자 발생 누계금액비율을 말한다.
3. 위 표에서 "보수비율"이란 물품보증기간 중 계약금액에 대한 보수비용발생 누계금액비율을 말한다.

➡ 지방계약의 경우, 각 사유별 제한기간은 부록(Ⅰ. 2)에 수록해 놓았음.

3. 제한기간의 가중 및 감경

가. 가중하는 경우 (규칙 §76 별표2 제1호 가목)

(1) 입찰참가자격 제한조치를 받은 자에게 그 제한조치일(제한개시일)부터 제한기간 종료 후 6개월이 경과하는 날까지의 기간 중 다시 제한사유가 발생한 경우에는 제한기간을 그 위반행위의 동기·내용 및 횟수 등을 고려하여 제한기간의 2분의 1의 범위에서 가중하여 제한조치를 할 수 있으며, 이때 가중한 기간을 합산한 기간은 2년을 초과할 수 없다.

(2) 제한기간의 가중 대상은 제한조치를 한 후, 다시 제한사유가 발생한 경우에 적용하는 것이고 제한조치를 할 당시에 2개 이상의 제한사유가 발생되어 함께 제한조치를 하는 경우에는 가중 대상이 아니다(회계제도과-1826, 2009.11.4.).

➡ 지방계약의 경우, 2년을 초과하지 아니하는 범위에서 각 사유별로 정한 기간의 2배까지 가중하여 제한조치를 할 수 있음(지방계약법 시행규칙 §76①).

※ 가중처분에 대한 소고

- 해당 처분청(국가기관)에서 입찰제한처분을 받은 경우뿐만 아니라 다른 처분청(국가기관)에서 입찰제한처분을 받은 경우도 포함하여 가중 대상으로 할 수 있는지에 대해 보면, 법 제27조제1항은 "각 중앙관서의 장은 다음 각 호의 어느 하나에 해당하는 자(이하 "부정당업자"라 한다)에게는 2년 이내의 범위에서 대통령령으로 정하는 바에 따라 입찰참가자격을 제한하여야 하며, 그 제한사실을 즉시 다른 중앙관서의 장에게 통보하여야 한다."라고 규정하고 있는 점에서 각 중앙관서별로 입찰제한처분을 하도록 하고 있음을 알 수 있으며, 규칙 제76조(별표2 부정당업자의 입찰참가자격 제한기준)의 제1호 일반기준 "가"목은 "각 중앙관서의 장은 입찰참가자격의 제한을 받은 자에게 그 처분일부터 입찰참가자격제한기간 종료 후 6개월이 경과하는 날까지의 기간 중 다시 부정당업자에 해당하는 사유가 발생한 경우에는 그 위반행위의 동기·내용 및 횟수 등을 고려하여 제2호에 따른 해당 제재기간의 2분의 1의 범위에서 자격제한기간을 늘릴 수 있다."라고 규정되어 있는 점에서, 가중처분을 할 때에도 각 중앙관서별로 가중 여부 및 가중기간을 정하도록 한 것으로 보아야 할 것이다.
- 즉, 규칙 제76조(별표2)에서의 처분청인 "각 중앙관서의 장"은 법 제27조에서의 처분청인 "각 중앙관서의 장"과 동일한 개념이라는 점이다. 만일 한 중앙관서의 장이 가중처분 시 다른 중앙관서의 장이 처분한 사실도 반영하는 것이 적법하다면, 복수사유에 대해 제재처분을 할 때 시행규칙 제76조 별표2 제1호(일반기준) "나"목에 따라 그 중 가장 긴 제한기간을 적용하는 것처럼 처분 당시 이전에 다른 중앙관서에서 발생되어 제재한 사실도 함께 고려하여 제재여부 및 제한기간을 결정하여야 할 것이고, 또한, 감경의 경우도 다른 처분청의 제재사실을 함께 고려하여 감경 여부를 결정하여야 할 것이다.
- 따라서 입찰제한처분의 효력을 다른 처분청이 공유토록 하고 있다고 하여 제한처분 시, 가중처분까지 다른 처분청의 처분 사실을 공유토록 규정한 것으로 해석하여 운용하는 것은 지나친 확대해석이라고 보며, 이는 입찰제한처분 시, 확대·유추·자의적 해석을 하여서는 안 된다는 대법원 판례 취지에도 부합되지 않는다고 본다.

나. 감경하는 경우 (규칙 §76 별표2)

(1) 입찰참가자격 제한사유에 해당하는 사항에 대해 그 위반행위의 동기·내용 및 횟수 등을 고려하여 그 제한기간의 2분의 1의 범위에서 감경할 수 있으며, 이 경우 제한기간을 감경하더라도 그 제한기간은 최소한 1개월 이상이 되어야 한다. 다만, 법 제27조제1항제7호에 해당하는 자(관계공무원에게 뇌물을 준 자)에 대해서는 입찰참가자격 제한기간을 줄여서는 안 된다. 즉, 입찰 제한사유 19가지 중에서 감경하더라도 뇌물의 경우만 감경대상에서 제외하고 있음을 유의할 필요가 있다.

☞ 제한기간의 가중과 감경은 의무사항이 아니라 재량사항으로서 제한처분을 내리는 기관이 판단하여 결정할 사항이며, 다만, 뇌물공여 자에 대해서는 감경대상에서 제외하도록 2019.9.17. 규칙(§76 별표2)에 신설해 놓았음(2019.12.18. 시행).

➡ 지방계약의 경우, 경감 시, 각 사유별 제한기간에 관계없이 최소 1개월 이상은 되도록 하면서 경감기간이 6개월을 초과할 수 없도록 하고 있으며, 제한사유 중 담합행위 및 뇌물제공의 경우에는 경감대상에서 제외하고 있음(지방계약법 시행규칙 §76④, ⑤).

(2) 뇌물공여 행위에 대한 입찰제한기간의 감경과 관련한 판례를 보면, 감경을 인정하지 않도록 한 ○○공사의 자체 계약규정에 대한 효력에 대해 대법원 판례는 '계약규정 조항은 법규적 효력이 없는 행정기관 내부의 재량준칙으로서, 국가계약법 시행규칙 제76조제4항(현 규칙 §76 별표2)에서 정한 처분기준을 배제하거나 가중하는 것이 아니라 비난가능성이 큰 일부 부정당행위에 한정하여 그 임의적 감경 재량을 스스로 제한한다는 내부적 원칙을 정한 것에 불과하며, 뇌물공여 행위는 입찰 등의 공정한 경쟁이나 적정한 이행을 해치는 가장 중대한 행위 중의 하나이므로, 이러한 임의적 감경 불인정 원칙을 사전에 처분기준으로 세워 둔다고 하여 그 자체로 합리성을 잃은 것이라고 단정할 수 없다'고 판시하고 있다(대법원 2017.12.22. 선고 2017두58779 판결).

대법원 판례(대법원 2017.12.22. 선고 2017두58779 판결)

판시사항 ○○공사의 자체 계약규정에 임의적 감경 불인정 원칙을 사전에 처분기준으로 세워둔데 대한 합리성 인정여부

판결요지 ○○공사가 납품계약을 체결한 갑 주식회사에 계약 체결과 관련하여 관계 공무원에게 뇌물공여 행위를 하였다는 이유로 공공기관의 운영에 관한 법률 제39조제2항 등에 따라 2년간의 부정당업자 입찰참가자격제한 처분을 하였는데, 뇌물공여 행위에 대하여 감경을 인정하지 않도록 한 ○○공사 계약규정 제4조의2제3항이 구 국가계약법 시행규칙 제76조제4항에서 정하는 임의적 감경의 범위를 근거 없이 축소한 것으로서 법령에 위반되는지가 문제 된 사안에서, ① 위 계약규정 조항은 법규적 효력이 없는 행정기관 내부의 재량준칙으로서, 국가계약법 시행규칙 제76조제4항에서 정한 처분기준을 배제하거나 가중하는 것이 아니라 비난가능성이 큰 일부 부정당행위에 한정하여 그 임의적 감경 재량을 스스로 제한한다는 내부적 원칙을 정한 것에 불과하고, ② 뇌물공여 행위는 입찰 등의 공정한 경쟁이나

적정한 이행을 해치는 가장 중대한 행위 중의 하나이므로, 이러한 임의적 감경 불인정 원칙을 사전에 처분기준으로 세워둔다고 하여 그 자체로 합리성을 잃은 것이라고 단정할 수 없으며, ③ 나아가 피고가 제반 사정에 관하여 아무런 고려 없이 이 사건 계약규정 조항을 기계적으로 적용하여 이 사건 처분을 한 것으로 단정할 수도 없고, 이 사건에서 원고에게 예외적으로 감경을 인정해야만 할 사정이 인정된다고 볼 자료도 찾아보기 어렵다.

(3) 참고로, 합병 전 회사의 위반행위를 이유로 합병 후 존속회사에 대하여 입찰참가자격 제한처분을 하는 경우, 합병 전 회사의 위반행위 후 회사가 합병되었다는 사정 자체가 감경사유에 해당하는지 여부에 대해 대법원 판례는 '합병 전 회사의 위반행위 후 그 회사가 합병되었다는 사정만으로 구 국가계약법 시행규칙 제76조제4항(현행 동 시행규칙 별표2의 1.일반기준)에서 정한 감경사유에 해당한다고 판단하는 것은 잘못'이라고 판시하고 있다(대법원 2016.6.28. 선고 2014두13072 판결).

대법원 판례(대법원 2016.6.28. 선고 2014두13072 판결)

판시사항 합병 전 회사의 위반행위를 이유로 합병 후 존속회사에 대하여 입찰참가자격 제한치분을 히는 경우, 합병 전 회사의 위반행위 후 회사가 합병되었다는 사정 자체가 구 국가계약법 시행규칙 제76조제4항에서 정하고 있는 감경사유에 해당하는지 여부.

판결요지 ① 구 국가계약법 시행규칙 제76조제4항에서는 '각 중앙관서의 장은 부정당업자에 대한 입찰참가자격을 제한하는 경우 자격제한기간을 그 위반행위의 동기·내용 및 횟수 등을 고려하여 별표2의 해당 호에서 정한 기간의 2분의 1의 범위 안에서 감경할 수 있다.'고만 규정하여, 감경사유를 특정하지는 않고 있고, 다만 그 자격제한기간을 감경할 수 있는 요소로 '위반행위의 동기, 내용 및 횟수' 등을 예시하고 있을 분인 점, ② 합병 전 회사의 위반행위를 이유로 합병 후 존속회사에 대하여 입찰참가자격 제한처분을 하는 경우 합병 전 회사의 사업부문에 한정되지 아니하고 합병 후 존속회사의 전 사업부문에 걸쳐 입찰참가자격이 제한되는 효과가 생기나, 이러한 결과는 회사가 합병된 경우뿐만 아니라 하나 이상의 사업부문을 가지는 회사가 그중 하나의 사업부문에서 입찰참가자격 제한처분의 원인이 되는 위반행위를 한 경우에도 마찬가지로 발생하는 현상인 점, ③ 합병 전 회사가 위반행위를 저지른 후 합병 후 존속회사에 합병되어, 합병 후 존속회사에 대하여 합병 전 회사의 위반행위를 이유로 입찰참가자격 제한처분을 하는 경우에도 합병 전 회사의 위반행위의 동기, 내용 및 횟수뿐만 아니라 합병이 이루어진 동기와 경위, 합병 전 회사와 합병 후 존속회사의 관계, 합병 전 회사와 합병 후 존속회사의 영업 내용의 유사성, 합병 전 회사의 사업부문 매출이 합병 후 존속회사의 전체 매출에서 차지하는 비중 등의 다양한 사정을 합병 후 존속회사에 대한 입찰참가자격 제한기간을 정할 때 그 고려요소로서 참작하여, 처분청이 그러한 사정을 참작한 결과 제한기간을 감경할 필요가 있다고 판단할 때에 감경하면 충분한 점 등을 종합하면, 합병 전 회사의 위반행위를 이유로 합병 후 존속회사에 대하여 입찰참가자격 제한처분을 하는 경우 합병 전 회사의 위반행위 후 그 회사가 합병되었다는 사정은 구 국가계약법 시행규칙 제76조제4항에 따라 자격제한기간의 감경 여부를 결정하는 참작사유에 불과할 뿐이고, 합병되었다는 사정 자체만으로 구 국가계약법 시행규칙 제76조제4항에서 정하고 있는 감경사유에 해당한다고 볼 수는 없다.

4. 제한사유가 2개 이상 발생되었을 경우의 제한기준 (규칙 §76 별표2)

(1) 부정당업자가 여러 개의 위반행위를 하여 같은 시기에 제한조치를 하는 경우의 제한기간은 규칙 제76조 관련 별표2의 "부정당업자의 입찰참가자격 제한기준" 제2호 "개별기준"에 해당하는 제한기준 중 가장 길게 규정한 제한기간에 따른다(별표2 제1호 "일반기준" 나목).

(2) 여기서 "여러 개의 위반행위"의 의미에 대해 보면, 제1호 "일반기준" 가목에 "부정당업자에 해당하는 사유가 발생한 경우"라고 규정하고 있듯이 각 제한조치 사유별로 2개 이상의 사유에 해당되는 위반행위로 보는 것이 타당하며, 1개의 사유에 해당하는 위반행위가 여러 건 있는 경우는 이에 해당되지 않는 것으로 보아야 할 것이다.

(3) 이에 대한 논거로는 2016.9.23. 규칙 제76조 개정으로 종전의 제76조 본문에 규정되어 있던 제한기준 등이 모두 별표2에 규정되었는데, 종전 규정은 "부정당업자가 수개의 위반행위를 하여 별표2 각 호의 사유 중 2 이상에 해당하는 경우에는 그중 무거운 제한기준에 의한다."라고 규정한 점에서, 현행 규정 상 "여러 개의 위반행위"는 "2 이상의 사유에 해당되는 위반행위"로 해석하는 것이 타당하다 할 것이기 때문이다.

(4) 또한, ① 동일 계약 건에서 1개 사유의 위반행위가 여러 개 발생한 경우(예 : 한 업체가 여러 명에게 뇌물제공)이거나, 또는 서로 다른 사유의 위반행위가 수

개 발생한 경우(예 : 한 업체가 뇌물제공과 입찰담합 행위 등), ② 서로 다른 여러 계약 건에서 1개 사유의 위반행위가 여러 개 발생한 경우 등 다양하게 발생될 수 있는 위반사례에 대해 제한기준이 시행규칙에는 명확히 규정되어 있지 않으나, 기획재정부의 유권해석(계약제도과-1263, 2012.9.28.)을 토대로 다음과 같이 위반사례 유형별로 제한기준을 정리해 둔다.

가. 동일 계약에서 발생된 유형

1) 동일사유의 위반행위가 다수 발생되었을 경우

제한조치를 할 당시에 인지되어 있는 동일사유의 위반행위를 모두 한데 묶어 제한기간을 적용한다. 예컨대, 계량적인 것 즉, 뇌물제공의 경우 뇌물제공 금액을 모두 합산한 총액을 기준으로 제한기간을 적용한다. 다만, 물리적으로 한데 묶을 수 없는 비계량적인 것은 그 중 무거운 기준에 의할 수밖에 없을 것이다.

2) 서로 다른 사유의 위반행위가 다수 발생되었을 경우

제한조치를 할 당시에 인지되어 있는 서로 다른 사유의 위반행위(예 : 뇌물 제공과 입찰담합 행위) 중 가장 길게 규정한 제한기간에 따른다.

3) 동일사유의 위반행위와 서로 다른 사유의 위반행위가 함께 다수 발생되었을 경우

뇌물제공 등의 동일사유 위반행위를 한데 묶은 후, 이에 적용될 제한기간과 서로 다른 사유의 위반행위에 적용될 제한기간과 비교하여 그 중 가장 길게 규정한 제한기간에 따르는 것이 타당하다고 본다.

4) 동일 계약 건에서 발생된 위반행위가 시차를 두고 인지되었으나 아직 제한조치를 하지 않은 상황인 경우

인지된 건별로 순차적으로 제한조치를 하지 않고 제한조치를 할 당시에 인지되어 있는 위반행위를 모두 포괄하여 제한조치를 하는 것이 앞의 제한조치 사례에 비추어 볼 때 타당하다고 본다.

나. 서로 다른 여러 계약에서 발생된 유형

1) 서로 다른 여러 계약 건에서 1년 또는 수년에 걸쳐, 동일 사유의 위반행위가 다수 발생(예 : 한 업체가 여러 건의 계약 관계자에게 뇌물제공 또는 한 업체가 여러 계약 건에서 담합행위 등)된 것이 동일시점 또는 시차를 두고 인지되었을 경우

2) 수개의 서로 다른 사유의 위반행위가 발생(예 : 한 업체가 입찰담합 행위 및 여러 건의 계약 관계자에게 뇌물제공 등)된 것이 동일시점 또는 시차를 두고 인지되었을 경우

위 2가지 경우 모두 제한조치를 할 당시에 인지되어 있는 위반행위를 모두 모아 일괄적으로 제한조치를 하는 것이 타당하다고 본다. 이 경우에도 앞의 동일계약에서 발생된 경우와 같은 방법으로 동일사유의 위반행위는 뇌물의 경우 뇌물총액을 기준으로 제한기간을 적용하고, 담합과 같은 비 계량적인 경우는 그 중 가장 긴 제한기준을 적용하면 될 것이며, 서로 다른 사유의 위반행위에 대해서는 각각의 사유에 대한 기준을 비교하여 그 중 가장 길게 규정한 제한기간에 따르면 될 것으로 본다.

5. 제한조치 후, 조치 전의 제한사유를 추가로 알게 된 경우

(1) 입찰참가자격 제한조치 후, 제한사유(이미 제한조치를 한 것과 동일사유 여부 불문)를 추가로 인지하였을 경우 이에 대한 제한기준이 명확하게 규정되어 있지 않으나, 이 경우 ① 추가 인지분이 제한조치 후 새로이 발생된 것이 아님에도 만일, 추가 인지분에 대해 별도로 제한조치를 할 경우에는 분할하여 제한조치를 하는 결과가 되어 한 번에 인지하여 제재하는 경우와 형평성 문제가 생기고, ② 동 제한조치는 침해적 행정처분으로서 확대·유추·자의적 해석을 금하고 있는 점, ③ 시행규칙 별표2 "부정당업자의 입찰참가자격 제한기준(제76조 관련)" 1. 일반기준 나목의 부정당업자가 여러 개의 위반행위를 하여 2개 이상의 사유에 해당하는 경우에는 그중 가장 길게 규정한 제한기간에 따르도록 하고 있는 점 등을 종

합고려해 볼 때, 해당 관서가 당초 제한조치 시 모두 인지한 상태에서 함께 묶어 제한조치를 하는 것과 같은 방법으로 조치를 하는 것이 합리적이라고 본다(대법원 2014.11.27. 2013두18964도 같은 취지임).

(2) 예컨대, 당초 조치를 한 건과 추가로 인지한 것을 합하여 전체를 대상으로 제한기간을 재산정한 후,

① 당초 제한기간보다 긴 경우로서, 이미 당초 조치한 건의 제한기간이 종결된 경우는 그 기간을 차감하고 잔여기간을 추가로 제한하며, 당초 조치한 건의 제한기간이 계속 중인 경우에는 증가된 기간만큼 연장한다.

② 당초 제한기간과 동일하거나 짧을 경우에는 추가 제한조치가 불필요한 것으로 처리하면 될 것이다.

대법원 판례(대법원 2014.11.27. 선고 2013두18964 판결)

판시사항 ○○공사가 발주한 전력선 구매입찰에서 갑 주식회사가 담합행위(1차 위반행위)를 하였다는 이유로 6개월의 입찰참가자격 제한처분(1차 처분)을 한 다음, 1차 처분이 있기 전에 전력선 구매입찰에서 담합행위(2차 위반행위)를 하였다는 이유로 갑 회사에 다시 6개월의 입찰참가자격 제한처분(2차 처분)을 한 사안

판결요지 구 국가계약법 시행규칙 제76조제3항('이 사건 규칙조항')은 수 개의 위반행위에 대하여 그 중 가장 무거운 제한기준에 의하여 제재처분을 하도록 규정하고 있고, 이는 가장 중한 위반행위에 대한 입찰참가자격 제한처분만으로도 입법목적을 충분히 달성할 수 있다는 취지로 보이며, 또한 행정청이 입찰참가자격 제한처분을 할 때 그 전에 발생한 수 개의 위반행위를 알았거나 알 수 있었는지 여부를 구별하여 적용기준을 달리 정하고 있지도 아니하다. 나아가 수 개의 위반행위에 대하여 한 번에 제재처분을 받을 경우와의 형평성 등을 아울러 고려하면, 이 사건 규칙조항은 행정청이 입찰참가자격 제한처분을 한 후 그 처분 전의 위반행위를 알게 되어 다시 입찰참가자격 제한처분을 하는 경우에도 적용된다고 할 것이다.

따라서 이 사건 처분에 관하여도 이 사건 규칙조항이 적용된다고 보아야 하고, 1차 처분의 사유인 1차 위반행위와 이 사건 처분의 사유인 2차 위반행위의 제한기준이 동일할 뿐더러, 행정청은 1차 처분에서 입찰참가자격 제한기준상 제재기간을 감경하지 아니하고 그대로 처분함으로써 추가로 제재할 여지가 없는 상황이므로, 행정청 내부의 사무처리기준상 1차 처분 전의 위반행위인 2차 위반행위에 대하여는 더 이상 제재할 수 없다고 할 것이고, 기록을 살펴보아도 이와 달리 추가적 제재를 정당화할 특별한 사정도 보이지 아니한다. 결국 이 사건 처분은 재량권을 일탈·남용한 것으로서 위법하다.

6. 제한사유가 2개 이상 발생하였을 경우 감경기준

입찰제한처분 사유 중 뇌물제공에 대해서만 감경을 배제토록 하고 있는데, 뇌물제공과 감경배제대상이 아닌 제한사유가 함께 발생한 경우로서, 감경배제대상이 아닌 제한사유가 그 중 긴 제한기간이어서 이에 따르면서 감경을 하려고 할 경우, 뇌물제공이 포함되어 있다는 이유로 감경대상이 되지 않는다는 의견과 가장 긴 제한기간에 해당하는 사유가 감경배제대상이 아닌 경우에는 감경을 할 수 있다는 의견이 나누어질 수 있어 이에 대해 살펴보면, 가장 긴 제한기간에 해당하는 사유를 기준으로 제한기간을 설정한 이상 그 제한사유가 감경배제대상이 아닌 경우에는 감경을 할 수 있다고 보는 것이 합리적이라고 본다(계약정책과-331, 2021.3.3.).

다만, 이때, 감경 후(최대 2분의1)의 제한기간은 뇌물제공에 따른 제한기간 보다 짧아서는 안 되도록 하는 것이 뇌물제공에 대한 감경배제 취지에 부합된다고 본다.

유권해석 사례

사례 127 감경배제 대상 제한사유와 아닌 제한사유가 2개 이상 발생하였을 경우 감경기준

회 신 (계약정책과-331, 2021.3.3.)

국가계약법 시행규칙 별표2 제1호 다목 단서의 "법 제27조제1항제7호에 해당하는 자에 대해서는 입찰참가자격 제한기간을 줄여서는 안 된다"라는 규정은 법 제27조제1항제7호(뇌물 제공)를 포함한 여러 개의 사유가 존재하는 경우, 법 제27조제1항제7호를 제외한 사유에 대하여 감경이 제한된다고 볼 수는 없으나, 이에 따라 제한기간을 감경하는 경우에는 위반행위의 동기·내용 및 횟수와 시행규칙 별표2 제1호 다목 단서 등을 고려하여 감경을 결정함이 타당할 것으로 보임.

사례 128 가중처분 시, 다른 법령에 따라 입찰제한조치를 받은 경우도 반영대상인지 여부

회 신 (계약제도과-1625, 2018.11.28.)

국가계약법 시행규칙 [별표2]에서는 '각 중앙관서의 장은 입찰참가자격의 제한을 받은 자에게 그 처분일부터 입찰참가자격제한기간 종료 후 6개월이 경과하는 날까지의 기간 중 다시 부정당업자에 해당하는 사유가 발생한 경우에는 그 위반행위의 동기·내용 및 횟수 등을 고려하여

제2호에 따른 해당 제재기간의 2분의 1의 범위에서 자격제한기간을 늘릴 수 있다. 이 경우 가중한 기간을 합산한 기간은 2년을 넘을 수 없다.'라고 규정하고 있음.

해당 규정에서 "입찰참가자격의 제한을 받은 자"는 국가계약법령에 따라 입찰참가자격 제한을 받은 자로 보아야 할 것임.

사례 129 2013.11.18. 「공기업·준정부기관 계약사무규칙」개정에 따른 제재 가능 여부

회 신 (계약제도과-1132, 2017.9.20.)

「공공기관의 운영에 관한 법률」에서 부정행위가 명백하다고 인정되는 경우로 한정하여 입찰참가자격을 제한할 수 있도록 한 점을 고려하여 2013.11.18. 「공기업·준정부기관 계약사무규칙」이 개정되었는바, 동 규칙 개정에 따라 행위 시에는 제한 사유에 해당하였으나 인지 시에는 제한 사유에서 제외되었다면, 해당 법령의 개정 취지 등을 고려할 때 입찰참가자격을 제한하는 것은 부적절할 것임.

사례 130 계약별로 위반행위의 구분이 가능한 경우의 제재

회 신 (계약제도과-1096, 2017.9.13.)

질의하신 기존 유권해석(계약제도과-1263, 2012.9.28.)은 계약별로 위반행위의 구분이 어려운 뇌물제공행위의 특성에 따른 해석이며, 계약별로 위반행위의 구분이 가능한 여타의 입찰참가자격제한 사유의 경우에도 상기 유권해석이 동일하게 적용된다고 보기는 곤란할 것임.

사례 131 부정당업자가 위반한 여러 개의 행위에 대한 제재

회 신 (계약제도과-858, 2017.7.6.)

국가계약법 시행규칙 [별표2] 1. 일반기준 나목의 "부정당업자가 위반한 여러 개의 행위에 대하여 같은 시기에 입찰참가자격 제한을 하는 경우 ··· 제한기간을 가장 길게 규정한 제한기준에 따른다."고 규정하고 있는 바, 여기서의 "같은 시기에 입찰참가자격 제한을 하는 경우"란 발주기관이 위반행위를 인지하여 동일한 시점에 입찰참가자격 제한을 하는 경우를 의미하므로, 발주기관이 처분 시까지 인지하지 못한 위반행위는 동 조항의 적용대상이 아니라고 할 것임.

사례 132 동일업체가 수개의 위반행위를 하여 수회의 뇌물제공을 한 사실이 동일시점에 인지된 경우 부정당업자 제재 기준 등

질 의 ① 수회의 뇌물제공을 한 사실이 동일시점에 인지된 경우

② 다수 계약 건의 이행과정에서 2이상의 제재사유가 발생한 경우

③ 시행규칙 제76조제2항에 따른 가중기간을 합산한 기간이 2년을 초과할 수 없다는 의미는?

④ 「공기업·준정부기관 계약사무규칙」 제2조제2항에 따라 동 규칙과 다른 내용의 계약의 기준, 절차를 정할 때의 절차는?

회 신 (계약제도과-1263, 2012.9.28.)

1. 질의 ①에 대하여 ; 수회의 뇌물제공을 한 사실이 동일시점에 인지된 경우의 제재기간에 대해서는 규정하고 있지 않으나, 다수의 계약에서 수차례 뇌물을 제공한 사실이 동일시점이 아닌 시차를 두고 인지된 경우에는 각각의 뇌물제공 건에 대해 제재하게 되고 시행규칙 제76조제2항(현행 규칙 별표2)에 의해 가중처벌 받을 가능성이 존재함에 반하여 동일 사실이 동일시점에 인지된 경우에는 시차를 두고 발견된 경우와 비교하여 제재기간이 짧아지는 결과를 초래할 것임. 따라서 다수의 계약과 관련하여 수회의 뇌물제공을 한 사실이 동일시점에 인지한 경우에는 뇌물제공 총액으로 제재하는 것이 타당할 것임.

2. 질의 ②에 대하여 ; 다수 계약 건의 이행과정에서 2 이상의 제재사유가 발생한 경우 시행규칙 제76조제3항(현행 규칙 별표2)에 따라 그 중 무거운 제한기준에 의하여야 할 것임.

3. 질의 ③에 대하여 ; 시행규칙 제76조제2항(현행 규칙 별표2)은 입찰참가자격의 제한을 받은 자에게 그 처분일부터 입찰참가자격제한기간 종료 후 6월이 경과하는 날까지의 기간 중 다시 부정당업자에 해당하는 사유가 발생한 경우에는 자격제한기간을 그 위반행위의 동기·내용 및 횟수 등을 고려하여 별표2의 해당 호에서 정한 기간의 2분의 1의 범위에서 가중 제한할 수 있으며, 이 경우 가중한 기간을 합산한 기간이 2년을 초과할 수 없다는 의미는 2분의 1의 범위에서 가중할 경우 그 기간이 2년을 초과하더라도 기중 제한기간은 2년으로 제한된다는 의미임.

4. 질의 ④에 대하여 ; 「공기업·준정부기관 계약사무규칙」 제2조제2항에 따라 동 규칙과 다른 내용의 계약의 기준, 절차를 정하기 위해서는 기획재정부장관의 승인을 받아야 하며, 적격심사기준의 경우도 기획재정부장관이 정하는 심사기준과 다른 심사기준을 정하기 위해서는 동 규칙 제12조에 따라 기획재정부장관과 협의를 거쳐야 함.

사례 133 부정당업자 제재기간 감경 기준

회 신 (계약제도과-1120, 2011.9.23.)

시행규칙 제76조제4항(현행 규칙 별표2)은 부정당업자에 대한 입찰참가자격을 제한하는 경우 자격제한기간을 그 위반의 동기·내용 및 횟수 등을 고려하여 동 시행규칙 별표2의 해당 호에서 정한 기간의 2분의 1의 범위에서 감경할 수 있도록 하고 있음. 동 규정은 각 중앙관서의 장에게 부정당업자 입찰참가자격 제한기간의 감경에 대한 재량을 부여함과 동시에 재량의 한계도 정하고 있는 바, 2분의 1을 초과하여 자격제한기간을 감경할 수 없다고 할 것임.

사례 134 항소심 계류 중에 입찰참가자격을 제한할 경우 그 제한기간

질 의 경쟁입찰에서 입찰방해죄로 1심에서 징역1년에 집행유예3년을 선고 받은 자로서, 이에 불복 항소를 제기하여 현재 항소심 계류중인 바, 판례상 피고가 1심에 불복하여 항소 또는 상고를 하였을 시 대법원 확정판결이 있기 전에는 유죄로 인정할 수 없음에 의거 입찰참가자격 제한기준을 1심에 선고된 형으로 제한기준을 정하는지, 아니면 대법원 확정판결일로부터 정하는지?

회 신 (회제 41301-1810, 2000.7.21.)

경쟁입찰에서 영 제76조에 따라 입찰참가자격을 제한한 경우 그 제한기간을 동 제재처분에 대한 법원의 효력정지 가처분 등 동 제재처분의 효력이 정지되는 조치가 없는 한 규칙 제77조제3항에 의한 부정당업자제재 통보서상에 명시된 기간임.

제4절 | 입찰참가자격 제한조치 절차

1. 개요

(1) 각 중앙관서의 장이 입찰참가자격 제한사유에 해당하는 자에 대해 일정기간 입찰참가자격 제한조치를 하려는 때에는 행정절차법에 따라 원칙적으로 해당 제한조치를 받게 될 상대방 또는 대리인에게 미리 그 제한이유와 함께 제한하려는 사실을 통지하여야 하고, 제한조치의 방식, 제한조치에 관하여 행정심판 및 행정소송을 제기할 수 있는지 여부 등 필요한 사항을 알려야 하며, 또한 의견제출 또는 청문의 기회를 주어야 하는데, 이는 입찰참가자격 제한조치가 업체의 영업활동에 직접적인 영향을 미치게 하는 중대한 사안이므로 위법부당한 제한조치가 일어나지 않도록 신중하게 운영할 필요에서 도입된 것이라 할 수 있다.

(2) 입찰참가자격 제한조치를 위한 구체적인 절차가 1995.7.6. 국가계약법령에 처음으로 도입되었으나, 1998.1.1. 부터 시행되고 있는 「행정절차법」에 행정절차를 통일적으로 규정함에 따라 1997.1.1. 국가계약법령에 규정되어 있던 관련규정을 삭제한 것이며, 따라서 국가계약법령(지방계약법령 및 공공기관운영법령 포함)에 따른 입찰참가자격 제한조치는 행정절차법에 규정된 절차에 따라 관련절차를 수행하면 된다.

※ 입찰참가자격 제한조치 절차 요약

부정당업자 보고

↓ • 계약담당공무원이 소속 중앙관서의 장에게 부정당업자 보고

처분의 사전 통지

↓ • 상대방에게 처분하려는 사실 통지 (처분의 근거 및 이유 포함)

의견청취 (의견제출, 청문, 공청회 등)

↓ • 의견청취 사전 통지 및 기회 부여
• 상대방은 직접 또는 서면으로 의견 제시

제한조치 결정

↓ • 계약심의위원회 등의 심의를 거쳐 결정

상대방에게 통보 및 전자조달시스템에 게재

• 불복방법 등 고지 포함

※ 「행정절차법」(§2)에 규정된 용어 정리

1. "행정청"의 개념
   - ○ 행정에 관한 의사를 결정하여 표시하는 국가 또는 지방자치단체의 기관
   - ○ 그 밖에 법령 또는 자치법규("법령등"이라 약칭)에 따라 행정권한을 가지고 있거나 위임 또는 위탁받은 공공단체 또는 그 기관이나 사인
2. "처분" : 행정청이 행하는 구체적 사실에 관한 법 집행으로서의 공권력의 행사 또는 그 거부와 그 밖에 이에 준하는 행정작용.
3. "행정지도" : 행정기관이 그 소관 사무의 범위에서 일정한 행정목적을 실현하기 위하여 특정인에게 일정한 행위를 하거나 하지 아니하도록 지도, 권고, 조언 등을 하는 행정작용.
4. "당사자등"의 개념
   - ○ 행정청의 처분에 대하여 직접 그 상대가 되는 당사자

○ 행정청이 직권으로 또는 신청에 따라 행정절차에 참여하게 한 이해관계인

5. "청문" : 행정청이 어떠한 처분을 하기 전에 당사자등의 의견을 직접 듣고 증거를 조사하는 절차.
6. "공청회" : 행정청이 공개적인 토론을 통하여 어떠한 행정작용에 대하여 당사자등, 전문지식과 경험을 가진 사람, 그 밖의 일반인으로부터 의견을 널리 수렴하는 절차.
7. "의견제출" : 행정청이 어떠한 행정작용을 하기 전에 당사자등이 의견을 제시하는 절차로서 청문이나 공청회에 해당하지 아니하는 절차.
8. "전자문서" : 컴퓨터 등 정보처리능력을 가진 장치에 의하여 전자적인 형태로 작성되어 송신·수신 또는 저장된 정보.
9. "정보통신망" : 전기통신설비를 활용하거나 전기통신설비와 컴퓨터 및 컴퓨터 이용기술을 활용하여 정보를 수집·가공·저장·검색·송신 또는 수신하는 정보통신체제.

2. 부정당업자 보고 (규칙 §77①)

계약담당공무원은 입찰참가자격 제한사유 즉, 법 제27조제1항에 따른 "부정당업자"에 대하여는 지체 없이 소속 중앙관서의 장에게 보고하여야 한다. 이는 입찰참가자격 제한조치 주체가 다른 일반 계약업무와는 달리 중앙관서의 장이기 때문이다.[24]

3. 처분의 사전 통지 (행정절차법 §21)

가. 처분의 사전 통지 절차 (동법 §21①, ③)

(1) 행정청은 당사자에게 의무를 부과하거나 권익을 제한하는 처분(이하 "처

24) 규칙 제77조제1항 : 계약담당공무원은 법 제27조제1항에 따른 부정당업자에 해당된다고 인정하는 자가 있을 때에는 지체 없이 그 소속 중앙관서의 장에게 보고하여야 한다.

분" 또는 "입찰제한처분"이라 한다)을 하는 경우에는 미리 다음 사항을 당사자등에게 통지하여야 한다.

① 처분의 제목
② 당사자의 성명 또는 명칭과 주소
③ 처분하려는 원인이 되는 사실과 처분의 내용 및 법적 근거
④ 앞의 ③에 대하여 의견을 제출할 수 있다는 뜻과 의견을 제출하지 아니하는 경우의 처리방법
⑤ 의견제출 기관의 명칭과 주소
⑥ 의견제출 기한 (10일 이상 고려, 2020.6.11. 신설)
⑦ 그 밖에 필요한 사항

(2) 처분의 사전 통지절차는 행정청이 국민에게 의무를 과하거나 권익을 제한하는 행정처분을 하기 전에 거쳐야 하는 필수적인 절차이다. 이는 국민이 미리 행정청의 처분에 수긍할 수 있는지를 검토하여 수긍할 수 없는 경우에는 처분절차에 참여하여 의견을 진술할 수 있는 기회를 제공함으로써, 국민의 권리구제 측면은 물론 행정청 스스로 투명성과 공정성 확보에 기여할 수 있기 때문이라 할 수 있다. 사전 통지를 할 때 의견 제출의 기한에 대해서는 의견 제출에 필요한 기간을 10일 이상으로 고려하여 정하여야 한다.[25]

* 종전에는 의견 제출에 필요한 기간을 "상당한 기간"으로 한 것을 2019.12.10. 동법을 개정, "10일 이상으로" 한 것임(2020.6.11. 시행).

나. 처분의 사전 통지 예외 (동법 §21④, ⑤)

(1) 다음에 해당하는 경우에는 처분의 사전 통지를 아니 할 수 있다.

① 공공의 안전 또는 복리를 위해 긴급히 처분을 할 필요가 있는 경우

25) 종전의 '상당기간'

② 법령 등에서 요구된 자격이 없거나 없어지게 되면 반드시 일정한 처분을 하여야 하는 경우에 그 자격이 없거나 없어지게 된 사실이 법원의 재판 등에 의하여 객관적으로 증명된 경우

③ 해당 처분의 성질상 의견청취가 현저히 곤란하거나 명백히 불필요하다고 인정될 만한 상당한 이유가 있는 경우

(2) 처분의 전제가 되는 사실이 법원의 재판 등에 의하여 객관적으로 증명된 경우 등 사전 통지를 하지 아니할 수 있는 구체적인 사항은 행정절차법 시행령 제13조에 규정되어 있다.

◈ **행정절차법 시행령 제13조(처분의 사전 통지 생략사유)** 법 제21조제4항 및 제5항에 따라 사전 통지를 하지 아니할 수 있는 경우는 다음 각 호의 어느 하나에 해당하는 경우로 한다.

1. 급박한 위해의 방지 및 제거 등 공공의 안전 또는 복리를 위하여 긴급한 처분이 필요한 경우
2. 법원의 재판 또는 준사법적 절차를 거치는 행정기관의 결정 등에 따라 처분의 전제가 되는 사실이 객관적으로 증명되어 처분에 따른 의견청취가 불필요하다고 인정되는 경우
3. 의견청취의 기회를 줌으로써 처분의 내용이 미리 알려져 현저히 공익을 해치는 행위를 유발할 우려가 예상되는 등 해당 처분의 성질상 의견청취가 현저하게 곤란한 경우
4. 법령 또는 자치법규(이하 "법령등"이라 한다)에서 준수하여야 할 기술적 기준이 명확하게 규정되고, 그 기준에 현저히 미치지 못하는 사실을 이유로 처분을 하려는 경우로서 그 사실이 실험, 계측, 그 밖에 객관적인 방법에 의하여 명확히 입증된 경우
5. 법령등에서 일정한 요건에 해당하는 자에 대하여 점용료·사용료 등 금전급부를 명하는 경우 법령등에서 규정하는 요건에 해당함이 명백하고, 행정청의 금액산정에 재량의 여지가 없거나 요율이 명확하게 정하여져 있는 경우 등 해당 처분의 성질상 의견청취가 명백히 불필요하다고 인정될 만한 상당한 이유가 있는 경우.

* 2014.1.28. 불이익 처분의 사전통지 생략사유를 좀 더 구체화할 수 있는 근거를 신설한 것임(2014.7.29. 시행).

다. 처분의 사전 통지를 하지 아니한 처분의 법적 효과

(1) 행정절차법 제21조는 앞에서 본 바와 같이 원칙적으로 처분의 사전 통지를

의무화하고 있고, 예외적으로 사전 통지를 아니 할 수 있는 경우를 규정하고 있다.

(2) 그런데, 행정청이 사전 통지의 예외사유에 해당되지 않음에도 사전 통지를 아니 하고 처분을 한 경우 법적 효과에 대해 살펴보면, 대법원 판례는 "행정청이 침해적 행정처분을 하면서 당사자에게 사전통지나 의견 제출의 기회를 주지 아니하였다면, 사전통지를 하지 아니하거나 의견 제출의 기회를 주지 아니하여도 되는 예외적인 경우에 해당하지 아니하는 한, 그 처분은 위법하여 취소를 면할 수 없다"고 판시하고 있다(대법원 2013.5.23. 2011두25555 등).

대법원 판례(대법원 2013.5.23. 선고 2011두25555 판결)

판시사항 행정청이 침해적 행정처분을 하면서 당사자에게 구 행정절차법에서 정한 사전통지를 하거나 의견 제출의 기회를 주지 않은 경우, 처분의 적법 여부.

판결요지 구 행정절차법(2012.10.22. 개정되기 전의 것) 제21조제1항, 제4항, 제22조에 의하면, 행정청이 당사자에게 의무를 과하거나 권익을 제한하는 처분을 하는 경우에는 미리 처분하고자 하는 원인이 되는 사실과 처분의 내용 및 법적 근거, 이에 대하여 의견을 제출할 수 있다는 뜻과 의견을 제출하지 아니하는 경우의 처리방법 등의 사항을 당사자 등에게 통지하여야 하고, 또한 다른 법령 등에서 필수적으로 청문을 실시하거나 공청회를 개최하도록 규정하고 있지 아니한 경우에도 당사자 등에게 의견 제출의 기회를 주어야 하되, '당해 처분의 성질상 의견청취가 현저히 곤란하거나 명백히 불필요하다고 인정될 만한 상당한 이유가 있는 경우' 등에는 처분의 사전통지나 의견청취를 아니할 수 있다.

따라서 행정청이 침해적 행정처분을 하면서 당사자에게 위와 같은 사전통지를 하거나 의견 제출의 기회를 주지 아니하였다면, 사전통지를 하지 아니하거나 의견 제출의 기회를 주지 아니하여도 되는 예외적인 경우에 해당하지 아니하는 한, 그 처분은 위법하여 취소를 면할 수 없다(대법원 2013.1.16. 선고 2011두30687 판결 등 참조).

4. 의견청취 (행정절차법 §22~§39의2)

가. 개요 (동법 §22)

(1) 의견청취 절차는 ① 청문, ② 공청회, ③ 의견제출 등 세 가지 유형을 포함하고 있는 개념으로서, 행정청이 국민에게 불이익을 주는 처분을 하거나 다수의

국민의 이해관계가 대립하는 처분을 하는 경우 처분절차 과정에 당사자가 참여할 수 있는 기회를 제공하여 권익에 대한 위법 부당한 침해를 미연에 방지하도록 하는데 그 의의가 있다 하겠다.

(2) 행정절차법은 제22조에서 제1항에 청문절차를, 제2항에 공청회 절차를 규정하고 있고, 제3항에는 특히, 행정청이 당사자에게 의무를 부과하거나 권익을 제한하는 처분을 할 때 청문 또는 공청회를 실시하는 경우에 해당되는 것 외에는 당사자등에게 의견 제출의 기회를 주어야 하도록 규정하고 있다.

그러나, 예외적으로 앞의 "처분의 사전 통지 예외"에 해당하는 경우와 당사자가 의견진술의 기회를 포기한다는 뜻을 명백히 표시한 경우에는 의견청취를 하지 아니할 수 있다.

(3) 행정청은 청문·공청회 또는 의견 제출을 거쳤을 때에는 신속히 처분하여 해당 처분이 지연되지 아니하도록 하여야 하며, 처분 후 1년 이내에 당사자등이 요청하는 경우에는 청문·공청회 또는 의견제출을 위하여 제출받은 서류나 그 밖의 물건을 반환하여야 한다.

나. 청문 (동법 §22, §28~§37)

(1) "청문"은 행정청이 어떠한 처분을 하기 전에 당사자등의 의견을 직접 듣고 증거를 조사하는 절차로서, 행정청은 처분을 할 때 다음에 해당하는 경우에는 청문을 한다.

① 다른 법령 등에서 청문을 하도록 규정하고 있는 경우
② 행정청이 필요하다고 인정하는 경우
③ 다음의 처분 시 의견제출 기한 내에 당사자등의 신청이 있는 경우
  i) 인허가 등의 취소
  ii) 신분·자격의 박탈
  iii) 법인이나 조합 등의 설립허가의 취소

(2) 다른 법령 등에서 청문을 실시하도록 규정하고 있는 경우 또는 행정청이 필요하다고 인정하는 경우에 청문을 실시하게 되는데, 만일, 청문을 실시하지 않을 경우에는 당사자등에게 의견 제출의 기회를 주어야 한다.

(3) 여기서 입찰참가자격 제한조치에 앞서 청문실시가 의무사항인지의 여부에 대해 살펴보면, 국가계약법에 청문을 실시하도록 규정되어 있지 않아 행정절차법 제22조제1항제1호에 규정한 "다른 법령 등에서 청문을 실시하도록 규정하고 있는 경우"에는 해당되지 않으나, 동항 제2호 또는 제3호에 따라 행정청이 필요하다고 인정하는 경우 또는 당사자등의 신청이 있는 경우에 해당되면 청문을 실시하여야 할 것이다.

* 종전(1998.1.1. 전)에는 국가계약법 제27조제2항에 입찰참가자격 제한조치를 하려는 때에는 원칙적으로 미리 의견진술의 기회를 주어야 하도록 규정되어 있었으나, 1998.1.1. 행정절차법 제정으로 동 규정이 삭제되고 행정절차법에 따르도록 하고 있음.

➡ 지방계약의 경우, 지방계약법 시행규칙 제76조의2에 입찰제한조치를 하려면 청문을 하도록 규정하고 있음.[26)]

다. 공청회 (동법 §22, §38~§39의2)

(1) "공청회"는 행정청이 공개적인 토론을 통하여 어떠한 행정작용에 대하여 당사자등, 전문지식과 경험을 가진 사람, 그 밖의 일반인으로부터 의견을 널리 수렴하는 절차로서, 행정청이 처분을 할 때, 다음의 어느 하나에 해당하는 경우에는 공청회를 개최한다.

① 다른 법령 등에서 공청회를 개최하도록 규정하고 있는 경우
② 해당 처분의 영향이 광범위하여 널리 의견을 수렴할 필요가 있다고 행정청이 인정하는 경우

26) 지방계약법 시행규칙 제76조의2(청문) : 지방자치단체의 장은 법 제31조제1항에 따라 입찰참가자격을 제한하는 경우에는 청문을 하여야 한다.

③ 국민생활에 큰 영향을 미치는 처분으로서 대통령령(§13의3)으로 정하는 처분에 대하여 대통령령으로 정하는 수(30명) 이상의 당사자등이 공청회 개최를 요구하는 경우(2020.6.11. 신설)

> ◈ **행정절차법 시행령 제13조의3(공청회의 개최 요건 등)** ① 법 제22조제2항제3호에서 "대통령령으로 정하는 처분"이란 다음 각 호의 어느 하나에 해당하는 처분을 말한다. 다만, 행정청이 해당 처분과 관련하여 이미 공청회를 개최한 경우는 제외한다.
> 1. 국민 다수의 생명, 안전 및 건강에 큰 영향을 미치는 처분
> 2. 소음 및 악취 등 국민의 일상생활과 관계되는 환경에 큰 영향을 미치는 처분
>
> ② 제1항에 따른 처분에 대하여 당사자등은 그 처분 전(해당 처분에 대하여 행정청이 의견제출 기한을 정한 경우에는 그 기한까지를 말한다)에 행정청에 공청회의 개최를 요구할 수 있다.
>
> ③ 법 제22조제2항제3호에서 "대통령령으로 정하는 수"란 30명을 말한다.

➡ 공기업·준정부기관의 경우 : 「공기업·준정부기관 계약사무규칙」 제16조에 "의견 청취 및 심의 절차"를 규정해 놓고 있음.

라. 의견 제출 (동법 §27, §27의2)

1) "의견 제출"의 개념

"의견 제출"은 행정청이 어떠한 행정작용을 하기 전에 당사자등이 의견을 제시하는 절차로서, 청문이나 공청회에 해당하지 아니하는 절차를 말하는데(행정절차법 §2 제7호), 동 절차는 ①행정청이 당사자에게 의무를 부과하거나 권익을 제한하는 처분을 할 때 당사자등에게 의견제출의 기회를 주기 위한 절차이고, ②청문 또는 공청회를 실시하는 경우와 의견청취의 예외사유에 해당하는 경우 이외에만 허용되는 절차이다.

2) 의견 제출의 시기 및 방법

의견 제출은 처분 전에 하여야 한다. 즉, ① 당사자등은 그 처분의 관할 행정청에 서면이나 말로 또는 정보통신망을 이용하여 의견 제출을 할 수 있으며, ② 의견 제출을 하는 경우 그 주장을 입증하기 위한 증거자료 등을 첨부할 수 있고,

③ 행정청은 당사자등이 말로 의견 제출을 하였을 경우에는 서면으로 그 진술의 요지와 진술자를 기록하여야 하며, ④ 당사자등이 정당한 이유 없이 의견제출 기한까지 의견 제출을 하지 아니한 경우에는 의견이 없는 것으로 본다.

3) 제출의견 반영

행정청은 입찰참가자격 제한조치를 함에 있어서 당사자등이 제출한 의견이 상당한 이유가 있다고 인정하는 경우에는 이를 반영하여야 한다. 만일, 당사자등이 제출한 의견을 반영하지 아니하고 처분을 한 경우 당사자등이 처분이 있음을 안 날부터 90일 이내에 그 이유의 설명을 요청하면 서면으로 그 이유를 알려야 하며, 다만, 당사자등이 동의하면 말이나 정보통신망 또는 그 밖의 방법으로 알릴 수 있다(후단, 2020.6.11. 신설, 시행).

5. 입찰참가자격 제한조치

가. 제한조치의 의무 (국가계약법 §27①)

(1) 국가계약법 제27조에 각 중앙관서의 장은 부정당업자에게 2년 이내의 범위에서 대통령령으로 정하는 바에 따라 입찰참가자격을 제한해야 하도록 규정하고 있고, 시행령 제76조는 부정당업자에 대해 해당 사실이 있은 후 즉시 1개월 이상 2년 이하의 범위에서 입찰참가자격을 제한해야 하도록 하고 있으며, 시행규칙 제76조(별표2)는 제한사유별로 제한기간을 정하여 명시해 놓고 있다.

(2) 따라서, 부정당업자에 대한 입찰참가자격 제한조치 자체는 의무규정이라고 보아야 할 것이며, 다만, 제한사유별 제한기간 적용에 대해서는 그 사유별 제한기간이 시행규칙 제76조(별표2)에 확정적으로 규정해 놓고 있으나, 사안에 따라 감경 또는 가중할 수 있도록 규정하고 있는 점에서 어느 정도 재량이 있다고 할 수 있다.

➡ 지방계약의 경우 : 지방계약법령에 제한사유는 국가계약의 경우와 거의 동일하게 규정되어 있으며(의무규정), 다만, 제한기간에 대해서는 확정적으로 규정하지 않고 일정 범위를 규정해 놓음으로써 해당 관서의 장에게 어느 정도의 재량성을 부여해 놓은 점이 국가계약의 경우와 상이함.

➡ 공기업·준정부기관의 경우 : 국가나 지방자치단체의 경우와는 달리 공공기관운영법 제39조제2항에서 부정당업자에 대해 2년의 범위에서 일정기간 입찰참가자격을 "제한할 수 있다"라고 규정함에 따라 임의규정 성격으로 되어 있음.

* 종전에는 공공기관운영법 제39조제3항에 근거한 「공기업·준정부기관 계약사무규칙」 제15조제1항이 부정당업자에 대해 1개월 이상 2년 이하의 범위에서 입찰참가자격을 제한하여야 하도록 의무규정 성격으로 되어 있었으나, 이는 상위법에 위반된다는 취지의 대법원 판례를 고려, 2013.11.18. 동 규칙을 개정하여 임의규정 성격으로 변경하면서 그 제한 대상도 대폭 축소(5가지)해 놓았다가 다시 2016.9.12. 공적기능을 수행하는 공공기관의 설립취지에 따라 계약사무에 관한 국가기관과의 형평성을 확보하기 위해 국가계약법에서 규정하고 있는 제한사유와 일치시킨 것임.

대법원 판례(대법원 2012.11.15. 선고 2011두31635 판결)

판시사항 제재적 행정처분이 재량권의 범위를 일탈·남용하였는지 판단하는 기준

판결요지 제재적 행정처분이 재량권의 범위를 일탈하였거나 남용하였는지 여부는 처분사유로 된 위반행위의 내용과 그 위반의 정도, 당해 처분에 의하여 달성하려는 공익상의 필요와 개인이 입게 될 불이익 및 이에 따르는 제반 사정 등을 객관적으로 심리하여 공익침해의 정도와 그 처분으로 인하여 개인이 입게 될 불이익을 비교 교량하여 판단하여야 한다. 원심은 피고가 이 사건 계약을 통하여 납품받고자 한 장비는 각종 재난현장에서 인명구조를 위한 119구조장비로서 각종 재난에서 국민의 생명과 안전에 직접적인 관련을 가지는 것이어서 장비의 안전과 품질이 매우 중요하다고 볼 것이라는 사정을 비롯한 판시 사정들을 종합하여 이 사건 처분에 재량권 일탈·남용의 위법이 없다고 한 판단에 재량권 일탈·남용에 관하여 법리를 오해하여 판결에 영향을 미친 위법이 있다고 할 수 없다.

나. 계약심의위원회의 심의 (영 §94)

각 중앙관서의 장은 입찰참가자격 제한조치를 하려는 때에는 영 제94조에 따라 계약심의위원회(자문기구)의 심의를 거쳐 제한조치를 할 수 있다(계약심의위원회의 설치·운영이 임의규정 형식이나 실제로는 대부분의 기관이 동 위원회를

거쳐 제한조치를 하고 있음).

➡ 지방계약의 경우 : 입찰제한조치를 하는 경우에는 원칙적으로 계약심의위원회를 의무적으로 거치도록 하고 있으며, 다만, 지방계약법 제31조제1항의 제3호(하도급규정 위반), 제5호(공정거래법 및 하도급법 위반으로 인한 공정거래위원회 요청), 제6호(중소벤처기업부장관 요청) 와 지방계약법 시행령 제92조제2항의 제1호 다목(3회 이상 입찰 불참)·라목(입찰참가 방해)·마목(계약이행능력 심사서류 미제출)·사목(턴키입찰서류 미제출), 제2호 가목(계약 불체결)·라목(감독직무 방해)의 경우는 계약심의위원회를 거치지 않아도 제한조치를 할 수 있도록 규정하고 있음(지방계약법 시행령 §92③).

[참고] 계약심의위원회의 설치·운영 개요

1. 계약심의위원회 개요

가. 도입 취지

○ 입찰참가자격요건 등을 설정할 때, 발주기관이 소속공무원 외에 시민단체 등 민간단체가 추천하는 전문가도 포함한 심의기구를 설치하여 운영함으로써, 특정업체에게 유리하게 설정하는 등의 문제점을 사전에 방지하기 위해 2000.12.27. 시행령에 계약심의위원회의 설치 근거를 신설(영 §94)하였으며, 도입당시에는 추정가격이 100억 원 이상인 물품·공사·용역 등에 대해 입찰참가자격요건 그 밖에 계약관련 사항에 관한 자문에 응하도록 하였다.

○ 그 후, 2005.9.8. 심의 대상 규모를 100억 원 이상에서 모든 계약으로 확대하였고, 2006.5.25. 자문대상에 현 국민권익위원회의 권고를 반영한 부정당업자의 입찰참가자격 제한사항, 규제개혁기획단의 의결사항을 반영한 입찰참가자 또는 계약상대자의 질의 및 시정요구에 대한 심의를 추가한데 이어 2007.10.10. 대형공사에 대한 실시설계적격자 및 낙찰자 결정방법 선택 등도 추가해 놓았다.

☞ 도입당시에는 명칭이 "계약심의회"이었으나, 2015.6.22. "계약심의위원회"로 변경한 것임.

나. 위원회 설치·운영의 의무 여부

○ 영 제94조에 규정한 계약심의위원회의 설치·운영은 의무사항은 아니나, 심의대상이 입찰참가자격요건, 부정당업자의 입찰참가자격 제한 등으로서 입찰자 및 계약상대자에게 입찰기회 상실, 권익침해 등 그 미치는 영향이 큰 사항들이며, 구성원도 소속공무원 외에 계약에 관한 학식과 경험이 풍부한 자 및 민간단체가 추천하는 전문가도 포함토록 규정함으로써 공정하고 투명한 심의가 이루어지도

록 하기 위해 도입된 것이란 점에서 특별한 사유가 없는 한 영 제94조에 규정한 내용대로 동 위원회를 설치하여 운영하는 것이 도입취지에 부합되고 또한 바람직하다고 본다.

○ 특히, 부정당업자의 입찰참가자격 제한사항 및 시정요구사항 등은 현 국민권익위원회의 권고 및 규제개혁기획단의 의결사항을 반영한 것이라는 점에서 동 위원회 설치가 임의규정이라는 이유로 이를 설치하지 않거나, 설치하더라도 외부 민간전문가를 배제한 소속직원으로만 구성하는 것은 동 위원회의 설치·운영을 규정한 취지에 맞지 않는다 할 것이다.

➡ 지방계약의 경우 계약심의위원회의 설치·운영은 의무사항임

2. 동 위원회의 구성, 운영 등 (영 §94②,③)

○ 계약심의위원회는 소속공무원, 계약에 관한 학식과 경험이 풍부한 사람, 시민단체(「비영리민간단체 지원법」제2조의 규정에 의한 비영리민간단체)가 추천하는 사람 등으로 구성하되, 성별을 고려하여 구성한다.

○ 동 위원회의 구성 및 운영에 관하여 필요한 세부사항은 각 중앙관서의 장이 정한다.

3. 심의 대상 (영 §94①)

○ 각 중앙관서 또는 그 소속기관에 설치된 계약심의위원회는 다음 사항에 대해 자문을 받는다.

① 발주기관이 입찰참가자격요건, 부정당업자의 입찰참가자격 제한, 그 밖에 계약과 관련하여 질의한 사항

② 입찰참가자 또는 계약상대자가 입찰, 계약체결 및 계약이행과 관련하여 질의하거나 시정을 요구한 사항

③ 영 제113조제4항에 따른 이의제기에 관한 사항

○ 또한, 물가변동으로 인한 계약금액조정과 관련하여 원자재가격의 급등으로 인하여 계약체결 후 90일이 경과되기 전이라도 계약금액을 조정할 필요가 있는 경우에는 "정부입찰·계약집행기준" 제70조의4제6항에 따라 계약심의위원회의 심의를 거쳐 결정할 수 있도록 하고 있다.

다. 입찰제한처분의 이유 제시 (행정절차법 §23)

행정청은 처분을 할 때에는 다음에 해당하는 경우를 제외하고는 당사자에게 그

근거와 이유를 제시하여야 한다. 다만, ② 및 ③의 경우에도 처분 후 당사자가 요청하는 경우에는 그 근거와 이유를 제시하여야 한다.

① 신청내용을 모두 그대로 인정하는 처분인 경우
② 단순·반복적인 처분 또는 경미한 처분으로서 당사자가 그 이유를 명백히 알 수 있는 경우
③ 긴급히 처분을 할 필요가 있는 경우

라. 입찰제한처분의 방식 (행정절차법 §24)

행정청이 처분을 할 때에는 다른 법령 등에 특별한 규정이 있는 경우를 제외하고는 문서로 하여야 하며, 전자문서로 하는 경우에는 당사자등의 동의가 있어야 한다. 다만, 신속히 처리할 필요가 있거나 사안이 경미한 경우에는 말이나 그 밖의 방법으로 할 수 있으며, 이 경우 당사자가 요청하면 지체 없이 처분에 관한 문서를 주어야 한다. 또한, 처분을 하는 문서에는 그 처분의 행정청과 담당자의 소속·성명 및 연락처(전화번호, 팩스번호, 전자우편주소 등을 말함)를 적어야 한다.

마. 처분의 정정 (행정절차법 §25)

행정청은 처분에 오기, 오산 또는 그 밖에 이에 준하는 명백한 잘못이 있을 때에는 직권으로 또는 신청에 따라 지체 없이 정정하고 그 사실을 당사자에게 통지하여야 한다.

바. 행정소송 등에 관한 사항 고지 (행정절차법 §26)

행정청이 처분을 할 때에는 당사자에게 그 처분에 관하여 행정심판 및 행정소송을 제기할 수 있는지 여부, 그 밖에 불복을 할 수 있는지 여부, 청구절차 및 청구기간, 그 밖에 필요한 사항을 알려야 한다.

6. 처분의 상대방에 대한 송달 (행정절차법 §14)

(1) 처분 사실에 대하여 상대방에 대한 송달은 우편, 교부 또는 정보통신망 이용 등의 방법으로 하되, 송달받을 자(대표자 또는 대리인 포함)의 주소·거소·영업소·사무소 또는 전자우편주소("주소 등")로 한다. 다만, 송달받을 자가 동의하는 경우에는 그를 만나는 장소에서 송달할 수 있다.

(2) 교부에 의한 송달은 수령확인서를 받고 문서를 교부함으로써 하며, 송달하는 장소에서 송달받을 자를 만나지 못한 경우에는 그 사무원·피용자 또는 동거인으로서 사리를 분별할 지능이 있는 사람에게 문서를 교부할 수 있다.

(3) 정보통신망을 이용한 송달은 송달받을 자가 동의하는 경우에만 한다. 이 경우 송달받을 자는 송달받을 전자우편주소 등을 지정하여야 한다.

(4) 다음에 해당하는 경우에는 송달받을 자가 알기 쉽도록 관보, 공보, 게시판, 일간신문 중 하나 이상에 공고하고 인터넷에도 공고하여야 한다.

① 송달받을 자의 주소 등을 통상의 방법으로 확인할 수 없는 경우
② 송달이 불가능한 경우

(5) 행정청은 송달하는 문서의 명칭, 송달받는 자의 성명 또는 명칭, 발송방법 및 발송 연월일을 확인할 수 있는 기록을 보존하여야 한다.

7. 제한사실 통보, 전자조달시스템에 게재 및 공개
(법 §27①, ⑤, 영 §76⑩, ⑪)

(1) 각 중앙관서의 장은 입찰참가자격을 제한한 경우에는 그 제한사실을 즉시 다른 중앙관서의 장에게 통보하여야 하는데(법 §27①), 시행령 제76조제10항에

따라 입찰참가자격 제한기간의 개시일 전까지 다음의 사항을 명백히 하여 전자조달시스템(G2B)에 게재하여야 하며, 동 게재는 시행규칙 별지 제15호서식의 "부정당업자제재확인서"를 게재하는 방법으로 하여야 한다(규칙 §77③).

① 업체(상호)명·주소·성명(법인은 대표자 성명, 법인등록번호 등)·주민등록번호·사업자등록번호·관계법령상 면허 또는 등록번호

② 입찰참가자격 제한기간

③ 입찰참가자격을 제한하는 구체적인 사유

④ 입찰참가자격 제한처분이 집행정지 된 경우 그 집행정지 또는 집행정지의 해제사실(2016.9.2. 신설)

* 2006.5.25. 입찰참가자격 제한사실 통보를 G2B에 게재하는 것으로 일원화 하였으며, 이때 G2B에 게재하는 시점에 관한 규정이 없어 제한조치 이후에도 다른 관서는 G2B 게재 전에는 제한사실의 인지가 곤란하여 제한조치를 받은 자가 입찰에 참가할 소지가 있는 점을 고려, 2011.2.9. 제한기간의 개시일 전까지 G2B에 게재토록 게재시기를 명시한 것임.

☞ "전자조달시스템"은 조달청에 설치되어 있는 G2B(나라장터)를 의미함(종전의 지정정보처리장치).

(2) 또한, 각 중앙관서의 장은 입찰참가자격 제한처분을 한 경우에는 법 제27조제5항에 따라 다음의 사항을 입찰참가자격 제한기간의 개시일 전까지 기획재정부령(규칙 §77⑤)으로 정하는 바에 따라 전자조달시스템에 공개하여야 하며, 동 공개는 시행규칙 별지 제15호서식의 "부정당업자제재확인서"(다음의 사항만 기재)를 입찰참가자격제한 기간 동안 전자조달시스템에 공개하는 방법으로 한다.[27]

① 업체(상호)명·성명(법인인 경우 대표자성명, 법인등록번호) 및 사업자등록번호

27) 규칙 제77조제5항 : 영 제76조제10항에 따른 공개는 별지 제15호서식의 부정당업자제재확인서(영 제76조10항 각 호의 사항만 기재한다)를 입찰참가자격제한 기간 동안 전자조달시스템에 공개하는 방법으로 한다.

② 입찰참가자격 제한기간

③ 입찰참가자격을 제한하는 구체적인 사유

④ 입찰참가자격 제한처분이 집행정지된 경우 그 집행정지 또는 집행정지의 해제사실.

* 부정당업자 입찰제한처분에 대한 정보를 국민이 열람할 수 있도록 2016.3.2. 신설한 것임(2016.9.3. 시행)

(3) 한편, 각 중앙관서의 장은 입찰참가자격 제한조치 사실을 직접 통보받는 대신 사실상 전자조달시스템에 게재하는 방식을 통해 통보받음에 따라 전자조달시스템을 이용하여 이를 확인하지 않으면 입찰참가자의 입찰참가자격이 제한되고 있는지 여부를 인지하기 어렵게 될 수 있다. 이에 따라 각 중앙관서의 장은 전자조달시스템을 이용하여 입찰참가자의 입찰참가자격이 제한되고 있는지 여부를 확인하여야 하는데(규칙 §77④), 이는 전자조달시스템에 게재하는 방식의 실효성을 높이기 위해 확인을 의무화해 놓은 것이라 할 수 있다.[28]

➡ 지방계약의 경우 : 지방계약법 시행규칙 제77조에 입찰참가자격 제한에 관한 게재 등을 규정하고 있음(G2B에 게재).

(4) 공기업·준정부기관의 경우도 기관장은 입찰참가자격을 제한한 경우에는 그 제한사실을 명백히 하여 전자조달시스템에 게재하여야 하며(공기업·준정부기관 계약사무규칙 §15⑥), 기타공공기관의 경우는 전자조달시스템에 게재 및 대국민 공개를 할 의무나 권한이 없다(계약제도과-398, 2018.3.28.).

* 공기업·준정부기관의 전자조달시스템 게재 대상기관이 2011.8.23. 동 규칙 개정으로 종전의 13개 기관에서 모든 공기업·준정부기관으로 확대되었음.

28) 규칙 제77조제4항 : 각 중앙관서의 장은 전자조달시스템을 이용하여 입찰참가자의 입찰참가자격이 제한되고 있는 지 여부를 확인하여야 한다.

※ 사실조회 회신사례(2019구합104838 ; 계약정책과-894, 2020.9.16.)

① 「공기업·준정부기관 계약사무규칙」 제15조는 “법 제39조제3항에 따라 기관장은 공정한 경쟁이나 계약의 적정한 이행을 해칠 것이 명백하다고 판단되는 자에 대해서는 「국가를 당사자로 하는 계약에 관한 법률」 제27조에 따라 입찰참가자격을 제한할 수 있다.”라고 규정하고 있습니다.

상기 규정에 따라 입찰참가자격제한 처분 사항이 전자조달시스템에 게재된 자에 대하여, 각 중앙관서의 장 및 공기업·준정부기관의 장은 「국가를 당사자로 하는 계약에 관한 법률」 제27조제3항 본문에 의해 수의계약을 체결할 수 없으며, 제76조제11항(현 제12항)에 의해 입찰에 참가할 수 없도록 해야 할 것입니다.
한편 기타공공기관의 장은 「기타공공기관 계약사무 운영규정」 제14조제11항에 의해 입찰에 참가할 수 없도록 할 수 있을 것입니다.

② 각 중앙관서의 장 및 공기업·준정부기관의 장은 「국가를 당사자로 하는 계약에 관한 법률」 제27조에 따라 입찰참가자격제한 처분을 한 경우 같은 법 시행령 제76조제9항(현 제10항)에 따라 다른 중앙관서의 장 또는 계약담당공무원이 알 수 있도록 “1. 업체(상호)명·주소·성명(법인인 경우 대표자성명, 법인등록번호)·주민등록번호·사업자등록번호, 관계 법령상 면허 또는 등록번호, 2. 입찰참가자격 제한기간, 3. 입찰참가자격을 제한하는 구체적인 사유, 4. 입찰참가자격 제한처분이 집행정지된 경우 그 집행정지 또는 집행정지의 해제사실”을 전자조달시스템에 게재하도록 규정하고 있습니다. 따라서 각 중앙관서의 장 및 공기업·준정부기관의 장은 「국가를 당사자로 하는 계약에 관한 법률 시행규칙」 제77조제4항에 따라 전자조달시스템을 이용하여 입찰참가자의 입찰참가자격 제한의 구체적 사유, 제한 기간 등에 대하여 확인할 수 있을 것입니다.

유권해석 사례

사례 135 공공기관의 입찰제한조치 사실에 대한 전자조달시스템 게재 의무 여부

회 신 (계약제도과-398, 2018.3.28.)

공기업·준정부기관은 「공기업·준정부기관 계약사무규칙」 제15조, 기타공공기관은 「기타공공기관 계약사무 운영규정」 제14조에 따라 부정당업자의 입찰참가자격 제한을 할 수 있으며, 공기업·준정부기관은 동 계약사무규칙 제15조에서 국가계약법 제27조에 따라 입찰참가자격 제한을 하도록 규정하고 있는 바, 이에 따라 입찰참가자격 제한처분을 전자조달시스템에 게재 및 공개하여야 함.

또한, 동 운영규정 개정(2012.10.26.)으로 입찰참가자격 제한을 전자조달시스템에 게재하는 규정을 삭제한 바, 기타공공기관은 입찰참가자격을 제한하더라도 전자조달시스템에 게재할 수 있는 권한은 없음. 개정 시 부칙 적용례에서 ‘이 규정은 시행일 이후 입찰공고를 한 분부터

적용한다.'라고 규정하고 있는 바, 시행일 이전에 입찰공고를 하였다면 입찰참가자격 제한 시 전자조달시스템에 게재할 수 있을 것임.

사례 136 부정당업자 제재처분 효력정지가처분 인용결정을 받은 경우 계약체결 가능여부

회 신 (계약제도과-624, 2014.5.15.)

국가계약법 시행령 제76조제10항(현행 제7항) 본문에서는 "각 중앙관서의 장 또는 계약담당 공무원은 경쟁입찰에 있어 낙찰된 자가 계약체결 전에 제1항에 따라 입찰참가자격제한을 받은 경우에는 그 낙찰자와 계약을 체결하여서는 아니 된다."라고 규정하고 있으며, 법원으로부터 부정당업자 제재처분 효력정지가처분 인용결정을 받은 경우 효력정지가처분 인용결정으로 제재처분의 효력이 정지되는 기간에 한하여 동 규정의 적용이 정지된다고 보는 것이 적정할 것임.

사례 137 감사처분으로 부정당업자 제재를 요청받은 경우 제재의무가 있는지?

회 신 (계약제도과-795, 2013.6.28.)

부정당업자 제재처분 여부는 발주기관이 국가계약법 시행령 제76조의 각 호의 사유에 해당되는지를 판단하여 결정해야 할 것임.

사례 138 「건설산업기본법」에 따른 영업정지 후 2년여가 경과한 경우

회 신 (계약제도과-1310, 2012.10.15.)

국가계약법령상 부정당업자 제재는 「건설산업기본법」상 영업정지 또는 과징금 부과와는 제재의 내용과 범위가 다르고 소멸시효도 따로 규정하고 있지 않으므로 「건설산업기본법」에 의해 영업정지 또는 과징금 부과 등의 처벌을 받은 지 2년여가 경과하였더라도 부정당업자 제재사유를 인지하였다면 (현)즉시 국가계약법 시행령 제76조제1항에 따라 제재를 하는 것이 타당할 것임.

사례 139 계약심의위원회의 민투법 상 부정당업자 제재 심의 가능 여부

회 신 (계약제도과-1430, 2011.11.30.)

국가계약법 시행령 제94조에 따라 각 중앙관서의 장이 국가계약에 관한 자문을 구하기 위하여 설치한 계약심의위원회의 업무범위는 동조 제1항 각호가 정하는 사항에 한정된다고 할 것임. 따라서 「사회기반시설에 대한 민간투자법」 제46조의2에 의하여 부정당업자의 민간투자사업 참가자격을 제한하고자 하는 경우, 그 목적이 국가계약법 시행령 제76조의 부정당업자 입찰참가자격 제한과 유사하더라도, 당해 사항은 국가계약법 시행령 제94조에 따라 설치된 계약심의위원회에서 심의할 사항이 아니라고 할 것임.

사례 140 계약심의위원회의 결정에 반하는 제재처분이 가능한지?

회 신 (계약제도과-1429, 2011.11.30.)

국가계약법 시행령 제94조에 따라 각 중앙관서의 장이 설치·운영할 수 있는 계약심의위원회는 임의적 자문기구로서 계약에 관하여 각 중앙관서 장의 자문에 응할 뿐임. 따라서 각 중앙관서의 장은 계약심의위원회의 심의결과에 대하여 구속될 의무는 없다고 할 것임.

질의와 관련하여 계약상대자에게 행한 부정당업자 제재 보류통보의 효력은 기속력이 없는 계약심의위원회 심의결과와 결부될 수 없는 바, 중앙관서의 장이 기존 부정당업자 제재 보류통보와 다르게 제재를 할 수 있는지 여부는 「행정절차법」 등에 따라 결정될 사항임.

사례 141 소송 진행 중인 건에 대해 부정당업자 제재 가능 여부

질 의 발주처가 기타공공기관인 경우 소송 진행 중인 사안에 대해서는 법원의 판결 때까지 부정당업자 제재처분을 연기해야 하는지?

회 신 (회계제도과-1729, 2009.10.14.)

공공기관운영법에 따른 기타공공기관의 계약관련 업무의 처리는 자체 계약사무규정에 따라 처리하는 것임. 참고로, 국가기관이 행한 입찰, 낙찰 또는 계약체결에 대하여 발주기관의 결정에 불복하여 "계약상대자 등"이 취소소송 등을 제기하였을지라도 법원의 구체적인 결정(집행정지 결정 등)이 있기 전에는 국가계약법령에서 정한 요건에 해당될 경우 계약상대자에 대한 계약해제 및 부정당업자 제재조치 등이 가능할 것임.

제5절 ı 입찰참가자격 제한조치의 효력

Ⅰ. 제한조치 효력의 범위

1. 경쟁입찰 및 수의계약에 일정기간 참가배제 (법 §27①, ③, 영 §76⑦)

(1) 입찰참가자격 제한조치를 받은 자는 그 제한기간(1개월 이상 2년 이하) 동안 해당 관서는 물론 사실상 정부가 실시하는 공사, 물품 및 용역 등 모든 입찰에 참가할 수 없게 되며, 또한 원칙적으로 수의계약도 체결할 수 없게 된다.

(2) 입찰참가자격 제한조치는 입찰에 참가할 자격을 제한하는 것이므로 원칙적으로 경쟁입찰계약의 경우에 적용하는 것이라 할 수 있다. 그러나 정부계약은 경쟁입찰 외에 상당부분 수의계약에 의하여서도 이루어지고 있으므로 계약상대자가 되는 자는 경쟁에 의하든 수의계약에 의하든 구분 없이 공정한 경쟁질서 또는 계약의 적정한 이행을 방해하는 등 부정당업자제재 사유에 해당되면 경쟁입찰에 참가하지 못하게 하거나 수의계약을 체결하지 못하도록 제한하는 것이 합리적이라 할 수 있으며, 대법원 판례도 같은 취지의 판시를 하고 있다(대법원 2014.5.29. 선고 2013두7070 판결).

대법원 판례(대법원 2014.5.29. 선고 2013두7070 판결)

판시사항 지방자치단체는 지방계약법률 제33조제2항 각 호에 해당하는 사업자를 계약대상자로 하여 어떤 내용의 수의계약도 체결할 수 없는지 여부.

판결요지 지방계약법 제33조는 지방자치단체를 당사자로 하는 계약에 관하여 영향력을 행사할 수 있는 자들의 계약 체결을 제한하여 계약의 체결 및 이행과정에서 부당한 영향력을 행사할 수 있는 여지를 사전에 차단함으로써 투명성을 높이려는 것이므로, 체결을 금지하는 대상 계약의 범위는 명확하여야 하고, 이를 위반한 부정당업자에 대한 입찰참가자격 제한은 엄격하게 집행될 필요가 있는 점, 지방계약법은 지방자치단체는 수의계약에 부칠 사항에 대하여도 미리 예정가격을 작성하도록 하고(제11조제1항), 지방계약법 시행령은 지방자치단체의 장 또는 계약담당자는 수의계약을 체결하려는 경우에는 원칙적으로 2인 이상으로부터 견적서를 받도록 하고(제30조제1항), 견적제출자의 견적가격과 계약이행능력 등 안전행정부장관(현 행정안전부장관)이 정하는 기준에 따라 수의계약대상자를 결정하도록 규정하는 등(같은 조 제5항) 지방자치단체가 수의계약을 하는 경우에도 공정성과 투명성을 확보하기 위하여 경쟁입찰에 부치는 경우와 유사한 절차를 취하도록 하고 있는 점 등에 비추어 보면, <u>지방자치단체는 지방계약법 제33조제2항 각 호에 해당하는 사업자를 계약상대자로 하여서는 어떤 내용의 수의계약도 체결할 수 없고, 계약상대자의 부당한 영향력 행사의 가능성을 개별적으로 심사하여 수의계약 체결 여부를 결정할 수 있다거나, 경쟁입찰방식을 일부 혼합한 절차를 거친다고 하여 수의계약을 체결하는 것이 허용되는 것은 아니다.</u>

* 입찰참가자격을 제한받은 자에 대한 수의계약체결 배제규정이 시행규칙에 규정되어 있던 것을 1999.9.9. 시행령에 규정되었다가 2005.12.14. 법으로 격상하여 규정되었음.

(3) 이와 같은 원칙에도 불구하고 수의계약의 경우, 입찰참가자격을 제한받은 자 외에는 적합한 시공자, 제조자가 존재하지 아니하는 등 부득이한 사유가 있는 경우에는 예외적으로 수의계약을 체결할 수 있다. 즉, 수의계약은 대부분 그 특성상 수의계약사유에 해당되는 자가 매우 한정되어 있으므로 입찰참가자격을 제한 받은 자 이외의 자로는 해당 계약의 이행이 어렵거나, 금차공사가 전차공사와 책임구분이 곤란한 경우 등 부득이한 사유가 있다면 그 제한조치를 받은 자와 수의계약을 체결하는 것은 불가피하다 할 것이다(법 §27③).

2. 입찰제한 처분 후 집행정지 인용을 받은 자와는 수의계약이 가능

입찰참가자 등이 해당 부정당업자 제재처분에 대해 법원으로부터 「행정소송법」 제23조제2항에 따른 집행정지 결정을 받았다면, 「행정소송법」 제30조제1항에 따라 법원의 집행정지 결정에 기속된다고 할 것이다. 따라서 부정당업자 제재처분에 대한 집행정지 중에 있는 입찰참가자는 시행령 제76조에 따른 부정당업자 입찰참가자격 제한을 받은 자에 해당한다고 할 수 없으므로 법 제27조제3항에 따라 수의계약 체결이 금지되는 것은 아니라 할 것이다(계약정책과-607, 2020.8.19.).

3. 낙찰된 자가 계약체결 전에 제한조치를 받은 경우 및 장기계속 계약의 경우 (영 §76⑧)

(1) 경쟁입찰에 있어 낙찰된 자가 계약체결 전에 입찰참가자격 제한을 받은 경우에는 그 낙찰자와 계약을 체결해서는 안 된다. 즉, 제한조치를 받기 전 또는 제한조치 기산일이 도래되기 전에 낙찰이 되었더라도 계약을 체결하는 때에 제한기간 중에 있게 될 경우에는 비록 그 낙찰자체는 정당하게 이루어져 유효한 것으로 볼 수 있더라도 부정당업자를 배제하려는 입찰참가자격제한제도의 취지상 계약체결 시 제한기간 중에 있는 이상 그 자와 계약을 체결하여서는 안 된다.

* 그 동안 유권해석으로 운영되어 오던 것을 2006.5.25. 시행령에 규정한 것임.

(2) 또한, 협상에 의한 계약에서 아직 최종 낙찰자로 결정되기 전인 우선협상대상자의 지위에 있는 경우도 계약체결 전에 입찰참가자격 제한을 받는 경우에는 계약을 체결하여서는 안 되는 것으로 보아야 할 것이다(계약제도과-2094, 2019.12.10.).

(3) 여기서 유의할 점은 "계약체결 전에 제한조치를 받은 경우"라고 하여 계약체결 기일에 이미 제한기간이 만료되었음에도 제한조치를 받은 사실 만으로 계약체결을 할 수 없는 것으로 해석하여서는 안 된다. 즉, 입찰일 당시에는 제한조치를 받지 않은 상태이었으나, 낙찰된 후 제한조치를 받고 계약체결일 전일까지 제한기간이 만료되어 계약체결일에는 제한상태에 있지 아니할 경우에는 계약체결을 할 수 있다고 보아야 할 것이다.

(4) 한편, 장기계속계약의 경우는 장기계속계약의 낙찰자가 최초로 계약을 체결한 이후 연차별 계약이행 중 입찰참가자격 제한조치를 받아도 다음 연차 계약을 체결하여 해당 계약을 계속 이행하게 할 수 있다.

* 장기계속계약은 연차별로 계약이 체결되어 이행되는데, 계약상대자가 계약 이행 중에 입찰참가자격제한 조치를 받아서 다음 연도 계약을 체결할 수 없게 될 경우, 계약상대자의 변경절차, 계약이행의 일관성 상실, 계약상대자 변경에 따른 공사이행 책임관련 분쟁 등으로 원활한 공사이행에 어려움이 있어 이를 해소코자 그 동안 유권해석으로 운용되어 오던 것을 2008.12.31. 시행령에 명문화한 것임.

(5) 공동계약의 경우도 낙찰자로 결정된 후 계약체결 전에 대표자가 아닌 구성원 일부가 제한조치를 받았을 경우에는 잔존 구성원만으로 입찰공고 등에서 정한 면허, 시공능력 등 해당 계약이행 요건을 갖추고 있으면 출자비율 변경 등 공동수급협정서를 보완하게 하여 해당 공동수급체와 계약을 체결할 수 있다(회계 41301-264, 1998.2.7.).

4. 입찰 후 다른 법령에 따라 입찰참가자격 제한을 받은 경우

이에 대해 기획재정부 유권해석은 시행령 제76조제7항(현행 제8항)이 경쟁입찰에서 낙찰된 자가 계약체결 전에 입찰참가자격 제한을 받은 경우에는 그 낙찰자와 계약을 체결해서는 안 되도록 규정하고 있는 한편, 같은 조 제11항(현행 제12항)은 지방계약법 또는 공공기관운영법 등 다른 법령에 따라 입찰참가자격 제한을 한 사실을 통보받거나 전자조달시스템에 게재된 자에 대해서도 입찰에 참가할 수 없도록 규정하고 있는 점에서 입찰 전이 아닌 입찰 후 지방계약법 또는 공공기관운영법 등 다른 법령에 의해 입찰참가자격 제한을 받은 경우에는 시행령 제76조제7항(현행 제8항)을 적용하는 것은 타당하지 않다고 해석하고 있다(계약정책과-279, 2020.6.24.).

5. 계약체결 전에 받은 제한조치 사실을 계약체결 후에 인지한 경우

(1) 만일, 계약체결 전에 입찰참가자격 제한조치를 받았음에도 발주기관이 이를 인지하지 못하고 계약을 체결하였을 경우에는 어떻게 조치할 것인지가 논점이 될 수 있다. 이는 입찰참가자격 제한을 받은 자와는 계약을 체결하여서는 안 된다고 규정한 시행령 제76조제8항을 위반하였고, 또한 입찰참가자격이 없는 자가 한 입찰에 해당되므로 원칙적으로 계약을 해제하여야 할 것이다.

(2) 그러나, 계약체결 후 이미 상당한 기간이 경과하여 계약목적물에 대한 이행이 상당히 이루어 진 후에 입찰참가자격 제한사실을 인지한 경우에는 대응조치가 간단하지 않다. 즉, 이 경우에도 계약을 해제하는 것이 원칙이겠으나, 계약이행의 진척 정도, 해제할 경우 계약목적물의 적기조달에 미치는 영향 정도 등에 따라 계약을 해제하고 원상회복할 것인지, 아니면, 계약을 그대로 이행토록 할 것인지는 일률적으로 단정하기 어려우므로 개별 사안에 따라 판단하여 처리할 사항이라 하겠다.

6. 업종 등록별 제재가 아닌 법인 등에 제재조치

(1) 법 제27조제1항에 따라 입찰참가자격 제한조치는 부정당업자에게 하여야 하고, 영 제76조제7항은 입찰참가자격을 제한받은 자에 대해 해당 제한기간 내에는 그 관서에서 집행하는 모든 입찰에 참가할 수 없도록 해야 하도록 규정하고 있는 점에서 특히, 법인의 경우 업종별 등록을 대상으로 제한하는 것이 아니라 그 법인에게 제한조치를 하여야 한다.

(2) 예컨대, 2개 이상의 업종별 등록을 보유하고 있는 법인의 경우, 한 업종의 등록과 관련한 업무를 수행하던 중 입찰참가자격 제한조치를 받았다고 하더라도 이는 그 법인에게 제한조치를 한 것이므로 다른 업종 등록으로도 입찰에 참가할 수 없게 된다(회제 41301-358, 2003.3.29. 등 다수).

7. 다른 중앙관서 간 등의 경우

가. 중앙관서 간의 경우 (법 §27①, 영 §76⑩)

입찰참가자격 제한조치를 한 중앙관서의 장이 그 제한 사실을 전자조달시스템에 게재하면 다른 중앙관서의 장은 그 게재 내용에 따라 그 관서에서 집행하는 모든 입찰에 참가할 수 없도록 하여야한다. 즉, 중앙관서 간에는 어느 한 관서에서 제한조치를 받게 될 경우 다른 모든 중앙관서가 의무적으로 그 제한기간 동안 입찰참가를 배제하여야 한다.

나. 지방자치단체 간의 경우

지방자치단체의 경우도 지방계약법 제31조제4항에 따라 입찰참가자격 제한조치를 한 지방자치단체 의 장이 그 제한 사실을 전자조달시스템에 게재하면 다른 지방자치단체도 각각 그 기관에서 집행하는 모든 입찰에 참가할 수 없도록 하여야 한다. 지방공기업도 지방계약법을 준용하므로 지방자치단체의 경우와 동일하다고 보면 될 것이라고 본다.

다. 공기업·준정부기관 간의 경우

공기업·준정부기관의 경우는 「공기업·준정부기관 계약사무규칙」 제15조에 따라 국가계약법을 준용하더라도 공공기관운영법 제39조제2항은 입찰참가자격 제한조치 자체가 의무사항이 아니라 임의사항으로 규정하고 있음에도 실제로 입찰참가자격 제한조치를 한 공기업·준정부기관의 장이 그 제한 사실을 전자조달시스템에 게재하면 다른 공기업·준정부기관의 장도 그 기관에서 집행하는 모든 입찰에 참가할 수 없도록 할 수 있다 할 것이다.

라. 기타공공기관 간의 경우

기타공공기관 중 「기타공공기관 계약사무 운영규정」(기획재정부 훈령)을 적용

받는 기타공공기관[29]의 경우는 동 운영규정의 적용을 받는 어느 한 기타공공기관이 입찰참가자격 제한조치를 하였더라도 그 사실을 전자조달시스템에 게재토록 의무화해 놓은 동 운영규정 제14조제6항 및 제7항을 2012.10.29. 삭제함에 따라 다른 기타공공기관은 입찰참가배제를 하지 않는 것으로 명확히 정립되었다. 따라서 기타공공기관이 행한 입찰참가자격 제한조치는 그 기관에만 효력이 미친다고 할 수 있다(계약제도과-398, 2018.3.28.).

8. 중앙관서, 지방자치단체 및 공공기관 간의 경우

가. 중앙관서의 경우 (영 §76⑫)

(1) 국가계약법 시행령 제76조제12항에 각 중앙관서의 장은 지방계약법 또는 공공기관운영법 등 "다른 법령"에 따라 입찰참가자격제한 사실을 통보받거나 전자조달시스템에 게재된 자에 대해서도 입찰에 참가할 수 없도록 해야 하도록 규정하고 있다.

이에 따라 각 중앙관서의 장은 지방계약법의 적용을 받는 지방자치단체, 공공기관운영법(이에 근거한 「공기업·준정부기관 계약사무규칙」)의 적용을 받는 공기업·준정부기관 및 지방공기업법의 적용(지방계약법 준용)을 받는 지방공기업으로부터 입찰참가자격제한 사실을 통보받거나 전자조달시스템에 게재된 자에 대해 입찰참가를 배제하여야 한다.

(2) 이때 "다른 법령"의 범위에 대해 보면, 명시적으로 "입찰참가자격 제한"의 근거가 없는 법령은 국가계약법 시행령 제76조제12항에 규정한 "다른 법령"에 해당하지 않는다고 보면 된다(계약제도과-1570, 2016.11.21.).

29) 전년도 기준 자산규모가 500억 원 이상이고, 해당 연도 예산규모가 250억 원 이상인 기타공공기관.

◈ 국가계약법 시행령 제76조제12항 : 각 중앙관서의 장 또는 계약담당공무원은 「지방자치단체를 당사자로 하는 계약에 관한 법률」 또는 「공공기관의 운영에 관한 법률」 등 다른 법령에 따라 입찰참가자격 제한을 한 사실을 통보받거나 전자조달시스템에 게재된 자에 대해서도 입찰에 참가할 수 없도록 하여야 한다.

* 종전에는 각 중앙관서의 공유대상 법령을 지방계약법 또는 공공기관운영법으로 한정하고 있었으나, 2016.9.2. 시행령 개정(2016.9.3. 시행)으로 공유대상 법령에 "다른 법령"을 추가로 규정함에 따라 지방자치단체 또는 공기업·준정부기관은 물론 지방공기업법에 따른 지방공기업도 공유대상기관에 포함되게 되었음.

* 종전에는 다른 관서의 제재에 대한 중앙관서의 입찰배제는 원칙적으로 임의 배제이고, 다만, 담합, 뇌물 등 10가지만 의무 배제였으나, 2016.9.2. 시행령 개정으로 제재사유 모두가 의무 배제로 강화된 것임.

나. 지방자치단체의 경우

지방자치단체의 장도 국가기관의 경우와 같이 다른 법률(예 : 국가계약법, 공공기관운영법, 지방공기업법 등)에 따라 입찰참가자격 제한 사실을 통보받거나 전자조달시스템에 게재된 자에 대해서도 입찰에 참가할 수 없도록 하여야 한다(지방계약법 §31④).

◈ 지방계약법 제31조제4항 : 제1항부터 제3항까지의 규정에 따라 입찰참가자격을 제한받은 자는 그 제한기간 동안 각 지방자치단체에서 시행하는 모든 입찰에 대하여 참가자격이 제한된다. <u>다른 법령</u>에 따라 입찰참가자격의 제한을 받은 자도 또한 같다.

다. 공기업·준정부기관의 경우

모든 공기업·준정부기관의 장은 공공기관운영법 제39조제2항 및 「공기업·준정부기관 계약사무규칙」 제15조에 따라 국가계약법 및 지방계약법에 따라 입찰참가자격 제한 조치를 한 사실을 통보받거나 전자조달시스템에 게재된 자에 대하여도 입찰에 참가할 수 없도록 할 수 있다(임의 사항).

* 2013.11.18. 동 규칙 제15조제1항 개정으로 국가계약법시행령 제76조제1항의 입찰참가자격의 제한 사유 모두를 적용하지 않고 그 중 하도급규정 위반, 공정거래법·하도급법 위반으로 공정거래위원회의 요청, 담합, 서류 위·변조 등 및 뇌물제공에 해당하는 경우(5가지)만 제한대상으로 하였다가, 다시 2016.9.12. 동 규칙 제15조 개정으로 국가계약법 제27조를 준용하도록 함에 따라 제한사유 모두 그 대상이 되었음.

◈ 공기업·준정부기관 계약사무규칙 제15조(부정당업자의 입찰참가자격 제한) : 법 제39조제3항에 따라 기관장은 공정한 경쟁이나 계약의 적정한 이행을 해칠 것이 명백하다고 판단되는 자에 대해서는 「국가를 당사자로 하는 계약에 관한 법률」 제27조에 따라 입찰참가자격을 제한할 수 있다.

라. 기타공공기관의 경우

1) 「기타공공기관 계약사무 운영규정」 적용기관

(1) 「기타공공기관 계약사무 운영규정」을 적용받는 기타공공기관은 동 운영규정 제14조제11항에 따라 공기업·준정부기관의 경우와는 달리 국가계약법, 지방계약법 및 「공기업·준정부기관 계약사무규칙」에 따라 입찰참가자격 제한조치 사실을 통보받거나 전자조달시스템에 게재된 자에 대해 입찰에 참가할 수 없도록 할 수 있다.

◈ 기타공공기관 계약사무 운영규정 제14조제11항 : 기관장은 「국가를 당사자로 하는 계약에 관한 법률」, 「지방자치단체를 당사자로 하는 계약에 관한 법률」, 「공기업·준정부기관 계약사무규칙」에 따라 입찰참가자격 제한 사실을 통보받거나 지정정보처리장치에 게재된 자에 대하여도 입찰에 참가할 수 없도록 할 수 있다.

(2) 이때, 동 운영규정 제14조제1항은 국가계약법 제27조 및 동법 시행령 제76조의 입찰참가자격의 제한사유 중 5가지만 제한대상으로 하고 있으므로 국가계약법, 지방계약법 및 「공기업·준정부기관 계약사무규칙」에 따라 앞의 5가지 외의 사유로 제한 받은 경우는 비록 그 제한 사실이 전자조달시스템에 게재되었다 하더라도 함께 입찰참가배제를 하지 않는 것이 합리적이라고 본다.

◈ 기타공공기관 계약사무 운영규정 제14조제1항 : 기관장은 계약상대자, 입찰자 또는 「국가를 당사자로 하는 계약에 관한 법률 시행령」 제30조제2항에 따라 전자조달시스템을 이용하여 견적서를 제출하는 자(이하 "계약상대자 등"이라 한다)나 계약상대자 등의 대리인, 지배인 또는 그 밖의 사용인이 공정한 경쟁이나 계약의 적정한 이행을 해칠 것이 명백한 경우로서 「국가를 당사자로 하는 계약에 관한 법률」 제27조제1항제2호·제3호·제5호·제7호 및 「국가를 당사자로 하는 계약에 관한 법률 시행령」 제76조제2항제1호 가목에 해당하는 경우에는 계약상대자 등에게 1개월 이상 2년 이하의 범위에서 그 입찰참가자격을 제한할 수 있다. 다만, 계약상대자 등의 대리인, 지배인 또는 그 밖의 사용인의 행위로 인하여 입찰참가자격의 제한 사유가 발생한 경우로서 계약상대자 등이 그 행위를 방지하기 위하여 상당한 주의와 감독을 게을리하지 아니한 경우에는 제한하지 아니한다.

(3) 반대로, 동 운영규정의 적용을 받는 기타공공기관이 입찰참가자격 제한조치를 한 경우, 국가, 지방자치단체 및 공기업·준정부기관도 함께 입찰참가를 배제하여야 하는지에 관하여 보면, 국가계약법령, 지방계약법령 및 공공기관운영법(이에 근거한 공기업·준정부기관 계약사무규칙)은 국가, 지방자치단체 및 공기업·준정부기관 간에 입찰참가자격의 제한조치 효력이 상호 미치도록 규정하고 있으나, 기타공공기관의 제한조치에 대해서는 공공기관운영법에 근거규정을 두고 있지 않으므로 국가, 지방자치단체 및 공기업·준정부기관은 함께 입찰참가 배제를 할 수 없다고 보아야 할 것이며, 이는 비록 기타공공기관이 내부규정으로 입찰참가자격 제한 사실을 통보하도록 규정하고 있어 전자조달시스템에 게재하였다고 하더라도, 법령에 근거가 없는 한 그 통보를 받은 국가기관 등은 입찰참가자격을 제한할 수 없다 하겠다(계약제도과-398, 2018.3.28., 계약제도과-1505, 2012.11.21.).

☞ 공공기관운영법은 입찰참가자격 제한조치 권한을 공기업·준정부기관에 한정하여 부여하고 있음(기타공공기관은 제외).

2) 「기타공공기관 계약사무 운영규정」 비 적용기관

기타공공기관 중 「기타공공기관 계약사무 운영규정」의 적용을 받지 않는 기관은 자체 계약규정에 따라 입찰참가자격 제한조치 등의 계약업무를 처리하면 될 것이다.

마. 지방공기업의 경우

지방공기업은 입찰참가자격 제한을 포함한 계약업무에 관하여 지방공기업법(§42, §6, §84의2, §76)에 따라 지방계약법을 적용 또는 준용하여 수행한다고 볼 수 있으므로, 지방계약법 제31조제4항에 따라 다른 법령 즉, 국가계약법 및 「공기업·준정부기관 계약사무규칙」에 따른 국가, 지방자치단체 및 공기업·준정부기관의 입찰참가자격 제한조치를 받은 자에 대해서도 입찰참가를 배제한다고 할 수 있다.

바. 종합

(1) 결국, 국가, 지방자치단체, 공기업·준정부기관 및 지방공기업 상호간은 어느 한 기관이 입찰참가자격 제한조치를 하게 되면 다른 기관도 함께 입찰참가를 배제토록 함으로써(공기업·준정부기관은 임의) 입찰참가자격 제한제도의 실효성을 높여 놓았다고 할 수 있으며, 다만, 기타공공기관의 입찰제한처분에 대해서는 법적 근거(공공기관운영법)가 없어 국가기관 등이 함께 공유할 수 없는 것으로 정리해 볼 수 있다.

(2) 참고로 최근의 대법원 판례(대법원 2017.4.7. 2015두50313)에서 어느 한 처분청이 입찰참가자격 제한처분을 한 경우, 국가계약법령(현행 시행령 제76조제9항), 지방계약법령, 공공기관운영법 제39조제2항 및 「공기업·준정부기관 계약사무규칙」 등의 제재관련 규정(확장제재 조항)에 따라 다른 처분청은 별도의 제재조치 없이도 그 효력이 당연히 확장되는 것은 아니라고 판시하고 있다.

대법원 판례(대법원 2017.4.7. 2015두50313)

판시사항 어떤 처분청이 부정당업자의 입찰참가자격을 제한하는 처분을 한 경우, 다른 처분청에 의한 별도의 제재 없이도 그 효력이 당연히 확장되는지 여부.

판결요지 구 국가계약법 시행령(2013.6.17. 개정되기 전의 것) 제76조제8항, 구 지방계약법 시행령(2015.8.19. 개정되기 전의 것) 제92조제8항, 구 공기업·준정부기관 계약사무규칙(2016.9.12. 개정되기 전의 것) 제15조제11항(이하 세 조항을 통틀어 '확장제재 조항'이라 한다)은 각 중앙관서의 장, 지방자치단체의 장 및 공기업·준정부기관의 기관장이 해당 처분청을 관할하는 법률이 아닌 다른 법률에 의하여 입찰참가자격 제한 처분을 받은 자에 대해서도 해당 처분청이 실시하는 입찰에 참가할 수 없도록 할 수 있다고 정하면서, 다만 예외적으로 반드시 입찰에 참가할 수 없도록 해야 하는 경우를 규정하고 있다.

즉 확장제재 조항은 최초의 입찰참가자격 제한 처분에 직접 적용되는 근거 규정이 아니라, 입찰참가자격 제한 처분이 있은 후에 그 처분에 기초하여 다른 처분청이 새로운 제재를 할 수 있는 근거 조항일 뿐이다. 따라서 어떤 처분청이 부정당업자의 입찰참가자격을 제한하는 처분을 한 경우 확장제재 조항에 따라 다른 처분청에 의한 별도의 제재 없이도 그 효력이 당연히 확장되는 것은 아니다.

Ⅱ. 제한조치 효력의 발생 시기

1. 상대방에 대한 효력발생 시기 (행정절차법 §15)

(1) 입찰참가자격 제한조치의 상대방에 대한 효력은 동 제한 사실에 대한 문서가 다른 법령 등에 특별한 규정이 있는 경우를 제외하고는 송달받을 자에게 도달함으로써 그 효력이 발생하며, 정보통신망을 이용하여 전자문서로 송달하는 경우에는 송달받을 자가 지정한 컴퓨터 등에 입력된 때에 도달된 것으로 본다.

(2) 예외적으로, 송달받을 자의 주소 등을 통상적인 방법으로 확인할 수 없는 경우이거나, 송달이 불가능하여 관보, 공보, 게시판, 일간신문 중 하나 이상에 공고하고 인터넷에도 공고(소위 공시송달)하는 경우에는 다른 법령 등에 특별한 규정이 있는 경우를 제외하고는 공고일 부터 14일이 지난 때에 그 효력이 발생한다. 다만, 긴급히 시행하여야 할 특별한 사유가 있어 효력발생시기를 달리 정하여 공고한 경우에는 그에 따른다.

(3) 참고로 처분서를 송달받은 회사가 처분서가 송달되기 전에 입찰참가자격 제한의 효력이 생기게 한 처분이 위법하다며 취소를 구하는 소를 제기한 사안에 대해 법원 판례는 “처분은 ○○회사에 고지되어야 효력이 발생하고 고지되기 이

전의 제한기간에 대하여는 효력이 발생하지 아니하므로, 입찰참가자격 제한기간이 처분일자부터 시작되는 것으로 정하여져 있다는 사실만으로 효력이 발생된다고 할 수 없고 이로 인하여 ○○회사에 불이익이 있다고 볼 수 없다는 이유로 처분이 적법하다"고 판시하고 있다(청주지법 2016.9.29. 선고 2016구합433 판결).

판례(청주지법 2016.9.29. 선고 2016구합433 판결)

판시사항 갑 군수가 입찰 공고한 인도교 보수공사 입찰에 을 주식회사가 참가하여 제1순위 낙찰예정자로 선정되었으나 적격심사 결과 을 회사가 허위의 서류를 제출한 것이 확인됨에 따라 갑 군수가 2016.2.29. 을 회사에 입찰참가자격의 제한기간을 처분일부터 6개월로 정하여 부정당업자 입찰참가자격 제한 처분을 하고 전자조달시스템에 처분 내용을 입력하여 게재하였는데, 2016.3.4. 처분서를 송달받은 을 회사가 처분서가 송달되기 전에 입찰참가자격 제한의 효력이 생기게 한 처분이 위법하다며 취소를 구하는 소를 제기한 사안에서, 처분이 적법하다고 한 사례

판결요지 갑 군수가 입찰 공고한 인도교 보수공사 입찰에 을 주식회사가 참가하여 제1순위 낙찰예정자로 선정되었으나 적격심사 결과 을 회사가 허위의 서류를 제출한 것이 확인됨에 따라 갑 군수가 2016.2.29. 을 회사에 입찰참가자격의 제한기간을 처분일부터 6개월로 정하여 부정당업자 입찰참가자격 제한 처분을 하고 전자조달시스템에 처분 내용을 입력하여 게재하였는데, 2016.3.4. 처분서를 송달받은 을 회사가 처분서가 송달되기 전에 입찰참가자격 제한의 효력이 생기게 한 처분이 위법하다며 취소를 구하는 소를 제기한 사안에서, 전자조달의 이용 및 촉진에 관한 법률 제11조제1항, 제2항에서 입찰참가자격 제한과 같은 행정처분의 경우에도 처분이 전자조달시스템에 입력된 때 송신 및 수신된 것으로 본다고 규정한 것이 아니므로, 갑 군수가 2016.2.29. 처분을 하면서 입찰참가자격의 제한기간을 처분일인 2016.2.29.부터 정하였더라도 처분은 을 회사에 고지되어야 효력이 발생하고 고지되기 이전의 제한기간에 대하여는 효력이 발생하지 아니하므로, 입찰참가자격 제한기간이 처분일자부터 시작되는 것으로 정하여져 있다는 사실만으로 효력이 발생된다고 할 수 없고 이로 인하여 을 회사에 불이익이 있다고 볼 수 없다는 이유로, 처분이 적법하다.

대법원 판례(대법원 2012.11.15. 선고 2011두31635 판결)

판시사항 상대방 있는 행정처분이 효력을 발생하기 위한 요건.

판결요지 상대방이 있는 행정처분의 경우 특별한 규정이 없는 한 의사표시의 일반적 법리에 따라 그 행정처분이 상대방에게 고지되어야 효력을 발생하므로(대법원 1990.7.13. 선고 90누2284 판결, 대법원 2009.11.12. 선고 2009두11706 판결 등 참조), 피고가 2010.7.12. 이 사건 처분을 하면서 입찰참가자격의 제한기간을 처분 다음날인 2010.7.13.부터 2010.12.12.까지로 정하였다 하더라도 원고에게 고지되어야 그 효력이 발생하며, 원

고에게 고지되기 이전의 제한기간에 대하여는 그 효력이 미치지 아니한다고 할 것이다. 따라서 입찰참가자격 제한기간이 이 사건 처분일자 다음날부터 시작되는 것으로 정하여져 있다는 사실만으로, 이 사건 처분이 송달되지 아니하였음에도 그 효력이 발생된다고 할 수 없고, 이로 인하여 원고에게 불이익이 있다고 볼 수 없으므로, 그러한 이유로 이 사건 처분을 위법하다고 할 수는 없다.

2. 다른 기관에서의 제한사실 적용시기

(1) 앞에서 기술한 바와 같이 한 정부기관이 입찰참가자격 제한조치를 하게 되면, 그 제한사실을 상대방에게 송달하고, 제한기간 개시일 전까지 의무적으로 전자조달시스템에 개재하여야 하며(영 §76⑩), 다른 정부기관은 입찰참가자격이 제한되고 있는지 여부를 확인하도록 규정(규칙 §77④)하고 있으므로 다른 정부기관은 실제로 전자조달시스템에 게재된 사실을 인지함으로써 입찰참가를 배제하게 된다.

(2) 만일, 제한조치 사실이 상대방에게는 송달되었으나, 전자조달시스템에 게재되는 것이 지연되었거나 다른 정부기관이 게재된 사실을 확인하기 전에 입찰을 실시하여 동 제한조치를 받은 자가 낙찰이 된 후에야 제한 사실을 알게 되었을 경우에는, 비록 입찰 시 동 제한 사실이 다른 기관에 대해 미처 알려지지 못하여 제한조치를 받은 자를 입찰에 참가시켰다고 하더라도 계약체결 전에 그 제한조치 사실이 확인되면 그에 대한 제한조치의 효력은 이미 발생되고 있는 상태이므로 입찰참가자격이 없는 자가 한 입찰로서 입찰무효로 보아 계약을 체결하지 않는 것이 타당하다 하겠다.

(3) 한편, 입찰참가자격 제한기간의 만료시기가 입찰공고일과 입찰참가등록마감일 사이에 있는 경우에는 입찰참가등록마감일을 기준으로 하여 그 전일에 제한기간이 만료되면, 입찰참가가 가능하다(공사입찰유의서 §3의2).

Ⅲ. 제한조치 효력의 승계

1. 상호, 대표자 등의 변경 시

(1) 영 제76조제13항은 각 중앙관서의 장 또는 계약담당공무원이 입찰참가자격이 제한된 자 및 전자조달시스템에 게재된 자가 상호·대표자 변경 등의 방법으로 제한기간 내에 입찰에 참가하는 것을 방지하기 위하여 입찰참가자의 주민등록번호, 법인등록번호, 관계 법령상의 면허 또는 등록번호 등을 확인하도록 규정하고 있으며, 부정당업자 제재통보서 양식에도 주민등록번호 또는 법인등록번호, 면허(등록)번호 등을 기재토록 하고 있다.

(2) 이는 입찰참가자격 제한조치를 받은 후 상호나 대표자 등만을 바꾸어 제한조치를 받은 자가 아닌 것처럼 위장하여 입찰에 참가하더라도 입찰참가자가 개인인 경우에는 주민등록번호, 법인인 경우에는 법인등록번호가 바꾸어지지 않고 종전 그대로 나타나므로 동일인 또는 동일법인인 것으로 인정되어 그 제한조치의 효력이 그대로 미치는 것으로 보기 때문이라 할 수 있다.

2. 건설업 등의 양도·양수 시

(1) 건설업자가 건설업을 양도하려는 경우에는 국토교통부장관에게 신고하여야 하는데(건설산업기본법 §17), 「건설산업기본법」에 의한 영업정지를 받은 기간 중에는 양도가 금지(동법 §20)되어 있으므로 양도가 불가능하며, 국가계약법에 의한 입찰참가자격 제한조치를 받은 기간 중에는 건설업 양도신고를 하려는 자가 동 제한 사실을 양수자가 확인하였음을 증명하면 양도가 가능하도록 되어 있다.

* 종전에는 국가계약법에 의한 입찰참가자격 제한조치를 받은 기간 중에는 양도·양수 자체가 금지되어 있었으나. 이를 삭제하고 대신 양도신고를 하려는 자가

그 제한기간 중에 있다는 사실을 양수자가 확인하였음을 증명토록 함으로써, 건설업자의 재산권행사를 가능하도록 하기 위해 2010.6.30.「건설산업기본법」(§17)이 개정되었음.

(2) 이때, 입찰참가자격 제한조치를 받은 기간 중 적법하게 건설업의 양도·양수가 이루어 진 경우 입찰참가자격 제한조치의 효력승계 문제가 논점이 될 수 있다. 즉, 건설업 양도인의 권리의무에 입찰참가자격 제한조치가 포함되어 양수인에게 승계된 것으로 볼 수 있느냐 하는 점이다. 이에 대해 살펴보면, 건설업의 양도·양수(포괄양도·양수)가 이루어진 경우에는 결국, 그 법인의 권리의무도 양도·양수가 이루어진 것으로 보아야 할 것이며, 따라서, 입찰참가자격 제한조치의 효력도 양수인에게 승계된 것으로 보는 것이 타당하고, 입찰참가자격 제한제도의 취지에도 부합된다 하겠다.

☞ 조달청은 2011.1. 나라장터에서 포괄적 양수도 시 입찰참가자격 제한조치를 등록업종과 연계하여 그 제한조치가 양수인에게 자동적으로 승계되도록 조치를 해 놓았음.

(3) 다만, 입찰참가자격 제한조치를 받은 업체로부터 건설업의 포괄양도·양수가 아닌 일부 업종 면허(등록)만을 적법하게 양수한 경우, 양수한 자는 양도업체가 제한받은 기간 동안에 그 업종 등록으로는 입찰에 참가할 수 없고 양수한 업종 등록이 아닌 다른 업종 등록으로 입찰에 참가하는 것은 제한되지 않는다고 기획재정부는 해석하고 있다(회계 45101-1558, 1995.8.24.).

(4) 또한, 입찰참가자격 제한조치 이전에 보유한 일부 업종 등록을 다른 법인에게 양도한 후, 양도법인이 입찰참가자격 제한조치를 받은 경우에도 양수법인이 그 동일성이 인정된다면 양도법인의 제재기간 동안에는 양수법인이 양수한 일부 업종을 가지고 입찰에 참가할 수는 없을 것이라고 해석하고 있다(회계제도과-34, 2005.1.6.).

3. 합병 또는 분할 시

(1) 「상법」 제235조(합병의 효과)는 "합병 후 존속한 회사 또는 합병으로 인하여 설립된 회사는 합병으로 인하여 소멸된 회사의 권리의무를 승계한다."하고 규정하고 있고, 「건설산업기본법」 제17조제3항은 "법인 합병이 신고 된 경우에는 합병으로 설립되거나 존속하는 법인은 합병으로 소멸되는 법인의 건설업자로서의 지위를 승계한다."라고 규정하고 있으며, 판례도 '회사합병이 있는 경우에는 피 합병회사의 권리의무는 사법상의 관계나 공법상의 관계를 불문하고 그 성질상 이전을 허용하지 않는 것을 제외하고는 모두 합병으로 인하여 존속한 회사에게 승계되는 것으로 보아야 한다.'고 판시하고 있다.[30]

(2) 따라서, 입찰참가자격 제한조치를 받은 법인을 타 법인이 합병(흡수)하는 경우, 합병 후의 법인에 입찰참가자격 제한조치의 효력이 승계된다고 보아야 할 것이며, 기획재정부의 유권해석도 '국가계약에 있어서 법인이 합병된 경우 「상법」 또는 「건설산업기본법」 등 관련법령에 의하여 권리·의무가 합병된 법인에 포괄적으로 승계된다면 입찰참가자격 제한조치도 승계된다'고 해석하고 있다(회제 41301-407, 2002.3.28. 등).

4. 법인분할 또는 사업양수도 후에 그 전의 제한사유 발생사실을 인지하였을 경우

(1) 법인 분할 또는 건설업 등의 양수도 후에 그 분할 또는 양도되기 전의 법인에서 발생된 입찰참가자격 제한사유가 인지되었을 경우, 그 제한 대상을 어떤 법인으로 할 것인지에 대해 명확한 규정이 없어 논점이 될 수 있다.

(2) 입찰참가자격을 제한 받아야 할 법인이 제한을 받기 전에 건설업을 양도한

30) 대법원 1994.10.25. 93누21231.

경우, 이에 대해 기획재정부는 '부정당업자 제재를 받기 전에 해당 사업을 양도하여 양도한 법인의 대표자 및 임원, 정관, 대주주 등이 변경된 경우 그 제재사유 등의 승계여부에 대하여는, 상호, 대표자, 임원, 대주주, 정관, 법인등록번호, 관계 법령상의 면허 또는 등록번호 등의 변경사항을 종합적으로 고려하여 양도법인과 양수법인의 동일성이 인정된다면 양수법인과 양도법인의 대표자에 대하여 부정당업자 제재처분을 할 수 있다'고 해석하고 있으며(회계제도과-1296, 2004.8.10.),

(3) 법인의 분할에 관하여 보면, 「상법」 제530조의10(분할 또는 분할합병의 효과)은 "분할 또는 분할합병으로 인하여 설립되는 회사 또는 존속하는 회사는 분할하는 회사의 권리와 의무를 분할계획서 또는 분할합병계약서가 정하는 바에 따라서 승계한다."라고 규정하고 있으며, 이와 관련한 기획재정부 유권해석은 "만일, 법인분할을 통해 부정당업자제재와 관련된 특정사업에 대한 권리·의무가 신설법인에게 포괄적으로 이전되어, 신설법인이 해당 사업과 관련하여 분할 전 법인의 지위(실체적 동일성)를 승계하였다면 분할 전 법인 등의 행위에 따른 부정당업자제재의 시점이 분할 이후라고 하더라도, 부정당업자 제재처분은 존속법인이 아니라 신설법인을 대상으로 하는 것이 타당하다"고 해석하고 있다(계약제도과-55, 2013.1.16, 회계제도과-153, 2010.1.25. 등).

(4) 이때, 입찰참가자격의 제한을 받은 자가 법인 또는 단체인 경우에는 그 대표자도 제재하도록 하고 있는데, 대표자의 지위는 양도의 대상이 아니므로 부정당업자 제재사유를 발생시킨 분할 전의 법인 또는 양도법인의 대표자를 대상으로 제재 처분을 하는 것이 타당하다고 해석하고 있다.

유권해석 사례

사례 142 입찰제한 처분 후 법원으로부터 집행정지 인용을 받은 자에 대한 수의계약 가능 여부

회 신 (계약정책과-607, 2020.8.19.)

국가계약법 제27조제3항에 계약담당공무원은 입찰참가자격을 제한 받은 자와 수의계약을 체결하여서는 아니 된다고 규정하고 있으나, 입찰참가자 등이 당해 부정당업자 제재처분에 대하여 법원으로부터 「행정소송법」 제23조제2항에 의한 집행정지 결정을 받았다면, 발주기관 및 관계기관은 「행정소송법」 제30조제1항에 의하여 법원의 집행정지 결정에 기속된다고 할 것임. 따라서 부정당업자 제재처분에 대한 집행정지 중에 있는 입찰참가자는 국가계약법 시행령 제76조에 따른 부정당업자 입찰참가자격 제한을 받은 자에 해당한다고 할 수 없으므로 국가계약법 제27조제3항에 따라 수의계약 체결이 금지되는 것은 아니라 할 것입니다.

다만, 수의계약의 체결 여부는 발주기관의 재량사항으로서, 구체적인 경우에 부정당업자 제재처분에 대한 법원의 집행정지 인용 시 수의계약을 체결할지 여부는 계약의 목적, 관련 법령 등 제반사항을 종합적으로 고려하여 발주기관에서 판단할 사항임.

사례 143 입찰 후 다른 법령에 의해 입찰참가자격 제한을 받은 경우에도 동 시행령 제76조제7항 적용 대상이 되는지 여부

회 신 (계약정책과-279, 2020.6.24.)

국가계약법 시행령 제76조제7항(현행 제8항)은 "각 중앙관서의 장 또는 계약담당공무원은 경쟁입찰에서 낙찰된 자가 계약체결 전에 제2항, 제4항 또는 제5항에 따라 입찰참가자격 제한을 받은 경우에는 그 낙찰자와 계약을 체결해서는 안 된다(단서생략)"라고 규정하고 있음.

한편, 동 시행령 제76조제11항(현행 제12항)은 "각 중앙관서의 장 또는 계약담당공무원은 지방계약법률 또는 공공기관운영법 등 다른 법령에 따라 입찰참가자격 제한을 한 사실을 통보받거나 전자조달시스템에 게재된 자에 대해서도 입찰에 참가할 수 없도록 해야 한다."라고 규정하고 있음.

따라서 입찰 후 지방계약법 또는 공공기관운영법 등 다른 법령에 의해 입찰참가자격 제한을 받은 경우에는 국가계약법 시행령 제76조제7항(현행 제8항)을 적용하는 것은 타당하지 않을 것으로 보임.

사례 144 입찰참가자격제한조치 예정자와 계약체결 가능여부

회 신 (계약제도과-2094, 2019.12.10.)

국가계약법 제27조제3항에는 "각 중앙관서의 장 또는 계약담당공무원은 제1항에 따라 입찰참가자격을 제한받은 자와 수의계약을 체결하여서는 아니 된다."라고 규정하고 있으며, 동법 시행령 제76조제7항(현행 제8항)에는 "각 중앙관서의 장 또는 계약담당공무원은 경쟁입찰에서 낙찰된 자가 계약체결 전에 제2항, 제4항 또는 제5항에 따라 입찰참가자격 제한을 받은 경우에는 그 낙찰자와 계약을 체결해서는 안 된다."라고 규정하고 있습니다. 이에 따라 우선협상대상자의 경우도 계약체결 전에 입찰참가자격 제한을 받는 경우 계약을 체결하여서는 안 될 것으로 보임.

사례 145 다른 법령에 따라 입찰참가자격 제한을 한 사실을 통보받은 경우

회 신 (계약제도과-2084, 2019.12.9.)

국가계약법 시행령 제76조제11항(현행 제12항)에서 "각 중앙관서의 장 또는 계약담당공무원은「지방자치단체를 당사자로 하는 계약에 관한 법률」 또는「공공기관의 운영에 관한 법률」 등 다른 법령에 따라 입찰참가자격 제한을 한 사실을 통보받거나 전자조달시스템에 게재된 자에 대해서도 입찰에 참가할 수 없도록 하여야 한다."고 규정하고 있으므로 국가계약법령이 적용 및 준용되는 국가기관, 공공기관은 국가계약법, 지방계약법, 공공기관운영법에 따라 입찰참가자격 제한을 한 사실을 통보받거나 전자조달시스템에 게재된 자에 대해서는 해당 법령이 정하는 기간 동안 입찰에 참여할 수 없도록 하여야 할 것임.

사례 146 입찰제한처분을 받은 자와 수의계약 가능여부

회 신 (계약제도과-608, 2019.4.16.)

국가계약법 제27조제1항은 "중앙관서의 장은 동 조항 각호의 어느 하나에 해당하여 부정당업자 입찰참가자격 제한을 받은 자의 입찰참가자격을 제한하여야 한다."고 규정하고 있습니다. 다만, 동 조 제3항은"입찰참가자격을 제한받은 자 외에는 적합한 시공자, 제조자가 존재하지 아니하는 등 부득이한 사유가 있는 경우" 예외적으로 입찰참가자격 제한을 받은 자와 계약체결을 할 수 있음을 규정하고 있습니다.

동 규정에 따라 부정당업자 입찰참가자격을 제한을 받은 자라 하더라도 입찰참가자격 제한을 받은 자 외에는 적합한 시공자, 제조자가 존재하지 아니하는 등 부득이한 사유가 있는 경우는 예외적으로 수의계약을 체결할 수 있을 것입니다.

구체적인 사안에 있어 수의계약을 체결 가능 여부는 입찰참가자격을 제한 받은 자 외에는 적합한 제조자가 존재하지 아니하는지의 여부 등을 종합적으로 고려하여 발주기관 계약담당공무원이 판단하여야 할 것임.

사례 147 낙찰 후 계약체결 전 입찰제한처분을 받은 경우

회 신 (계약제도과-604, 2019.4.16.)

국가계약법 시행령 제76조제7항(현행 제8항)에는 "각 중앙관서의 장 또는 계약담당공무원은 경쟁입찰에 있어 낙찰된 자가 계약체결 전에 제2항, 제4항 또는 제5항에 따라 입찰참가자격 제한을 받은 경우에는 그 낙찰자와 계약을 체결해서는 아니 된다."고 규정하고 있습니다. 적법하게 낙찰자가 된 후 부정당업자제재로 전자조달시스템에 등록되었으나, 처분기관에서 처분절차의 흠결 등을 이유로 해당 부정당업자제재 처분을 취소한 경우라면, 당해 업체는 부정당업자에 해당하지 아니한다고 봄이 타당할 것임.

사례 148 다른 법령에 따라 입찰제한조치를 받은 자도 국가기관의 입찰에 참가할 수 없는지 여부

회 신 (계약제도과-1354, 2018.9.21.)

국가계약법 시행령 제76조제2항(현행 제3항)에서 '각 중앙관서의 장은 계약상대자, 입찰자 또는 제30조제2항에 따라 전자조달시스템을 이용하여 견적서를 제출하는 자(이하 이 조에서 "계약상대자 등"이라 한다)로서 법 제27조제1항 각 호의 어느 하나에 해당하는 자(이하 "부정당업자"라 한다)에 대해서는 즉시 1개월 이상 2년 이하의 범위에서 입찰참가자격을 제한하여야 한다.'라고 규정하고 있으며, 동 조 제11항(현행 제12항)은 "각 중앙관서의 장 또는 계약담당공무원은 지방계약법 또는 공공기관운영법 등 다른 법령에 따라 입찰참가자격 제한을 한 사실을 통보받거나 전자조달시스템에 게재된 자에 대해서도 입찰에 참가할 수 없도록 하여야 한다"라고 규정하고 있는바, 이는 다른 법령에 따라 지방자치단체나 공공기관으로 부터 입찰참가자격 제한조치를 받은 자도 국가기관의 입찰에 참가할 수 없다는 의미로 보아야 할 것입니다.

개별 입찰·계약 건에서의 구체적인 집행절차에 관한 사항과 가처분 등 소송대응 등과 관련하여서는 관련 법령의 규정 및 제반사정을 고려하여 발주기관에서 판단할 사항임.

사례 149 공공기관이 입찰참가자격 제한 사실을 통보한 경우 함께 제한하여야 하는지?

회 신 (계약제도과-398, 2018.3.28.)

공공기관의 내부규정으로 입찰참가자격 제한 사실을 통보하도록 규정하고 있다고 하더라도, 법령에 근거가 없는 한 그 통보를 받은 기관에서 입찰참가자격을 제한할 수는 없음.

또한, 공기업·준정부기관에서 입찰참가자격 제한을 받은 사실이 통보되거나 게재된 자에 대해 다른 공기업·준정부기관의 입찰에도 참여할 수 없도록 하여야 하며(국가계약법 시행령 제76조제11항), 기타공공기관의 입찰에도 참여할 수 없도록 할 수 있음(운영규정 제14조제11항).

다만, 기타공공기관에서 입찰참가자격 제한을 받은 자에 대해서는 공기업·준정부기관이나 다른 기타공공기관에서 입찰참가자격을 제한할 수는 없음을 알려드립니다.

사례 150 다른 법령에 따라 입찰제한조치 사실을 통보받은 경우의 다른 법령의 범위

회 신 (계약제도과-1570, 2016.11.21.)

국가계약법 시행령 제76조제11항(현행 제12항)에서는 「지방자치단체를 당사자로 하는 계약에 관한 법률」 또는 「공공기관의 운영에 관한 법률」 등 다른 법령에 따라 입찰참가자격 제한을 한 사실을 통보받거나 전자조달시스템에 게재된 자에 대해서도 입찰에 참가할 수 없도록 규정하고 있는 바, 명시적으로 "입찰참가자격 제한"의 근거가 없는 법령은 동 규정의 다른 법령에 해당하지 않음.

사례 151 공기업이 계약체결 시 경쟁입찰에서 낙찰된 자가 계약체결 전에 부정당업자 제재를 받은 경우 계약체결 가능여부

회 신 (계약제도과-38, 2014.1.9.)

「공기업·준정부기관 계약사무규칙」 제2조제5항에서는 공기업·준정부기관의 계약에 관하여 이 규칙에 규정되지 아니한 사항에 관하여는 국가계약법령을 준용한다고 규정하고 있음. 따라서 경쟁입찰에 있어 낙찰된 자가 계약체결 전에 입찰참가자격제한을 받은 경우에 그 낙찰자와의 계약체결가능여부에 대해서는 「공기업·준정부기관 계약사무규칙」에서 규정한 바가 없으므로 국가계약법 시행령 제76조제10항(현행 제8항)을 준용하는 것으로 보는 것이 적정할 것임.

사례 152 영업양수도 계약에 따른 부정당업자 제재사유 승계 여부

질 의 원자력 사업부문의 양도·양수 시, 부정당업자 제재 대상 업체가 양도업체인지 또는 양수업체인지, 아니면 양 업체 모두 제재대상인지 여부

회 신 (계약제도과-55, 2013.1.16.)

부정당업자 제재 처분의 취지는 '경쟁의 공정한 집행 또는 계약의 적정한 이행을 해칠 염려가 있거나 기타 입찰에 참가시키는 것이 부적합하다고 인정되는 자'에게 향후 입찰참가 가능성을 제한하는 것이므로 영업양수도 계약을 통하여 양수법인이 부정당업자 제재와 관련된 사업의 권리·의무를 포괄적으로 승계하였다면 양수법인을 대상으로 부정당업자 제재 처분을 하는 것이 타당할 것임.

한편, 시행령 제76조제4항(현행 제6항)은 입찰참가자격의 제한을 받은 자가 법인 기타 단체인 경우에는 그 대표자도 제재하도록 하고 있는 바, 대표자의 지위는 양도의 대상이 아니므로 부정당업자 제재사유를 발생시킨 양도법인의 대표자를 대상으로 부정당업자 제재 처분을 하는 것이 타당할 것임.

사례 153 기타공공기관의 부정당업자 제재 효력 등

회 신 (계약제도과-1505, 2012.11.21.)

기타공공기관이 개정(2012.10.29.) 전 「기타공공기관 계약사무 운영규정」 제14조제6항에 따라 국가계약법 시행령 제76조의 부정당업자 제재를 한 경우에는 해당 사항을 (현)전자조달시스템에 게재하도록 하였음. 그러나 국가계약법령 및 「공기업·준정부기관 계약사무규칙」에는 국가기관 또는 공기업·준정부기관이「기타공공기관 계약사무 운영규정」에 의하여 부정당업자 제재를 받아 (현)전자조달시스템에 게재된 자에 대하여 입찰참가자격을 제한할 수 있도록 하는 근거규정이 없음.

따라서 국가기관 또는 공기업·준정부기관은 기타공공기관이 부정당업자 제재를 한 자에 대하여 입찰참가자격을 제한할 수 없다고 할 것임. 참고로 2012년 10월 29일 개정된 「기타공공기관 계약사무 운영규정」에서 개정 전 「기타공공기관 계약사무 운영규정」의 제14조제6항은 삭제되었음.

사례 154 입찰참가자격 제한을 받기 전에 대표자를 변경한 경우 해당법인에 대한 낙찰자 결정 또는 계약체결 제한 가능 여부

회 신 (계약제도과-1499, 2012.11.20.)

시행령 제76조제6항은 입찰참가자격이 제한된 자를 대표자로 사용하여 그 대표자가 입찰에 관여하는 경우 그 사용자에 대하여도 입찰참가자격을 제한하도록 하고 있는 바, 질의와 관련하여 입찰을 대표한 대표이사가 낙찰자 결정전 또는 계약체결 전에 부정당업자 입찰참가자격제한을 받았으나, 동 제한을 받기 전에 입찰의 대표자를 「상법」 상 단독으로 입찰참가자를 대표할 수 있는 다른 대표이사로 변경하여 결과적으로 입찰참가자가 입찰참가자격이 제한된 자를 대표자로 사용한 적이 없게 되었다면 위 규정을 적용하여 해당 입찰참가자의 입찰참가자격을 제한

할 수는 없다고 보는 것이 타당함.

사례 155 법원으로부터 부정당업자 제재 효력 정지를 받은 자와 수의계약체결 가능 여부

회 신 (계약제도과-703, 2012.6.7.)

경쟁입찰에 있어 낙찰된 자가 계약체결 전에 부정당업자 제재를 받은 경우에는 시행령 제76조제10항(현행 제8항)에 따라 해당 낙찰자와 계약을 체결하여서는 아니 됨. 다만, 낙찰자에 대한 부정당업자 제재 처분이 법원으로부터 행정소송법 제23조제2항에 의한 효력정지 결정을 받은 경우라면 당해 낙찰자를 부정당업자 제재 처분을 받은 자로 볼 수 없으므로 계약체결 기한을 정하였다면 그 기한 내에 계약을 체결할 수 있다고 할 것임. 그러나 입찰절차가 없는 수의계약의 경우 계약 예정자에게는 계약체결을 요구할 권리가 원칙적으로 인정되지 아니하고 계약체결 시한도 정해진 바가 없으므로 발주기관은 계약을 체결하지 아니하거나, 제재처분 여부가 확정되는 시기까지 계약체결을 연기하는 것이 바람직할 것임.

사례 156 공기업·준정부기관 계약사무규칙에 의한 입찰참가자격 제한처분정보 공유 확대에 따른 효력

회 신 (계약제도과-671, 2012.5.31.)

「공기업·준정부기관 계약사무규칙」(기획재정부령 제230호, 2011.8.23. 시행)은 부정당업자의 입찰참가자격 제한 제도의 실효성을 제고하고, 공공계약 질서를 확립하기 위하여 부정당업자 제재 정보를 공유하고 해당 업체의 입찰참가자격을 제한하는 기관을 당초 13개 공기업 등에서 모든 공기업·준정부기관으로 확대하였음. 다만, 소급입법에 따른 법령 적용 혼란을 방지하기 위하여 부칙에 적용례를 두어 현행 규칙의 시행 이후 입찰참가자격 제한사유에 해당하는 부정당업자부터 현행 규칙 제15조제6, 7, 11항을 적용함을 명시하였음.

따라서 입찰참가자격 제한 사유가 개정규칙 시행 전에 발생하였다면 발주기관이 부정당업자 제재를 한 시점이 개정규칙 시행 이후라 하더라도 동 부칙에 따라 개정 전 공기업·준정부기관 계약사무규칙(기획재정부령 제170호, 2010.9.30. 시행)을 적용하여야 함. 이때, 부정당업자 제재 처분을 한 공기업 등이 개정 전 규칙 별표2에 해당하지 않는다면, 처분 시점이 현행 규칙 시행 이후라 하더라도 해당 업체는 개정 전 규칙 제15조제7항에 따라 부정당업자 제재처분을 한 기관이 발주하는 입찰에 한하여 입찰참가자격이 제한됨.

사례 157 중소기업협동조합의 이사장이 입찰참가자격 제한을 받은 경우

회 신 (계약제도과-648, 2012.5.24.)

국가계약법 시행령 제76조제6항은 입찰참가자격 제한을 받은 자를 대표자로 사용하여 그 대표자가 입찰에 관여하는 경우에는 그 사용자에 대하여도 입찰참가자격을 제한토록 하고 있음. 질의와 관련하여, 중소기업협동조합(이하 "조합")의 이사장은 「중소기업협동조합법」 제57조에 따라 조합을 대표하고 업무를 통할하는 바, 이사장이 입찰참가자격을 제한 받은 경우라면 해당 조합도 입찰에 참가할 수 없다고 할 것임.

다만, 입찰참가자격 제한을 받은 조합의 대표자가 변경되고 조합과 변경된 조합의 대표자가 입찰참가자격 제한을 받지 않은 경우에 해당 조합은 변경된 대표자의 명의로 입찰에 참가하는 것이 가능할 것임.

사례 158 부정당업자 제재의 효력발생 예정자와 계약체결 가능 여부

회 신 (계약제도과-287, 2012.3.19.)

경쟁입찰에 있어서, 낙찰된 자가 계약체결 전에 입찰참가자격제한을 받은 경우에는 국가계약법 시행령 제76조제10항(현행 제8항)에 따라 그 낙찰자와 계약을 체결할 수 없음.

다만, 부정당업자 제재 처분을 받았더라도 제재 처분의 효력이 발생되지 않은 경우에는 해당 업체를 입찰참가자격 제한 중인 자로 볼 수는 없으므로 계약체결이 가능할 것이나, 구체적인 경우에 있어서 계약체결 여부는 계약체결의 시급성 등 제반 여건을 감안하여 발주기관이 판단·결정할 사항임.

사례 159 영업 양수법인에 대한 부정당업자 제재 여부

회 신 (계약제도과-1523, 2011.12.15.)

영업 양수도를 통해 부정당업자 제재와 관련된 특정사업에 대한 권리·의무가 양수법인에게 포괄적으로 이전되어, 양수법인이 해당 사업과 관련하여 양도법인의 지위(실체적 동일성)를 승계한 것으로 볼 수 있다면, 양도법인의 행위에 따른 부정당업자 제재는 양수법인을 대상으로 하는 것이 국가계약법 제27조의 취지에 부합한다고 보는 것이 타당할 것임.

사례 160 법원으로부터 부정당업자 제재 효력 정지를 받은 자와 계약체결 가능 여부 등

회 신 (계약제도과-1021, 2011.8.30.)

① 경쟁입찰에서 낙찰자가 계약체결 전에 부정당업자 제재를 받은 경우에는 국가계약법 시행령 제76조제10항(현행 제8항)에 따라 해당 낙찰자와 계약을 체결하여서는 아니 될 것임.

다만, 낙찰자에 대한 부정당업자 제재처분이 법원으로부터 행정소송법 제23조제2항에 의한 효력정지 결정을 받은 경우라면 해당 낙찰자를 부정당업자 제재처분을 받은 자로 볼 수 없으므로 계약체결기한을 정하였다면 그 기한 내에 계약을 체결할 수 있다고 할 것임.

또한, 해당 낙찰자와 계약을 체결하는 것 자체는 법적 하자가 없는 것이므로 계약체결 후 법원의 결정에 의한 부정당업자 제재처분 확정은 해당 계약의 효력에 영향을 주지 않는다고 할 것임.

② 시행령 제76조제10항(현행 제8항) 단서는 장기계속계약에서 계약상대자가 부정당업자 제재처분을 받는 경우에도 불구하고 다음 차수계약을 체결할 수 있도록 하고 있고, "정부입찰·계약집행기준" 제96조제3항에서 계약담당공무원은 다음 차수계약을 체결함에 있어 계약상대자의 해당 연도 공사의 완성도 및 이행능력 등을 검토하도록 하고 있음. 그러나 동 기준 제96조제3항은 계약담당공무원의 장기계속계약 관리에 대한 주의규정으로 보아야 하는 바, 시행령 제76조제10항(현행 제8항) 단서의 규정내용을 제한하는 근거는 아니라고 할 것임.

사례 161 국가계약법에 의한 입찰참가제한 조치의 BTL 사업에 적용여부

회 신 (계약제도과-838, 2011.7.18.)

국가계약법령상 입찰참가자격제한 제도는 그 취지 및 성격상 관련규정의 해석 및 운용에 있어 확대 또는 유추해석은 지양하는 것을 기본으로 하고 있으며, 현행 국가계약법령에는 동 법령에 의한 부정당업자의 입찰참가자격제한 조치가 타 법령에서도 적용된다는 별도의 규정이 없으므로 국가 등을 당사자로 하는 계약이 아닌 타 법령에 의한 사업에서 이를 적용할지는 해당 법령의 규정 및 해석에 따라 처리하는 것이 타당할 것임.

※ 유사사례(부정당업자제재를 받은 자가 민간발주계약 체결 가능여부) : 법 제27조 및 영 제76조의 규정에 의하여 국가기관으로부터 입찰참가자격제한조치를 받은 자는 제한기간 동안 국가기관, 지방자치단체 및 정부투자기관에서 시행하는 공사 등의 입찰에 참가할 수 없으나, 민간에서 발주하는 공사, 용역 및 물품구매의 경우에는 위의 규정이 적용되지 아니함(회계 41301-195, 1998.1.30.).

사례 162 부정당업자제재 중인 업체와 재계약 가능여부

회 신 (회계제도과-1392, 2010.8.27.)

국가계약법 제27조제3항에 따르면 입찰참가자격제한을 받은 부정당업자와는 입찰참가자격을 제한받은 자 외에 적합한 자가 존재하지 않은 등의 부득이한 사유를 제외하고는 수의계약이 불가능하므로 특별한 사유가 없는 한 부정당업자 제재를 받은 자와 체결된 계약은 동 법률을 위반하여 체결된 계약인 바, 계약을 해제·해지하는 것이 국가계약법의 취지에 부합한다고 할 것임.

사례 163 법인 분할 시 부정당업자 제재처분의 대상

질 의 분할 전 법인 등의 행위에 따른 부정당업자 제재의 시점이 분할 또는 양도 이후일 경우 부정당업자 제재처분 대상이 존속 법인인지 또는 분할법인 인지 여부

회 신 (회계제도과-153, 2010.1.25.)

① 부정당업자 제재의 취지는 과거 부정행위 자체에 대한 제한(시정조치 등)에 있는 것이 아니라, 장래의 행위(입찰참가) 가능성을 제한하는 것에 있다고 이해하여야 함. 따라서 상법 등 관련법 및 분할계획서(또는 사업양수도계약서) 등을 종합적으로 고려한 결과, 법인분할 또는 사업양수도를 통해 부정당업자 제재와 관련된 특정사업에 대한 권리·의무가 신설법인 또는 양수법인(이하"신설법인 등")에게 포괄적으로 이전되어, 신설법인 등이 해당 사업과 관련하여 분할 전 법인 또는 양도법인(이하 "분할전 법인 등")의 지위(실체적 동일성)를 승계하였다고 볼 수 있는 경우라면, 분할 전 법인 등의 행위에 따른 부정당업자 제재의 시점이 분할 또는 양도 이후라고 할지라도, 부정당업자 제재처분은 존속법인 또는 양도법인이 아니라 분할 전 법인 등의 당해 사업과 관련한 권리·의무를 포괄적으로 승계하여 장래 국가계약에 입찰참가가 가능한 신설법인 등을 대상으로 하는 것이 국가계약법 제27조 취지에 부합한다고 보는 것이 타당함.

② 또한 부정당업자 제재를 받은 자가 법인인 경우에 시행령 제76조제4항(현행 제5항)은 그 대표자에 대하여도 부정당업자 제재를 하도록 하고 있는 바, 부정당업자 제재사유를 발생시킨 분할 전 법인의 대표자와 신설법인의 대표자가 동일하지 않은 경우라면 부정당업자 제재처분의 대상은 분할 전 법인의 대표자가 되는 것이 타당하며, 이 경우 분할 전 법인의 대표자가 담합 등 부정당업자 제재사유가 발생하고 있는 동안 수차례 교체되었다면 당해 담합 등에 직접 관여한 대표자를 대상으로 하는 것이 타당할 것임.

사례 164 낙찰자와 부정당업자 제재 전 계약체결 가능여부

질 의 청소용역 입찰에서 적격심사 후 낙찰자와 계약체결 전 입찰참가자격제한 사유에 해당됨을 계약담당자가 인지하였으나, 아직 부정당업자 제재 조치는 이루어지지 않았을 경우 낙찰자와 계약을 체결할 수 있는지?

회 신 (회계제도과-679 2008.6.30.)

용역계약에서 낙찰된 자가 계약체결 전에 입찰참가자격제한을 받은 경우에는 영 제76조제10항(현행 제8항)에 따라 그 낙찰자와 계약을 체결하여서는 안 되도록 규정하고 있는 바, 다만 적격심사로 낙찰자가 선정된 이후 동일한 중앙관서의 과거 타 계약에서 동 낙찰자가 한 행위가 입찰참가자격제한조치 사유에 해당되지만, 제재 조치가 이루어지기 전인 경우 당해 낙찰자와 계약을 체결할 수 있는지에 대해서는, 입찰참가자격 제한사유가 명백한지 여부, 지체 없이 입찰참가자격 제한조치절차를 진행하였는지 여부, 계약체결을 하지 않을 경우 발주기관이 입을 수 있는 손해의 정도 등을 고려하여 계약담당공무원이 계약체결을 해야 할 지, 입찰참가자격 제한조치를 할 때까지 계약체결을 연기할 지를 결정하여 처리해야 할 것임.

만약, 입찰참가자격 제한사유가 명백하고, 조속히 계약을 체결해야 하는 특별한 사정이 없는 상황이라면, 계약체결을 하지 않고 관련 절차에 따라 입찰참가자격제한 조치를 이행하는 것이 타당할 것임.

사례 165 전기공사업 면허를 분할합병한 경우 부정당업자제재 효력 승계 여부

질 의 A사의 부도로 인해 전기공사업 면허(등록)를 분할 합병시켜 전기공사실적을 B사가 포괄적으로 승계하였고, 분할합병 이후 A사에 부정당업자제재 처분이 내려졌을 때 부정당업자제재 효과가 B사에 승계되는 것인지?

회 신 (회계제도과-548, 2008.6.13.)

국가계약에 있어 법 제27조 및 영 제76조에 따라 부정당업자 제재사유를 발생시킨 법인이 제재처분 이전(또는 이후)에 보유한 면허·등록 등의 일부업종을 다른 법인에게 권리·의무를 포괄적으로 양도·양수하고, 그 이후 양도법인이 부정당업자 제재처분을 받은 경우 그 재제처분의 효력이 양수법인에 승계되는지 여부는 해당 발주기관의 장이 상호, 대표자, 임원, 대주주, 정관, 법인등록번호, 관계법령상의 면허 또는 등록번호 등의 변경사항을 종합적으로 고려하여 양도법인과 양수법인의 동일성 여부를 확인하여 판단할 사항인 바, 그 동일성이 인정된다면 양도법인의 제재기간 동안에는 양수법인이 양수받은 일부업종을 가지고 입찰에 참가할 수는 없을 것임.

※ 유사사례(일부 업종 양도 후 부정당업자 제재를 받은 경우) : 해당 발주기관의 장이 상호, 대표자, 임원, 대주주, 정관, 법인등록번호, 관계 법령상의 면허 또는 등록번호 등의 변경사항을 종합적으로 고려하여 양도법인과 양수법인의 동일성 여부를 확인하여 판단할 사항인 바, 그 동일성이 인정된다면 양도법인의 제재기간 동안에는 양수법인이 양수한 일부 업종을 가지고 입찰에 참가할 수는 없을 것임(회계제도과-34, 2005.1.6.).

※ 유사사례(법인 분할된 회사의 부정당업자 제재처분 효력 승계여부) : 법인이 양도·양수될 경우 관련법령에 의하여 권리·의무가 양수된 법인에 포괄적으로 승계된다면 국가기관과 체결한 계약과 관련된 권리·의무에 대하여도 승계되는 것이 타당하다고 보는 바, 제재 받은 법인이 분할된 경우에는 입찰참가자격 제한조치도 승계된다고 할 것이나, 구체적인 경우가 이에 해당되는지 여부는 관련법령 등을 고려하여 계약담당공무원이 판단할 사항임(회제 41301-69, 2002.1.19.).

사례 166 대표자 변경 시 제재효력의 승계 관련

질 의 부정당업자 제재를 받은 A법인의 대표자가 B법인의 대표자인 경우, B법인에게도 제재효과가 미치는지 여부와 B법인에게 제재효과가 미친다면 B법인의 대표자를 변경하면 입찰에 참가할 수 있는지?

회 신 (회계제도과-1008, 2004.7.6.)

입찰참가자격의 제한을 받은 자가 법인인 경우에는 시행령 제76조제4항(현행 제5항)에 따라 그 대표자에 대하여도 제한하고 있는 바, 입찰참가자격을 제한받은 A법인의 대표자가 B법인의 대표자인 경우 A, B법인의 대표자는 입찰참가자격을 제한받은 자이므로, 결국 B법인에게도 그 제재효과가 미치게 되는 것임. 따라서 B법인의 대표자가 변경되고 B법인과 B법인의 대표자가 입찰참가자격제한을 받지 않은 경우에는 B법인은 변경된 대표자의 명의로 입찰에 참가할 수 있음.

사례 167 일괄입찰공사에서 입찰참가 후 부정당업자 제재를 받은 경우 계약체결일 전에 제재기간이 만료되면 일괄입찰절차수행이 가능한지?

회 신 (조달청 법무 41301-55528, 2004.6.23.)

일괄입찰을 실시하여 체결하는 공사계약에 있어 입찰에 참가한 자가 입찰일 이후 부정당업자 제재처분을 받았으나 실시설계적격자 선정일 이전에 동 제재처분의 효력이 소멸된 경우, 또는 실시설계적격자로 선정된 이후 동 제재처분을 받았으나 계약체결 이전에 동 제재처분의 효력이 소멸되는 경우라면, 해당 입찰의 실시설계 적격자로 선정될 수 있고 계약체결도 가능할 것이며, 이 경우 해당 공동도급수급체 및 제재처분을 받은 구성원도 계속해서 기존의 지위를 유지할 수 있을 것임.

사례 168 **2개 이상의 면허(등록)를 보유하고 있는 법인의 제재효과**

회 신 (회제 41301-358, 2003.3.29.)

부정당업자 제재는 법인인 경우에는 그 법인과 대표자에 대하여 제재기간 동안 입찰참가자격을 제한하는 것으로 2개 이상의 면허를 보유하고 있는 법인인 경우 여타 면허에도 그 제재효과가 미치게 됨.

※ 유사사례(동일법인 내에 업종에 따라 사업부서가 분리되어 있는 경우 부정당업자 제재처분의 효력범위) : 동일법인 내에 업종에 따라 사업부서가 분리되어 있는 경우라 하더라도 이를 별도의 법인으로 볼 수 없으므로 제재사유를 야기한 업종만이 아닌 해당 법인에 대하여 제재처분의 효력이 있는 것임(회제 41301-755, 1999.11.11.).

사례 169 **특정한 특허가 필요한 사업에서 입찰참가자격제한을 받은 자와 수의계약 체결이 가능한지?**

회 신 (회제 41301-2467, 2001.12.22.)

계약담당공무원은 영 제76조제10항(현행 법 §27③)에 따라 입찰참가자격제한을 받은 자와는 부득이한 사유가 없는 한 수의계약을 체결하여서는 아니 되는 바, 입찰참가자격제한을 받은 자의 특허보유상황이 동 부득이한 사유에 해당되는지 여부는 계약담당공무원이 해당 계약목적물의 특성 등을 고려하여 판단·처리할 사항임.

제6절 | 입찰참가자격 제한조치에 대한 법적 구제

Ⅰ. 행정소송

1. 행정소송법상 처분의 개념

(1) 「행정소송법」 제2조제1항에서는 처분을 "행정청이 행하는 구체적 사실에 관한 법집행으로서의 공권력의 행사 또는 그 거부와 그 밖에 이에 준하는 행정작용"이라고 규정하고 있는데, "그 밖에 이에 준하는 행정작용"은 행정행위는 아니지만, 행정행위에 준하는 행위를 의미하며, 따라서 행정행위가 아닌 행위도 경우에 따라 항고소송의 대상이 될 수 있다는 것이 행정소송법의 입장임을 알 수 있다.

(2) 한편, 이에 대한 학설을 보면, 「행정소송법」 상 처분의 개념에 대해 학문상의 행정행위와 동일하다고 보는 실체법적 개념설(일원설)과 「행정소송법」 상 처분의 개념이 실체법적 처분의 개념보다 넓다고 보는 이원설이 있다. 이에 대해 다수설은 이원설, 즉, 행정소송법상 처분의 개념에 행정행위뿐만 아니라 권력적 사실행위, 비권력적 사실행위라도 국민의 권익에 사실상의 지배력을 미치는 행위, 처분적 명령 등을 포함시키는 견해로서, 이는 행정소송 대상인 처분의 개념을 확대함으로써 국민의 권리구제의 기회를 폭넓게 인정하려는 취지에서 나온 견해라 할 수 있다.[31]

---

31) 박균성, 앞의 책, 1011~1015쪽

(3) 또한, 판례의 입장을 보면, 행정소송의 대상이 되는 처분의 개념을 "행정청이 공권력 주체로서 행하는 구체적 사실에 관한 법집행으로서 국민의 권리의무에 직접적으로 영향을 미치는 행위"라고 정의하고 있다.

(4) 결국, 「행정소송법」 상 처분의 개념에 대해 학설과 판례의 입장을 종합해 볼 때, 실체법 또는 학문상의 행정행위보다 넓은 개념으로 보는 것이 대세라고 정리해 볼 수 있으며, 침해받기 쉬운 국민의 권리에 대한 구제강화 측면에서 처분의 개념을 확대하여 행정소송에 의한 국민의 권리구제 기회를 넓혀주는 데에 비중을 두고 있음을 알 수 있다.

2. 입찰참가자격 제한조치의 법적 성질

가. 학설

(1) 정부계약에서 입찰참가자격은 입찰공고 즉, 청약의 유인에 따라 청약을 할 수 있는 법적 지위를 뜻하는 것이라 할 수 있는데, "입찰참가자격을 제한하는 행위는 정부가 시행하는 경쟁계약에서 계약의 상대방에게 청약을 할 수 없도록 제한하는 것이 되어, 결국 정부가 사인과의 사이에 체결하는 계약에 관한 사항이라는 이유로 사법적 성질의 행위"로 보는 견해가 있는 반면,[32]

(2) 입찰참가자격 제한조치에 일정한 법적 구속력을 부여하고 있으면 정부가 실시하는 입찰에 참가할 수 없게 되는 법률상 불이익을 받게 되므로 행정기관(국가기관, 지방자치단체)은 물론 공기업·준정부기관의 입찰참가자격 제한조치는 항고소송의 대상이 되는 처분으로 보아야 한다는 견해가 있다.[33]

32) 이상규, 「행정법연습」(법문사, 1994.), 408~409쪽
33) 박균성, 앞의 책, 1035~1036쪽

나. 판례 입장

(1) 대법원 판례는 국가계약법령에 의한 입찰보증금의 국고귀속조치의 경우 "국가가 사법상의 재산권의 주체로서 행위를 하는 것이지 공권력을 행사하는 것이거나 공권력작용과 일체성을 가진 것이 아니어서, 이에 관한 분쟁은 행정소송이 아닌 민사소송의 대상이 될 수밖에 없다"라는 입장인 반면, 부정당업자에 대한 입찰참가자격 제한행위에 대해서는 국민의 권리를 제약하는 침해적 행정행위로서 행정소송 대상인 처분에 해당된다는 입장을 취하고 있다.[34]

(2) 대법원 판례의 입장을 종합해 보면, 국가계약법령(지방계약법령 포함)에 의한 일반 계약관련 업무는 사법상의 행위로서 민사소송 대상으로 인정하면서도 부정당업자에 대한 입찰참가자격 제한행위는 침익적 행정행위에 해당하는 공법행위로서 항고소송 대상으로 인정하고 있다고 정리해 볼 수 있다.

(3) 다만, 국가 및 지방자치단체의 입찰참가자격 제한조치에 대해서는 일관되게 항고소송 대상으로 다루어 오고 있으나, 공공기관에 대해서는 공공기관의 유형에 따라 다르게 인정하고 있다.

3. 제한조치 기관별 소송대상

가. 국가 및 지방자치단체의 제한조치에 대한 행정소송

대법원 판례는 앞에서 본 바와 같이 국가계약법령(지방계약법령 포함)에 의한 계약업무 중 부정당업자에 대한 입찰참가자격 제한행위는 국민의 권리를 제약하는 침익적 행정행위로서 행정소송(항고소송) 대상으로 다루어 오고 있으므로, 이에 따라 입찰참가자격 제한행위의 취소 등을 구하는 소송은 항고소송에 의하면 될 것이다.

---

34) 대판 1983.4.26. 82누467, 대판 1983.12.27. 81누366 등

☞ 행정소송의 1심은 행정법원이 있는 서울에서는 행정법원이고, 행정법원이 없는 지역에서는 지방법원 합의부이며, 2심은 고등법원, 3심은 대법원임.

나. 공공기관의 제한조치에 대한 소송

1) 개요

(1) 「행정소송법」 제2조제2항은 "행정소송법을 적용함에 있어서 행정청에는 법령에 의하여 행정권한의 위임 또는 위탁을 받은 행정기관, 공공단체 및 그 기관 또는 사인이 포함된다."라고 규정하고 있으며, 이와 관련, 대법원 판례는 "행정소송의 대상이 되는 행정처분은, 행정청 또는 그 소속기관이나 법령에 의하여 행정권한의 위임 또는 위탁을 받은 공공기관이 국민의 권리의무에 관계되는 사항에 관하여 공권력을 발동하여 행하는 공법상의 행위를 말하고, 그것이 상대방의 권리를 제한하는 행위라 하더라도 행정청 또는 그 소속기관이나 권한을 위임받은 공공기관의 행위가 아닌 한 이를 행정처분이라고 할 수 없다."라고 판시하고 있다.[35]

(2) 위 대법원 판례에 따르면, 행정소송 대상이 되는 행정처분은 상대방의 권리를 제한하는 행위라 하더라도 행정청이나 권한을 위임받은 공공기관의 행위일 것이 필수적이라 할 수 있으므로 공공기관운영법에 근거하여 지정된 공공기관의 입찰참가자격 제한행위가 행정처분으로서 행정소송의 대상이 되는지의 여부는 결국 그 제한행위가 법령에 의하여 행정권한의 위임 또는 위탁을 받은 경우에 해당되는 것으로 볼 수 있는지의 여부에 달려있다 하겠다.

2) 공기업·준정부기관의 경우

(1) 공기업·준정부기관은 공공기관운영법 제39조(회계원칙 등)제2항에 따라 부정당업자에 대해 입찰참가자격 제한조치를 할 수 있으며, 동법에 근거하여 제정(2008.1.1. 시행)된 「공기업·준정부기관 계약사무규칙」은 몇 차례 개정을 거쳐 현재는 국가계약법 제27조에 따라 입찰참가자격을 제한할 수 있도록 규정하고 있다(동 규칙 §15, 16).

35) 대판 2010.11.26. 2010무137 등

(2) 이에 따라 공기업·준정부기관의 입찰제한조치 대상 및 기준 등은 국가기관의 경우와 동일하다고 할 수 있어 공기업·준정부기관의 기관장은 국가계약법령 및 지방계약법령에 따라 행정청인 국가 및 지방자치단체로부터 입찰참가자격 제한 사실을 통보받거나 전자조달시스템에 게재된 자에 대하여도 함께 입찰에 참가할 수 없도록 그 효력을 공유하고 있고, 또한, 공기업·준정부기관이 입찰제한처분을 한 경우에도 전자조달시스템 게재가 의무화되어 국가기관 및 지방자치단체도 함께 공유하게 되었으며, 특히, 최근 대법원도 공공기관운영법령 제정 이후 공기업·준정부기관의 입찰참가자격 제한행위를 행정처분으로 보아 행정소송 대상으로 인정하고 있는 점에서 공기업·준정부기관의 입찰참가자격 제한행위가 행정소송대상임이 명확하게 정리되었다고 할 수 있다(대법원 2014.11.27. 선고 2013두18964 판결).

※ 부정당업자에 대한 공기업·준정부기관 입찰참가자격을 제한하는 "공공기관운영법" 제39조제2항에 대한 위헌소원(서울고등법원 2010누21145 부정당업자 제재처분취소 관련)에 대한 헌법재판소 결정 내용 : 동 규정이 "명확성의 원칙"과 "과잉금지원칙"에 위배되지 아니하며, 부정당업자제재처분의 원인이 된 행위에 대해 얼마든지 다툴 수 있으므로 "자기책임원칙"에도 위배되지 않음(헌법재판소 2012.10.25. 자 2011헌바99).

☞ 공공기관운영법이 제정되기 전인 「정부투자기관관리기본법」 시행 당시의 판례(대법원 1999.11.26. 자 99부3 등)는 정부투자기관이 행한 입찰참가자격 제한행위는 행정소송의 대상이 되는 행정처분이 아니라 단지 상대방을 입찰에 참가시키지 않겠다는 뜻의 사법상의 효력을 가지는 통지행위에 불과한 것으로 보았음.

대법원 판례(대법원 2014.11.27. 선고 2013두18964 판결)

판시사항 공기업·준정부기관이 행하는 입찰참가자격 제한처분이 적법한지 판단하는 방법 및 입찰참가자격 제한처분에 관한 공기업·준정부기관 내부의 재량준칙에 반하는 행정처분이 위법하게 되는 경우

판결요지 공공기관의 운영에 관한 법률 제39조제2항, 제3항에 따라 입찰참가자격 제한기준을 정하고 있는 구 공기업·준정부기관 계약사무규칙(2013.11.18. 개정되기 전의 것) 제15조제2항, 구 국가계약법 시행규칙 제76조제1항 [별표2], 제3항 등은 비록 부령의 형식으로 되어 있으나 규정의 성질과 내용이 공기업·준정부기관(이하 '행정청'이라 한다)이 행하는 입찰참가자격 제한처분에 관한 행정청 내부의 재량준칙을 정한 것에 지나지 아니하여 대외

적으로 국민이나 법원을 기속하는 효력이 없으므로, 입찰참가자격 제한처분이 적법한지 여부는 이러한 규칙에서 정한 기준에 적합한지 여부만에 따라 판단할 것이 아니라 공공기관의 운영에 관한 법률상 입찰참가자격 제한처분에 관한 규정과 그 취지에 적합한지 여부에 따라 판단하여야 한다.

다만 그 재량준칙이 정한 바에 따라 되풀이 시행되어 행정관행이 이루어지게 되면 평등의 원칙이나 신뢰보호의 원칙에 따라 행정청은 상대방에 대한 관계에서 그 규칙에 따라야 할 자기구속을 받게 되므로, 이러한 경우에는 특별한 사정이 없는 한 그에 반하는 처분은 평등의 원칙이나 신뢰보호의 원칙에 어긋나 재량권을 일탈·남용한 위법한 처분이 된다.

대법원 판례(대법원 2020.5.28. 선고 2017두66541 판결)

판시사항

[1] 공공기관의 운영에 관한 법률 제39조제2항과 그 하위법령에 따른 입찰참가자격제한조치가 행정처분에 해당하는지 여부(적극) 및 한국수력원자력 주식회사가 법령에 따라 행정처분권한을 위임받은 공공기관으로서 행정청에 해당하는지 여부(적극)

[2] 행정기관이 소속 공무원이나 하급행정기관에 대하여 세부적인 업무처리절차나 법령의 해석·적용 기준을 정해 주는 '행정규칙'이 대외적으로 국민이나 법원을 구속하는 효력이 있는지 여부(원칙적 소극) 및 행정기관의 재량에 속하는 사항에 관한 행정규칙의 경우, 법원은 이를 존중해야 하는지 여부(원칙적 적극) / 상위법령이나 법의 일반원칙을 위반한 행정규칙의 효력(당연무효) 및 이 경우 법원이 위 행정규칙에 따라 행정기관이 한 조치의 당부를 판단하는 방법

[3] 한국수력원자력 주식회사의 '공급자관리지침' 중 등록취소 및 그에 따른 일정 기간의 거래제한조치에 관한 규정들이 대외적 구속력이 없는 행정규칙인지 여부(적극)

[4] 한국수력원자력 주식회사가 자신의 '공급자관리지침'에 근거하여 등록된 공급업체에 대하여 하는 '등록취소 및 그에 따른 일정 기간의 거래제한조치'가 행정처분에 해당하는지 여부(적극)

[5] 공공기관의 어떤 제재조치가 계약에 따른 제재조치에 해당하기 위한 요건

판결요지

[1] 행정절차에 관한 일반법인 행정절차법은 행정청을 "행정에 관한 의사를 결정하여 표시하는 국가 또는 지방자치단체의 기관", "그 밖에 법령 또는 자치법규에 따라 행정권한을 가지고 있거나 위임 또는 위탁받은 공공단체 또는 그 기관이나 사인(私人)"이라고 정의하고 있고(제2조제1호), 행정소송법도 "이 법을 적용함에 있어서 행정청에는 법령에 의하여 행정권한의 위임 또는 위탁을 받은 행정기관, 공공단체 및 그 기관 또는 사인이 포함된다."라고 규정하고 있다(제2조제2항).

공공기관의 운영에 관한 법률(이하 '공공기관운영법'이라 한다) 제39조는 공기업·준정부기관은 공정한 경쟁이나 계약의 적정한 이행을 해칠 것이 명백하다고 판단되는 사람·법인 또는 단체 등에 대하여 2년의 범위 내에서 일정 기간 입찰참가자격을 제한할 수 있고(제2

항), 그에 따른 입찰참가자격의 제한기준 등에 관하여 필요한 사항은 기획재정부령으로 정하도록 규정하고 있다(제3항). 그 위임에 따른 '공기업·준정부기관 계약사무규칙' 제15조는 기관장은 공정한 경쟁이나 계약의 적정한 이행을 해칠 것이 명백하다고 판단되는 자에 대해서는 '국가를 당사자로 하는 계약에 관한 법률' 제27조에 따라 입찰참가자격을 제한할 수 있다고 규정하고 있다.

이와 같이 공공기관운영법 제39조제2항과 그 하위법령에 따른 입찰참가자격제한 조치는 '구체적 사실에 관한 법집행으로서의 공권력의 행사'로서 행정처분에 해당한다. 공공기관운영법은 공공기관을 공기업, 준정부기관, 기타공공기관으로 구분하고(제5조), 그중에서 공기업, 준정부기관에 대해서는 입찰참가자격제한처분을 할 수 있는 권한을 부여하였다.

한국수력원자력 주식회사는 한국전력공사법에 의하여 설립된 공법인인 한국전력공사가 종래 수행하던 발전사업 중 수력·원자력 발전사업 부문을 전문적·독점적으로 수행하기 위하여 2000.12.23. 법률 제6282호로 제정된 '전력산업 구조개편 촉진에 관한 법률'에 의하여 한국전력공사에서 분할되어 설립된 회사로서, 한국전력공사가 그 주식 100%를 보유하고 있으며, 공공기관운영법 제5조제3항제1호에 따라 '시장형 공기업'으로 지정·고시된 '공공기관'이다. 한국수력원자력 주식회사는 공공기관운영법에 따른 '공기업'으로 지정됨으로써 공공기관운영업 제39조제2항에 따라 입찰참가자격제한처분을 할 수 있는 권한을 부여받았으므로 '법령에 따라 행정처분권한을 위임받은 공공기관'으로서 행정청에 해당한다.

[2] 행정기관이 소속 공무원이나 하급행정기관에 대하여 세부적인 업무처리절차나 법령의 해석·적용 기준을 정해 주는 '행정규칙'은 상위법령의 구체적 위임이 있지 않는 한 조직 내부에서만 효력을 가질 뿐 대외적으로 국민이나 법원을 구속하는 효력이 없다. 행정규칙이 이를 정한 행정기관의 재량에 속하는 사항에 관한 것인 때에는 그 규정 내용이 객관적 합리성을 결여하였다는 등의 특별한 사정이 없는 한 법원은 이를 존중하는 것이 바람직하다. 그러나 행정규칙의 내용이 상위법령이나 법의 일반원칙에 반하는 것이라면 법치국가원리에서 파생되는 법질서의 통일성과 모순금지 원칙에 따라 그것은 법질서상 당연무효이고, 행정내부적 효력도 인정될 수 없다. 이러한 경우 법원은 해당 행정규칙이 법질서상 부존재하는 것으로 취급하여 행정기관이 한 조치의 당부를 상위법령의 규정과 입법 목적 등에 따라서 판단하여야 한다.

[3] 공공기관의 운영에 관한 법률(이하 '공공기관운영법'이라 한다)이나 그 하위법령은 공기업이 거래상대방 업체에 대하여 공공기관운영법 제39조제2항 및 공기업·준정부기관 계약사무규칙 제15조에서 정한 범위를 뛰어넘어 추가적인 제재조치를 취할 수 있도록 위임한 바 없다.

따라서 한국수력원자력 주식회사가 조달하는 기자재, 용역 및 정비공사, 기기수리의 공급자에 대한 관리업무 절차를 규정함을 목적으로 제정·운용하고 있는 '공급자관리지침' 중 등록취소 및 그에 따른 일정 기간의 거래제한조치에 관한 규정들은 공공기관으로서 행정청에 해당하는 한국수력원자력 주식회사가 상위법령의 구체적 위임 없이 정한 것이어서 대외적 구속력이 없는 행정규칙이다.

[4] 한국수력원자력 주식회사가 자신의 '공급자관리지침'에 근거하여 등록된 공급업체에 대하여 하는 '등록취소 및 그에 따른 일정 기간의 거래제한조치'는 행정청이 행하는 구체적

사실에 관한 법집행으로서의 공권력의 행사인 '처분'에 해당한다.

[5] 계약당사자 사이에서 계약의 적정한 이행을 위하여 일정한 계약상 의무를 위반하는 경우 계약해지, 위약벌이나 손해배상액 약정, 장래 일정 기간의 거래제한 등의 제재조치를 약정하는 것은 상위법령과 법의 일반원칙에 위배되지 않는 범위에서 허용되며, 그러한 계약에 따른 제재조치는 법령에 근거한 공권력의 행사로서의 제재처분과는 법적 성질을 달리한다.

그러나 공공기관의 어떤 제재조치가 계약에 따른 제재조치에 해당하려면 일정한 사유가 있을 때 그러한 제재조치를 할 수 있다는 점을 공공기관과 그 거래상대방이 미리 구체적으로 약정하였어야 한다.

공공기관이 여러 거래업체들과의 계약에 적용하기 위하여 거래업체가 일정한 계약상 의무를 위반하는 경우 장래 일정 기간의 거래제한 등의 제재조치를 할 수 있다는 내용을 계약특수조건 등의 일정한 형식으로 미리 마련하였다고 하더라도, 약관의 규제에 관한 법률 제3조에서 정한 바와 같이 계약상대방에게 그 중요 내용을 미리 설명하여 계약내용으로 편입하는 절차를 거치지 않았다면 계약의 내용으로 주장할 수 없다.

3) 기타공공기관의 경우

(1) 공공기관 중 공기업·준정부기관을 제외한 기타공공기관에 대해서는 공공기관운영법에 입찰참가자격 제한에 관한 근거 규정이 명시되어 있지 않다. 즉, 공기업·준정부기관에 대해서만 공공기관운영법 제39조제2항에 입찰참가자격 제한행위의 주체로 명시하고 있고, 기타공공기관에 대해서는 동법에 제한주체의 근거 조항이 없으며, 다만, 기타공공기관 중에서도 일정기준에 해당하는 기관에 대해서는 기획재정부 훈령인 「기타공공기관 계약사무 운영규정」에 국가계약법령을 준용하여 입찰참가자격을 제한할 수 있도록 규정하고 있고, 그 외의 기타공공기관은 자체 계약규정에 따라 처리토록 하고 있을 뿐이다.

(2) 따라서, 기타공공기관의 입찰참가자격 제한행위에 대해서는 법적 근거규정이 없어 국가기관 및 지방자치단체도 함께 입찰참가를 배제할 수 없으므로 공기업·준정부기관처럼 행정소송 대상으로 보기 어렵고, 대법원 판례도 행정소송 대상으로 인정하지 않고 있다(기타공공기관인 수도권매립지관리공사에 대한 판례 ; 대법원 2010.11.26. 2010무137 결정).

대법원 판례(대법원 2010.11.26. 2010무137 결정)

판시사항 수도권매립지관리공사가 갑에게 입찰참가자격을 제한하는 내용의 부정당업자제재처분을 한데 대한 효력정지 신청은 부적합.

판결요지 수도권매립지관리공사가 갑에게 입찰참가자격을 제한하는 내용의 부정당업자제재처분을 하자, 갑이 제재처분의 무효확인 또는 취소를 구하는 행정소송을 제기하면서 제재처분의 효력정지신청을 한 사안에서, 수도권매립지관리공사는 행정소송법에서 정한 행정청 또는 그 소속기관이거나 그로부터 제재처분의 권한을 위임받은 공공기관에 해당하지 않으므로, 수도권매립지관리공사가 한 위 제재처분은 행정소송의 대상이 되는 행정처분이 아니라 단지 갑을 자신이 시행하는 입찰에 참가시키지 않겠다는 뜻의 사법상의 효력을 가지는 통지에 불과하므로, 갑이 수도권매립지관리공사를 상대로 하여 제기한 위 효력정지신청은 부적법함에도 그 신청을 받아들인 원심결정은 집행정지의 요건에 관한 법리를 오해한 위법이 있다.

4) 공공기관의 지정 및 분류가 변경되는 경우

(1) 공공기관의 지정 및 분류는 기획재정부장관이 매년 재정비하여 공시하고 있는데, 공공기관 중 기타공공기관이 재정비 결과 공기업·준정부기관으로 변경되거나 반대의 경우가 발생할 수 있다.

(2) 이러할 때 입찰참가자격 제한행위의 법적 근거와 이에 대한 불복 절차가 다르게 수행되게 된다. 즉, 기타공공기관에서 공기업·준정부기관으로 변경되면 입찰참가자격 제한행위의 법적 근거는 "기타공공기관 계약사무 운영규정" 또는 "자체 계약규정"에서 "공공기관운영법"의 적용을 받게 되고, 입찰제한행위에 대한 불복도 민사소송에서 행정소송 절차를 따르게 되며, 공기업·준정부기관에서 기타공공기관으로 변경되면 반대의 사항이 된다.

(3) 다만, 이와 관련하여 기타공공기관에서 공기업·준정부기관으로 변경된 발주기관이 기타공공기관 당시에 발생된 부정당행위에 대해 공기업·준정부기관의 지위에서 공공기관운영법 및 행정절차법 등에 따라 입찰제한처분을 한 것에 대한 대법원 판례를 보면, '공공기관운영법 제39조제2항은, 공기업·준정부기관이 공정한 경쟁이나 계약의 적정한 이행을 해칠 것이 명백하다고 판단되는 행위를 한 부정당업자를 향후 일정 기간 입찰에서 배제하는 조항으로서, 공적 계약의 보호

라는 일반 예방적 목적을 달성함과 아울러 해당 부정당업자를 제재하기 위한 규정이다. 따라서 위 조항이 적용되는 부정당행위는 공기업·준정부기관을 상대로 하는 행위에 한정되는 것으로 해석함이 타당하다'라고 하면서 동 입찰제한처분은 위법하다고 판시하고 있다(대법원 2018.10.25. 선고 2016두33537 판결).

대법원 판례(대법원 2018.10.25. 선고 2016두33537 판결)

판시사항

(중략) 원고(계약상대자)가 피고(발주기관)에게 시험성적서를 제출할 당시 발주기관은 기타 공공기관에 불과하였으므로 위 제출행위는 공기업·준정부기관을 상대로 한 부정당행위에 해당되지 않는다. 따라서 이 사건 입찰참가자격 제한처분은 공공기관운영법 제39조제2항이 정하는 입찰참가자격 제한처분의 제재요건을 갖추지 못하였다.

원심이, 계약상대자의 시험성적서 제출행위가 공공기관운영법 제39조제2항의 적용대상이 된다는 전제하에, 위 행위가 공정한 경쟁이나 계약의 적정한 이행을 해칠 것이 명백한지에 관하여 나아가 판단한 점은 잘못이나, 이 사건 입찰참가자격 제한처분이 위법하다고 본 원심의 결론만은 정당하고, 원심의 위와 같은 잘못이 판결 결과에 영향을 미치지 않았다.

4. 항고소송에서 당초 처분사유와 다른 사실 추가 주장 관련

(1) 입찰제한처분에 대한 항고소송에서 당초의 처분 사유와 기본적 사실관계의 동일성이 없는 별개의 사실을 처분사유로 주장할 수 있는지에 대해 대법원 판례는 당초 처분의 근거로 삼은 사유와 기본적 사실관계가 동일성이 있다고 인정되는 한도 내에서만 다른 사유를 추가하거나 변경할 수 있을 뿐, 기본적 사실관계와 동일성이 인정되지 않는 별개의 사실을 들어 처분사유로 주장함은 허용되지 아니한다고 판시하고 있다(대법원 1999.3.9. 선고 98두18565 판결).

(2) 이와 관련하여 동 판례는 동일성이 인정되지 않은 사례로서, 입찰참가자격을 제한시킨 당초의 처분 사유인 '정당한 이유 없이 계약을 이행하지 않은 사실'과 항고소송에서 새로 주장한 '계약의 이행과 관련하여 관계 공무원에게 뇌물을 준 사실'은 기본적 사실관계의 동일성이 없다고 판시하고 있다.

대법원 판례(대법원 1999.3.9. 선고 98두18565 판결)

판시사항

[1] 항고소송에서 당초의 처분 사유와 기본적 사실관계의 동일성이 없는 별개의 사실을 처분 사유로 주장할 수 있는지 여부(소극) 및 그 기본적 사실관계의 동일성 유무의 판단 기준

[2] 당초의 처분 사유와 새로 주장한 사실에 동일성이 없다고 한 사례

[3] 사정판결을 할 수 있는 경우 및 그 요건인 현저한 공공복리 부적합 여부의 판단 기준

[4] 계약이행과 관련하여 관계 공무원에게 뇌물을 준 업체에 대한 입찰참가자격제한처분을 취소하는 것이 현저히 공공복리에 적합하지 아니한 경우에 해당하지 않는다고 본 사례

판결요지

[1] 행정처분의 취소를 구하는 항고소송에 있어서는 실질적 법치주의와 행정처분의 상대방인 국민에 대한 신뢰보호라는 견지에서 처분청은 당초처분의 근거로 삼은 사유와 기본적 사실관계가 동일성이 있다고 인정되는 한도 내에서만 다른 사유를 추가하거나 변경할 수 있을 뿐, 기본적 사실관계와 동일성이 인정되지 않는 별개의 사실을 들어 처분사유로 주장함은 허용되지 아니하고, 여기서 기본적 사실관계의 동일성 유무는 처분사유를 법률적으로 평가하기 이전의 구체적인 사실에 착안하여 그 기초가 되는 사회적 사실관계가 기본적인 점에서 동일한지 여부에 따라 결정된다.

[2] 입찰참가자격을 제한시킨 당초의 처분 사유인 정당한 이유 없이 계약을 이행하지 않은 사실과 항고소송에서 새로 주장한 계약의 이행과 관련하여 관계 공무원에게 뇌물을 준 사실은 기본적 사실관계의 동일성이 없다.

[3] 행정처분이 위법한 때에는 이를 취소함이 원칙이고 그 위법한 처분을 취소·변경함이 도리어 현저히 공공의 복리에 적합하지 않은 경우에 극히 예외적으로 위법한 행정처분의 취소를 허용하지 않는다는 사정판결을 할 수 있으므로 사정판결의 적용은 극히 엄격한 요건 아래 제한적으로 하여야 하고, 그 요건인 현저히 공공복리에 적합하지 아니한가의 여부를 판단함에 있어서는 위법·부당한 행정처분을 취소·변경하여야 할 필요와 그 취소·변경으로 인하여 발생할 수 있는 공공복리에 반하는 사태 등을 비교·교량하여 그 적용 여부를 판단하여야 한다.

[4] 계약이행과 관련하여 관계 공무원에게 뇌물을 준 업체에 대한 입찰참가자격제한처분을 취소하는 것이 현저히 공공복리에 적합하지 아니한 경우에 해당하지 않는다.

[참고] 입찰제한처분에 대한 소송 및 효력정지신청 현황 및 결과[36)]

1) 행정소송 제기 및 효력정지신청 현황

대표적인 정부조달기관과 주요 공기업(8개)의 입찰제한처분에 대한 행정소송제기 및 효력정지(집행정지)신청 현황을 보면, 〈표 2-1〉에서 보듯이 2012년~2016년 동안 총 3,595건의 입찰제한처분 중 소송제기가 652건으로서, 입찰제한처분 건수 대비 18.1%로 나타나 있으며, 소송을 제기한 건수 중 90.5%인 590건이 효력정지신청을 한 것으로 나타나 있다.

이를 공사와 물품·용역별로 구분해 보면, 소송제기는 공사가 32.4%, 물품·용역이 15.8%로서 공사가 물품·용역 보다 소송을 훨씬 많이 제기하는 것으로 나타나 있고, 그 중 효력정지신청은 공사가 81.9%, 물품·용역이 93.4%로서 공사와 물품·용역 모두 대부분 소송제기와 함께 효력정지신청을 병행하고 있음을 보여주고 있다.

연도별 추이를 보면, 소송의 경우 입찰제한처분이 대체로 증가추세에 있는 것에 연계되어 소송제기 건수도 증가추세에 있는 것으로 나타났는데, 소송제기율이 2012년도가 12.1%, 2014년도 22.5%, 2016년도는 21.4%로 증가추세임을 보여주고 있다.

효력정지신청의 경우도 소송제기 건수에 연계되어 신청 건수가 증가추세에 있는 것으로 나타났고, 신청율도 2012년도가 79.7%인데 비해 2014년도에 90.9%, 2016년도는 무려 98.9%로 대폭 증가하였음을 나타내고 있다.

〈표 2-1〉 입찰제한처분에 대한 소송 제기 현황 (2012~2016년)

○ 총계(건)

구분	입찰제한처분 (A)	소송 제기		효력정지 신청	
		계(B)	B/A(%)	계(C)	C/B(%)
공사	513	166	32.4	136	81.9
물품·용역	3,082	486	15.8	454	93.4
계	**3,595**	**652**	**18.1**	**590**	**90.5**

36) 한국조세재정연구원, 앞의 "입찰제한처분에 대한 효력정지 신청제도 과용 대처방안에 관한 연구", 136~141쪽을 요약 정리하였다.

○ 연도별(건)

구 분	입찰제한처분(A)	소송제기		효력정지신청	
		건수(B)	B/A(%)	건수(C)	C/B(%)
2012년	646	79	12.1	63	79.7
2013년	653	124	18.9	100	80.6
2014년	635	143	22.5	130	90.9
2015년	779	115	14.8	108	93.9
2016년	882	191	21.4	189	98.9
계	**3,595**	**652**	**18.1**	**590**	**90.5**

[그림 2-1] 연도별 입찰제한처분에 대한 소송제기 현황 (2012~2016년)

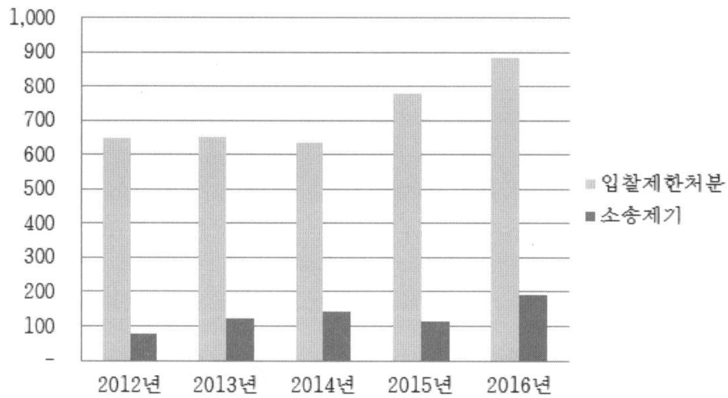

[그림 2-2] 연도별 소송제기에 대한 효력정지신청 현황 (2012~2016년)

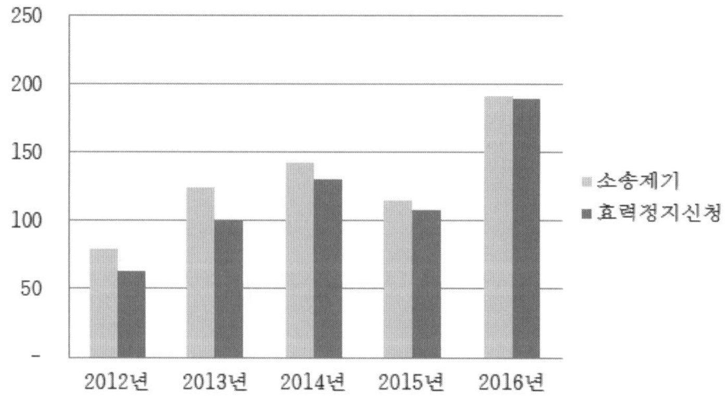

2) 효력정지신청 결과

입찰제한처분에 대한 행정소송제기와 함께 효력정지신청을 한 결과를 보면, 〈표 2-2〉에서 보듯이 2012년~2016년 동안 소송을 제기한 건수(652건) 중 90.5%인 590건이 효력정지신청을 한 결과, 그 중 인용이 504건에 85.4%의 높은 인용률을 보여주고 있는데 비해, 기각은 86건, 14.6%에 불과한 것으로 나타났다.

이를 연도별로 보면, 2012년도의 63건 신청 대비 48건 인용으로 76.2%의 인용률을 보여주고 있는데 비해, 2014년도는 신청도 대폭 증가한 130건 신청에 인용률이 90.8%, 2016년도는 신청이 더욱 증가한 189건 신청에 160건 인용으로 84.7%의 인용률을 보여주고 있다.

〈표 2-2〉 소송제기에 대한 효력정지신청 결과 (2012~2016년)

○ 총계(건, %)

구 분	계 (신청)	인용	기각
공사	136 (100.0)	121 (89.0)	15 (11.0)
물품·용역	454 (100.0)	383 (84.4)	71 (15.6)
계	590 (100.0)	504 (85.4)	86 (14.6)

[그림 2-3] 소송제기에 대한 효력정지신청 결과 (2012~2016년)

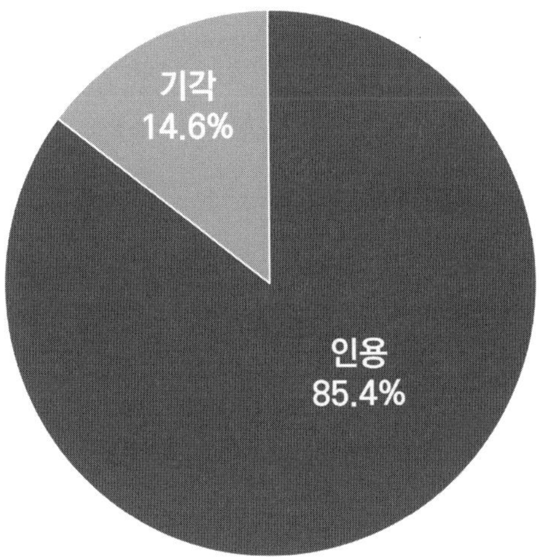

Chapter 02 부정당업자에 대한 입찰참가자격 제한제도

3) 행정소송제기 결과

입찰제한처분에 대한 행정소송제기 결과를 보면, 〈표 2-3〉에서 보듯이 2012년~016년 동안 소송을 제기한 총 652건 중 원고(피처분자)가 승소한 것은 83건에 12.7%인데 비해, 원고가 패소한 것은 439건에 67.3%로 승소보다 패소가 훨씬 많은 것으로 나타나 있다.

이를 연도별로 보면, 먼저 원고 패소 상황의 경우, 2012년도는 79건 소송에 63건이 원고 패소로 79.8%의 패소율을 보여주고 있으며, 2014년도는 소송제기도 대폭 증가한 143건 소송에 원고 패소율이 75.5%, 2015년도는 115건 소송에 69.6%의 원고 패소율을 보여주고 있어 원고 패소율이 다소 낮아지고 있음을 보여주고 있다.

〈표 2-3〉 입찰제한처분에 대한 행정소송제기 결과 (2012~2016년)

○ 총계(건, %)

구 분	계(소송제기)	원고 패소	원고 승소	미확정
공사	166 (100%)	130 (78.3%)	13 (7.8%)	23 (13.9%)
물품·용역	486 (100%)	309 (63.6%)	70 (14.4%)	107 (22.0%)
계	652 (100%)	439 (67.3%)	83 (12.7%)	130 (19.9%)

주: ( ) 안은 비중임

[그림 2-4] 입찰제한처분에 대한 행정소송제기 결과 (2012~2016년)

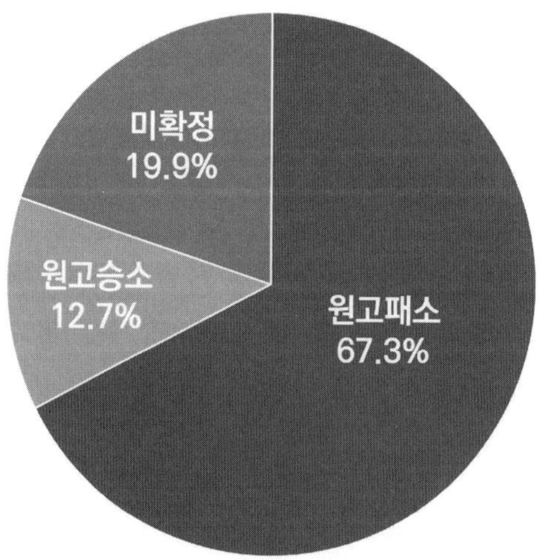

대법원 판례(대법원 2010.11.26. 자 2010무137 결정)

판시사항 행정처분의 효력정지나 집행정지를 구하는 신청사건에서 집행정지사건 자체에 의하여도 신청인의 본안청구가 적법한 것이어야 한다는 것을 집행정지의 요건에 포함시켜야 하는지 여부.

판결요지 행정처분의 효력정지나 집행정지를 구하는 신청사건에서는 행정처분 자체의 적법 여부는 원칙적으로 판단의 대상이 아니고, 그 행정처분의 효력이나 집행을 정지할 것인가에 관한 행정소송법 제23조제2항에서 정한 요건의 존부만이 판단의 대상이 되는 것이다. 다만, 집행정지는 행정처분의 집행부정지원칙의 예외로서 인정되는 것이고, 또 본안에서 원고가 승소할 수 있는 가능성을 전제로 한 권리보호수단이라는 점에 비추어 보면, 집행정지 사건 자체에 의하여도 신청인의 본안청구가 적법한 것이어야 한다는 것을 집행정지의 요건에 포함시키는 것이 옳다.

Ⅱ. 행정심판

1. 행정심판의 의의

(1) 행정심판이란 "행정청의 위법·부당한 처분 또는 부작위에 대한 불복에 대하여 행정기관이 심판하는 행정심판법상의 행정쟁송절차"라 할 수 있으며, 행정심판의 근거 법으로는 일반법인 「행정심판법」이 있고 각 개별 법률에서 행정심판법에 대한 특칙을 규정하고 있다.[37]

(2) 행정심판에는 취소심판, 무효등 확인심판, 의무이행심판이 있으며, 취소심판 및 의무이행심판에만 적용되는 심판청구기간은 원칙적으로 처분이 있음을 알게 된 날부터 90일 내에 청구하여야 하고, 처분이 있음을 알지 못한 경우에는 처분이 있었던 날부터 180일이 지나면 청구하지 못한다(정당한 사유가 있는 경우에는 예외)(행정심판법 §27).

37) 박균성, 앞의 책, 907쪽

(3) 행정심판법 제2조(정의)를 보면, "처분"이란 행정청이 행하는 구체적 사실에 관한 법집행으로서의 공권력의 행사 또는 그 거부, 그 밖에 이에 준하는 행정작용이라고 정의하고 있고, "행정청"이란 행정에 관한 의사를 결정하여 표시하는 국가 또는 지방자치단체의 기관, 그 밖에 법령 또는 자치법규에 따라 행정권한을 가지고 있거나 위탁을 받은 공공단체나 그 기관 또는 사인이라고 정의를 하고 있다.[38)]

2. 입찰참가자격 제한조치와 행정심판

(1) 행정심판의 대상은 '행정청의 처분 또는 부작위'이며, 이는 행정소송의 대상이 되는 처분 또는 부작위와 동일하다. 즉, 「행정심판법」상 처분개념과 「행정소송법」상 처분개념은 동일한 개념으로 규정되어 있다.

(2) 국가행정기관 및 지방자치단체의 부정당업자에 대한 입찰참가자격 제한행위도 앞에서 본 바와 같이 대법원 판례에서 행정소송의 대상이 되는 행정처분으로 인정하고 있으므로 행정심판 대상이 된다고 보아야 할 것이다. 따라서 국가행정기관 및 지방자치단체도 「행정심판법」 등에 규정된 내용에 따라 행정심판 절차를 수행하면 될 것이다.

(3) 한편, 공기업·준정부기관의 부정당업자에 대한 입찰참가자격 제한행위에 대해서도 앞에서 본 바와 같이 대법원이 이를 행정처분으로 보고 행정소송으로 다루고 있다는 점에서 행정심판 대상이 된다고 보아 관련 절차를 수행할 수 있다고 본다.

38) 행정절차법(제2조)에서도 "행정청"에 대해 같은 정의를 내리고 있다.

3. 행정소송과 행정심판과의 관계 (행정소송법 §18)

(1) 「행정소송법」 제18조제1항은 "취소소송은 법령의 규정에 의하여 당해 처분에 대한 행정심판을 제기할 수 있는 경우에도 이를 거치지 아니하고 제기할 수 있다. 다만, 다른 법률에 당해 처분에 대한 행정심판의 재결을 거치지 아니하면 취소소송을 제기할 수 없다는 규정이 있는 때에는 그러하지 아니하다."라고 규정하고 있다. 따라서 행정심판은 행정소송의 전심절차이기는 하나 소송제기 전에 반드시 행정심판을 거쳐야 하는 것은 아니다. 즉, 원칙적으로 임의 절차라 할 수 있다.

(2) 결국, 행정심판의 제기가 임의적이므로 행정심판 제기 후 행정소송을 제기할 수 있고, 행정소송 제기 후 행정심판을 제기할 수도 있으며, 행정심판과 행정소송을 동시에 제기할 수도 있다고 할 수 있다.[39]

Ⅲ. (참고) 주요 외국의 부정당업자제재 및 권리구제 수단[40]

1. 미국

가. 부정당업자제재제도의 개요

1) 제재의 법적 근거 및 성격

미국의 정부계약에서의 부정당업자제재는 연방조달규정(Federal Acquisition Regulation ; FAR)에 근거하고 있으며, 동 규정에서 부정당업자제재는 재량적 조치이고 처벌목적이 아닌 정부를 보호하기 위한 공익목적만을 위해 적용되어야 함을 명시하고 있다.

39) 박균성, 앞의 책, 922쪽
40) 한국조세재정연구원, 앞의 "입찰제한처분에 대한 효력정지 신청제도 과용 대처방안에 관한 연구", 153~163쪽을 요약 정리하였다.

2) 제재의 종류 및 제재 기간

부정당업자제재에는 그 제재의 효력기간 확정 여부에 따라 효력기간이 확정적인 "자격중지"(debarment)와 조사 및 후속 법적 절차 진행기간 동안 잠정적으로 효력이 한정되는 "자격정지"(suspension)로 구분되고 있다.

"자격중지" 기간은 일반적으로 3년 이내이며, "자격정지" 기간은 일반적으로 자격정지 공무원이 조기에 종료하지 않는 한, 조사의 완료와 후속 법적 절차 진행 기간 동안이 되나, 자격정지 통지 후 12개월 이내에 법적 절차가 개시되지 않으면 자격정지는 종료된다.

나. 부정당업자제재의 효력

1) 일반적인 효력

자격중지나 자격정지를 받은 자 또는 자격중지가 예정된 자는 계약체결에서 배제되며, 각 기관은 이들에게 조달참가권유나 낙찰 또는 하청계약체결에 동의해서는 안 된다. 또한 이들 업체가 다른 계약자의 대리인이나 대표로 정부와 거래하는 것도 금지되며, 개별보증인으로 행동할 수도 없다.

입찰서의 개찰이나 제안서의 접수 후에 계약관은 부정당업자제재 명부를 검토하여야 한다. 즉, 부정당업자로부터 접수한 제안서, 견적서, 또는 청약서는 기관장이 부득이한 사유가 있다고 서면으로 결정하지 않는 한 제재기간 동안 낙찰을 위해 평가되거나 경쟁범위에 포함되어서는 아니 되고, 시담이 이루어져서도 아니되며, 제재기간이 낙찰 이전에 만료되거나 종료되는 경우 계약관은 동 제안서나 견적서를 검토할 수는 있으나 꼭 그렇게 해야 되는 것은 아니다.

또한, 계약체결 전에 계약관은 동 낙찰이 부정당업자 명부에 등재된 업체에게 이루어졌는지를 다시 한 번 검토해야 한다.

2) 진행 중인 계약의 효력

자격중지, 자격정지 또는 이 것 들의 예정에 관계없이 원칙적으로 계약자가 당시 존재하는 계약이나 하청계약을 계속할 수 있으며, 자격중지, 자격정지 또는 이것들이 예정된 계약자에게는 기관장이 부득이한 사유가 있다고 서면으로 결정하지 않는 한, 다음의 행위를 하여서는 아니 된다.

① 불확정 수량 계약(indefinite quantity contracts)에서 보장된 최소 수량을 초과하여 주문하는 것
② 이용여부가 선택사항인 연방공급목록계약(Federal Supply Schedule), 일괄구매계약(blanket purchase agreements) 또는 기본주문협정(basic ordering agreements)하에서의 주문
③ 새로운 과업의 추가, 옵션 행사 또는 기타 현행 계약이나 주문 기간의 연장

3) 하도급계약의 제한

기관장이 부득이한 사유로 인해 서면으로 승인하지 않는 한, 계약관은 정부의 승인을 요하는 하도급계약에 있어서 자격중지, 자격정지 또는 이 것 들이 예정된 계약자와의 하도급계약에 동의해서는 안 된다.

또한, 계약자는 자격중지, 자격정지 또는 이 것 들이 예정된 자와 부득이한 사유가 없는 한 25,000 달러 이상의 하도급계약을 체결할 수 없다. 계약자가 부정당업자 명부에 등재된 업체와 하도급계약을 체결하려는 경우에는 하도급계약 체결 전에 하수급자의 이름, 하수급자가 부정당업자 명단에 등재된 사유에 대한 계약자의 인지 여부, 부정당업자임에도 불구하고 하도급계약을 체결하는 부득이한 사유 등을 서면으로 계약관에게 제공하여야 한다.

4) 다른 기관의 제재 효력 공유

계약자에 대한 자격제한이나 예정된 자격제한은 연방정부의 모든 행정 기관에 적용되며, 다만, 기관장 또는 그 위임을 받은 자가 그 기관과 계약자간의 계속적인 거래를 정당화하는 부득이한 사유를 서면으로 진술한 경우에는 예외로 한다.

주정부의 경우 많은 주에서 연방정부의 부정당업자 명단에 등재된 업체에 대해 조달참가 자격제한을 하고 있다.

다. 부정당업자제재에 대한 권리구제 수단

1) 발주청에 대한 이의신청

이의신청은 발주청에 대해서만 가능하며, 제재처분 통지서 접수 후 일정기간 내에 하여야 하는데, 제재처분을 한 당사자인 발주청에 대한 이의제기는 권리구제 수단으로 한계가 있다고 할 수 있다. 한편, 감사원에 대한 이의신청은 이를 배제하고 있으며, 제재처분에 대한 조정청구 또한 계약분쟁조정위원회(Board of Contract Appeals)의 심사대상에서 배제되어 있다.

2) 소송제기

처분청에 대한 이의신청을 거친 후 소송을 제기할 수 있는데, 발주청이 자격중지나 자격정지 결정 과정에서 연방조달규정(FAR)의 절차적 요건을 준수하는 한, 제재처분을 받은 자가 헌법상의 적법 절차 요건 위반을 이유로 승소하기는 어렵다. 이는 연방조달규정이 요구하는 절차가 초기에 법원의 자격중지 및 자격정지와 관련된 적법절차의 결여 판결에 대응하여 개발되었기 때문이다. 또한, 통상 제재처분이 “자의적이고, 일관되지 않거나 재량권의 남용이거나 또는 그 밖에 법위반인 경우”가 아닌 한 무효로 하지 않고 있다.

3) 잠정구제제도

소송에 대한 판결이 내려지기 전에 잠정적으로 입찰제한처분의 효력이 정지되는 잠정구제제도(preliminary injunction relief)가 있는데, 이것이 이루어지기 위해서는 매우 엄격한 요건을 충족시켜야 한다. 즉, 기본적으로 고려되는 것이 원고가 본안 소송에서 승소할 현저한 가능성이 존재하는지, 잠정구제가 허용되지 않을 경우 원고가 회복 불가능한 손해를 입을 가능성이 있는지, 잠정구제가 허용해야 할 이익이 이것이 허용되지 않을 경우 발생할 수 있는 피해보다 크다고 볼 수 있는지, 잠정구제를 허용하는 것이 공익에 부합하는지 등이 고려 요소이다.

2. 영국

가. 부정당업자제재제도의 개요

1) 제재의 법적 근거 및 성격

영국의 공공계약은 원칙적으로 사법상의 계약으로 파악하고 있고, 공공계약에 대한 부정당업자제재는 징벌적 행정처분 성격으로 시행하고 있지 않으며, "EU 공공조달지침"(Directive 2004/18/EC) 제45조(후보자 또는 입찰자의 인적 상황) 및 영국 "공공계약규정"(The Public Contracts Regulations 2006) 제23조(경제적 거래자의거절에 대한 기준)에 근거하여 입찰참가를 배제하고 있다.

2) 제재사유

"EU 공공조달지침"에 입찰참가 배제에 대해 절대적 배제사유(동 지침 §45①)와 임의적 배제가능사유(동 지침 §45조②)로 구분해 놓고 있으며, 영국 공공계약규정 제23조는 "EU 공공조달지침"에 따라 동 지침에서 정하는 배제사유에 해당하는 내용을 영국 국내법령에 맞추어 세부적으로 규정하고 있다.

절대적 배제사유로는 범죄조직 참여, 부패, 사기, 돈세탁으로 최종 유죄판결을 받은 경우이고, 임의적 배제가능사유로는 법률상 파산, 폐업 또는 이와 유사한 경우, 영업상 유죄 행위 또는 중대한 영업상의 위법행위를 한 경우, 사회보장세 지불의무 또는 조세납부의무 불이행, 허위의 진술 또는 정보를 제공한 경우 등이 있다.
다만, 일반이익(general interest)을 우선할 필요가 있는 경우와 같이 예외적인 상황(국가적 긴급사태와 같이 심각한 상황)에서는 절대적 배제사유에 해당되더라도 해당기관은 배제를 하지 않을 수 있다.

발주기관이 입찰참가 배제여부 및 사유의 적용 유효기간 등에 대해서는 반복적 위법·부당행위의 발생 가능성, 해당 계약건의 중요성 등을 고려하여 판단·조치한다.

3) 제재의 특징

입찰참가 배제의 원인이 되는 행위는 우리나라의 부정당업자제재와는 달리 입찰·계약 과정상의 행위에 의한 것만을 전제로 하는 것이 아니며, 기업의 사회적 책임과 윤리성 제고라는 요소(부패, 사기, 영업상의 위법행위, 조세나 사회보장세 납부 위반 등)도 포함되어 있다.

나. 부정당업자제재의 효력

"입찰참가 배제"의 효과는 해당 발주기관의 입찰참가에만 배제되며, 다른 발주기관의 조달에는 효력을 미치지 않는다.

다. 부정당업자제재에 대한 권리구제 수단

부정당업자에 대한 입찰참가 배제에 대해 이의를 제기할 수는 있으나, 특별한 이의제기 절차 등에 대한 법령상(혹은 지침 상) 명문화된 세부기준은 없는 것으로 파악되고 있다.

다만, EU 공공조달지침에서의 권리구제지침(Remedies Directive)106)은 낙찰과정에서 EU법의 위반이 있을 경우 국내법원에서 허용되는 소송유형 및 조달관련결정에 대한 불복을 다루는 심판기구의 독립적 성격에 대해서 규정을 두고 있다. 권리구제지침에서 인정하고 있는 소송유형으로는 크게 잠정구제(interim relief), 낙찰결정과정에서 이루어진 위법한 결정에 대한 취소소송 및 손해배상(damage)이 있다.

3. 프랑스

가. 제재의 법적 근거 및 성격

프랑스의 부정당업자 제재처분의 법적 근거도 기본적으로 "EU 공공조달지침" 제45조이며, 국내 법령에 관련규정을 마련하여 운영하고 있다. 프랑스의 공공계약은 「정부조달계약법전(Code des marches publics, CMP)」에 기초하여 이루어지고 있는 공법상의 계약(행정 계약)으로 파악되고 있는데, 공공계약에 대한 부정당업자 제재처분은 「형법」에서 정하고 있는 공공계약질서 위반행위에 대한 제재로서, 자연인에 대하여는 부가형(peine complémentaire)으로, 법인에 대하여는 주된 형벌(peine principipale)로서 행하여지고 있다.

나. 제재 사유 및 기간

인간의 존엄성에 반하는 행위, 차별행위, 위법적인 유전자실험을 한 자 등 인간에 대한 범죄에 대해 제재할 수 있으며(5년 범위 내), 사기, 사취, 배임, 특정동산의 매매 및 무역에 관한 위반, 정보처리기망행위로 인하여 전산시스템이 훼손된 경우, 돈세탁 행위 등 재산범죄에 대해 제재할 수 있다. 특히, 부패행위 관련한 범죄 즉, 부패행위로 인하여 형사 처벌의 대상이 된 자에 대하여는 5년간 조달계약 체결절차에서 배제될 것이 형법에 새로이 규정되었다(2015.7.).

다. 제재의 효력 및 권리구제 수단

부정당업자에 대한 입찰제한처분은 법원에 의하여 선고되는데, 제재처분이 확정된 당시에 아직 계약이 체결되지 않았다면 더 이상 계약이 체결과정으로 나아갈 수 없으며, 이미 계약이 체결되어 이행중이면 계약은 파기되고 제재처분을 받은 자는 계약상의 손해배상책임을 지게 된다.

입찰제한처분 결과는 공공조달 또는 공공부문에 참여가 배제되며, 이에 대한 불복은 형사소송을 통해 낙찰자 결정 또는 그 밖에 조달절차의 적법 또는 위법 결정이 이루어지고 있다.

4. 캐나다

가. 제재의 법적 근거 및 성격

캐나다의 공공계약은 원칙적으로는 사법상의 계약으로 보면서 공익을 위해 공적계약의 성격을 인정하고 있다고 할 수 있는데, 부정당업자제재는 「형법」에 근거하여 시행하고 있다. 즉, 캐나다 「형법」 제121조(정부에 대한 사기 및 선거 기금에 등록한 조달 계약자), 제124조(판매 및 구매 사무실), 제418조(정부에 대한 하자 있는 물품의 판매) 등의 규정으로 유죄판결을 받은 입찰참가자, 입찰자의 고용인, 하위계약자 등에 대해 입찰참가자격을 제한하게 된다.

특히, 캐나다 정부는 최근(2015.7.3.) "부적격 및 자격정지 정책"(Ineligibility and Suspension Policy)을 시행하였는데, 정부조달계약 시 계약내용에 포함하여 운영하며, 「형법」과 연계하여 해당 사항이 형법상 위반사항에 해당될 경우 부정당업자제재를 하게 된다.

"부적격 및 자격정지 정책"은 "공공사업 및 정부서비스 부"(Department of Public Works and Government Services Canada)가 각 정부 부처 및 기관들과 양해각서를 체결하여 집행하고 있다.

나. 제재 사유 및 기간

캐나다 법에 따른 다음의 위반행위 혹은 이와 유사한 국외에서의 위반행위로 유죄판결을 받았다면 캐나다 정부의 조달계약에 참여할 자격이 제한된다.

① 로비 법령이 적용되는 사람에게 임시비용을 지불
② 경쟁법에 부패, 공모, 입찰담합이나 그 밖의 반경쟁적 행위
③ 돈세탁, 범죄단체의 행동에 참가, 소득세와 소비세의 탈세
④ 외국 공무원에 대한 뇌물증여, 마약밀매 관련 죄, 직무상의 부당취득
⑤ 사법관의 뇌물증여, 공무원의 뇌물증여, 비밀 커미션
⑥ 계약의 범죄적인 위반, 증권거래업무의 사기적인 조작, 부당내부거래

⑦ 위조 혹은 이와 유사한 범죄행위, 문서위조

다. 제재의 유형 및 기간

부당업업자 제재처분에는 “자격중지”(Debarment), “자격정지”(Suspension), “조건부과”(Conditioning)의 세 가지 유형이 있으며, 제재처분이 종료된 후에도 일정기간 동안 집행유예와 같이 특별 감시대상으로 지정하여 관리하고 있다.

① “자격중지”는 계약의 불완전 이행이 범죄적 성격을 띠는 경우와 신의칙 위반의 경우에 내려지는 제재처분으로, 3년을 넘지 않는 범위에서 특정 기간 동안 정부입찰에 참여하는 것을 금지하며, 그 기간은 공공계약 질서 위반 정도에 비례하여 결정한다.

② “자격정지”는 일시적으로 입찰참가자격을 제한하는 것으로서, 공급자가 앞의 위반행위로 기소가 되거나 유죄가 인정된 경우 그 공급자에 대해 즉시 최대 18개월 동안의 자격정지를 할 수 있으며, 공급자 또는 그 부서 중 하나가 실제로 문제의 위반행위에 대해 유죄판결을 받아야 할 필요는 없고, 공급자가 최종적으로 결백이 증명되었다 해도 어떤 보상절차가 있는 것은 아니다.

③ “조건 부과”는 입찰보증금 추가납부 등으로 입찰참가자격을 제한하지 않고 3년을 넘지 않는 범위에서 특정기간 동안 조건을 부과하는 것이다.

한편, 형법에 따른 정부에 대한 기만행위로 유죄판결을 받은 공급자에 대해서는 제재기간이 영구적이며, 기록이 삭제될 때까지 영구적으로 제재를 받게 된다.

라. 제재의 효력

부정당업자 제재처분이 이루어지면 그 내용을 관보에 게재하고 모든 부처나 지방정부 및 이해관계인에게 정보를 공유토록 하여 입찰참가를 배제하고 있다.

5. 주요 외국의 부정당업자제재 및 권리구제 수단 종합

주요 외국의 부정당업자제재에 대한 권리 구제수단을 종합해 보면, 특히, 미국 및 EU의 경우, 우리나라에서는 인정하고 있지 않은 처분청에 대한 1단계 "이의신청"제도를 두고 있고, 2단계 법원에 대한 소송에서는 우리나라의 집행정지제도와 유사한 "잠정구제제도"를 두고 있는 것으로 요약해 볼 수 있다.

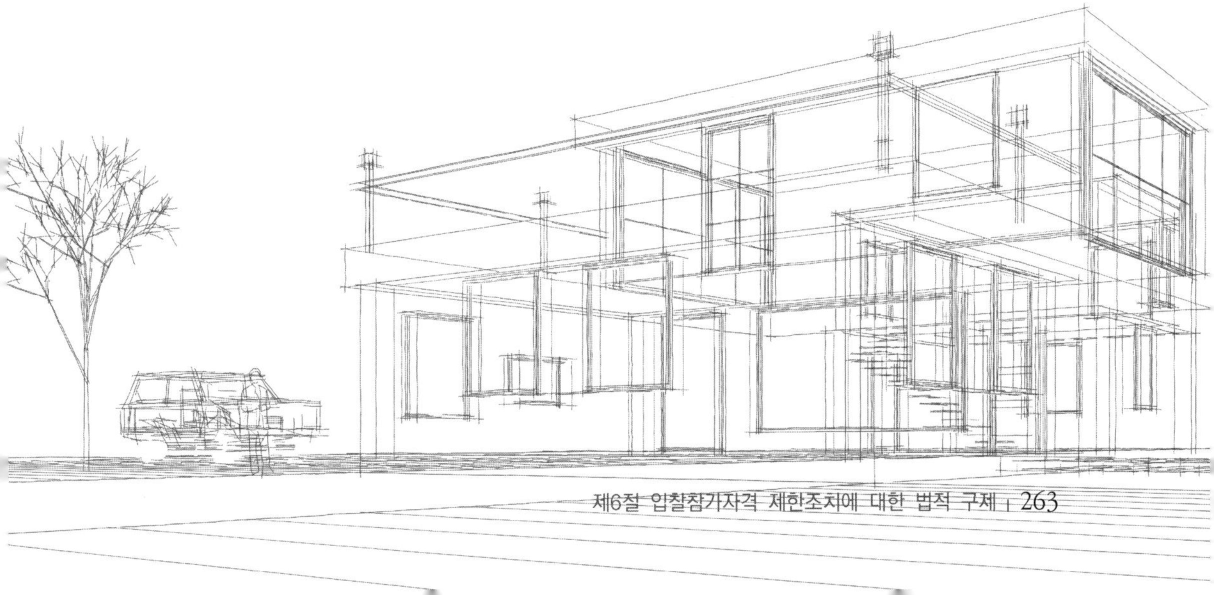

공공계약

부정당업자 제재제도 해설

Chapter 03

부정당업자에 대한 과징금 부과제도

제1절 | 과징금 부과제도의 개요

1. 관련규정

◈ 법 제27조의2(과징금), 제27조의3(과징금부과심의위원회)
◈ 영 제76조의2~제76조의12, 시행규칙 제77조의2

➡ 지방계약
◈ 지방계약법 제31조의2~제31조의3
◈ 동법 시행령 제92조의2~제92조의12, 동법 시행규칙 제77조의2

2. 과징금의 의의[1)]

가. 과징금의 개념

(1) 행정의 실효성을 확보하기 위한 수단으로는 전통적인 수단인 행정강제와 행정벌이 있으며, 전통적인 수단을 보완하기 위해 경제적 제재수단인 과징금, 가산세, 부당이득세, 공표제도, 관허사업의 제한, 시정명령 등이 있는데, 경제적 제재수단은 대부분 의무자에게 심리적 부담을 주거나 권유함으로써 행정법규의 위반을 사전에 예방하거나 스스로 시정하도록 하는 기능을 갖는다.

1) 박균성, 앞의 책, 530~533쪽.

(2) 경제적 제재수단 중의 하나인 과징금이란, 일반적으로 "행정법규의 위반이나 행정법상의 의무위반으로 경제상의 이익을 얻게 되는 경우에 그 위반으로 인한 경제적 이익을 박탈하기 위하여 그 이익 금액에 따라 행정기관이 부과하는 행정상 제재금"이라고 정리해 볼 수 있다.

나. 과징금의 성격 및 유형

(1) 과징금의 성격에 대해서는 각종 법률에 따라 그 기능과 형태가 다양하여 통일적으로 정리하기는 어려우나, 대체로 행정 제재적 성격과 부당이득 환수적 성격을 모두 지니고 있는 것으로 보고 있는 것이 다수 견해이다. 공정거래법상의 과징금이 법규위반으로 인한 경제적 이득을 환수하는 것을 주된 목적으로 하면서도 부수적으로 법규 위반행위에 대한 제재적 성격을 함께 갖고 있는 것이 대표적인 예라 할 수 있다.

(2) 한편, 다수 국민이 이용하는 사업이나 국가 및 사회에 중대한 영향을 미치는 사업을 시행하는 자가 행정법규를 위반하였을 경우 그 위반자에 대하여 영업정지처분을 한다면 오히려 국민에게 큰 불편이나 피해를 주는 등 공익을 해할 우려가 있는 경우 영업정지를 하지 않고 그 대신 그 영업으로 얻게 될 이익을 박탈하는 유형의 과징금도 있는데, 이와 같이 해당 처분을 갈음하여 부과되는 과징금을 "변형된 과징금"이라고 불리어지고 있다.

(3) 영업정지처분을 갈음하는 과징금 부과규정이 있는 경우 과징금을 부과할 것인지 또는 해당 처분을 내릴 것인지는 통상 행정청의 재량에 속하는 것으로 보고 있다.

다. 과징금의 법적 성질 및 법적 구제

행정상 제재금인 과징금 부과처분의 법적 성질은 침해적 행정행위로서, 행정절차법의 적용대상이 되고, 행정쟁송의 대상이 된다.

라. 과징금 부과의 제척기간

(1) 입찰참가자격 제한조치에 대해서는 국가계약법 제27조제4항에 일정기간이 지나면 제한조치를 할 수 없는 제척기간(5년 경과, 다만 담합행위와 뇌물제공은 7년 경과)을 두고 있으나, 과징금 부과에 대해서는 명문의 규정을 두고 있지 않다.

(2) 그러나 과징금 부과는 입찰제한처분을 갈음하는 것이고 과징금 부과의 제척기간은 입찰제한처분에 대한 제척기간에 연계되어 있다고 할 수 있으므로, 결국 입찰제한처분의 제척기간과 동일하다고 보아도 무방하다 할 것이다.

3. 국가계약법상 과징금의 성격 및 도입 배경

가. 국가계약법상 과징금의 성격 및 유형

국가계약법 제27조의2는 부정당업자에게 입찰참가자격을 제한하여야 하는 경우로서, 부정당업자의 책임이 경미한 경우 등 일정 요건에 해당하는 경우에는 입찰참가자격 제한조치를 갈음하여 과징금을 부과할 수 있도록 규정하고 있는 점에서 국가계약법상 과징금의 성격 및 유형은 앞에서 본 "변형된 과징금"형태라 할 수 있다.

나. 국가계약법에 도입된 배경

(1) 부정당업자에 대한 입찰참가자격 제한조치는 계약의 성실한 이행 확보와 공정한 집행질서 확립과 동시에 정부가 입게 될 계약상의 불이익을 미연에 방지하려는데 그 목적을 두고 있다고 할 수 있다. 그런데, 입찰참가자격 제한조치가 주로 입찰담합, 금품수수, 부실시공 등을 방지하기 위한 조치임에도 이와 같은 사례가 줄어들지 않아 그 제한기준은 계속 강화되고 제한대상 기관도 확대되어 운용되는 상황이 되었으며, 이는 결국, 국가기관, 지방자치단체 및 공기업·준정

부기관 중 어느 한 기관으로부터 입찰참가자격 제한조치를 받은 업체는 제한기간 동안 사실상 이들 모든 기관의 입찰참가가 원천적으로 차단됨에 따라 공공조달시장의 수주가 근본적으로 제약을 받게 되고, 건설업체의 경우 대외 신인도에도 영향을 미쳐 해외건설공사 수주에 제약을 받게 되는 등의 문제점이 제기되어 왔다.

(2) 이와 같은 점을 고려, 정부는 부정당업자에 대한 제재 수단이 입찰참가자격 제한조치밖에 없어 초래되었던 경직성을 탈피하고, 위반행위의 내용과 경중에 따른 탄력적 적용으로 부정당업자에 대한 제재제도의 실효성을 확보하는 한편, 공공사업의 차질 없는 추진을 위해 2012.12.18. 입찰참가자격 제한조치를 갈음하여 경제적 제재수단인 과징금 부과제도를 도입하게 된 것이다(법 §27의2, §27의3 ; 2013.6.19. 시행).

- 공기업·준정부기관의 경우는 공공기관운영법에 과징금 부과 근거가 규정되어 있지 않음.
- 지방계약의 경우 과징금 부과제도는 2013.8.6. 지방계약법(§31의2)에 도입되었음(2014.2.7. 시행).

다. 입찰참가자격 제한조치와 과징금 부과처분과의 관계

(1) 국가계약법 제27조는 부정당업자에게 2년 이내의 범위에서 대통령령으로 정하는 바에 따라 입찰참가자격을 제한하여야 하도록 의무화해 놓고 있고, 동법 제27조의2는 법 제27조제1항에 따라 부정당업자에게 입찰참가자격을 제한하여야 하는 경우로서, 일정 요건에 해당하는 경우에는 입찰참가자격 제한을 갈음하여 과징금을 부과할 수 있도록 규정하고 있는 점에서, 부정당업자에 대해서는 입찰참가자격 제한조치가 의무사항이므로 먼저 각 중앙관서의 장이 입찰참가자격 제한조치 해당여부를 결정하여야 할 것이며, 그 다음 동법에 규정된 범위에서 입찰참가자격 제한조치를 갈음하여 과징금 부과로 대체할 것인지 여부를 결정할 사항(임의)이라 할 수 있다.

(2) 여기서, 국가계약법에 과징금이 도입된 배경이 앞에서 보았듯이 입찰참가자격 제한조치를 받은 업체는 제한기간 동안 사실상 모든 공공기관의 입찰참가가 차단되고, 특히 건설업체의 경우 대외 신인도에도 영향을 미치게 되는 등 그 제한대상 업체의 영업활동상의 파급범위가 지나치게 확대될 수 있는 등의 문제점을 개선하기 위해 도입되었다는 점과, 과징금 부과 자체가 별도의 행정처분이어서 「행정절차법」상의 의견청취 등의 절차를 거쳐야 한다는 점 등을 고려해 볼 때, 각 중앙관서의 장은 실제 운용과정에서 일방적으로 결정할 것이 아니라 그 제한대상 업체의 의사를 고려하여 조치하는 것이 타당하다고 본다.

(3) 이는 사안에 따라서 경제적인 이유 등으로 과징금 부과를 원하지 않을 경우도 있을 수 있기 때문이며, 또한 과징금제도 도입이 부정당업자에 대한 처벌을 강화하기 위해 도입된 것이 아니라는 점이 고려될 필요가 있기 때문이라 하겠다.

➡ 지방계약의 경우, 부정당업자의 신청에 따라 과징금을 부과할 수 있도록 규정하여 신청을 과징금부과의 요건으로 하고 있음.

◈ **지방계약법 제31조의2(과징금)** ① 지방자치단체의 장은 제31조제1항에 따라 부정당업자에 대하여 입찰참가자격을 제한하여야 하는 경우로서 다음 각 호의 어느 하나에 해당하는 경우에는 <u>부정당업자의 신청에 따라</u> 입찰참가자격 제한을 갈음하여 다음 각 호의 구분에 따른 금액 이하의 과징금을 부과할 수 있다. (각 호 : 생략)

유권해석 사례

사례 170 입찰참가자격제한을 과징금 부과로 갈음할 수 있는지 여부

회 신 (계약제도과-908, 2014.7.6.)

국가계약법 제27조의2에서는 부정당업자 입찰참가자격 제한을 과징금 부과로 갈음할 수 있도록 하고 있으며, 동법 시행령 제76조의2, 시행규칙 제77조의2에서는 구체적 적용기준에 대하여 규정하고 있습니다. 과징금부과제도의 도입 목적은 해당 위반행위가 경미한 자에까지 입찰참가자격을 제한하는 것은 지나치게 과도한 규제라는 판단 하에 해당 계약상대자 또는 입찰참가자에게 공공부문의 입찰에 참여할 수 있는 기회를 다시 부여하되, 담합·뇌물·허위서류 등 그 위반행위가 중한 자에 대하여는 의무적으로 입찰참가자격을 제한하기 위함입니다.

따라서, 시행령 제76조의2제1항의 각 호에 준하고 시행규칙 제77조의2 및 별표3에서 규정한 과징금 부과기준에 해당한다면 과징금부과로 입찰참가자격 제한을 갈음할 수 있다고 보는 것이 타당하다고 할 것임.

사례 171 2013년 6월 19일 이전에 제한사유가 발생한 경우 과징금 부과가 가능한지 여부

회 신 (계약제도과-935, 2015.7.15.)

각 중앙관서의 장이 각각 체결한 두 건 이상의 계약에서 계약내용이 유사하더라도 각각의 계약 건이 독립된 입·낙찰절차를 거쳐 체결되었고 독립된 계약서, 계약기간 등이 존재한다면 각각의 계약 건을 독립된 계약으로 보아야 할 것입니다.

또한, 입찰참가자격 제한을 갈음하여 과징금을 부과할 수 있는 경우는 법률 제11547호 부칙 제3호에 따라 2013년 6월 19일 이후에 입찰참가자격 제한사유가 발생한 경우이며, 2013년 6월 19일 이전에 제한사유가 발생하고 2013년 6월 19일 이후에 그 행위가 적발된 경우에는 입찰참가자격 제한을 갈음하여 과징금을 부과할 수 없음(법제처 법령해석 결과도 동일 의견임, 법제처 법령해석총괄과-2699, 2015.7.13.).

제2절 | 과징금 부과의 주체 및 대상 사유

Ⅰ. 과징금 부과의 주체 (법 §27의2①)

(1) 법 제27조의2에서 과징금은 부정당업자에 대한 입찰참가자격 제한조치를 갈음하여 부과할 수 있도록 한 것이므로 과징금 부과의 주체 및 사유도 기본적으로 입찰참가자격 제한조치의 범위 내에 있다고 할 수 있다.

(2) 따라서, 과징금 부과의 주체는 입찰참가자격 제한조치의 경우와 동일하게 각 중앙관서의 장(지방계약은 지방자치단체의 장)이 되며, 해당 기관장의 위임을 받은 계약담당공무원은 부과권자에서 배제된다 하겠다.

➡ 지방계약의 경우 : 각 지방자치단체의 장이 과징금 부과의 주체가 되며, 각 지방자치단체의 장외에 지방자치단체의 장으로부터 계약사무를 위탁받은 중앙행정기관의 장 또는 다른 지방자치단체의 장도 과징금 부과의 주체가 될 수 있음(지방계약법 §31의2②).

Ⅱ. 과징금 부과대상이 되는 사유 (법 §27의2①)

1. 개요

(1) 과징금을 부과할 수 있는 사유는 법 제27조 및 영 제76조의 입찰제한처분

사유(19개)중에서 ①부정당업자의 책임이 경미한 경우와 ②입찰참가자격 제한 시 경쟁입찰이 성립되지 않는 경우로 구분하여 그 대상이 되는 사유 및 금액을 달리 정하고 있다(영 §76의2①).

(2) 즉, 법 제27조의2제1항제1호는 "부정당업자의 위반행위가 예견할 수 없음이 명백한 경제여건 변화에 기인하는 등 부정당업자의 책임이 경미한 경우로서 대통령령으로 정하는 경우", 과징금을 부과할 수 있도록 규정하면서 19가지 사유 중 담합행위 등 10가지를 제외한 9가지 사유에 대해서만 부과대상으로 하고 있는 반면, 동항 제2호는 "입찰참가자격 제한으로 유효한 경쟁입찰이 명백히 성립되지 아니하는 경우로서 대통령령으로 정하는 경우", 과징금을 부과할 수 있도록 규정하면서 이 경우는 19가지 사유 모두를 그 대상으로 하고 있다.

☞ 입찰참가자격 제한사유 중 과징금 부과가 가능한 유형을 한정한 것은 원칙적으로 담합, 뇌물 제공, 서류의 위·변조 등 정부계약제도를 심대하게 저해하는 행위는 과징금 부과사유에서 제외하여 과징금 제도가 남용되는 일이 없도록 하기 위한 것이라 할 수 있음.

* 과징금 부과는 국가계약법 부칙 제3조에 따라 시행일인 2013.6.19. 이후 최초로 그 부과사유가 발생하는 것부터 가능함. 따라서 만일, 2013.6.19. 전에 제한사유가 발생한 것이 2013.6.19. 이후에 인지되었더라도 입찰참가자격 제한을 갈음하여 과징금을 부과할 수 없음(계약제도과-935, 2015.7.15.).

2. 과징금 부과대상 사유

가. 부정당업자의 책임이 경미한 경우(법 §27의2① 제1호, 영 §76의2 ①)

1) 과징금 부과대상이 되는 사유 (9개)

① 계약의 부실·조잡·부당·부정 이행 (법 §27① 제1호) ② 하도급 규정 위반 (법 §27① 제3호) ③ 산업안전보건법 위반으로 2명 이상의 근로자 사망(법 §27① 제8호, 영 §76①)

④ 정당한 이유 없이 계약의 불체결 또는 불이행, 주요 계약조건 위반 등 (영 §76② 제2호 가목)
⑤ 감독·검사의 직무수행 방해 (영 §76② 제2호 라목)
⑥ 건설사업관리기술인의 부당 교체 (영 §76② 제2호 마목)
⑦ 안전대책 소홀 (영 §76② 제3호 가목)
⑧ 정보 무단 누출 (영 §76② 제3호 나목)
⑨ 정보시스템 등에 허가 없이 접속, 무단으로 정보수집 설치 (영 §76② 제3호 다목)

* 2018.12.4. "감독·검사의 직무수행 방해", "정보 무단 누출"이 종전의 과징금 부과 제외대상 사유에서 과징금 부과 대상 사유로 전환되었고, "정보시스템 등에 허가 없이 접속, 무단으로 정보수집 설치"가 부과대상에 추가되었음.

* "산업안전보건법 위반으로 2명 이상의 근로자 사망"근거가 시행령에 안전대책 소홀과 함께 규정되어 있던 것을 2021.1.5. 법으로 상향 규정한 것임(2021.7.6. 시행).

☞ "3회 이상 입찰 불참"(영 §76① 제1호 다목), "적격심사서류 미제출 또는 제출 후 심사 포기"(영 §76① 제1호 마목), "종합심사서류 미제출 또는 제출 후 심사 포기"(영 §76① 제1호 바목) 및 "턴키입찰 시 실시설계서 미제출"(영 §76① 제1호 사목) 등 4개 사유는 2019.12.18. 입찰제한조치 사유에서 제외됨에 따라 과징금 부과대상에서도 제외한 것임.

2) 과징금 부과로 대체할 수 없는 사유 (10개)

① 담합행위 (법 §27① 제2호)
② 사기, 그 밖의 부정한 행위로 손해 발생 (법 §27① 제4호)
③ 공정거래위원회 요청(하도급법 및 공정거래법 위반) (법 §27① 제5호)
④ 중소기업청장 요청 (법 §27① 제6호)
⑤ 뇌물제공 (법 §27① 제7호)
⑥ 서류의 위조·변조·부정행사 또는 허위서류 제출 (영 §76② 제1호 가목)
⑦ 고의 무효입찰 (영 §76② 제1호 나목)
⑧ 입찰참가·계약체결 및 계약이행 방해 (영 §76② 제1호 라목)
⑨ 조사설계금액·원가계산금액 등의 부적정 산정 (영 §76② 제2호 나목)
⑩ 타당성조사 부실 수행 (영 §76② 제2호 다목)

나. 입찰참가자격 제한 시 경쟁입찰이 성립되지 않는 경우
(법 §27의2① 제2호, 영 §76의2②)

이 경우 과징금 부과대상 사유는 부정당업자의 책임이 경미한 경우와는 달리 법 제27조제1항 각호 및 시행령 제76조의 모든 입찰제한조치 사유(19개)에 대해 과징금 부과가 가능하다.

Ⅲ. 부정당업자의 책임이 경미한 경우 해당 사례[2)]

1. 부정당업자의 책임이 경미한 경우 해당 요건

부정당업자의 책임이 경미한 경우에 해당되어 과징금을 부과할 수 있는 요건은 부정당업자가 행한 위반행위가 예견할 수 없음이 명백한 경제여건 변화에 기인하는 등 부정당업자의 책임이 경미한 경우로서, 시행령 제76조의2제1항에 해당하는 경우 즉, 다음의 경우가 해당 요건이 된다.

※ 책임이 경미한 경우에 해당하는 요건

① 천재지변이나 그 밖에 이에 준하는 부득이한 사유로 인한 경우 ② 국내·국외 경제 사정의 악화 등 급격한 경제 여건 변화로 인한 경우 ③ 발주자에 의하여 계약의 주요 내용이 변경되거나 발주자로부터 받은 자료의 오류 등으로 인한 경우 ④ 공동계약자나 하수급인 등 관련 업체에도 위반행위와 관련한 공동의 책임이 있는 경우 ⑤ 입찰금액 과소산정으로 계약의 체결·이행이 곤란한 경우로서 영 제36조제16호에 따른 기준 및 비율을 적용하는 등 책임이 경미한 경우

2) 기획재정부의 "부정당업자에 대한 과징금 부과 업무가이드"(2021.10.) 내용을 참고하여 종합 정리한 것이다.

⑥ 금액단위의 오기 등 명백한 단순착오로 가격을 잘못 제시하여 계약을 체결하지 못한 경우

⑦ 입찰의 공정성과 계약이행의 적정성이 현저하게 훼손되지 아니한 경우로서, 부정당업자의 책임이 경미하며 다시 위반행위를 할 위험성이 낮다고 인정되는 사유가 있는 경우

가. 천재지변이나 그 밖에 이에 준하는 부득이한 사유로 인한 경우 (영 §76의2① 제1호)

천재지변은 자연의 원인으로 발생하는 사고, 즉 홍수, 지진, 폭우 등을 말하며, "천재지변이나 천재지변에 준하는 부득이한 사유"에 대한 판단을 함에 있어, 천재지변을 포함한 보다 넓은 개념인 "불가항력"에 대해 계약예규 공사계약일반조건 제32조제1항은 "태풍·홍수 기타 악천후, 전쟁 또는 사변, 지진, 화재, 전염병, 폭동 기타 계약당사자의 통제범위를 벗어난 사태의 발생 등의 사유로 인하여 공사이행에 직접적인 영향을 미친 경우로서 계약당사자 누구의 책임에도 속하지 아니하는 경우"라고 한 규정을 참고할 수 있을 것으로 본다.

나. 국내·국외 경제 사정의 악화 등 급격한 경제 여건 변화로 인한 경우 (영 §76의2① 제2호)

◉ **예시** : 원자재 등 가격이 급등하게 될 상황을 전혀 예측할 수 없었고, 전년대비 가격이 현저히 급등하여 계약체결을 포기한 경우.

❖ **사례** : A사는 ○○년 제설자재(소금) 구매사업에 낙찰자로 선정되었으나, 원자재 가격 급등(전년대비 약 70%)에 따라 계약포기각서를 제출(2019년 제5차 과징금부과심의위원회)

다. 발주자에 의하여 계약의 주요 내용이 변경되거나 발주자로부터 받은 자료의 오류 등으로 인한 경우 (영 §76의2① 제3호)

◉ **예시 ①** : 수요기관(발주기관)의 요청에 따라 계약과 다른 제품을 납품하였고 기준규격과 유사하거나 제품사양이 동등수준 이상인 제품을 납품하였던 경우.

❖ **사례** : 수요기관은 A사에게 경쟁입찰을 거칠 경우 관련 공사기간을 맞추기 어려우니 예산에 맞추어 수의계약을 통해 조달품목이 아닌 프리미엄급 의자를 납품해달라고 요구하였고 (프리미엄급 의자는 수의계약이 불가능하므로 계약서에는 조달품목으로 표시) A사는 해당 계약에서 정한 물품이 아닌 프리미엄급 의자를 납품함으로써 부당하게 계약을 이행한 것으로 볼 수 있지만, 이는 수요기관의 요청에 따른 것이었고 A사는 기준규격보다 사양이 더 높은 제품을 납품하였던 경우(2018두49390).

◉ **예시 ②** : 계약체결 후 현장 확인 시, 설계도면에 일부 오류가 존재함을 확인하고 재설계 요청을 하였으나, 발주기관이 재설계를 지연함에 따라 공사포기 의사를 표시하였는데 발주기관이 계약해제 전 재설계를 완료한 경우.

❖ **사례** : A사는 계약체결 후 현장 확인 시 설계도면에 일부 오류가 존재함을 확인하고 그대로 시공할 수 없음을 알게 되자 재설계 요청을 하였고, 발주기관은 재설계를 약속하였지만 이를 지연하자 A사는 구두로 공사포기 의사를 표시함.
발주기관은 계약체결 후 3개월이 지나 협력회의를 개최하여 시공사 의견에 따라 설계변경을 해주기로 약속하였으나, A사는 거듭된 지연으로 인해 발주기관을 신뢰하지 못해 공사를 포기하였고, 발주기관은 계약해제 전 재설계를 완료하였음.
계약상대자 A사는 설계변경과 공사기간 연장 등 계약내용 변경에 응할 의무는 없다고 할 것이나, 이에 응하지 않을 경우 기존 계약내용에 따라 시공하여야 함. 그러나 A사는 기존 설계도면이 현장과 상이하다는 이유로 착공하지 아니한 채 재설계를 요청하면서도 변경된 설계도면에 따른 시공에도 응하지 아니하였음(2019년 제4차 과징금부과심의위원회).

◉ **예시 ③** : 입찰공고 당시 과업지시서를 면밀히 살펴보지 못한 과실이 있었지만, 발주기관도 과업지시서에 사양자료가 없음을 명시하지 않았던 잘못이 있었고, 사양자료 없이는 작업이 불가능한 상황이었으므로 사실 파악 즉시 신속히 계약체결 포기의사를 밝힌 경우.

❖ **사례** : 업체는 입찰공고 당시 과업지시서를 면밀히 살펴보지 못한 과실이 있었지만 발주기관도 과업지시서에 사양자료가 없음을 명시하지 않았던 잘못이 있었고, 과업지시서에 정비범위 용역기준, 품질보증에 관하여만 기재되어 있을 뿐 구체적 사양이 없었으므로, 낙찰 후 계약이행이 어렵다고 판단하여 즉시 신속히 계약체결 포기의사를 밝힌 경우(2017구합82895).

◉ **예시 ④** : 수요기관(발주기관)의 납품물품 변경요구에 동의 후 계약이행 중 일부 규격에서 직접생산을 하지 못해 타사제품을 대체 납품하여 직접생산 계약조건을 위반하게 된 경우.

❖ **사례** : B사는 수요기관의 '타일' 납품 시 당초 장애인거주자용으로 계약하였으나 수요기관이 일반세대용 타일로 변경하여 줄 것을 요구하여 동의하였는데, 이행과정에서 일부 규격이 자사에서 생산하지 않는 타일이 있다는 사유로 직접생산 조건을 위반하여 타사제품을 대체 납품하게 됨(조달청 과징금 지침 사례).

라. 공동계약자나 하수급인 등 관련 업체에도 위반행위와 관련한 공동의 책임이 있는 경우 (영 §76의2① 제4호)

◉ **예시 ①** : 계약불이행에 있어서 부실시공 금액이 총 공사대금 대비 미미한 수준에 불과하고 부실시공에 관하여 하도급업체의 기망 등으로 그 사실을 인지할 수 없었으며 시설물의 안전 및 사용에 문제가 없었던 경우.

❖ **사례** : A사는 다른 업체에 하도급을 주어 이 사건 공사 중 철근콘크리트 공사를 시공함에 있어서 설계도면에서 요구되는 것보다 적은 철근을 사용하여 시설물을 시공하였으므로 계약불이행을 하였지만, 부실시공에 관하여 B사도 하도급업체로부터 기망당하였고, 시설물의 부실시공은 B사가 알지 못하는 가운데 하도급업체에 의해 직접 이루어졌으며, 시설물에 대한 정밀구조 안전진단 결과 철근의 부족 시공으로 인하여 시설의 안전 및 사용에 문제가 없는 것으로 밝혀졌고, 철근부족 시공으로 인한 정산액은 총 공사대금의 약 2% 수준에 불과하고 B사는 정산액을 모두 반납하였으며, 시설물의 안전 및 사용에 문제가 없었고 시설물 하자에 대한 보수를 모두 완료한 경우(2016구합75159).

◉ **예시 ②** : 공동이행계약 당사자 B사(공동출자회사)에 대한 계약조건 위반사유 확인과정에서 공동이행계약 당사자 A사가 공동출자 최소비율 기준 충족을 위해 부득이하게 출자비율을 위반한 사실이 확인된 경우.

> ❖ **사례** : A사는 「공동통근버스 운영 용역」 입찰에 공동수급체의 본사소재지 2개 노선만을 담당하기 위해 참여하였는데 관련법상 출자비율 10% 수준을 맞추기 위해 부득이 3대로 계약체결 후 용역수행 중, '계약상대자 자기 소유차량 운행조건'을 위반했다는 민원에 의거 발주기관이 5개 공동계약업체들을 확인한 결과 A사의 경미한 출자비율 위반과 공동계약 업체 B사와 C사의 타사차량운행 및 출자비율 위반이 발견됨.
> 이에 발주기관은 공동계약 5개 업체 전부에 대해 계약해제를 한 후 B사와 C사에 대해서는 입찰 참가제한 처분을 하였으며, A사에 대해서는 책임이 경미함을 이유로 과징금 부과를 신청함(2020년 제6차 과징금부과심의위원회).[3]

마. 입찰금액 과소산정으로 계약의 체결·이행이 곤란한 경우로서 영 제36조제16호에 따른 기준 및 비율을 적용하는 등 책임이 경미한 경우 (영 §76의2① 제5호).[4]

◉ **예시** : 발주기관이 "정부 입찰·계약 집행기준"을 위반하여 예정가격을 상당히 낮게 책정함으로써 업체가 계약체결을 포기한 경우.[5]

> ❖ **사례** : 발주기관의 예산이 원가보다 작아 A사가 계약체결 포기를 한 후 발주기관은 다른 업체를 상대로 수의계약을 추진하였으나 다른 업체 역시 비용이 산출금액을 초과한다는 이유로 계약을 포기하였으므로, 발주기관에서는 규격을 하향하여 다른 업체와 수의계약을 체결하였음(2020년 제3차 과징금부과심의위원회).

---

3) 공동계약에서 공동이행방식의 경우, 채무이행책임은 구성원이 연대하여 책임을 지되, 국가계약법 시행령 제76조제4항에 따라 행정상 제재처분인 입찰참가자격 제한처분에 대해서는 자기책임의 원칙에 따라 입찰참가자격 제한의 원인을 제공한 자에 대해서만 적용한다.

4) 영 제36조제16호 : 원가계산에 의한 예정가격 결정과 관련하여 계약의 목적이 되는 물품·공사·용역 등을 구성하는 재료비·노무비·경비의 책정기준, 일반관리비율 및 이윤율 등 기획재정부장관이 정하는 기준 및 비율.

5) 과징금 부과제도의 실효성 강화방안의 일환으로 입찰(계약)금액을 과소 산정함에 따라 계약을 포기하는 경우 또는 금액단위의 오기 등 명백한 단순착오로 가격을 잘못 제시하여 계약을 체결하지 못한 경우 그 책임이 경미하다면 입찰참가자격제한 대신 과징금을 부과할 수 있도록 2018.12.4. 추가된 것이다.

바. 금액 단위의 오기 등 명백한 단순착오로 가격을 잘못 제시하여 계약을 체결하지 못한 경우 (영 §76의2① 제6호).

◉ **예시** : 입찰금액 투찰 시 입찰 공지된 예산액에서 한 자리 숫자를 누락하여 기재한 사실(예컨대, 5억 원을 5천만 원으로 기재)을 낙찰 후 알게 되어 계약체결을 포기한 경우.

❖ **사례** : 수요기관 예산이 231백만 원인 용역입찰 시 투찰금액 한 자리 숫자를 누락하여 21백만 원으로 투찰한 사실을 계약체결 시 알게 되어 계약을 포기(조달청 과징금 지침 사례).

사. 입찰의 공정성과 계약이행의 적정성이 현저하게 훼손되지 아니한 경우로서, 부정당업자의 책임이 경미하며 다시 위반행위를 할 위험성이 낮다고 인정되는 사유가 있는 경우 (영 §76의2① 제7호).

* "책임이 경미한 경우"에 대한 세부 판단요건이 너무 엄격하게 규정되어 있어 극히 예외적인 경우에만 동 제도를 활용하고 있는 문제점을 개선하기 위해 경과실로 인한 위반, 재발의 위험성이 낮은 경우 등에 대하여도 과징금 대체가 가능토록 2015.1.1. 세부 판단요건을 완화한 것임.

※ 다시 위반행위를 할 위험성이 낮을 것으로 인정되는 사유 예시

- 입찰제한처분이나 과징금 부과처분을 받은 전력이 없는 경우
- 향후 다시 입찰제한처분 사유가 발생하지 않도록 기업 내부의 입찰 및 계약이행절차를 개선하는 등 재발방지조치를 마련한 경우
- 최근 2년 이내에 입찰제한처분(과징금부과처분 포함)을 받은 전력이 없는 경우로서, 관련 경위 등을 종합적으로 고려하여 재발위험성이 낮다고 판단한 경우

2. 부정당업자의 책임이 경미한 경우 주요 적용 사유별 사례

가. 계약의 부실·조잡·부당·부정 이행 (법 §27① 제1호)

◉ **예시 ①** : 관급자재 납품업체가 발주기관이 선정한 공사업체의 긴급한 요청에 따라 부득이하게 전체 납품 량의 극히 일부를 발주기관의 승인을 얻지 못한 채 납품하였고 부당이행 부분은 부당이득환수조치에 따라 모두 반환한 경우.

> ❖ **사례** : A사는 수요기관의 승인을 얻지는 못한 채 재생아스콘을 납품했으나 A사가 적극적으로 재생아스콘을 납품하려 한 것이 아니라 수요기관이 지정한 공사업체가 긴급한 공사를 위하여 재생아스콘이라도 납품해 달라는 요청을 받고 부득이하게 재생아스콘을 납품한 것이었고, 아스콘 공급량의 극히 일부(1% 미만)만 재생아스콘으로 공급하였으며, 부당이득 환수조치를 통해 모두 수요기관에게 반환한 점 등을 비추어 볼 때 A사의 이익을 위해 재생아스콘을 납품했다고 보기 어려운 경우(2017구합103961).

◉ **예시 ②** : 계약이행 완료 후 일부 미미한 부분에서 규격서와 달리 제작한 과실이 확인되었지만, 규격서와 다른 이행으로 발생한 하자수준이 경미하고 성실히 하자보수를 이행한 경우.

> ❖ **사례** : B사는 "전시실 제작·설치작업 계약"을 이행 완료하였으나, 전시진열장 내부천정 아크릴판을 과실로 규격보다 약 2cm 정도 축소제작한 문제로 내부천정 아크릴판 1개가 낙하하여 8% 정도의 하자가 발생하고(6% 이상 제재 대상), 이로 인해 유물이 훼손되어 B사는 총 3단계의 하자보수를 이행하였고, 유물손상에 대한 변상금을 납부 완료하였음(2019년 제9차 과징금부과심의위원회).

◉ **예시 ③** : 행사용역의 일부로 사용된 제작물이 전도되는 사고가 발생하여 계약이행의 부실은 있었지만, 이 사고로 안전에 심각한 위해를 초래한 것은 아니었고 이 사고를 제외하고는 차질 없이 행사를 진행하였으며 책임을 지기 위해 계약금액 일부를 차감 청구하였던 경우.

> ❖ **사례** : 행사용역업체 C사가 설치한 제작물이 넘어져 행사가 중단되었으므로 계약이 부실하게 이행된 것이지만, 행사에 참석자들이 다치지 않아 이 사고로 매우 중대한 안전상의 위해가 발생하였다고 보기는 어렵고, 이 사고를 제외하고는 1년여에 걸친 준비 끝이 행사를 6일간 차질 없이 진행한 것으로 보이며, 도의적 책임을 부담하기 위해 스스로 이 사건 계약금액을 일부 차감청구하기도 하였던 경우(2015구합64305, 2016누39353, 2016두57328).

◉ **예시** ④ : 설계서 및 공인시험기관에서 발행한 시험성적서와 달리 후면지지대가 없는 제품을 납품하였지만, 납품제품에 사용한 신기술과 공인기술의 차이를 알 수 없고 발주기관도 우수제품으로 지정하였으며 납품한 지 상당한 기간이 지났음에도 하자가 발생하지 않았던 경우.

> ❖ **사례** : D사는 설계서 및 공인시험기관에서 발행한 시험성적서와 달리 후면지지대가 없는 제품을 납품하였으므로 부정한 시공을 한 것이지만, 공인된 기술과 D사가 납품한 제품에 사용된 기술 간 어떠한 기능적 차이가 나는지 알 수가 없으며, D사는 후면지지대 및 X자 고정핀이 없는 기술을 신기술로 지정받았고 발주기관도 위 제품들을 조달우수제품으로 지정하였으며, B사가 후면지지대를 설치하지 않고 납품하거나 X자 고정핀을 I자 고정핀으로 변경하여 납품한 것은 D사의 제품 개발 과정에 따른 자연스러운 결과였고, 이러한 기술의 제품을 납품한 지 상당한 기간이 지났음에도 오작동과 같은 문제가 발생하지 않았던 경우(2015구합2055, 2015누67375).

나. 하도급 규정 위반 (법 §27① 제3호)

◉ **예시** : 발주기관의 승인이 없는 하도급의 비중이 낮고 해당 부분에 대한 전문기술이 없어, 체결한 계약을 적정하게 이행하기 위해 하도급이 불가피하였던 경우.

> ❖ **사례** : A사는 계약상 항온 항습기 정비 업무를 직접 수행해야 하지만 이를 수행할 능력이 없어 항온 항습기 정비 기술자인 X로 하여금 위 업무를 처리하게 하였으므로 발주기관 승인 없는 하도급에 해당하지만, 문제된 항온항습기 정비 부분은 그 비중이 높지 않았던 데다가 A는 이 부분에서 손해를 보면서 계약을 이행하여 왔고, 위 하도급은 전문

기술이 없는 A사의 입장에서는 기왕에 체결한 계약을 적정하게 이행하기 위해 불가피하게 수행된 측면도 있으며, 그 규모나 내용 등에 비추어 하도급의 정도 역시 경미할 뿐만 아니라, 최초 입찰연도부터 A는 발주기관의 계약담당자에게 전문인력의 부재로 항온 항습기 정비업무를 수행하기 어렵다는 취지의 말을 하였고 발주기관은 6년 동안 매년 A사와 계약을 체결하면서 이러한 사실을 인지하고 있었지만 상당한 기간 동안 이로 인하여 초래될 수 있는 법적인 문제에 관하여 아무런 조치를 취하지 않았던 경우(2017누33765).

☞ 법원에서 과징금 부과를 권고하여 과징금부과심의위원회에서 과징금 부과를 심의 의결한 사례.

다. 정당한 이유 없이 계약의 불 체결 또는 불이행, 주요 계약조건 위반 (영 §76② 제2호 가목)

1) 정당한 이유 없이 계약 불 체결

◉ **예시 ①** : 계약당사자의 입찰금액 과실산정 등으로 계약을 체결하지 못하게 되었는데, 원도급자(부정당업자)가 아닌 담당 업무를 주도한 산하 개인사업자(계약체결 후 하도급자)에게 주된 책임이 있었던 경우.

❖ **사례** : A사가 계약을 체결하지 않은 이유는 입찰금액을 잘못 산정하였기 때문인데 고의로 발주기관에게 저가의 입찰금액을 제출하여 낙찰받은 후 계약을 체결하지 않은 것이 아니라 담당자가 과실로 기간 계산을 잘못한 것에 불과하며, A사 산하의 개인사업자인 X가 주도하여 업무를 담당하였으므로 A사에게 주된 책임이 있다고 볼 수 없는 경우(2015구합54100, 2015누69487, 2016두45134).

☞ 법원에서 과징금 부과를 권고하였으며, 과징금부과심의위원회에서 과징금 부과를 심의 의결한 사례.

◉ **예시 ②** : 입찰공고 내용을 오인하여 자신이 제공할 수 없는 제품에 응찰한 사실을 알게 되자 낙찰 당일 바로 계약체결을 포기한 경우.

> ❖ **사례** : B사는 유지보수용 장비 보험가입에 낙찰되었으나 입찰공고 내용을 오인하여 보험료를 산출·응찰하였음을 알게 되어 낙찰 당일 바로 낙찰을 포기함에 따라 계약이 체결되지 않았음(2018년 제3차 과징금부과심의위원회 안건).

2) 정당한 이유 없이 계약 불이행

◉ **예시 ①** : 납품 물품에서 발생한 하자(이물질 발생 등)의 비중이 낮고 고의·중과실이 없었으며 사건 발생 전후 하자발생 방지를 위해 설비추가, 인력증원 등의 노력을 한 경우.

> ❖ **사례** : A사가 납품한 수산물 중 일부에서 이물질이 발견되었는데, A사는 장기간 발주기관과 물품공급계약을 체결하여 왔으며 급식 질 향상을 위해 많은 노력을 하여왔고, A사가 납품한 물건 중 이물질이 발견된 것은 해당 사건 공급량의 0.1% 미만, 연 공급량 대비 0.1% 미만인 수준에 불과하였으며, 이물질 혼입이 A사의 고의 또는 중대한 과실에 의한 것이 아니었고, 발주기관은 A로부터 채무불이행시 계약보증금을 지급받기로 약정하였으므로 피해의 보전이 가능할 뿐만 아니라, A사가 이 사건 전후 이물질 혼입방지를 위해 설비를 추가로 도입하고 인력을 증원하는 등 품질개선 노력을 한 경우(2015구합64619).
>
> ☞ 법원판결 후 과징금부과심의위원회에서 과징금 부과를 심의의결한 사례.

◉ **예시 ②** : 계약불이행의 원인이 거래처의 비협조적 대응, 기상악화 등에 의해 발생되었고 발주기관에 즉시 통보하여 후속계약을 체결할 수 있도록 한 경우.

> ❖ **사례** : B사는 발주기관과 비공개수의협상 후 반잠수형 1척의 임차용역을 체결하였으나(2번 유찰 후 수의계약 가능여부를 8개 업체에게 문의하였으나 B사만이 회신함), 해외 거래처의 비협조적 대응과 선박 메인엔진의 성능저하 및 인도양 기상악화 등으로 훈련지점에 훈련시작 일시보다 지연 도착할 가능성을 보고하자 발주기관은 계약을 해제하고 계획된 훈련일정에 지원이 가능하도록 바지선 1척 임차용역에 대한 후속계약을 체결(2020년 제1차 과징금부과심의위원회).

◉ **예시 ③** : 자격증 보유자 확보의 어려움 등으로 계약이행에 필수적인 업종 허가를 더 이상 보유하지 못하게 되어 계약이행이 어렵게 되었으나 계약금액이 소액이고 계약을 성실히 이행하였으며 사전에 계약불이행 가능성을 통보한 경우.

> ❖ **사례** : C사는 소방안전관리 용역계약을 체결한 후 약 4개월 정도 성실히 수행하였으나, 소방시설관리업종 자격증 보유자 확보의 어려움 및 적자 누적 등을 이유로 폐업예정으로 계약이행이 불가하다는 사실을 사전에 통보함에 따라 발주기관은 계약을 해지(2019년 제5차 과징금부과심의위원회).
>
> ☞ 법원에서 과징금 부과를 권고하여 과징금부과심의위원회에서 과징금 부과를 심의 의결한 사례.

◉ **예시 ④** : 계약체결 후 상당부분을 납품한 후 일부 미 납품 품목의 경우 국내생산 조달이 어렵고 해외수입은 소량이라 불가능함을 이유로 나머지 부분의 계약이행은 포기한 경우.

> ❖ **사례** : D사는 "X축전기 등 7종 구매" 및 "Y세트 스위치 및 연결기 등 15종 구매"등 2건을 계약체결하고 전자는 2회 부분납품으로 7종 중 6종을 납품하고 후자는 3회 부분납품으로 15종 중 8종을 납품한 후 국내생산 조달이 어렵고 해외수입은 소량이라 불가능하다는 사유로 계약포기서를 제출하자 발주기관은 계약해지 및 계약보증금 국고환수를 통보(2020년 제4차 과징금부과심의위원회).
>
> ☞ 중앙행정심판위원회에서 과징금 부과를 권고하여 과징금부과심의위원회에서 과징금 부과를 심의 의결한 사례.

◉ **예시 ⑤** : 발주관서가 입찰공고 당시 부품조달의 어려움을 공지하였지만 계약체결 후 특정업체만 제작하는 부품 등에 불량이 발생하였고 납품을 위한 노력을 하였지만 해당 부품이 단종이 된 경우.

❖ **사례** : E사는 정비계약 입찰에 있어서 사전에 사양설명회를 통하여 부품조달 및 정비기술상의 어려움이 있을 수 있음을 고지받았는데도 사전에 치밀한 준비 없이 입찰에 응한 후 정비계약상 의무를 이행하지 못한 잘못이 있지만, 국내에서 쉽게 구할 수 있는 일반 부품이 아니라 해당 장비에만 고유하게 사용되는 특정 업체만이 공급하는 전용 부품에 불량이 발생하였으며, 입찰공고서와 정비계약서에 의하더라도 해당 장비 중 정비가 필요한 부분이 어디인지 구체적으로 확인할 수 없었을 뿐만 아니라, E사는 정비계약의 납기를 연장하며 관련 부품을 확보하기 위하여 나름대로 노력을 하였지만 부품단종으로 계약 일부를 불이행(2대 정비계약 중 1대만 정비완료)한 경우(2014누59728, 2016두31715).

◉ **예시 ⑥** : 입찰공고 당시 계약물품 중 일부가 납품이 불가능한 사실을 면밀히 살펴보지 못한 과실이 있었지만 납품 가능한 나머지 부분에 대해서는 성실히 이행한 경우.

❖ **사례** : F사는 X제품 등 46종 구매계약을 체결하여 그중 40품목은 성실히 납품하였으나 미납품 6품목 중 4품목은 국내조달이 불가능하여 계약해지를 요청하였음(2019년 제5차 과징금부과심의위원회).

◉ **예시 ⑦** : 정해진 기한 내 제조·납품 가능여부에 대한 심사숙고 없이 계약체결을 하였지만, 샘플 또는 설계도를 입수하지 못하여 자체설계·제작에 상당기간 소요되었고 제1차 계약보증금 납부 후 계약이행을 위한 노력을 기울이다가 제2차 계약보증금 미납부로 계약해제를 당하였던 경우.

❖ **사례 :** G사는 정해진 기한 내에 통합전화기를 제조하여 납품할 수 있는지 심사숙고하지 않고 계약을 체결한 후 납기일이 지날 때까지 계속 이행하지 못하여 군수물품 공급에 차질을 빚다가 결국 계약해제를 당하였음. 그런데, G사는 통합전화기의 견본품을 제공받은 후 주요 부품들이 모듈화 되어 있다는 사실을 알게 된 것이고 G사가 그 샘플이나 회로도를 입수하지 못하여 자체적으로 설계·제작하는 데 상당한 기간이 소요되었으며, 제1차 계약보증금 납부로 납품기한을 연장해가면서 통합전화기의 시제품을 완성하는 단계까지 작업하는 노력을 기울이다가 제2차 계약보증금 미납부로 계약해제를 당한 것이었음(2016누77201, 2017두60369).

2) 정당한 이유 없이 계약의 주요조건 위반

◉ **예시** ① : 용역계약을 완료한 후 사후적으로 위반한 계약조건(발주기관 승인 후 대외 공개 등)이 계약에서 주된 의무가 아닌 경우.

❖ **사례** : 대학교수 A는 연구용역계약에 따라 그 이행을 완료하였는데 계약특수조건에서 규정한 '발주기관 승인 후 대외 공개 가능' 조항을 위반하여 채무불이행에 해당하게 되었지만, B가 위반한 의무는 이행완료 후 사후적으로 이행하게 되는 것으로서 용역계약의 주된 의무가 아니었으며, A는 소속대학으로부터 이미 상당한 제재조치를 받은 경우(2016구합74699, 2017누30926).

☞ 법원에서 과징금 부과를 권고하여 과징금부과심의위원회에서 과징금 부과를 심의 의결한 사례.

◉ **예시** ② : 직접생산의무를 위반한 비중이 낮고 직접생산제품보다 품질이 낮지 않을 뿐만 아니라 수요기관이 이를 인지하고도 이의제기 없이 수용하였던 경우.

❖ **사례** : B사가 직접생산의무를 위반하여 납품한 제품은 약 2,500여 통 중 20통에 불과하고 계약금액 125백만 원 중 약 1백만 원에 불과하며, B사가 직원들의 휴직계획을 신고한 기간 중에 납품요구가 있게 되자 부득이하게 타사에서 물품을 공급받아 이행하게 되었고, 타사에서 공급받아 제공한 물품의 품질이 B사가 직접 생산할 물품보다 떨어진다거나 수요기관으로부터 이의제기도 없었던 경우(2017구합101293).

◉ **예시** ③ : 계약이행중 담당 직원의 실수로 계약물품 중 일부 제품에 대한 법정의무인증조건(관련법상 안전인증)이 취소되어 입찰참가자격이 상실되었으나, 미 인증으로 납품한 제품이 없었고 계약 이행률이 상당한 수준에 달한 경우.

❖ **사례** : C사는 다수공급자계약 기간 중 해당 제품의 인증기간 만료 전에 인증담당자의 실수로 일부 제품의 안전인증이 취소되었으나, 안전인증이 취소됨에 있어서 고의가 없었고 미 인증제품 납품 건이 없었으며 계약 이행률이 90% 내외였던 경우(2019년 제11차 과징금부과심의위원회).

◉ **예시** ④ : 다수공급자계약으로 계약이행 중 우수재활용제품 인증의 유효기간이 만료되었음에도 계약의 주요조건인 계약담당자에게 변동사항을 통지하여야 할 의무를 이행하지 않음에 따라 계약의 주요조건을 위배한 경우에 해당된 사례.

❖ **사례** : D사는 다수공급자계약 기간 중 우수재활용제품 인증 유효기간이 만료된 상태에서 제품을 납품하여 "계약의 주요조건을 위반한 자"에 해당하나, 실제 위반금액이 경미하고, 납품된 제품이 품질관련 문제가 없는 점, 계약기간 중 인증을 다시 발급받아 정상적인 계약이행을 하고 있는 점 등이 고려(2021년 제4차 과징금부과심의위원회).

◉ **예시** ⑤ : 다수공급자계약 체결 후 미납된 납품요구 건 없이 계약기간이 만료되었으나, 그 후 계약규격과 상이한 제품을 납품한 사실이 확인되어 계약의 주요조건을 위배한 경우에 해당된 사례.

❖ **사례** : E사는 다수공급자계약으로 납품 완료 및 계약기간이 만료 후 계약규격과 상이한 제품을 납품한 사실이 확인된 상황에서, E사는 납품 규격을 변경한 것이 당초 수요기관의 규격변경 요청 및 수요기관의 승인을 거쳐 납품한 것이어서 계약의 주요조건을 위배한 경우에 해당되지 않는다고 주장하나, 이에 대해 계약당사자는 E사와 조달청이기 때문에 수요기관의 사전승인만으로는 계약규격을 변경할 수 없어 결국 공고서에 명시한 계약조건을 위반한 것으로 인정.

- 다만, 위반금액이 전체 계약금액의 0.44% 수준으로 미미하며, E사가 상이한 규격을 납품하여 부당이득을 취한 것이 없고 수요기관 사업에 차질이 없다는 점 등이 종합적으로 고려(2021년 제4차 과징금부과심의위원회).

라. 감독·검사의 직무수행 방해 (영 §76② 제2호 라목)

마. 건설사업관리기술인의 부당 교체 (영 §76② 제2호 마목)

바. 안전대책 및 보건조치 소홀 (영 §76② 제3호 가목)

사. 정보 무단 누출 (영 §76② 제3호 나목)

아. 정보시스템 등에 허가 없이 접속, 무단으로 정보수집 설치 (영 §76② 제3호 다목)

☞ "라~아"까지의 사유에 대해서는 아직 과징금 부과사례가 없음.

Ⅳ. 입찰참가자격 제한 시 경쟁입찰이 성립되지 않는 경우 (영 §76의2②)

1. 과징금 부과대상 요건 및 사유 (19개 모두)

(1) 부정당업자에 대해 입찰참가자격을 제한하게 되면 위반행위가 발생한 입찰과 동종 또는 유사한 입찰에서 유효한 경쟁입찰이 명백하게 성립되지 않는 경우 즉, 입찰자가 2인 미만이 될 것으로 예상되는 경우 입찰참가자격제한 대신 과징금을 부과할 수 있다.

(2) 이 경우에는 부정당업자의 책임이 경미한 사유에 해당되어 과징금을 부과할 수 있는 경우(9개)와는 달리 입찰참가자격 제한사유 전부(19개)를 대상으로 하여 앞의 요건(입찰자가 2인 미만이 될 것으로 예상되는 경우)에 부합되면 과징금을 부과할 수 있다.

* 종전에는 "유효경쟁 불성립"의 경우에도 문서위조 등 중대 위반행위자에 대하여는 과징금 대체 불가로 사실상 수의계약을 통해 수주하는 사례가 발생되고 있는 문제점을 고려, 2015.1.1. 그 동안 제외하였던 담합, 문서위조, 뇌물제공, 사기 등 4가지에 대해서도 유효경쟁이 성립하지 않을 우려가 있는 경우 과징금 대체를 예외적으로 허용토록 한 것임.

2. 과징금 부과 사례 예시

❖ **사례** : A사는 연매출액의 상당한 수준을 정부조달에 의존하고 있으며, B기관과 부품 납품 계약을 체결하였으나, 원자재를 확보하지 못하여 계약을 불이행하게 되었음. 이로 인해 A사가 B기관의 장으로부터 입찰참가자격 제한을 받게 되면, 국내에 2개 회사 밖에 없어 독점이 우려되는 상황이므로, B기관의 장은 과징금부과심의위원회에서 심의를 요청(2014년 제1차 과징금부과심의위원회)

유권해석 사례

사례 172 과징금 부과의 권한 위임에 관한 질의 회신

회 신 (계약제도과-1243, 2019.7.19.)

국가계약법 제27조의2제1항에서 "각 중앙관서의 장은 제27조제1항에 따라 부정당업자에게 입찰참가자격을 제한하여야 하는 경우로서 (중략) 과징금을 부과할 수 있다."라고 규정하고 있으므로 과징금의 부과권한은 중앙관서의 장에게 있습니다.

또한, 국가계약법 제6조제1항에서는 "각 중앙관서의 장은 그 소관에 속하는 계약사무를 처리하기 위하여 필요하다고 인정하면 그 소속 공무원 중에서 계약에 관한 사무를 담당하는 공무원(이하 "계약관"이라 한다)을 임명하여 그 사무를 위임할 수 있으며, 그 소속 공무원에게 계약관의 사무를 대리(代理)하게 하거나 그 사무의 일부를 분장(分掌)하게 할 수 있다."라고 규정하고 있으며, 제4항에서는 "제1항과 제2항에 따른 계약관의 사무의 위임·위탁, 대리 및 일부 분장은 각 중앙관서 소속 기관에 설치된 관직을 지정함으로써 갈음할 수 있다."라고 규정하고 있습니다.

따라서, 국가계약법 제27조의2제1항의 과징금을 부과할 수 있는 권한을 보유하고 있는 중앙관서의 장이 국가계약법 제6조에 따라 계약사무를 위임하였다면 위임받은 기관의 장은 국가계약법 제27조의2제1항에 따른 과징금부과 권한이 있다고 봄이 타당할 것임.

사례 173 과징금 부과대상에 해당되는지 여부

회 신 (계약제도과-310, 2015.3.24.)

국가계약법 시행령 제76조에서는 부정당업자 입찰참가자격 제한 대상으로 계약상대방을 규정하고 있으므로 수의계약의 계약상대방도 부정당업자 입찰참가자격 제한 제재의 대상이 될 수 있습니다. 개산계약에서 잘못된 증빙서류를 근거로 정산한 것은 부정당업자 입찰참가자격 제한 제재 사유가 될 수 있을 것이나, 계약담당자가 사유에 해당하는 행위의 유형, 고의·과실 여부 등 제반사정으로 고려하여 처분해야 할 사항이라 할 것입니다.

국가계약법 제27조의2제1항제2호에서는 입찰참가자격 제한으로 유효한 경쟁입찰이 명백히 성립되지 않는 경우로서 대통령령이 정하는 경우로 규정하고 있으며, 동법 시행령 제76조의2 제2항에서는 입찰자가 2인 미만이 될 것으로 예상하는 경우로 규정하고 있으므로 계약이행을 할 수 있는 자가 1인 뿐인 경우로서 수의계약에 의할 수밖에 없는 경우는 동 조항에 해당하는 과징금 부과사유라 할 수 있을 것임

제3절 | 과징금 부과의 기준 및 부과금액

Ⅰ. 과징금 부과의 일반기준 (규칙 §77의2①)

① 부정당업자의 책임이 경미한 경우 : 규칙 별표3에 규정

② 입찰참가자격 제한으로 유효한 경쟁입찰이 명백히 성립되지 아니하는 경우 : 규칙 별표4에 규정

1. 부정당업자의 책임이 경미한 경우의 과징금 부과기준

(규칙 제77조의2제1항제1호 관련 ; 별표3, 2021.7.6.)

과징금 부과사유	과징금 부과율
1. 법 제27조제1항제1호에 해당하는 자 중 부실시공 또는 부실설계·감리를 한 자	
가. 부실벌점이 150점 이상인 자	10%
나. 부실벌점이 100점 이상 150점 미만인 자	5%
다. 부실벌점이 75점 이상 100점 미만인 자	4%
라. 부실벌점이 50점 이상 75점 미만인 자	3%
마. 부실벌점이 35점 이상 50점 미만인 자	2%
바. 부실벌점이 20점 이상 35점 미만인 자	1%
2. 법 제27조제1항제1호에 해당하는 자 중 계약의 이행을 조잡하게 한 자	
가. 공사	
1) 하자비율이 100분의 500 이상인 자	10%
2) 하자비율이 100분의 300 이상 100분의 500 미만인 자	5%

과징금 부과사유	과징금 부과율
3) 하자비율이 100분의 200 이상 100분의 300 미만인 자	4%
4) 하자비율이 100분의 100 이상 100분의 200 미만인 자	1.5%
나. 물품	
1) 보수비율이 100분의 25 이상인 자	10%
2) 보수비율이 100분의 15 이상 100분의 25 미만인 자	5%
3) 보수비율이 100분의 10 이상 100분의 15 미만인 자	4%
4) 보수비율이 100분의 6 이상 100분의 10 미만인 자	1.5%
3. 법 제27조제1항제1호에 해당하는 자 중 계약 이행을 부당하게 하거나 계약을 이행할 때에 부정한 행위를 한 자	
가. 설계서(물품제조의 경우에는 규격서를 말한다. 이하 같다)와 달리 구조물 내구성 연한의 단축, 안전도의 위해를 가져오는 등 부당한 시공(물품의 경우에는 제조를 말한다. 이하 같다)을 한 자	5%
나. 설계서상의 기준규격보다 낮은 다른 자재를 쓰는 등 부정한 시공을 한 자	3%
다. 가목의 부당한 시공과 나목의 부정한 시공에 대하여 각각 감리업무를 성실하게 수행하지 않은 자	1.5%
4. 법 제27조제1항제3호에 해당하는 자	
가. 전부 또는 주요부분의 대부분을 1인에게 하도급한 자	5%
나. 전부 또는 주요부분의 대부분을 2인 이상에게 하도급한 자	4%
다. 면허·등록 등 관련 자격이 없는 자에게 하도급한 자	4%
라. 발주기관의 승인 없이 하도급한 자	3%
마. 재하도급금지 규정에 위반하여 하도급한 자	2%
바. 하도급조건을 하도급자에게 불리하게 변경한 자	2%
5. 영 제76조제1항에 해당하는 자(계약을 이행할 때에 「산업안전보건법」 제38조, 제39조 및 제63조를 위반하여 동시에 2명 이상의 근로자가 사망한 재해를 발생시킨 자)	
1) 동시에 사망한 근로자수가 10명 이상	10%
2) 동시에 사망한 근로자수가 6명 이상 10명 미만	7.5%
3) 동시에 사망한 근로자수가 2명 이상 6명 미만	5%
6. 영 제76조제2항제2호 가목에 해당하는 자	
가. 계약을 체결 또는 이행(하자보수의무의 이행을 포함한다)하지 않은 자	3%
나. 공동계약에서 정한 구성원 간의 출자비율 또는 분담내용에 따라 시공하지 않은 자	
1) 시공에 참여하지 않은 자	1.5%
2) 시공에는 참여하였으나 출자비율 또는 분담내용에 따라 시공하지 않은 자	0.5%
다. 계약상의 주요조건을 위반한 자	1.5%

과징금 부과사유	과징금 부과율
라. 영 제52조제1항 단서에 따라 공사이행보증서를 제출해야 하는 자로서 동 공사이행보증서 제출의무를 이행하지 않은 자 마. 영 제42조제5항에 따른 계약이행능력심사를 위하여 제출한 사항을 지키지 않은 자 1) 외주근로자 근로조건 이행계획에 관한 사항을 지키지 않은 자 2) 하도급관리계획에 관한 사항을 지키지 않은 자	0.5% 1.5% 0.5%
7. 영 제76조제2항제2호 라목에 해당하는 자(감독 또는 검사에 있어서 그 직무의 수행을 방해한 자)	1.5%
8. 영 제76조제2항제2호 마목에 해당하는 자(시공 단계의 건설사업관리 용역계약 시 「건설기술진흥법 시행령」 제60조 및 계약서 등에 따른 건설사업관리기술자 교체사유 및 절차에 따르지 않고 건설사업관리기술자를 교체한 자)	4%
9. 영 제76조제2항제3호 가목에 해당하는 자 가. 안전대책을 소홀히 하여 사업장 근로자 외의 공중에게 생명·신체상의 위해를 가한 자 나. 안전대책을 소홀히 하여 사업장 근로자 외의 공중에게 재산상의 위해를 가한 자	 5% 3%
10. 영 제76조제2항제3호 나목에 해당하는 자(「전자정부법」 제2조제13호에 따른 정보시스템의 구축 및 유지·보수 계약의 이행과정에서 알게 된 정보 중 각 중앙관서의 장 또는 계약담당공무원이 누출될 경우 국가에 피해가 발생할 것으로 판단하여 사전에 누출금지정보로 지정하고 계약서에 명시한 정보를 무단으로 누출한 자) 가. 정보 누출 횟수가 2회 이상이 경우 나. 정보 누출 횟수가 1회인 경우	 1.5% 0.5%
11. 영 제76조제2항제3호 다목에 해당하는 자[「전자정부법」 제2조제10호에 따른 정보통신망 또는 같은 조 제13호에 따른 정보시스템(이하 이 호에서 “정보시스템등”이라 한다)의 구축 및 유지·보수 등 해당 계약의 이행과정에서 정보시스템등에 허가 없이 접속하거나 무단으로 정보를 수집할 수 있는 비인가 프로그램을 설치하거나 그러한 행위에 악용될 수 있는 정보시스템등의 약점을 고의로 생성 또는 방치한 자]	10%

〈비고〉

1. 위 표에서 “부실벌점”이란 「건설기술진흥법」 제53조제1항 각 호 외의 부분에 따른 벌점을 말한다.
2. 위 표에서 “하자비율”이란 하자담보책임기간 중 하자검사결과 하자보수보증금에 대한 하자발생 누계금액비율을 말한다.
3. 위 표에서 “보수비율”이란 물품보증기간 중 계약금액에 대한 보수비용발생 누계금액비율을 말한다.

과징금 부과사유	과징금 부과율
4. 「조달사업에 관한 법률」 제12조에 따른 제3자를 위한 단가계약, 같은 법 제13조에 따른 다수공급자계약, 같은 법 제14조제1항 및 같은 법 시행령 제16조에 따른 카탈로그 계약의 경우 연평균 계약금액에 위 표의 과징금 부과율을 적용한다. 이 경우 계약기간이 1년 미만인 경우에는 총 계약금액에 위 표의 과징금 부과율을 적용한다. 5. 비고 제4호의 연평균 계약금액은 총 계약금액을 총 개월 수로 나눈 후 12를 곱하여 산출한다. 이 경우 1개월이 되지 않는 잔여일수는 총 개월 수에 산입하지 않는다.	

➡ 지방계약의 경우, 각 사유별 과징금 부과율은 부록에 수록해 놓았음.

2. 입찰참가자격 제한으로 유효한 경쟁입찰이 명백히 성립되지 아니하는 경우의 과징금 부과기준 (제77조의2제1항제2호 관련 ; 별표4, 2021.7.6.)

과징금 부과사유	과징금 부과율
1. 법 제27조제1항제1호에 해당하는 자 중 부실시공 또는 부실설계·감리를 한 자	
가. 부실벌점이 150점 이상인 자	30%
나. 부실벌점이 100점 이상 150점 미만인 자	15%
다. 부실벌점이 75점 이상 100점 미만인 자	12%
라. 부실벌점이 50점 이상 75점 미만인 자	9%
마. 부실벌점이 35점 이상 50점 미만인 자	6%
바. 부실벌점이 20점 이상 35점 미만인 자	3%
2. 법 제27조제1항제1호에 해당하는 자 중 계약의 이행을 조잡하게 한 자	
가. 공사	
1) 하자비율이 100분의 500 이상인 자	30%
2) 하자비율이 100분의 300 이상 100분의 500 미만인 자	15%
3) 하자비율이 100분의 200 이상 100분의 300 미만인 자	12%
4) 하자비율이 100분의 100 이상 100분의 200 미만인 자	4.5%
나. 물품	
1) 보수비율이 100분의 25 이상인 자	30%
2) 보수비율이 100분의 15 이상 100분의 25 미만인 자	15%
3) 보수비율이 100분의 10 이상 100분의 15 미만인 자	12%
4) 보수비율이 100분의 6 이상 100분의 10 미만인 자	4.5%

과징금 부과사유	과징금 부과율
3. 법 제27조제1항제1호에 해당하는 자 중 계약 이행을 부당하게 하거나 계약을 이행할 때에 부정한 행위를 한 자	
가. 설계서(물품제조의 경우에는 규격서를 말한다. 이하 같다)와 달리 구조물 내구성 연한의 단축, 안전도의 위해를 가져오는 등 부당한 시공(물품의 경우에는 제조를 말한다. 이하 같다)을 한 자	15%
나. 설계서상의 기준규격보다 낮은 다른 자재를 쓰는 등 부정한 시공을 한 자	9%
다. 가목의 부당한 시공 또는 나목의 부정한 시공에 대하여 감리업무를 성실하게 수행하지 않은 자	4.5%
4. 법 제27조제1항제2호에 해당하는 자	
가. 담합을 주도하여 낙찰을 받은 자	30%
나. 담합을 주도한 자	15%
다. 입찰자 또는 계약상대자 간에 서로 상의하여 미리 입찰가격, 수주 물량 또는 계약의 내용 등을 협정하거나 특정인의 낙찰 또는 납품대상자 선정을 위하여 담합한 자	9%
5. 법 제27조제1항제3호에 해당하는 자	
가. 전부 또는 주요부분의 대부분을 1명에게 하도급한 자	15%
나. 전부 또는 주요부분의 대부분을 2명 이상에게 하도급한 자	12%
다. 면허·등록 등 관련 자격이 없는 자에게 하도급한 자	12%
라. 발주기관의 승인 없이 하도급한 자	9%
마. 재하도급금지 규정에 위반하여 하도급한 자	6%
바. 하도급조건을 하도급자에게 불리하게 변경한 자	6%
6. 법 제27조제1항제4호에 해당하는 자(사기, 그 밖의 부정한 행위로 입찰·낙찰 또는 계약의 체결·이행 과정에서 국가에 손해를 끼친 자)	
가. 국가에 10억 원 이상의 손해를 끼친 자	30%
나. 국가에 10억 원 미만의 손해를 끼친 자	15%
7. 법 제27조제1항제5호 또는 제6호에 따라 공정거래위원회 또는 중소기업청장으로부터 입찰참가자격제한 요청이 있는 자	
가. 이 제한기준에서 정한 사유로 입찰참가자격제한 요청이 있는 자	해당 각 호의 기준에 의함
나. 이 제한기준에 해당하는 사항이 없는 경우로서 입찰참가자격제한 요청이 있는 자	9%
8. 법 제27조제1항제7호에 해당하는 자	
가. 2억 원 이상의 뇌물을 준 자	30%
나. 1억 원 이상 2억 원 미만의 뇌물을 준 자	15%
다. 1천만 원 이상 1억 원 미만의 뇌물을 준 자	9%
라. 1천만 원 미만의 뇌물을 준 자	4.5%

과징금 부과사유	과징금 부과율
9. 영 제76조제1항에 해당하는 자(계약을 이행할 때에 「산업안전보건법」 제38조, 제39조 및 제63조를 위반하여 동시에 2명 이상의 근로자가 사망한 재해를 발생시킨 자) 1) 동시에 사망한 근로자수가 10명 이상 2) 동시에 사망한 근로자수가 6명 이상 10명 미만 3) 동시에 사망한 근로자수가 2명 이상 6명 미만	 30% 22.5% 15%
10. 영 제76조제2항제1호 가목에 해당하는 자 가. 입찰에 관한 서류(제15조제2항에 따른 입찰참가자격 등록에 관한 서류를 포함한다)를 위조·변조하거나 부정하게 행사한 자 또는 허위서류를 제출하여 낙찰을 받은 자 나. 입찰 또는 계약에 관한 서류(제15조제2항에 따른 입찰참가자격등록에 관한 서류를 포함한다)를 위조·변조하거나 부정하게 행사한 자 또는 허위서류를 제출한 자	 15% 9%
11. 영 제76조제2항제1호 나목에 해당하는 자(고의로 무효의 입찰을 한 자)	9%
12. 영 제76조제2항제1호 라목에 해당하는 자(입찰참가를 방해하거나 낙찰자의 계약체결 또는 그 이행을 방해한 자)	4.5%
13. 영 제76조제2항제2호 가목에 해당하는 자 가. 계약을 체결 또는 이행(하자보수의무의 이행을 포함한다)하지 않은 자 나. 공동계약에서 정한 구성원 간의 출자비율 또는 분담내용에 따라 시공하지 않은 자 1) 시공에 참여하지 않은 자 2) 시공에는 참여하였으나 출자비율 또는 분담내용에 따라 시공하지 않은 자 다. 계약상의 주요조건을 위반한 자 라. 영 제52조제1항 단서에 따라 공사이행보증서를 제출해야 하는 자로서 해당 공사이행보증서 제출의무를 이행하지 않은 자 마. 영 제42조제5항에 따른 계약이행능력심사를 위하여 제출한 사항을 지키지 않은 자 1) 외주근로자 근로조건 이행계획에 관한 사항을 지키지 않은 자 2) 하도급관리계획에 관한 사항을 지키지 않은	 9% 4.5% 1.5% 4.5% 1.5% 4.5% 1.5%
14. 영 제76조제2항제2호 나목 또는 다목에 해당하는 자 가. 고의에 의한 경우 나. 중대한 과실에 의한 경우	 9% 9%
15. 영 제76조제2항제2호 라목에 해당하는 자(감독 또는 검사에 있어서 그 직무의 수행을 방해한 자)	4.5%
16. 영 제76조제2항제2호 마목에 해당하는 자(시공 단계의 건설사업관리 용역계약 시 「건설기술진흥법 시행령」 제60조 및 계약서 등에 따른 건	12%

과징금 부과사유	과징금 부과율
설사업관리기술자 교체사유 및 절차에 따르지 않고 건설사업관리기술자를 교체한 자)	
17. 영 제76조제2항제3호 가목에 해당하는 자 가. 안전대책을 소홀히 하여 사업장 근로자 외의 공중에게 생명·신체상의 위해를 가한 자 나. 안전대책을 소홀히 하여 사업장 근로자 외의 공중에게 재산상의 위해를 가한 자	 15% 9%
18. 영 제76조제2항제3호 나목에 해당하는 자(「전자정부법」 제2조제13호에 따른 정보시스템의 구축 및 유지·보수 계약의 이행과정에서 알게 된 정보 중 각 중앙관서의 장 또는 계약담당공무원이 누출될 경우 국가에 피해가 발생할 것으로 판단하여 사전에 누출금지정보로 지정하고 계약서에 명시한 정보를 무단으로 누출한 자) 가. 정보 누출 횟수가 2회 이상인 경우 나. 정보 누출 횟수가 1회인 경우	 4.5% 1.5%
19. 영 제76조제2항제3호 다목에 해당하는 자(「전자정부법」 제2조제10호에 따른 정보통신망 또는 같은 조 제13호에 따른 정보시스템(이하 이 호에서 "정보시스템등"이라 한다)의 구축 및 유지·보수 등 해당 계약의 이행과정에서 정보시스템등에 허가 없이 접속하거나 무단으로 정보를 수집할 수 있는 비인가 프로그램을 설치하거나 그러한 행위에 악용될 수 있는 정보시스템 등의 약점을 고의로 생성 또는 방치한 자)	30%

〈비고〉

1. 위 표에서 "부실벌점"이란 「건설기술진흥법」 제53조제1항 각 호 외의 부분에 따른 벌점을 말한다.
2. 위 표에서 "하자비율"이란 하자담보책임기간 중 하자검사결과 하자보수보증금에 대한 하자발생 누계금액비율을 말한다.
3. 위 표에서 "보수비율"이란 물품보증기간 중 계약금액에 대한 보수비용발생 누계금액비율을 말한다.
4. 「조달사업에 관한 법률」 제12조에 따른 제3자를 위한 단가계약, 같은 법 제13조에 따른 다수공급자계약, 같은 법 제14조제1항 및 같은 법 시행령 제16조에 따른 카탈로그 계약의 경우 연평균 계약금액에 위 표의 과징금 부과율을 적용한다. 이 경우 계약기간이 1년 미만인 경우에는 총 계약금액에 위 표의 과징금 부과율을 적용한다.
5. 비고란 제4호의 연평균 계약금액은 총 계약금액을 총 개월 수로 나눈 후 12를 곱하여 산출한다. 이 경우 1개월이 되지 않는 잔여일수는 총 개월 수에 산입하지 않는다.

➡ 지방계약의 경우, 각 사유별 과징금 부과율은 부록(Ⅰ. 2)에 수록해 놓았음.

Ⅱ. 과징금 부과금액 산정

1. 과징금 부과금액 한도

가. 부정당업자의 책임이 경미한 경우

위반행위와 관련된 계약의 계약금액(계약을 체결하지 아니한 경우에는 추정가격)의 100분의 10에 해당하는 금액을 한도로 부과한다.

나. 입찰참가자격 제한으로 유효한 경쟁입찰이 명백히 성립되지 아니하는 경우

위반행위와 관련된 계약의 계약금액(계약을 체결하지 아니한 경우에는 추정가격)의 100분의 30에 해당하는 금액을 한도로 부과한다.

2. 과징금 부과금액 산정 방법

가. 산정 산식

① 계약체결 후 : 계약금액 × 과징금부과율
② 계약체결 전 : 추정가격 × 과징금부과율

* 과징금부과율 : 시행규칙 [별표3] 또는 [별표4]
* 과징금 부과금액 산정결과 10원 미만은 절사 (국고금관리법 §47)

나. 계약 유형에 따른 산정방법

① 장기계속계약 : 과징금 부과사유가 발생한 연차의 계약금액 × 과징금부과율
② 공동이행계약 : 계약금액 × 부정당업자의 출자비율 × 과징금부과율

③ 국제조달 : 계약금액 × 매매기준환율* × 과징금부과율

* 매매기준환율 : 계약심의위원회 심의일을 기준

다. 단가계약에 대한 과징금 부과시의 계약금액 적용

(1) 과징금 부과 시 적용하는 계약금액은 법 제27조의2에 위반행위와 관련된 계약의 계약금액이라고 규정하고 있어 총액계약에서 계약이 상당부분 이행된 상태인 경우에도 미 이행된 부분에 대한 금액을 기준으로 부과하는 것이 아니라 총 계약금액을 기준으로 부과하여야 할 것이며, 단가계약의 경우에도 물품구매계약을 연간 단가계약으로 체결한 경우의 "계약금액"에 대해 기획재정부는 해당 물품에 대한 납품요구금액이 아니라 계약단가에 해당 연도 내에 사용할 이행예정수량을 곱한 총 계약금액이라고 유권해석(회계제도과-748, 2004.5.19.)을 하고 있는 내용에 따라 부과하여야 할 것이다.

(2) 한편, 조달사업법 제12조에 따른 제3자를 위한 단가계약, 제13조에 따른 다수공급자계약(Multiple Award Schedule), 제14조제1호에 따른 카탈로그 계약의 경우에는 총 계약금액을 기준으로 과징금을 부과하는 것이 아니라 연평균 계약금액을 기준으로 과징금을 부과한다. 다만, 이때, 계약기간이 1년 미만인 경우에는 총 계약금액을 기준으로 부과한다. 연평균 계약금액을 산정하는 방법은 총 계약금액을 총 개월 수로 나눈 후, 12를 곱하여 산출하되, 1개월이 되지 않는 잔여일수는 총 개월 수에 산입하지 않는다.

(3) 참고로 연평균 계약금액 적용은 2021.7.6. 개정된 시행규칙 부칙 제2조에 따라 이 규칙 시행 전의 위반행위에 대해 이 규칙 시행 이후 각 중앙관서의 장이 입찰참가자격 제한을 갈음하는 과징금 부과 심의를 요청하는 경우에도 적용하도록 소급효를 인정하고 있다.

* 그 동안 다수공급자계약에 대한 계약금액 적용에 대해 위반한 행위와 관련된 계약의 총 계약금액을 기준으로 과징금을 부과하여 왔으나, 실제 계약은 수요기관이 연간으로 체결하는 것이 아니라 조달청이 예컨대 3년간 납품물량을 대

상으로 계약을 체결하고 있어 위반한 행위와 관련된 계약의 계약금액은 3년간의 계약금액이 되어 이를 과징금 부과대상 계약금액으로 적용함으로써 과중한 부담을 주고 있다는 문제점이 고려되어 2021.7.6. 규칙(별표 3 및 4)을 개정, 연 평균 계약금액을 기준으로 한 것임.

라. 복수의 위반행위에 대한 과징금 부과금액 산정방법[6]

1) 동일한 계약에서 복수의 위반행위를 한 경우

부정당업자가 동일한 계약에서 2개 이상의 위반행위를 한 경우에 대한 과징금 부과 시에는 시행규칙 [별표2]의 1. 일반기준, 나목의 입찰참가자격 제한 기준 적용방식의 취지에 따라 제한기간을 가장 길게 규정한 제한기준에 대응하는 과징금 부과율을 적용하여 과징금 부과금액을 산정한다.[7]

● **예시** : 하나의 계약에서 부정당업자가 8% 수준의 하자가 발생(계약이행 조잡)하고, 규격서와 다르게 물품을 제조(계약이행 부당)한 경우 [별표2]에서 가장 길게 규정한 제한기준에 대응하는 [별표3] 또는 [별표4]의 과징금 부과율(5%, 15%)을 적용

입찰참가자격 제한사유	[별표2] 제재 기간	[별표3] 과징금 부과율	[별표4] 과징금 부과율
2. 법 제27조제1항제1호에 해당하는 자 중 계약의 이행을 조잡하게 한 자 나. 물품 4) 보수비율이 100분의 6 이상 100분의 10 미만인 자	3개월	1.5%	4.5%
3. 법 제27조제1항제1호에 해당하는 자 중 계약의 이행을 부당하게 하거나 계약을 이행할 때에 부정한 행위를 한자 가. 설계서(물품제조의 경우에는 규격서)와 달리 구조물 내구성 연한의 단축, 안전도의 위해를 가져오는 등 부당한 시공(제조)를 한 자	**1년**	**5%**	**15%**

6) 앞의 "과징금 부과업무 가이드" 내용을 종합 정리한 것이다.

7) 시행규칙 [별표2] 1. 일반기준 나목 : 부정당업자가 위반한 여러 개의 행위에 대하여 같은 시기에 입찰참가자격 제한을 하는 경우 입찰참가자격 제한기간은 제2호에 규정된 해당 위반행위에 대한 제한기준 중 제한기간을 가장 길게 규정한 제한기준에 따른다.

2) 복수의 계약에서 각각 위반행위를 한 경우

부정당업자가 2개 이상의 계약에서 각각 위반행위를 한 경우, 여러 개의 위반행위를 함께 조사하여 1건으로 병합하여 과징금을 부과할 때에는 각 위반행위별로 과징금을 산정한 후 이를 모두 합산한 금액을 과징금으로 부과한다.

❖ **사례** : A사가 국가와 체결한 계약 X(계약금액 2천만 원)에서는 정당한 사유 없이 계약을 불이행하고 계약 Y(계약금액 1천만 원)에서는 재하도급금지 규정에 위반하여 하도급한 경우, 각 위반행위별 계약금액에 대하여 해당 과징금 부과율(정당한 사유 없는 계약불이행의 경우 3%, 재하도급 금지규정 위반의 경우 2%)을 적용한 후 합산하여 과징금을 부과함 ⇒ (2천만 원×3%) + (1천만 원×2%) = 800,000원

Ⅲ. 과징금 부과의 감경 기준

1. 일반 감경기준 (가중 배제)

(1) 각 중앙관서의 장은 과징금 부과의 경우도 입찰참가자격 제한조치의 경우와 같이 위반행위의 동기·내용과 횟수 등을 고려하여 과징금 부과금액의 2분의 1의 범위에서 이를 감경할 수 있다. 다만, 과징금 부과금액의 가중은 입찰참가자격 제한조치의 경우와는 달리 인정하고 있지 않다.

(2) 이때 과징금 부과금액 감경의 하한에 대해서는 입찰제한처분이 1개월의 하한기준을 두고 있는 것과는 달리 별도의 규정이 없어 과징금 부과금액의 2분의 1의 범위에서 감경의 하한은 없다고 보아도 무방하다 할 것이다.

2. 과징금 부과금액 감경 시 고려사항[8]

가. 위반행위의 "동기 및 책임" 관련 고려사항

① 위반행위에 대한 고의·중과실이 없고 위반행위의 비난가능성이 상당히 낮다고 판단되는 경우

② 발주기관(수요기관)이 실거래 가격 대비 낮은 예정가격을 산정하거나, 물품의 단종 여부를 확인하지 않는 등 위반행위 발생에 발주기관(수요기관)의 책임이 상당한 기여를 한 경우

☞ 위반행위 발생 원인에 발주기관의 책임이 있는 경우는 우선 부정당업자의 책임이 경미한 경우에 해당되는 것으로 보아 과징금 부과의 대상이 되며, 이때 위반행위의 발생에 발주기관의 책임이 "상당한 기여"를 한 경우에는 그 보다 더 나아가 과징금의 감경사유가 됨.

③ 정부시책 및 관련 법령 준수(공동출자비율 준수 등)를 위해 부정당업자가 위반행위에 대한 인식을 충분히 하지 못한 경우

나. 위반행위의 "내용" 관련 고려사항

① 위반행위의 정도가 전체 계약에서 차지하는 비중이"상당히" 낮은 경우

② 계약이행률이 "상당한 수준 이상"인 경우

☞ 조달청의 "부정당업자제재 세부운영기준" 제5조(감경처분) 제2항제3호 및 제4호 : 계약불이행의 경우 '계약이행률'에 따른 감경여부 판단

☞ 국방부의 "과징금 부과 세부기준" 5. 과징금 부과금액의 감경 : 계약불이행 또는 계약상 주요조건 위반의 경우 '계약이행률'에 따른 감경여부 판단

③ 변상조치 등 후속조치를 통해 계약이행을 위한 "상당한" 노력을 한 경우

8) 앞의 "과징금 부과업무 가이드" 내용을 종합 정리한 것이다.

④ 위반행위의 방지조치 등 재발방지를 위한 “상당한” 노력을 다했다고 판단되는 경우

⑤ 계약불이행 등 부정당업자의 위반행위로 인한 발주기관(수요기관)의 피해 또는 사업차질의 정도가 “상당히” 미미한 경우

☞ 조달청의 “부정당업자 제재 세부운영기준” 제5조(감경처분) 제1항제7호

다. 위반행위의 “횟수” 관련 고려사항

① 최근 5년간 입찰참가자격 제한(과징금부과 포함)을 받지 않은 경우

② 복수의 위반행위로 제재를 받는 경우가 아닌 경우 등

라. 위반행위의 “자진신고 또는 조사협력의 정도” 관련 고려사항

위반행위에 대한 자진신고 또는 조사협력을 통해 위법성 판단에 도움이 되는 추가적 자료를 제출하거나 진술한 경우

마. 그 밖에 고려사항

① 영세한 기업인 경우 : 부정당업자가 「소상공인 기본법」 제2조제1항에 따른 소상공인 경우, 영세한 기업으로 보아 과징금을 감경 가능.

☞ 「소상공인 기본법」 제2조제1항에 따른 “소상공인”이란 「중소기업기본법」 제2조제2항에 따른 소기업(小企業) 중 i) 상시 근로자 수가 10명 미만이면서 ii) 업종별 상시 근로자 수 등이 대통령령으로 정하는 기준에 해당하는 경우를 말함.

② 현실적 부담능력 : 과징금 납부로 인해 단순히 자금사정에 어려움이 예상되는 경우 등과 같이 현실적 부담능력을 이유로 한 감경은 인정되지 않으며, 다만 국가계약법 시행령 제76조의4에 따른 과징금 납부기한 연장 및 분할

납부를 이용 가능.

③ 계약금액과의 비교 : 부정당업자가 체결하였거나 미 체결한 계약금액에 비하여 제재가 과중하다고 판단되는 경우

☞ 국방부의 "과징금 부과 세부기준", 5. 과징금 부과금액의 감경 : '계약금액'에 따른 감경여부 판단자료 참고

④ 부정당업자가 위반행위 전까지 공공조달분야에서의 성실히 이행한 실적

⑤ 동일한 위반행위로 타법상의 제재처분(벌금, 영업정지 등) 등을 통해 재발방지를 위해 이미 상당한 제재조치를 받은 경우

⑥ 그 밖에 중앙관서의 장이 기관의 업무 특성, 계약의 성격, 부당이득의 유무 등에 따른 과징금 감경의 고려사항으로 판단한 경우

☞ 조달청 "부정당업자 제재 세부운영기준" 및 국방부 "과징금 부과 세부기준" 참조

[참고] 과징금 감경 시 고려사항 적용예시(Ⅰ)

● 개요: 타사(공동출자회사)소유 차량운행 → 공동계약 출자비율 위반
⇒ 과징금으로 대체

항목	세항목	내　용	감경사유
1. 동기	① 고의·중과실 또는 비난가능성	• 고의성 없음	
	② 발주기관책임유무	• 해당 없음	
	③ 정부시책, 관련 법령 준수	• 규정 준수를 위해 부득이 위반	○
2. 내용	① 위반행위 정도(또는 수준)	• 12개월 계약기간 중 1개월 위반	
	② 계약이행률	• 12개월 계약기간 중 2개월 이행	
	③ 계약이행 노력도	• 위반사실 인지 후 1개월간 규정준수를 위해 성실히 수행	○
	④ 재발방지 노력	• 재발방지계획서 제출	○
	⑤ 발주기관 사업차질 정도	• 해당 없음	
3. 횟수	① 부정당업자 제재이력	• 해당 없음	○
	② 복수 위반행위 발생	• 해당 없음	○
4. 자진신고 또는 조사협력 정도		• 위반행위 관련 조사에 적극 협조	○
5. 기타	① 영세기업 또는 현실적 부담능력	• 해당 없음	
	② 계약금액 수준	• 해당 없음	
	③ 공공조달분야 이행실적	• 해당 없음	
	④ 타법상 제재처분	• 해당 없음	
	⑤ 기타 감경 사유	• 부당이득 없음: 1개월간 규정준수 운행으로 손해감수	○
결 과		1/2 감경	

[참고] 과징금 감경 시 고려사항 적용예시(Ⅱ)

● 개요: 발주기관의 예산과소산정으로 계약이행 포기 ⇒ 과징금으로 대체

항목	세항목	내 용	감경사유
1. 동기	① 고의·중과실 또는 비난가능성	• 고의성 없음	○
	② 발주기관책임유무	• 발주기관 원가산정 오류: 제품 사양 하향 후 후속계약(수의) 체결	○
	③ 정부시책, 관련 법령 준수	• 해당 없음	
2. 내용	① 위반행위 정도(또는 수준)	• 해당 없음	
	② 계약이행률	• 해당 없음	
	③ 계약이행 노력도	• 해당 없음	
	④ 재발방지 노력	• 재발방지계획서 제출	○
	⑤ 발주기관 사업차질 정도	• 해당 없음	○
3. 횟수	① 부정당업자 제재이력	• 해당 없음	○
	② 복수 위반행위 발생	• 해당 없음	○
4. 자진신고 또는 조사협력 정도		• 위반행위 관련 조사에 적극 협조	○
5. 기타	① 영세기업 또는 현실적 부담능력	• 해당 없음	
	② 계약금액 수준	• 해당 없음	
	③ 공공조달분야 이행실적	• 해당 없음	
	④ 타법상 제재처분	• 해당 없음	
	⑤ 기타 감경 사유	• 해당 없음	○
결 과		1/2 감경	

유권해석 사례

사례 174 다수공급자계약에 대한 과징금 부과 대상 계약금액 기준

회 신 (계약제도과-230, 2019.2.21.)

다수공급자계약은 조달청장이 수요기관으로부터 수요물자 구매에 관한 계약체결을 요청받아 체결하는 것과 달리 조달청장이 「조달사업에 관한 법률 시행령」 제7조의2에 따라서 체결하는 것입니다.('2015구합64497 입찰참가자격제한처분취소' 서울행정법원 판결 참고)

따라서, 다수공급자계약에서 계약상대자 등이 부정당 행위를 한 경우에는 국가계약법 제27조에 따라 조달청장이 입찰참가자격 제한을 하여야 하며, 동법 제27조의2에 따라 입찰참가자격 제한을 갈음하여 과징금 부과가 가능할 것입니다.

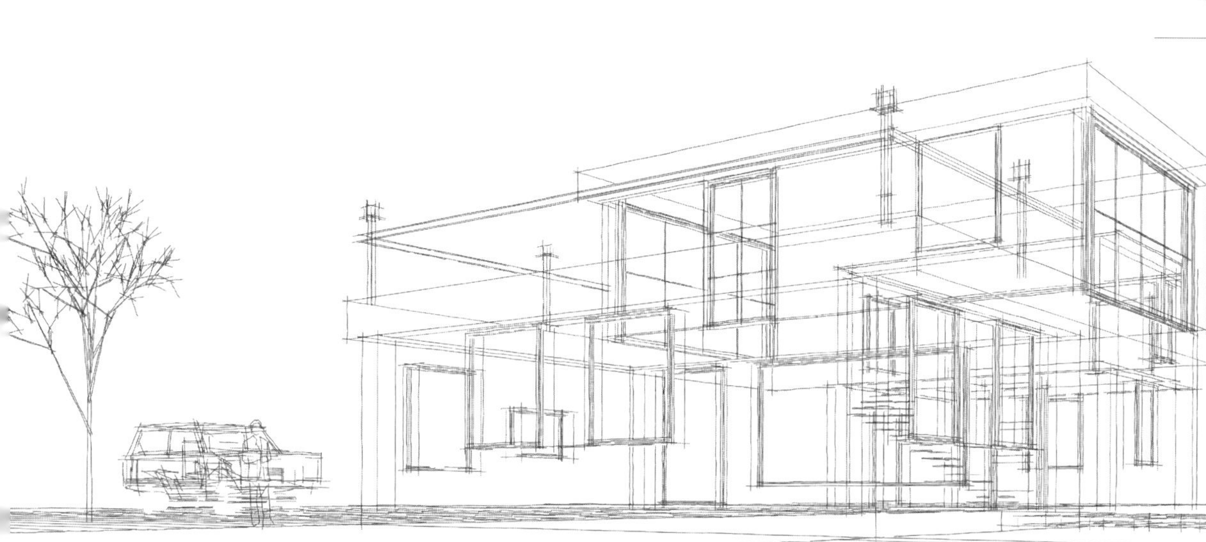

제4절 | 과징금 부과 및 납부 등의 절차

1. 행정절차법에 따른 절차 수행

(1) 각 중앙관서의 장이 입찰참가자격 제한사유에 해당하는 자에 대해 일정기간 입찰참가자격 제한조치를 하려는 때에는 행정절차법에 따라 원칙적으로 해당 제한조치를 받게 될 상대방 또는 대리인에게 미리 그 제한이유와 함께 제한하려는 사실을 통지하여야 하고 또한 의견제출 또는 청문의 기회를 주어야 하는 것과 같이 입찰제한처분을 갈음하는 과징금 부과의 경우도 행정상 제재금을 부과하는 침익적 행정행위로서 행정절차법의 적용대상이 되므로 사전 통지 및 청문 또는 의견 제출의 기회를 주어야 할 것이다.

(2) 따라서 과징금 부과 대상사유에 해당하더라도 각 중앙관서의 장이 일방적으로 결정할 것이 아니라 그 제한대상 업체가 사안에 따라 경제적인 이유 등으로 과징금 부과를 원하지 않을 경우도 있을 수 있기 때문에 제한대상 업체의 의사를 반영하여 부과여부를 결정하는 것이 타당하다고 본다.[9)]

[9)] 2019. 제○차 기획재정부 과징금부과심의위원회에서 해당업체가 과징금 부과를 원하지 않고 입찰제한처분에 따르겠다는 의견을 수용한 한 사례가 있다.

2. 과징금 부과 및 납부 절차

가. 과징금부과심의위원회의 심의 (법 §27의2②)

(1) 각 중앙관서의 장은 과징금을 부과하려면 과징금 부과 여부 및 과징금 금액의 적정성을 심의하기 위해 기획재정부에 설치되어 있는 "과징금부과심의위원회"의 심의를 거쳐야 한다(심의 세부절차 등은 제3절에 규정).

(2) 이때, 통상적으로 각 중앙관서의 장은 "과징금부과심의위원회"에 심의를 요청하기에 앞서 의무사항은 아니나 시행령 제94조에 규정한 "계약심의위원회"의 심의를 거쳐 요청하고 있다.

지방계약의 경우,

- ○ 특별시장·광역시장·특별자치시장·도지사 및 이들로부터 계약사무를 위임 또는 위탁받은 중앙행정기관의 장 또는 지방자치단체의 장("시·도지사 등"이라 약칭)이 과징금 부과를 하려면 행정안전부에 설치된 "과징금부과심의위원회"의 심의를 거쳐야 함,
- ○ "과징금부과심의위원회"의 심의에 앞서 의무적으로 "계약심의위원회"의 사전 심의를 거치도록 규정하고 있음(지방계약법 §31의2 ②).
- ○ 시장·군수 또는 구청장(자치구의 구청장)이 과징금을 부과하려면 이를 관할하는 특별시·광역시·도("시·도"라 약칭)에 설치된 "계약심의위원회"의 심의를 거쳐야 하며,
- ○ 시장·군수 또는 구청장으로부터 계약사무를 위탁받은 중앙행정기관의 장 또는 지방자치단체의 장도 위탁한 시·군·구를 관할하는 "시·도"의 계약심의위원회의 심의를 거쳐야 함.

나. 과징금 부과 통지 및 납부 (영 §76의3)

(1) 각 중앙관서의 장은 부정당업자에 대해 과징금을 부과하려는 때에는 위반행위의 종류와 과징금의 금액을 분명히 하여 서면으로 통지하여야 하며, 통지를 받은 자는 통지를 받은 날부터 60일 이내에 과징금 부과권자가 정하는 수납기관

에 내야 한다. 다만, 천재지변이나 그 밖의 부득이한 사유로 그 기간 내에 과징금을 낼 수 없을 때에는 그 사유가 해소된 날부터 30일 이내에 내야 한다.

(2) 과징금을 받은 수납기관은 과징금을 낸 자에게 영수증을 내 주어야 하며, 과징금을 받은 사실을 지체 없이 부과권자에게 통보하여야 한다.

다. 과징금 납부기한의 연장 및 분할 납부 (영 §76의4)

(1) 각 중앙관서의 장은 부정당업자가 납부하여야 할 과징금이 계약금액의 10%를 초과하는 경우 또는 「중소기업기본법」 제2조에 따른 중소기업자에게 10억 원을 초과하여 과징금을 부과하는 경우로서, 다음에 해당하는 사유로 인하여 과징금을 납부하여야 하는 자가 과징금의 전액을 일시에 납부하기가 어렵다고 인정되는 경우에는 그 납부기한을 연장하거나 분할 납부하게 할 수 있다.

① 재해 또는 도난 등으로 재산에 현저한 손실을 입은 경우
② 사업 여건의 악화로 사업이 중대한 위기에 처한 경우
③ 과징금을 일시납부하면 자금 사정에 현저한 어려움이 예상되는 경우
④ 그 밖에 위의 ①부터 ③까지와 유사한 사유가 있는 경우

(2) 과징금 납부기한의 연장이나 분할 납부를 신청하려는 자는 과징금 납부를 통지받은 날부터 30일 이내에 납부기한의 연장 또는 분할납부의 사유를 증명하는 서류를 첨부하여 각 중앙관서의 장에게 신청하여야 하며, 납부기한의 연장은 그 납부기한의 다음 날부터 1년을 초과할 수 없다.

(3) 또한, 각 중앙관서의 장은 분할 납부를 하게 하는 경우 분할된 납부기한 간의 간격은 3개월을 초과할 수 없으며, 분할 횟수는 3회를 초과할 수 없다.

라. 과징금을 납부하지 않은 자에 대한 조치 (법 §27의2④)

각 중앙관서의 장은 과징금을 부과 받은 자가 납부기한까지 내지 아니하면 국세 체납처분의 예에 따라 징수한다.

[참고] 과징금 부과 절차 요약

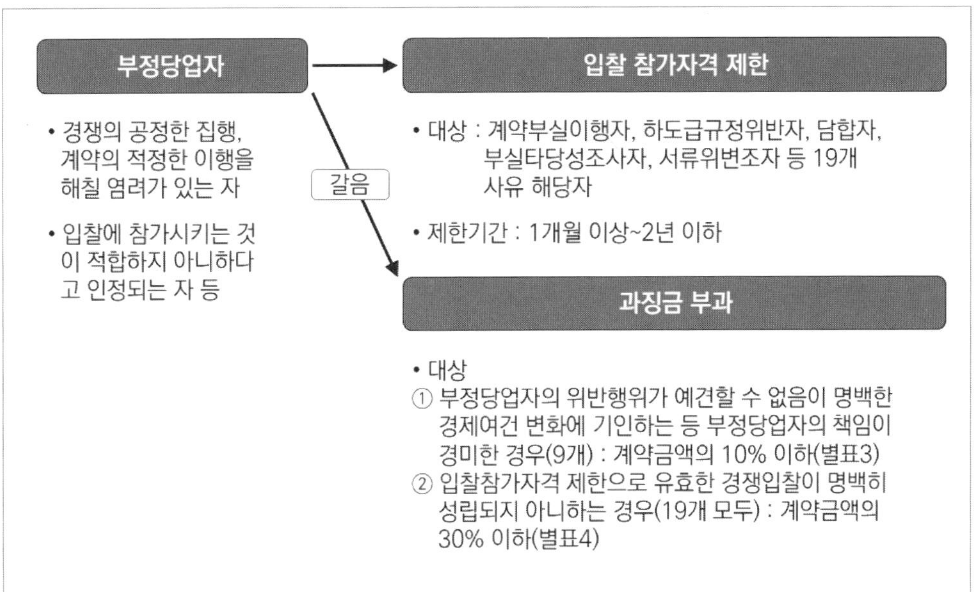

유권해석 사례

사례 175 단가계약에서 과징금 부과대상 금액은?

회 신 (계약제도과-230, 2019.2.21.)

국가계약법 제27조의2에서 위반행위와 관련된 계약금액(계약을 체결하지 아니한 경우에는 추정가격을 말한다)을 기준으로 과징금을 부과하도록 규정하고 있음. 단가계약의 경우 별도의 규정이 없으므로 상기 규정에 따라 위반한 행위와 관련된 계약의 계약금액을 기준으로 과징금을 부과하여야 할 것임.

사례 176 과징금 부과규정 시행시기

회 신 (계약제도과-935, 2015.7.15.)

각 중앙관서의 장이 각각 체결한 두 건 이상의 계약에서 계약내용이 유사하더라도 각각의 계약 건이 독립된 입·낙찰절차를 거쳐 체결되었고 독립된 계약서, 계약기간 등이 존재한다면 각각의 계약 건을 독립된 계약으로 보아야 할 것임.

또한, 입찰참가자격제한을 갈음하여 과징금을 부과할 수 있는 경우는 법 제11547호 부칙 제3호에 따라 2013년 6월 19일 이후에 입찰참가자격 제한사유가 발생한 경우이며, 2013년 6월 19일 이전에 제한사유가 발생하고 2013년 6월 19일 이후에 그 행위가 적발된 경우에는 입찰참가자격제한을 갈음하여 과징금을 부과할 수 없음(법제처 법령해석 결과도 동일 의견임, 법제처 법령해석총괄과-2699, 2015.7.13.).

사례 177 장기계속계약에서의 과징금부과 심의신청 시 대상금액

회 신 (계약제도과-555, 2015.5.12.)

장기계속계약에서 입찰참가자격 제한을 갈음하여 과징금을 부과할 수 있는 사유가 발생하여 각 중앙관서의 장이 과징금 부과 심의를 신청하는 경우에 신청대상이 되는 계약금액은 사유가 발생한 연차의 계약금액으로 하여야 할 것임.

사례 178 과징금 부과대상 해당 여부

회 신 (계약제도과-310, 2015.3.24.)

국가계약법 제27조의2제1항제2호에서는 입찰참가자격 제한으로 유효한 경쟁입찰이 명백히 성립되지 않는 경우로서 대통령령이 정하는 경우로 규정하고 있으며, 동법 시행령 제76조의2 제2항에서는 입찰자가 2인 미만이 될 것으로 예상하는 경우로 규정하고 있으므로, 계약이행을 할 수 있는 자가 1인 뿐인 경우로서 수의계약에 의할 수밖에 없는 경우는 동 조항에 해당하는 과징금 부과사유라 할 수 있을 것임.

다만, 동법 시행령 제76조의2제2항 단서에서는 제76조제1항제7호, 제8호, 제10호, 제17호에 해당하는 경우는 제외한다고 규정하고 있으므로 동 호에 해당하는 사유의 부정당업자 입찰참가자격 제한처분은 과징금부과대상에서 제외해야 할 것임.

제5절 | 과징금부과심의위원회의 구성 및 운영

1. 구성

가. 위원회 구성(법 §27의3, 영 §76의5)

(1) 과징금부과심의위원회("위원회")는 위원장 1명을 포함하여 15명 이내의 위원으로 구성하며, 위원장은 기획재정부 제2차관이 되고, 위원은 성별을 고려한 다음의 사람으로 구성된다.

① 기획재정부, 국방부, 행정안전부, 공정거래위원회, 국민권익위원회, 조달청의 고위공무원단에 속하는 공무원 중에서 소속 기관의 장이 지명하는 사람 각 1명.

② 계약 관련 분야에 관한 학식과 경험이 풍부한 사람으로서, 다음에 해당하는 사람 중에서 기획재정부장관이 위촉하는 8명 이내의 민간위원

i) 「고등교육법」에 따른 대학에서 법학·경제학 또는 경영학의 부교수 이상의 직에 근무한 경력이 있는 사람

ii) 변호사의 자격을 가진 사람으로서 그 자격과 관련된 업무에 5년 이상 재직 중이거나 재직한 사람

iii) 정부조달계약 업무에 관한 학식과 경험이 풍부한 사람으로서 위 i) 및 ii)의 기준에 상당하다고 인정되는 사람

* 종전에는 조달청 소속 정부위원이 2인 이었으나, 2021.7.6. 과징금부과심의 신청건수 증가추세에 대응하여 과징금부과심의위원회 운영의 효율성을 제고하기 위해 조달청 위원 2인 중 1인을 국민권익위원회 소속으로 변경하여 정부위원 구성을 다변화한 것임.

(2) 위원회의 위원 중 민간위원의 임기는 2년으로 하되, 연임할 수 있으며, 공무원이 아닌 위원에 대해서도 「형법」 제129조(수뢰, 사전수뢰) 부터 제132조(알선수뢰)까지의 규정을 적용할 때에는 공무원으로 보도록 하고 있다(2015.7.1. 시행).

[참고] 동 위원회 구성(15명) 내역 요약(기획재정부 훈령 "과징금부과심의위원회 운영규정")

◉ 위원장 : 기획재정부 제2차관

◉ 위 원 : 14명

- 당연직(공무원 ; 6명) : 기획재정부 국유재산심의관, 국방부 계획예산관, 행정안전부 지방재정정책관, 조달청 구매사업국장, 공정거래위원회 심판관리관, 국민권익위원회 행정심판국장
- 위촉직(민간인 위원 ; 8명, 임기 2년, 연임 가능) : 교수, 변호사, 그 밖에 정부회계 및 조달전문가 중 기획재정부장관이 위촉하는 사람

※ 사무국에 간사 1명(국고국 공공계약심사팀장)

➡ 지방계약의 경우, 행정안전부 과징금부과심의위원회 구성(15명) 내역 요약

◉ 위원장 : 행정안전부 지방재정세제실장

◉ 위 원 : 14명

- 당연직(공무원 ; 6명) : 기획재정부, 행정안전부, 국토교통부, 조달청 및 지방자치단체의 소속 공무원 중에서 해당 기관의 장이 지명하는 사람
- 위촉직(민간인위원 ; 8명, 임기 2년, 연임 가능) : 교수, 변호사, 그 밖에 조달전문가 중에서 행정자치부장관이 위촉하는 사람

나. 소위원회

(1) 위원회의 업무를 효율적으로 처리하기 위하여 위원회에 공사분야소위원회 및 물품·용역분야소위원회("소위원회")를 각각 둘 수 있다.

* 종전에는 소의원회 구성이 의무화 되어 있었으나, 2021.7.6. 과징금부과심의 신청건수 증가추세에 대응하여 과징금부과심의위원회 운영의 효율성을 제고하기 위해 소위원회 전치주의 절차를 임의절차로 변경한 것임.

(2) 공사분야소위원회는 건설·전기통신 등 공사와 관련된 과징금 부과의 심의에 관한 사항을 담당하며, 물품·용역분야소위원회는 물품의 제조·구매와 용역과 관련된 과징금 부과의 심의에 관한 사항을 담당한다.

(3) 소위원회는 소위원회의 위원장을 포함하여 10명 이내의 위원으로 구성하며, 소위원회의 위원장 및 위원은 위원회의 위원 중에서 위원회의 위원장이 지명하되, 심의 요청된 사항의 전문성을 고려하여 필요한 경우에는 위원회의 위원이 아닌 사람을 소위원회의 위원으로 임명하거나 위촉할 수 있다.

2. 위원회의 기능 (동 운영규정 §2)

위원회는 다음 각 호의 사항을 심의·의결한다.

① 과징금 부과 여부에 관한 사항
② 과징금 금액의 적정성 여부에 관한 사항
③ 그 밖에 위원장이 과징금부과와 관련하여 심의가 필요하다고 인정하는 사항

3. 위원장의 직무 (영 §76의6)

위원장은 위원회를 대표하고, 위원회의 업무를 총괄하며, 위원장이 부득이한 사유로 직무를 수행할 수 없을 때에는 기획재정부장관이 지명하는 위원이 그 직무를 대행한다.

4. 위원의 제척·기피·회피 (영 §76의7)

(1) 위원회의 위원은 다음에 해당하는 사건에 대한 심의에서 제척된다.

① 위원 또는 그 배우자나 배우자이었던 사람이 해당 부정당업자(부정당업자가 법인·단체 등인 경우에는 그 임원을 포함)이거나 부정당업자의 공동권리자 또는 공동의무자인 사건
② 위원이 해당 부정당업자와 친족이거나 친족이었던 경우
③ 위원이나 위원이 속한 기관 또는 법인이 해당 사건에 관하여 증언, 진술, 자문, 연구, 용역 또는 감정을 한 경우
④ 위원이나 위원이 속한 중앙관서(조달청의 경우 위원이 속한 국)가 발주한 계약에 관련된 사건
⑤ 위원이 각 중앙관서의 소속 공무원으로서 해당 사건과 관련된 조사 또는 심사를 한 사건

(2) 해당 사건의 부정당업자는 위원에게 공정한 심의를 기대하기 어려운 사정이 있는 경우에는 기피 신청을 할 수 있다. 이 경우 위원장은 이 기피 신청에 대하여 위원회의 의결을 거치지 아니하고 기피 여부를 결정한다. 위원이 제척 사유와 기피 사유에 해당하는 경우에는 스스로 그 사건의 심의에서 회피하여야 한다.

5. 위원의 지명철회·해임 및 해촉 (영 §76의8)

(1) 위원회의 위원을 지명한 자는 해당 위원이 다음의 어느 하나에 해당하는 경우에는 그 지명을 철회할 수 있다.

① 심신장애로 인하여 직무를 수행할 수 없게 된 경우
② 직무와 관련된 비위사실이 있는 경우
③ 직무태만, 품위손상이나 그 밖의 사유로 인하여 위원으로 적합하지 아니하다고 인정되는 경우
④ 위원 스스로 직무를 수행하는 것이 곤란하다고 의사를 밝히는 경우
⑤ 제76조의7제1항 또는 제2항의 사유에 해당하는 데에도 불구하고 회피하지 아니한 경우

(2) 기획재정부장관은 민간위원이 앞의 지명철회 사유에 해당하는 경우에는 해당 위원을 해촉할 수 있다.

6. 위원회의 심의 절차

가. 위원회에 심의 요청 (영 §76의9)

(1) 각 중앙관서의 장은 과징금 부과 여부나 과징금 금액의 적정성 등에 관한 심의를 요청할 경우에는 다음의 사항을 적은 서면을 위원회에 제출하여야 한다.

① 부정당업자의 성명과 주소(법인인 경우에는 법인의 명칭, 주된 사무소의 소재지, 그 대표자의 성명)
② 과징금 부과가 필요한 사유
③ 과징금 부과 액수와 판단 근거

(2) 위의 서면에는 다음의 서류를 첨부하여야 한다.

① 부정당업자에게 입찰참가자격을 제한하거나 과징금을 부과하게 된 원인과 사실을 증명하는 서류
② 그 밖에 심의에 필요한 증거서류

(3) 위원회는 위의 서류만으로는 과징금 부과 여부와 과징금 금액의 적정성을 판단하기 곤란한 경우에는 상당한 기간을 정하여 서류의 보완을 요청할 수 있다. 이 경우 서류의 보완에 걸리는 기간은 심의 기간(60일)에 산입하지 아니한다.

※ 과징금 부과심의 신청서(동 운영규정 별지 2호 서식)
⇒ 부록 기획재정부 "과징금부과심의위원회 운영규정" 참조

나. 위원회의 심의 및 결과 통보 (영 §76의10)

(1) 위원회는 각 중앙관서의 장으로부터 요청을 받으면 과징금 부과 여부나 과징금 금액의 적정성 등에 관한 심의를 하여야 하는데, 필요한 경우 부정당업자와 해당 중앙관서의 장에게 심의 요청된 사항에 관한 서류의 제출을 요구할 수 있으며, 관계 전문기관에 감정·진단과 시험 등을 의뢰할 수 있다.

(2) 위원회는 심의 및 결정을 완료하기 전에 부정당업자 및 해당 중앙관서의 장과 그 대리인에게 의견을 진술할 기회를 주어야 하며, 필요한 경우에는 부정당업자 및 해당 중앙관서의 장과 그 대리인, 증인 또는 관계전문가로 하여금 위원회에 출석하게 하여 의견을 들을 수 있다.

(3) 위원회는 각 중앙관서의 장으로부터 심의 요청을 받은 날부터 60일 이내에 심의 결과를 통보하여야 한다. 다만, 부득이한 사정이 있으면 30일의 범위에서 그 기간을 연장할 수 있다.

※ 과징금 부과심의결과 통보서(동 운영규정 별지 4호 서식)
⇒ 부록 기획재정부 "과징금부과심의위원회 운영규정" 참조

다. 위원회의 회의 및 소위원회 회의 (영 §76의11~13, 동 운영규정)

1) 위원회 회의

(1) 위원장은 위원회의 회의를 소집하고, 그 의장이 된다. 위원회의 회의는 재적위원 과반수의 출석으로 개의하며, 출석위원 과반수의 찬성으로 의결한다. 다만, 가부동수인 경우에는 위원장이 결정하는 바에 따른다.

(2) 위원회의 회의는 공개하지 아니할 수 있으며, 회의 공개 여부는 위원장이 결정한다.

(3) 위원장이 위원회 회의의 의장으로서 직무를 수행할 수 없는 경우에는 「정부조직법」 제26조제1항에 규정된 순서에 따른 정부위원이 회의의장의 직무를 대행한다.

(4) 정부위원이 위원회에 출석하지 못할 때에는 하위직급의 공무원이 대리하여 출석할 수 있으며, 대리출석한 자는 위원회에서 발언하고 표결에 참여할 수 있다. 민간위원이 위원회에 출석하지 못할 때에는 위원회 개최 전까지 서면 의결서를 제출할 수 있다.

(5) 위원회에 위원회의 사무를 처리할 간사 1명을 두며, 그 밖에 위원회의 운영에 필요한 사항은 위원회의 위원장이 정한다.[10)]

(6) 위원회가 심의의결을 하는 경우에는 심의 의결서를 작성하여야 하며, 의결에 참여한 위원은 그 의결서에 기명날인 또는 서명하여야 한다.

(7) 위원장은 「행정기관 소속 위원회의 설치·운영에 관한 법률」 제9조 및 같은 법 시행령 제5조에 따라 회의를 개최할 시간적 여유가 없거나 사안이 경미하다고 인정되는 경우 서면의결로 결정할 수 있다.

10) 간사는 기획재정부의 국고국 공공계약심사팀장이 맡고 있다.

(8) 위원회는 영 제76조의9제3항에 따른 관계전문가로부터의 의견청취 및 자문 등을 위해 관계전문가로 구성된 자문단을 운영할 수 있다.

2) 소위원회 회의

위원회에 심의 요청된 사안은 해당 소위원회에서 우선 심사하여 결정안을 작성하고 이를 위원회에 상정하여야 하며, 소위원회의 운영에 필요한 세부사항은 위원회의 위원장이 정한다.

[참고] 과징금부과심의위원회 심의 절차 요약

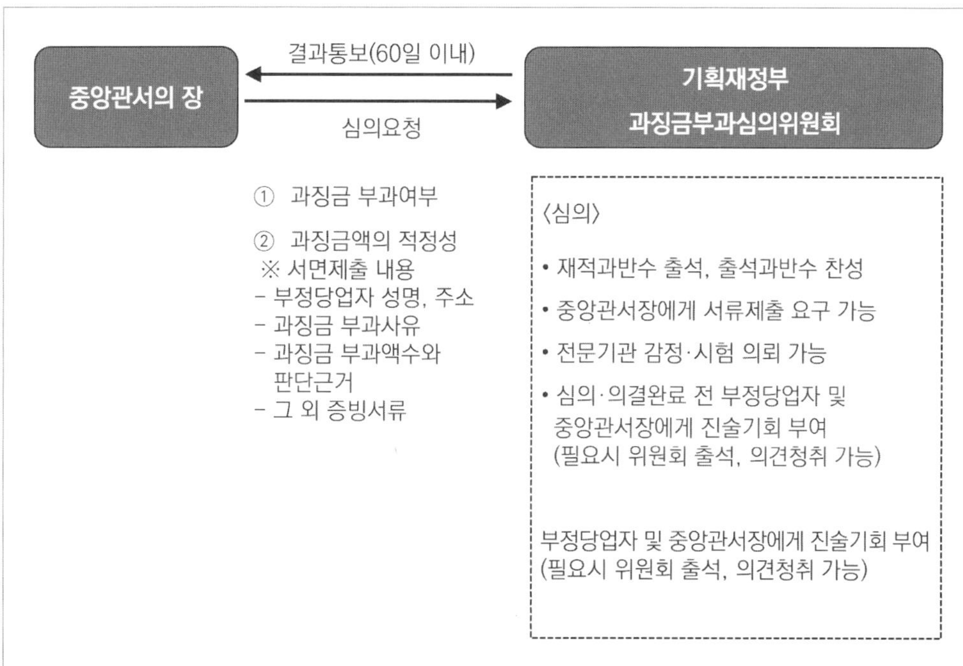

공공계약

부정당업자 제재제도 해설

부 록

Ⅰ. 부정당업자제재 관련 법 규정

1. 국가계약법령
2. 지방계약법령
3. 공공기관계약법령
4. 지방공기업계약법령
5. 행정절차법

Ⅱ. 부정당업자제재 관련 행정규칙 (훈령, 예규 등)

1. 기획재정부 소관
2. 행정안전부 과징금부과심의위원회 운영요령
3. 국방부 계약심의위원회 운영 예규
4. 방위사업청 계약심의위원회 운영 규정
5. 조달청 계약심사협의회 운영규정
6. 과징금 부과 심의대상 조달청 지침

Ⅰ. 부정당업자제재 관련 법 규정

1. 국가계약법령

가. 국가계약법

◈ **법 제27조(부정당업자의 입찰참가자격 제한 등)** ① 각 중앙관서의 장은 다음 각 호의 어느 하나에 해당하는 자(이하 "부정당업자"라 한다)에게는 2년 이내의 범위에서 대통령령으로 정하는 바에 따라 입찰참가자격을 제한하여야 하며, 그 제한사실을 즉시 다른 중앙관서의 장에게 통보하여야 한다. 이 경우 통보를 받은 다른 중앙관서의 장은 대통령령으로 정하는 바에 따라 해당 부정당업자의 입찰참가자격을 제한하여야 한다.

1. 계약을 이행함에 있어서 부실·조잡 또는 부당하게 하거나 부정한 행위를 한 자
2. 경쟁입찰, 계약 체결 또는 이행 과정에서 입찰자 또는 계약상대자 간에 서로 상의하여 미리 입찰가격, 수주 물량 또는 계약의 내용 등을 협정하였거나 특정인의 낙찰 또는 납품대상자 선정을 위하여 담합한 자
3. 「건설산업기본법」, 「전기공사업법」, 「정보통신공사업법」, 「소프트웨어산업진흥법」 및 그 밖의 다른 법률에 따른 하도급에 관한 제한규정을 위반(하도급통지의무위반의 경우는 제외한다)하여 하도급한 자 및 발주관서의 승인 없이 하도급을 하거나 발주관서의 승인을 얻은 하도급조건을 변경한 자
4. 사기, 그 밖의 부정한 행위로 입찰·낙찰 또는 계약의 체결·이행 과정에서 국가에 손해를 끼친 자
5. 「독점규제 및 공정거래에 관한 법률」 또는 「하도급거래 공정화에 관한 법률」을 위반하여 공정거래위원회로부터 입찰참가자격 제한의 요청이 있는 자
6. 「대·중소기업 상생협력 촉진에 관한 법률」 제27조제5항에 따라 소벤처기업부장관으로부터 입찰참가자격 제한의 요청이 있는 자

7. 입찰·낙찰 또는 계약의 체결·이행과 관련하여 관계 공무원(제27조의3제1항에 따른 과징금부과심의위원회, 제29조제1항에 따른 국가계약분쟁조정위원회, 「건설기술진흥법」에 따른 중앙건설기술심의위원회·특별건설기술심의위원회 및 기술자문위원회, 그 밖에 대통령령으로 정하는 위원회의 위원을 포함한다)에게 뇌물을 준 자
8. 계약을 이행할 때에 「산업안전보건법」에 따른 안전·보건 조치 규정을 위반하여 근로자에게 대통령령으로 정하는 기준에 따른 사망 등 중대한 위해를 가한 자
9. 그 밖에 다음 각 목의 어느 하나에 해당하는 자로서 대통령령으로 정하는 자
  가. 입찰·계약 관련 서류를 위조 또는 변조하거나 입찰·계약을 방해하는 등 경쟁의 공정한 집행을 저해할 염려가 있는 자
  나. 정당한 이유 없이 계약의 체결 또는 이행 관련 행위를 하지 아니하거나 방해하는 등 계약의 적정한 이행을 해칠 염려가 있는 자
  다. 다른 법령을 위반하는 등 입찰에 참가시키는 것이 적합하지 아니하다고 인정되는 자

② 삭제 〈1997.12.13.〉

③ 각 중앙관서의 장 또는 계약담당공무원은 제1항에 따라 입찰참가자격을 제한받은 자와 수의계약을 체결하여서는 아니 된다. 다만, 제1항에 따라 입찰참가자격을 제한받은 자 외에는 적합한 시공자, 제조자가 존재하지 아니하는 등 부득이한 사유가 있는 경우에는 그러하지 아니하다.

④ 제1항에도 불구하고 각 중앙관서의 장은 제1항 각 호의 행위가 종료된 때(제5호 및 제6호의 경우에는 중소벤처기업부장관 또는 공정거래위원회로부터 요청이 있었던 때)부터 5년이 경과한 경우에는 입찰참가자격을 제한할 수 없다. 다만, 제2호 및 제7호의 행위에 대하여는 위반행위 종료일부터 7년으로 한다.

⑤ 각 중앙관서의 장은 제1항에 따라 입찰참가자격을 제한할 경우, 그 제한 내용을 대통령령으로 정하는 바에 따라 공개하여야 한다.

◈ **제27조의2(과징금)** ① 각 중앙관서의 장은 제27조제1항에 따라 부정당업자에게 입찰참가자격을 제한하여야 하는 경우로서 다음 각 호의 어느 하나에 해당하는 경우에는 입찰참가자격 제한을 갈음하여 다음 각 호의 구분에 따른 금액 이하의 과징금을 부과할 수 있다.

1. 부정당업자의 위반행위가 예견할 수 없음이 명백한 경제여건 변화에 기인하는 등 부정당업자의 책임이 경미한 경우로서 대통령령으로 정하는 경우: 위반행위와 관련된 계약의 계약금액(계약을 체결하지 아니한 경우에는 추정가격을 말한다)의 100분의 10에 해당하는 금액
2. 입찰참가자격 제한으로 유효한 경쟁입찰이 명백히 성립되지 아니하는 경우로서 대통령령으로 정하는 경우: 위반행위와 관련된 계약의 계약금액(계약을 체결하지 아니한 경우에는 추정가격을 말한다)의 100분의 30에 해당하는 금액

② 각 중앙관서의 장은 제1항에 따른 과징금 부과를 하려면 대통령령으로 정하는 바에 따라 제27조의3에 따른 과징금부과심의위원회의 심의를 거쳐야 한다.

③ 제1항에 따른 과징금의 금액과 그 밖에 필요한 사항은 대통령령으로 정한다.

④ 각 중앙관서의 장은 제1항에 따라 과징금을 부과받은 자가 납부기한까지 내지 아니하면 국세 체납처분의 예에 따라 징수한다.

◈ **제27조의3(과징금부과심의위원회)** ① 제27조의2에 따른 과징금 부과 여부 및 과징금 금액의 적정성을 심의하기 위하여 기획재정부에 과징금부과심의위원회를 둔다.

② 제1항에 따른 과징금부과심의위원회의 구성과 운영 등에 필요한 사항은 대통령령으로 정한다.

나. 국가계약법 시행령

◈ **제76조(부정당업자의 입찰참가자격 제한)** ① 법 제27조제1항제8호에서 "대

통령령으로 정하는 기준에 따른 사망 등 중대한 위해"란 「산업안전보건법」 제38조, 제39조 또는 제63조에 따른 안전 및 보건조치 의무를 위반하여 동시에 2명 이상의 근로자가 사망한 경우를 말한다.

② 법 제27조제1항제9호 각 목 외의 부분에서 "대통령령으로 정하는 자"란 다음 각 호의 구분에 따른 자를 말한다. 〈개정 2021.7.6.〉

1. 경쟁의 공정한 집행을 저해할 염려가 있는 자로서 다음 각 목의 어느 하나에 해당하는 자
   가. 입찰 또는 계약에 관한 서류[제39조에 따라 전자조달시스템을 통해 입찰서를 제출하는 경우 「전자서명법」 제2조제6호에 따른 인증서(서명자의 실지명의를 확인할 수 있는 것으로 한정한다)를 포함한다]를 위조·변조하거나 부정하게 행사한 자 또는 허위서류를 제출한 자
   나. 고의로 무효의 입찰을 한 자. 다만, 입찰서상 금액과 산출내역서상 금액이 일치하지 않은 입찰 등 기획재정부령으로 정하는 입찰무효사유에 해당하는 입찰의 경우는 제외한다.
   다. 삭제 〈2019.9.17.〉
   라. 입찰참가를 방해하거나 낙찰자의 계약체결 또는 그 이행을 방해한 자
   마. 삭제 〈2019.9.17.〉
   바. 삭제 〈2019.9.17.〉
   사. 삭제 〈2019.9.17.〉
2. 계약의 적정한 이행을 해칠 염려가 있는 자로서 다음 각 목의 어느 하나에 해당하는 자
   가. 정당한 이유 없이 계약을 체결 또는 이행(제42조제5항에 따른 계약이행능력심사를 위하여 제출한 하도급관리계획, 외주근로자 근로조건 이행계획에 관한 사항의 이행과 제72조 및 제72조의2에 따른 공동계약에 관한 사항의 이행을 포함한다)하지 아니하거나 입찰공고와 계약서에 명시된 계약의 주요조건(입찰공고와 계약서에 이행을 하지 아니하였을 경우 입찰참가자격 제한을 받을 수 있음을 명시한 경우에 한정한다)을 위반한 자

나. 조사설계용역계약 또는 원가계산용역계약에 있어서 고의 또는 중대한 과실로 조사설계금액이나 원가계산금액을 적정하게 산정하지 아니한 자

다. 「건설기술진흥법」 제47조에 따른 타당성 조사 용역의 계약에서 고의 또는 중대한 과실로 수요예측 등 타당성 조사를 부실하게 수행하여 발주기관에 손해를 끼친 자

라. 감독 또는 검사에 있어서 그 직무의 수행을 방해한 자

마. 시공 단계의 건설사업관리 용역계약 시 「건설기술 진흥법 시행령」 제60조 및 계약서 등에 따른 건설사업관리기술인 교체 사유 및 절차에 따르지 아니하고 건설사업관리기술인을 교체한 자

3. 다른 법령을 위반하는 등 입찰에 참가시키는 것이 적합하지 아니하다고 인정되는 자로서 다음 각 목의 어느 하나에 해당하는 자

가. 계약을 이행하면서 안전대책을 소홀히 하여 공중에게 위해를 가한 자

나. 「전자정부법」 제2조제13호에 따른 정보시스템의 구축 및 유지·보수 계약의 이행과정에서 알게 된 정보 중 각 중앙관서의 장 또는 계약담당공무원이 누출될 경우 국가에 피해가 발생할 것으로 판단하여 사전에 누출금지정보로 지정하고 계약서에 명시한 정보를 무단으로 누출한 자

다. 「전자정부법」 제2조제10호에 따른 정보통신망 또는 같은 조 제13호에 따른 정보시스템(이하 이 목에서 "정보시스템등"이라 한다)의 구축 및 유지·보수 등 해당 계약의 이행과정에서 정보시스템등에 허가 없이 접속하거나 무단으로 정보를 수집할 수 있는 비(非)인가 프로그램을 설치하거나 그러한 행위에 악용될 수 있는 정보시스템등의 약점을 고의로 생성 또는 방치한 자

③ 각 중앙관서의 장은 다음 각 호의 어느 하나에 해당하는 자(이하 "부정당업자"라 한다)에 대해서는 즉시 1개월 이상 2년 이하의 범위에서 입찰참가자격을 제한해야 한다. 다만, 부정당업자의 대리인, 지배인 또는 그 밖의 사용인이 법 제27조제1항 각 호의 어느 하나에 해당하는 행위를 하여 입찰

참가자격 제한 사유가 발생한 경우로서 부정당업자가 대리인, 지배인 또는 그 밖의 사용인의 그 행위를 방지하기 위해 상당한 주의와 감독을 게을리하지 않은 경우에는 부정당업자에 대한 입찰참가자격을 제한하지 않는다. 〈개정 2021.7.6.〉

1. 계약상대자, 입찰자 또는 제30조제2항에 따라 전자조달시스템을 이용해 견적서를 제출하는 자로서 법 제27조제1항제1호부터 제4호까지 및 제7호부터 제9호까지의 규정 중의 어느 하나에 해당하는 자
2. 법 제27조제1항제5호 또는 제6호에 해당하는 자

④ 제3항에 따른 입찰참가자격 제한의 기간에 관한 사항은 법 제27조제1항 각 호에 해당하는 행위별로 부실벌점, 하자비율, 부정행위 유형, 고의·과실 여부, 뇌물 액수 및 국가에 손해를 끼친 정도 등을 고려하여 기획재정부령으로 정한다. 〈개정 2021.7.6.〉

⑤ 법 제25조에 따른 공동계약의 공동수급체가 법 제27조제1항 각 호의 어느 하나에 해당하는 경우에는 입찰참가자격 제한의 원인을 제공한 자에 대해서만 제3항을 적용한다. 〈개정 2021.7.6.〉

⑥ 다음 각 호의 어느 하나에 해당하는 자가 법 제27조제1항 각 호의 어느 하나에 해당하는 경우에는 그 구분에 따른 자에 대해서도 제3항을 적용한다. 〈개정 2021.7.6.〉

1. 법인 또는 단체: 법인 또는 단체의 대표자(대표자가 여러 명 있는 경우에는 해당 입찰 및 계약에 관한 업무를 소관하는 대표자로 한정한다)
2. 「중소기업협동조합법」에 따른 중소기업협동조합: 입찰참가자격 제한의 원인을 제공한 조합원

⑦ 각 중앙관서의 장 또는 계약담당공무원은 제3항, 제5항 또는 제6항에 따라 입찰참가자격을 제한받은 자에 대해 제한기간 동안에는 해당 관서에서 집행하는 입찰에 참가할 수 없도록 해야 한다. 〈개정 2021.7.6.〉

⑧ 각 중앙관서의 장 또는 계약담당공무원은 경쟁입찰에서 낙찰된 자가 계약체결 전에 제3항, 제5항 또는 제6항에 따라 입찰참가자격 제한을 받은 경우에는 그 낙찰자와 계약을 체결해서는 안 된다. 다만, 법 제21조에 따른

장기계속계약의 낙찰자가 최초로 계약을 체결한 이후 입찰참가자격 제한을 받은 경우로서 해당 장기계속계약에 대한 연차별계약을 체결하는 경우에는 해당 계약상대자와 계약을 체결할 수 있다. 〈개정 2021.7.6.〉

⑨ 각 중앙관서의 장 또는 계약 담당공무원은 제6항제1호에 따라 입찰참가자격이 제한된 자가 대표자인 법인 또는 단체에 대해서도 제7항 및 제8항을 적용한다. 다만, 다음 각 호에 해당하는 경우에는 적용하지 않는다. 〈개정 2021.7.6.〉

1. 대표자가 여러 명 있는 경우로서 입찰참가자격이 제한된 대표자가 입찰에 관여하지 않은 경우
2. 입찰참가자격이 제한된 대표자가 「중소기업협동조합법」에 따른 중소기업협동조합의 이사장(협동조합연합회 및 중소기업중앙회의 경우에는 회장을 말한다)인 경우로서 해당 중소기업협동조합이 입찰참가자격 제한 사유와 관련 없는 경우

⑩ 각 중앙관서의 장은 입찰참가자격 제한 처분을 한 경우에는 다음 각 호의 사항을 명백히 하여 제2호에 따른 입찰참가자격 제한기간의 개시일 전까지 다른 중앙관서의 장 또는 계약담당공무원이 알 수 있도록 기획재정부령으로 정하는 바에 따라 전자조달시스템에 게재해야 한다. 〈개정 2021.7.6.〉

1. 업체(상호)명·주소·성명(법인인 경우 대표자성명, 법인등록번호)·주민등록번호·사업자등록번호, 관계 법령상 면허 또는 등록번호
2. 입찰참가자격 제한기간
3. 입찰참가자격을 제한하는 구체적인 사유
4. 입찰참가자격 제한처분이 집행정지된 경우 그 집행정지 또는 집행정지의 해제사실

⑪ 각 중앙관서의 장은 입찰참가자격 제한처분을 한 경우에는 법 제27조제5항에 따라 다음 각 호의 사항을 입찰참가자격 제한기간의 개시일 전까지 기획재정부령으로 정하는 바에 따라 전자조달시스템에 공개해야 한다. 〈개정 2021.7.6.〉

1. 업체(상호)명·성명(법인인 경우 대표자성명, 법인등록번호) 및 사업자등

록번호
2. 제10항제2호부터 제4호까지에 해당하는 사항

⑫ 각 중앙관서의 장 또는 계약담당공무원은 「지방자치단체를 당사자로 하는 계약에 관한 법률」 또는 「공공기관의 운영에 관한 법률」 등 다른 법령에 따라 입찰참가자격 제한을 한 사실을 통보받거나 전자조달시스템에 게재된 자에 대해서도 입찰에 참가할 수 없도록 해야 한다. 〈개정 2021.7.6.〉

⑬ 각 중앙관서의 장 또는 계약담당공무원은 제3항, 제5항 및 제6항에 따라 자격이 제한된 자와 제10항에 따라 전자조달시스템에 게재된 자가 상호·대표자 변경 등의 방법으로 제한기간 내에 입찰에 참가하는 것을 방지하기 위해 입찰참가자의 주민등록번호, 법인등록번호, 관계 법령상의 면허 또는 등록번호 등을 확인해야 한다. 〈개정 2021.7.6.〉

⑭ 제10항부터 제13항까지에서 규정한 사항 외에 입찰참가자격 제한의 통보 등에 필요한 사항은 기획재정부령으로 정한다. 〈개정 2021.7.6.〉

◈ **제76조의2(과징금 부과의 세부적인 대상과 기준)** ① 법 제27조의2제1항제1호에서 "부정당업자의 책임이 경미한 경우로서 대통령령으로 정하는 경우"란 다음 각 호의 어느 하나에 해당하는 경우를 말한다. 다만, 법 제27조제1항제2호, 같은 항 제4호부터 제7호까지, 이 영 제76조제2항제1호 가목·나목·라목 및 같은 항 제2호 나목·다목에 해당하는 자는 제외한다.

1. 천재지변이나 그 밖에 이에 준하는 부득이한 사유로 인한 경우
2. 국내·국외 경제 사정의 악화 등 급격한 경제 여건 변화로 인한 경우
3. 발주자에 의하여 계약의 주요 내용이 변경되거나 발주자로부터 받은 자료의 오류 등으로 인한 경우
4. 공동계약자나 하수급인 등 관련 업체에도 위반행위와 관련한 공동의 책임이 있는 경우
5. 입찰금액 과소산정으로 계약체결·이행이 곤란한 경우로서 제36조제16호에 따른 기준 및 비율을 적용하는 등 책임이 경미한 경우
6. 금액단위의 오기 등 명백한 단순착오로 가격을 잘못 제시하여 계약을 체결하지 못한 경우

7. 입찰의 공정성과 계약이행의 적정성이 현저하게 훼손되지 아니한 경우로서 부정당업자의 책임이 경미하며 다시 위반행위를 할 위험성이 낮다고 인정되는 사유가 있는 경우

② 법 제27조의2제1항제2호에서 "입찰참가자격 제한으로 유효한 경쟁입찰이 명백히 성립되지 아니하는 경우로서 대통령령으로 정하는 경우"란 입찰자가 2인 미만이 될 것으로 예상되는 경우를 말한다.

③ 법 제27조의2제1항에 따른 과징금의 부과 비율과 그 밖에 필요한 사항은 법 제27조제1항 각 호에 해당하는 행위별로 부실벌점, 하자비율, 부정행위의 유형, 고의·과실 여부 등을 고려하여 기획재정부령으로 정한다.

◈ **제76조의3(과징금의 부과 및 납부)** ① 각 중앙관서의 장은 법 제27조의2에 따라 과징금을 부과하려는 때에는 위반행위의 종류와 과징금의 금액을 분명하게 적은 서면으로 알려야 한다.

② 제1항에 따라 통지를 받은 자는 통지를 받은 날부터 60일 이내에 과징금을 부과권자가 정하는 수납기관에 내야 한다. 다만, 천재지변이나 그 밖의 부득이한 사유로 그 기간 내에 과징금을 낼 수 없을 때에는 그 사유가 해소된 날부터 30일 이내에 내야 한다.

③ 제2항에 따라 과징금을 받은 수납기관은 과징금을 낸 자에게 영수증을 내줘야 한다.

④ 과징금의 수납기관이 제2항에 따라 과징금을 받았을 때에는 지체 없이 그 사실을 부과권자에게 통보하여야 한다.

◈ **제76조의4(과징금 납부기한의 연장 및 분할납부)** ① 각 중앙관서의 장은 법 제27조의2에 따라 부정당업자가 납부하여야 할 과징금이 계약금액의 10퍼센트를 초과하는 경우 또는 「중소기업기본법」 제2조에 따른 중소기업자에게 10억 원을 초과하여 과징금을 부과하는 경우로서 다음 각 호의 어느 하나에 해당하는 사유로 인하여 과징금을 납부하여야 하는 자가 과징금의 전액을 일시에 납부하기가 어렵다고 인정되는 경우에는 그 납부기한을 연장하거나 분할납부하게 할 수 있다.

1. 재해 또는 도난 등으로 재산에 현저한 손실을 입은 경우
2. 사업 여건의 악화로 사업이 중대한 위기에 처한 경우
3. 과징금을 일시납부하면 자금 사정에 현저한 어려움이 예상되는 경우
4. 그 밖에 제1호부터 제3호까지와 유사한 사유가 있는 경우

② 제1항에 따라 과징금 납부기한의 연장이나 분할납부를 신청하려는 자는 과징금 납부를 통지받은 날부터 30일 이내에 납부기한의 연장 또는 분할납부의 사유를 증명하는 서류를 첨부하여 각 중앙관서의 장에게 신청하여야 한다.

③ 제1항에 따른 납부기한의 연장은 그 납부기한의 다음 날부터 1년을 초과할 수 없다.

④ 제1항에 따라 분할납부를 하게 하는 경우 분할된 납부기한 간의 간격은 3개월을 초과할 수 없으며, 분할 횟수는 3회를 초과할 수 없다.

◈ **제76조의5(과징금부과심의위원회의 구성)** ① 법 제27조의3에 따라 구성되는 과징금부과심의위원회(이하 이 장에서 "위원회"라 한다)는 위원장 1명을 포함하여 15명 이내의 위원으로 구성한다.

② 위원회의 위원장은 기획재정부 제2차관이 되고, 위원은 성별을 고려한 다음 각 호의 사람이 된다.

1. 기획재정부, 국방부, 행정안전부, 공정거래위원회, 국민권익위원회, 조달청의 고위공무원단에 속하는 공무원 중에서 소속 기관의 장이 지명하는 사람 각 1명.
2. 계약 관련 분야에 관한 학식과 경험이 풍부한 사람으로서 다음 각 목의 어느 하나에 해당하는 사람 중에서 기획재정부장관이 위촉하는 민간위원 8명 이내
   가. 「고등교육법」에 따른 대학에서 법학·경제학 또는 경영학의 부교수 이상의 직에 근무한 경력이 있는 사람
   나. 변호사의 자격을 가진 사람으로서 그 자격과 관련된 업무에 5년 이상 재직 중이거나 재직한 사람
   다. 정부조달계약 업무에 관한 학식과 경험이 풍부한 사람으로서 가목과

나목의 기준에 상당하다고 인정되는 사람

③ 제2항제2호의 민간위원의 임기는 2년으로 하되, 연임할 수 있다.

④ 위원 중 공무원이 아닌 위원의 사임 등으로 인하여 새로 위촉된 위원의 임기는 전임위원 임기의 남은 기간으로 한다.

◈ **제76조의6(위원장의 직무)** ① 위원장은 위원회를 대표하고, 위원회의 업무를 총괄한다.

② 위원장이 부득이한 사유로 직무를 수행할 수 없을 때에는 기획재정부장관이 지명하는 위원이 그 직무를 대행한다.

◈ **제76조의7(위원의 제척·기피·회피)** ① 위원회의 위원은 다음 각 호의 어느 하나에 해당하는 사건에 대한 심의에서 제척(除斥)된다.

1. 위원 또는 그 배우자나 배우자이었던 사람이 해당 부정당업자(부정당업자가 법인·단체 등인 경우에는 그 임원을 포함한다. 이하 이 호 및 제2호에서 같다)이거나 부정당업자의 공동권리자 또는 공동의무자인 사건
2. 위원이 해당 부정당업자와 친족이거나 친족이었던 경우
3. 위원이나 위원이 속한 기관 또는 법인이 해당 사건에 관하여 증언, 진술, 자문, 연구, 용역 또는 감정을 한 경우
4. 위원이나 위원이 속한 중앙관서가 발주한 계약에 관련된 사건
5. 위원이 각 중앙관서의 소속 공무원으로서 해당 사건과 관련된 조사 또는 심사를 한 사건

② 해당 사건의 부정당업자는 위원에게 공정한 심의를 기대하기 어려운 사정이 있는 경우에는 기피 신청을 할 수 있다. 이 경우 위원장은 이 기피 신청에 대하여 위원회의 의결을 거치지 아니하고 기피 여부를 결정한다.

③ 위원이 제1항 각 호의 제척 사유와 제2항의 기피 사유에 해당하는 경우에는 스스로 그 사건의 심의에서 회피(回避)하여야 한다.

◈ **제76조의8(위원의 지명철회·해임 및 해촉)** ① 제76조의5제2항제1호 본문에 따라 위원을 지명한 자는 해당 위원이 다음 각 호의 어느 하나에 해당하

는 경우에는 그 지명을 철회할 수 있다.

1. 심신장애로 인하여 직무를 수행할 수 없게 된 경우
2. 직무와 관련된 비위사실이 있는 경우
3. 직무태만, 품위손상이나 그 밖의 사유로 인하여 위원으로 적합하지 아니하다고 인정되는 경우
4. 위원 스스로 직무를 수행하는 것이 곤란하다고 의사를 밝히는 경우
5. 제76조의7제1항 또는 제2항의 사유에 해당하는 데에도 불구하고 회피하지 아니한 경우

② 기획재정부장관은 제76조의5제2항제2호에 따른 민간위원이 제1항 각 호의 어느 하나에 해당하는 경우에는 해당 위원을 해촉(解囑)할 수 있다.

◈ **제76조의9(심의의 요청)** ① 각 중앙관서의 장은 법 제27조의2제2항에 따라 과징금 부과 여부나 과징금 금액의 적정성 등에 관한 심의를 요청할 경우에는 다음 각 호의 사항을 적은 서면을 위원회에 제출하여야 한다.

1. 부정당업자의 성명과 주소(법인인 경우에는 법인의 명칭, 주된 사무소의 소재지, 그 대표자의 성명을 말한다)
2. 과징금 부과가 필요한 사유
3. 과징금 부과 액수와 판단 근거

② 제1항의 서면에는 다음 각 호의 서류를 첨부하여야 한다.

1. 부정당업자에게 입찰참가자격을 제한하거나 과징금을 부과하게 된 원인과 사실을 증명하는 서류
2. 그 밖에 심의에 필요한 증거 서류

③ 위원회는 제1항과 제2항에 따른 서류만으로는 과징금 부과 여부와 과징금 금액의 적정성을 판단하기 곤란한 경우에는 상당한 기간을 정하여 서류의 보완을 요청할 수 있다. 이 경우 서류의 보완에 걸리는 기간은 제76조의10제1항에 따른 심의 기간에 산입하지 아니한다.

◈ **제76조의10(심의)** ① 위원회는 각 중앙관서의 장으로부터 심의 요청을 받은

날부터 60일 이내에 심의 결과를 통보하여야 한다. 다만, 부득이한 사정이 있으면 30일의 범위에서 그 기간을 연장할 수 있다.

② 위원회는 필요한 경우 부정당업자와 해당 중앙관서의 장에게 심의 요청된 사항에 관한 서류의 제출을 요구할 수 있으며, 관계 전문기관에 감정·진단과 시험 등을 의뢰할 수 있다.

③ 위원회는 심의·결정의 완료 전에 부정당업자 및 해당 중앙관서의 장과 그 대리인에게 의견을 진술할 기회를 주어야 하며, 필요한 경우에는 부정당업자 및 해당 중앙관서의 장과 그 대리인, 증인 또는 관계전문가로 하여금 위원회에 출석하게 하여 그 의견을 들을 수 있다.

◈ **제76조의11(위원회의 회의)** ① 위원장은 위원회의 회의를 소집하고, 그 의장이 된다.

② 위원회의 회의는 재적위원 과반수의 출석으로 개의(開議)하고, 출석위원 과반수의 찬성으로 의결한다.

③ 위원회에 위원회의 사무를 처리할 간사 1명을 둔다.

④ 제1항부터 제3항까지에서 규정한 사항 외에 위원회의 운영에 필요한 사항은 위원회의 위원장이 정한다.

◈ **제76조의12(소위원회)** ① 위원회의 업무를 효율적으로 처리하기 위해 위원회에 공사분야소위원회 및 물품·용역분야소위원회(이하 이 장에서 "소위원회"라 한다)를 각각 둘 수 있다.

② 공사분야소위원회는 건설·전기통신 등 공사와 관련된 과징금 부과의 심의에 관한 사항을 담당한다.

③ 물품·용역분야소위원회는 물품의 제조·구매와 용역과 관련된 과징금 부과의 심의에 관한 사항을 담당한다.

④ 소위원회는 소위원회의 위원장을 포함하여 10명 이내의 위원으로 구성한다.

⑤ 소위원회의 위원장 및 위원은 위원회의 위원 중에서 위원회의 위원장이 지명하되, 심의 요청된 사항의 전문성을 고려하여 필요한 경우에는 위원회

의 위원이 아닌 사람을 소위원회의 위원으로 임명하거나 위촉할 수 있다.
⑥ 소위원회는 위원회에 심의 요청된 사안에 대해 미리 심의하여 결정안을 작성할 수 있다. 이 경우 소위원회는 결정안을 작성한 경우에는 작성된 결정안을 위원회에 상정해야 한다.
⑦ 소위원회의 심의, 회의 및 소위원회에 출석한 위원 등의 수당에 관하여는 제76조의10, 제76조의11 및 제76조의13을 준용한다. 이 경우 "위원회"는 "소위원회"로, "위원회의 위원장"은 "소위원회의 위원장"으로 본다.
⑧ 제1항부터 제7항까지에서 규정한 사항 외에 소위원회의 운영에 필요한 사항은 위원회의 위원장이 정한다.

◈ **第76조의13(수당)** 위원회에 출석한 위원 및 관계전문가에 대해서는 예산의 범위에서 수당을 지급할 수 있다. 다만, 공무원인 위원이 그 소관 업무와 직접 관련되어 위원회에 출석하는 경우에는 그러하지 아니하다.

다. 국가계약법 시행규칙

◈ **第75조의2(부정당업자의 입찰참가자격 제한)** 영 제76조제2항제1호 나목 단서에서 "입찰서상 금액과 산출내역서상 금액이 일치하지 않은 입찰 등 기획재정부령으로 정하는 입찰무효사유에 해당하는 입찰"이란 제44조제1항 제6호 및 제6호의3에 따른 입찰을 말한다.

◈ **第76조(부정당업자의 입찰참가자격 제한기준 등)** 영 제76조제4항에 따른 부정당업자의 입찰참가자격 제한의 세부기준은 별표2와 같다.

◈ **第77조(입찰참가자격제한에 관한 게재 등)** ①계약담당공무원은 법 제27조제1항에 따른 부정당업자에 해당된다고 인정하는 자가 있을 때에는 지체없이 그 소속 중앙관서의 장에게 보고하여야 한다.
② 삭제 〈1999.9.9.〉
③ 영 제76조제10항에 따른 게재는 별지 제15호서식의 부정당업자제재확

인서를 전자조달시스템에 게재하는 방법으로 한다.

④ 각 중앙관서의 장은 전자조달시스템을 이용하여 입찰참가자의 입찰참가자격이 제한되고 있는 지 여부를 확인하여야 한다.

⑤ 영 제76조제11항에 따른 공개는 별지 제15호서식의 부정당업자제재확인서(영 제76조11항 각 호의 사항만 기재한다)를 입찰참가자격제한 기간 동안 전자조달시스템에 공개하는 방법으로 한다.

◈ **제77조의2(과징금 부과의 세부적인 대상과 기준)** ① 법 제27조의2제1항과 영 제76조의2에 따라 과징금을 부과하는 위반행위의 종류와 위반 정도 등에 따른 과징금 부과율은 다음 각 호의 구분에 따른 별표3 및 별표4와 같다.

1. 법 제27조의2제1항제1호 및 영 제76조의2제1항에 따른 부정당업자의 책임이 경미한 경우의 과징금 부과기준: 별표3
2. 법 제27조의2제1항제2호 및 영 제76조의2제2항에 따른 입찰참가자격 제한으로 유효한 경쟁입찰이 명백히 성립되지 아니하는 경우의 과징금 부과기준 : 별표4

② 각 중앙관서의 장은 위반행위의 동기·내용과 횟수 등을 고려하여 제1항에 따른 과징금 금액의 2분의 1의 범위에서 이를 감경할 수 있다.

2. 지방계약법령

가. 지방계약법

◈ **제31조(부정당업자의 입찰참가자격 제한)** ① 지방자치단체의 장(지방자치단체의 장이 제7조제1항에 따라 중앙행정기관의 장 또는 다른 지방자치단체의 장에게 계약사무를 위임하거나 위탁하여 처리하는 경우에는 그 위임 또는 위탁을 받은 중앙행정기관의 장 또는 지방자치단체의 장을 포함한다. 이하 제6항·제7항, 제31조의2제1항·제5항 및 제31조의5제1항·제3항에서 같다)은 다음 각 호의 어느 하나에 해당하는 자(이하 "부정당업자"라 한다)에 대해서는 대통령령으로 정하는 바에 따라 2년 이내의 범위에서 입찰참가자격을 제한하여야 한다. 〈개정 2020.10.20.〉

1. 계약을 이행할 때 부실·조잡 또는 부당하게 하거나 부정한 행위를 한 자
2. 경쟁입찰, 계약 체결 또는 이행 과정에서 입찰자 또는 계약상대자 간에 서로 상의하여 미리 입찰가격, 수주 물량 또는 계약의 내용 등을 협정하거나 특정인의 낙찰 또는 납품대상자 선정을 위하여 담합한 자
3. 「건설산업기본법」, 「전기공사업법」, 「정보통신공사업법」, 「소프트웨어 진흥법」 및 그 밖의 다른 법률에 따른 하도급의 제한규정을 위반하여 하도급한 자(하도급 통지의무 위반의 경우는 거짓이나 그 밖에 부정한 방법으로 위반한 경우만을 말한다), 발주관서의 승인 없이 하도급한 자 및 발주관서의 승인을 얻은 하도급조건을 변경한 자
4. 사기, 그 밖의 부정한 행위로 입찰·낙찰 또는 계약의 체결·이행 과 관련하여 지방자치단체에 손해를 끼친 자
5. 「독점규제 및 공정거래에 관한 법률」 또는 「하도급거래 공정화에 관한 법률」을 위반하여 공정거래위원회로부터 입찰참가자격제한의 요청이 있는 자
6. 「대·중소기업 상생협력 촉진에 관한 법률」 제27조제7항에 따라 중소벤처기업부장관으로부터 입찰참가자격제한의 요청이 있는 자
7. 입찰·낙찰 또는 계약의 체결·이행과 관련하여 관계 공무원 또는 다음 각

목의 어느 하나에 해당하는 사람에게 금품 또는 그 밖의 재산상 이익을 제공한 자

가. 제7조제1항에 따라 위임·위탁을 받아 계약사무를 처리하는 기관의 계약 관련 업무를 수행하는 자(그 계약사무 처리와 관련하여 위원회 등이 설치된 경우 그 위원회 등의 위원을 포함한다)

나. 제16조제2항에 따른 주민참여감독자

다. 제31조의3제1항에 따른 과징금부과심의위원회의 위원

라. 제32조제1항에 따른 계약심의위원회의 위원

마. 제35조제1항에 따른 지방자치단체 계약분쟁조정위원회의 위원

바. 제42조에 따른 전문기관의 평가담당자

사. 「건설기술진흥법」에 따른 건설기술심의위원회 및 기술자문위원회의 위원

아. 그 밖에 입찰·낙찰 또는 계약의 체결·이행에 관한 평가를 수행하기 위한 위원회로서 대통령령으로 정하는 위원회의 위원

8. 제33조를 위반하여 계약을 체결한 자

9. 그 밖에 다음 각 목의 어느 하나에 해당하는 자로서 대통령령으로 정하는 자

가. 입찰·계약 관련 서류를 위조 또는 변조하거나 입찰·계약을 방해하는 등 경쟁의 공정한 집행을 저해할 염려가 있는 자

나. 정당한 이유 없이 계약의 체결 또는 이행 관련 행위를 하지 아니하거나 방해하는 등 계약의 적정한 이행을 해칠 염려가 있는 자

다. 그 밖에 다른 법령을 위반하는 등 입찰에 참가시키는 것이 적합하지 아니하다고 인정되는 자

② 지방자치단체의 장(지방자치단체의 장이 제7조제1항에 따라 다른 지방자치단체의 장에게 계약사무를 위임하거나 위탁하여 처리하는 경우에는 그 위임 또는 위탁을 받은 지방자치단체의 장을 포함한다)이 제1항에 따라 입찰참가자격을 제한하려는 경우에는 제32조에 따른 계약심의위원회의 심의를 거쳐야 한다. 다만, 대통령령으로 정하는 사유가 있으면 계약심의위원회

의 심의를 거치지 아니할 수 있다.

③ 중앙행정기관의 장이 제1항에 따라 입찰참가자격을 제한하는 경우에 필요한 절차는 대통령령으로 정한다.

④ 제1항부터 제3항까지의 규정에 따라 입찰참가자격을 제한받은 자는 그 제한기간 동안 각 지방자치단체에서 시행하는 모든 입찰에 대하여 참가자격이 제한된다. 다른 법령에 따라 입찰참가자격의 제한을 받은 자도 또한 같다. 〈개정 2013.8.6.〉

⑤ 지방자치단체의 장 또는 계약담당자는 제1항부터 제4항까지의 규정에 따라 입찰참가자격을 제한받은 자와 수의계약을 체결하여서는 아니 된다. 다만, 입찰참가자격을 제한받은 자 외에는 적합한 시공자, 제조자가 없는 등 부득이한 사유가 있는 경우에는 그러하지 아니하다.

⑥ 지방자치단체의 장은 제1항에도 불구하고 같은 항 각 호에 해당하는 행위가 종료된 때(같은 항 제5호 및 제6호의 경우에는 공정거래위원회 또는 중소벤처기업부장관으로부터 요청이 있었던 때를 말한다)부터 5년(같은 항 제2호 및 제7호에 해당하는 행위에 대해서는 7년)이 경과한 경우에는 입찰참가자격을 제한할 수 없다.

⑦ 지방자치단체의 장은 제1항부터 제3항까지의 규정에 따라 입찰참가자격을 제한할 경우 그 제한내용을 대통령령으로 정하는 바에 따라 공개하여야 한다.

◈ **제31조의2(과징금)** ① 지방자치단체의 장은 제31조제1항에 따라 부정당업자에 대하여 입찰참가자격을 제한하여야 하는 경우로서 다음 각 호의 어느 하나에 해당하는 경우에는 부정당업자의 신청에 따라 입찰참가자격 제한을 갈음하여 다음 각 호의 구분에 따른 금액 이하의 과징금을 부과할 수 있다.

1. 부정당업자의 위반행위가 예견할 수 없음이 명백한 경제여건 변화에 기인하는 등 부정당업자의 책임이 경미한 경우로서 대통령령으로 정하는 경우: 위반행위와 관련된 계약의 계약금액(계약을 체결하지 아니한 경우에는 대통령령으로 정하는 추정가격을 말한다. 이하 이 항에서 같다)의

100분의 10에 해당하는 금액

2. 입찰참가자격 제한으로 유효한 경쟁입찰이 명백히 성립하지 아니하는 경우로서 대통령령으로 정하는 경우: 위반행위와 관련된 계약의 계약금액의 100분의 30에 해당하는 금액

② 시장·군수 또는 구청장(자치구의 구청장을 말한다. 이하 같다) 및 시장·군수 또는 구청장으로부터 계약사무를 위탁받은 중앙행정기관의 장 또는 지방자치단체의 장은 제1항에 따라 과징금을 부과하려면 제32조에 따라 특별시·광역시·도(이하 "시·도"라 한다)에 설치된 계약심의위원회(시장·군수 또는 구청장으로부터 계약사무를 위탁받은 중앙행정기관의 장 또는 지방자치단체의 장의 경우에는 위탁한 시·군·구를 관할하는 시·도의 계약심의위원회를 말한다)의 심의를 거쳐야 한다. 다만, 대통령령으로 정하는 경우에는 그러하지 아니하다.

③ 특별시장·광역시장·특별자치시장·도지사 또는 특별자치도지사(이하 "시·도지사"라 한다)와 시·도지사로부터 계약사무를 위임 또는 위탁받은 중앙행정기관의 장 또는 지방자치단체의 장은 제1항에 따라 과징금 부과를 하려면 제31조의3에 따른 과징금부과심의위원회의 심의를 거쳐야 한다. 다만, 대통령령으로 정하는 경우에는 그러하지 아니하다.

④ 제1항에 따른 과징금의 금액, 부과절차, 과징금 부과 및 징수에 따른 수수료의 지급, 그 밖에 필요한 사항은 대통령령으로 정한다.

⑤ 지방자치단체의 장은 제1항에 따라 과징금을 부과받은 자가 납부기한까지 내지 아니하면 지방세 체납처분의 예에 따라 징수한다.

⑥ 제7조제1항에 따라 계약사무를 위임 또는 위탁받은 중앙행정기관의 장 또는 지방자치단체의 장이 제1항 및 제5항에 따라 부과·징수한 과징금은 위임 또는 위탁을 한 지방자치단체의 수입으로 한다.

◈ **제31조의3(과징금부과심의위원회)** ① 시·도지사 또는 시·도지사로부터 계약사무를 위임 또는 위탁받은 중앙행정기관의 장 또는 지방자치단체의 장이 부과하려는 과징금의 부과 여부 및 과징금 금액의 적정성을 심의하기 위하여 행정안전부에 과징금부과심의위원회를 둔다.

② 제1항에 따른 과징금부과심의위원회의 구성과 운영 등에 필요한 사항은 대통령령으로 정한다.

나. 지방계약법 시행령

◈ **제92조(부정당업자의 입찰참가자격 제한)** ① 법 제31조제1항제7호 아목에서 "대통령령으로 정하는 위원회"란 다음 각 호의 위원회를 말한다.

1. 제42조의3제4항에 따른 입찰자종합평가위원회
2. 제43조제9항에 따른 제안서평가위원회

② 법 제31조제1항제9호 각 목 외의 부분에서 "대통령령으로 정하는 자"란 다음 각 호의 자를 말한다.

1. 입찰·계약 관련 서류를 위조 또는 변조하거나 입찰·계약을 방해하는 등 경쟁의 공정한 집행을 저해할 염려가 있는 자로서 다음 각 목의 어느 하나에 해당하는 자
   가. 입찰(제30조에 따라 지정정보처리장치를 통해 견적서를 제출받는 경우를 포함한다) 또는 계약에 관한 서류(제39조제2항에 따라 지정정보처리장치를 이용해 입찰서를 제출하는 경우에는 「전자서명법」 제2조제8호에 따른 공인인증서를 포함한다)를 위조·변조하거나 부정하게 행사한 자 또는 거짓 서류를 제출한 자
   나. 고의로 무효의 입찰을 한 자
   다. 입찰(제39조제2항에 따라 지정정보처리장치를 이용해 입찰서를 제출하게 한 입찰은 제외한다. 이하 이 목에서 같다) 참가신청서 또는 입찰 참가승낙서를 제출하고도 정당한 이유 없이 해당 회계연도 중 3회 이상 입찰에 참가하지 않은 자
   라. 입찰 참가를 방해하거나 낙찰자의 계약체결 또는 그 이행을 방해한 자
   마. 정당한 이유 없이 제42조제1항 각 호 외의 부분 본문에 따른 계약이행능력의 심사에 필요한 서류의 전부 또는 일부를 제출하지 않거나 서류 제출 후 낙찰자 결정 전에 심사를 포기한 자
   바. 제42조의3에 따라 입찰에 참가한 자가 낙찰자 결정 과정에서 정당한

이유 없이 평가에 필요한 서류의 전부 또는 일부를 제출하지 않거나 서류 제출 후 낙찰자 결정 전에 평가를 포기한 자

사. 제100조에 따라 일괄입찰의 낙찰자를 결정하는 경우에 실시설계적격자로 선정된 후 정당한 이유 없이 기한 내에 실시설계서를 제출하지 않은 자

2. 정당한 이유 없이 계약의 체결 또는 이행 관련 행위를 하지 않거나 방해하는 등 계약의 적정한 이행을 해칠 염려가 있는 자로서 다음 각 목의 어느 하나에 해당하는 자

가. 정당한 이유 없이 낙찰된 후 계약을 체결하지 않은 자 또는 계약을 체결한 이후 계약이행(제42조제2항에 따른 계약이행능력 심사 또는 제42조의3제2항에 따른 평가를 위해 제출한 하도급관리계획 및 외주근로자 근로조건 이행계획에 관한 사항, 제88조에 따른 공동계약에 관한 사항 및 「건설산업기본법」 제31조의2에 따른 하도급계획에 관한 사항의 이행을 포함한다)을 하지 않거나 계약서에 정한 조건을 위반하여 이행한 자

나. 조사설계 용역계약 또는 원가계산 용역계약에서 고의 또는 중대한 과실로 조사설계금액이나 원가계산금액을 적정하게 산정하지 않은 자

다. 「건설기술진흥법」 제47조에 따른 타당성 조사의 용역 계약에서 고의 또는 중대한 과실로 수요 예측 등 타당성 조사를 부실하게 수행하여 발주기관에 손해를 끼친 자

라. 감독 또는 검사 시 그 직무의 수행을 방해한 자

마. 시공 단계의 건설사업관리 용역계약에서 「건설기술진흥법 시행령」 제60조 및 계약서 등에 따른 건설사업관리기술인 교체 사유 및 절차를 따르지 않고 건설사업관리기술인을 교체한 자

3. 다른 법령을 위반하는 등 입찰에 참가시키는 것이 적합하지 않다고 인정되는 자로서 다음 각 목의 어느 하나에 해당하는 자

가. 계약의 이행 과정에서 안전대책을 소홀히 하여 공중(公衆)에게 위해(危害)를 끼친 자 또는 사업장에서 「산업안전보건법」에 따른 안전·보

건조치를 소홀히 하여 근로자 등에게 사망 등 중대한 위해를 끼친 자

나. 「전자정부법」 제2조제13호에 따른 정보시스템의 구축 및 유지·보수 계약의 이행과정에서 알게 된 정보 중 누출될 경우 지방자치단체에 피해가 발생할 것으로 판단하여 각 지방자치단체의 장 또는 계약담당자가 사전에 누출금지정보로 지정하고 계약서에 명시한 정보를 무단으로 누출한 자

③ 지방자치단체의 장은 법 제31조제1항에 따라 계약상대자, 입찰자 또는 지정정보처리장치를 이용하여 견적서를 제출하는 자(이하 이 조에서 "계약상대자 등"이라 한다)로서 같은 항 각 호의 어느 하나에 해당하는 자(이하 "부정당업자"라 한다)에 대해서는 지체 없이 법 제32조에 따른 계약심의위원회를 거쳐 1개월 이상 2년 이하의 범위에서 입찰참가자격을 제한(계약상대자 등의 대리인, 지배인 또는 그 밖의 사용인이 법 제31조제1항 각 호의 어느 하나에 해당하는 행위를 하여 입찰참가자격 제한 사유가 발생한 경우로서 계약상대자 등이 대리인, 지배인 또는 그 밖의 사용인의 그 행위를 방지하기 위해 상당한 주의와 감독을 게을리 하지 않은 경우에는 그렇지 않다)해야 한다. 다만, 법 제31조제1항제3호·제5호·제6호, 이 조 제2항제1호 다목부터 마목까지·사목 및 같은 항 제2호 가목·라목의 어느 하나에 해당하는 자에 대해서는 법 제32조에 따른 계약심의위원회의 심의를 거치지 않고 입찰참가자격을 제한할 수 있다.

④ 제2항에 따른 입찰참가자격 제한의 세부 기준은 행정안전부령으로 정한다.

⑤ 법 제29조에 따른 공동계약의 공동수급체가 법 제31조제1항 각 호의 어느 하나에 해당하는 경우에는 입찰참가자격 제한의 원인을 제공한 자에 대해서만 제3항을 적용한다.

⑥ 다음 각 호의 어느 하나에 해당하는 자가 법 제31조제1항 각 호의 어느 하나에 해당하는 경우에는 다음 각 호의 구분에 따른 자에 대해서도 제3항을 적용한다.

1. 법인 또는 단체: 법인 또는 단체의 대표자(대표자가 여러 명인 경우에는

해당 입찰 및 계약에 관한 업무를 소관하는 대표자로 한정한다)

2. 「중소기업협동조합법」에 따른 중소기업협동조합: 입찰참가자격 제한의 원인을 제공한 조합원

⑦ 지방자치단체의 장이 제3항, 제5항 및 제6항에 따라 입찰참가자격을 제한한 경우에는 다른 지방자치단체의 장 또는 계약담당자가 알 수 있도록 제2호에 따른 입찰참가자격 제한기간의 개시일 전날까지 다음 각 호의 사항을 행정안전부령으로 정하는 바에 따라 지정정보처리장치에 게재해야 한다.

1. 입찰참가자격 제한자의 업체(상호)명, 주소, 성명(법인인 경우 대표자 성명, 법인등록번호), 주민등록번호, 사업자등록번호, 관계 법령에 따른 면허 또는 등록 번호
2. 입찰참가자격 제한기간
3. 입찰참가자격을 제한하는 구체적인 사유
4. 입찰참가자격 제한처분이 집행정지된 경우 그 집행정지 또는 집행정지의 해제사실

⑧ 지방자치단체의 장은 제3항, 제5항 및 제6항에 따라 입찰참가자격을 제한받은 자에 대하여 제한기간 동안에는 그 지방자치단체에서 집행하는 입찰에 참가할 수 없도록 해야 한다.

⑨ 지방자치단체의 장 또는 계약담당자는 입찰에서 낙찰된 자가 계약체결 전에 법 제31조에 따라 입찰참가자격 제한을 받은 경우에는 그 낙찰자와 계약을 체결해서는 안 된다. 다만, 장기계속계약을 체결한 계약상대자가 계약이행 중 입찰참가자격 제한을 받은 경우로서 해당 장기계속계약을 이행하기 위해 연차별 계약을 체결하는 경우에는 그렇지 않다.

⑩ 제3항, 제5항 및 제6항에 따라 입찰참가자격이 제한되는 자를 대표자로 사용하여 그 대표자를 입찰에 관여하게 한 사용자에 대해서도 제8항 및 제9항을 적용한다. 다만, 대표자가 여러 명인 경우로서 해당 대표자가 입찰에 관여하지 않은 경우에는 그렇지 않다.

⑪ 지방자치단체의 장은 제3항, 제5항 및 제6항에 따라 입찰참가자격이 제

한된 자가 상호·대표자 변경 등의 방법으로 제한기간에 입찰에 참가하는 것을 방지하기 위해 입찰참가자의 주민등록번호, 법인등록번호, 관계 법령에 따른 면허 또는 등록 번호 등을 확인해야 한다.

⑫ 법 제31조제1항에 따라 중앙행정기관의 장이 부정당업자에 대해 입찰참가자격을 제한하는 경우에는 「국가를 당사자로 하는 계약에 관한 법률 시행령」 제94조에 따른 계약심의위원회의 자문을 거쳐야 한다.

⑬ 중앙행정기관의 장 또는 지방자치단체의 장은 부정당업자에 대한 입찰참가자격을 제한하기 위해 필요한 경우에는 법 제7조제1항에 따라 계약사무를 위임·위탁한 지방자치단체의 장에게 관련 자료나 협조를 요청할 수 있다.

⑭ 지방자치단체의 장은 제3항, 제5항 및 제6항에 따라 입찰참가자격을 제한한 경우에는 법 제31조제7항에 따라 다음 각 호의 사항을 입찰참가자격 제한기간의 개시일 전날까지 행정안전부령으로 정하는 바에 따라 지정정보처리장치에 공개해야 한다.

1. 업체(상호)명, 성명(법인인 경우 대표자 성명, 법인등록번호) 및 사업자 등록번호
2. 제7항제2호부터 제4호까지의 규정에 해당하는 사항

⑮ 입찰참가자격 제한의 통보 등의 절차에 관하여 필요한 사항은 행정안전부령으로 정한다.

◈ **제92조의2(과징금 부과의 세부적인 대상과 기준)** ① 법 제31조의2제1항제1호에서 "대통령령으로 정하는 경우"란 다음 각 호의 어느 하나에 해당하는 경우를 말한다. 다만, 법 제31조제1항제2호 및 제4호부터 제8호까지, 이 영 제92조제2항제1호 가목·나목·라목, 같은 항 제2호 나목부터 라목까지 및 같은 항 제3호 나목의 어느 하나에 해당하는 경우는 제외한다.

1. 천재지변이나 그 밖에 이에 준하는 부득이한 사유로 인한 경우
2. 국내외 경제 사정의 악화 등 급격한 경제 여건 변화로 인한 경우
3. 발주자에 의하여 계약의 주요 내용이 변경되거나 발주자로부터 받은 자

료의 오류 등으로 인한 경우

4. 공동계약자나 하수급인 등 관련 업체에도 위반행위와 관련한 공동의 책임이 있는 경우
5. 입찰의 공정성과 계약이행의 적정성이 현저하게 훼손되지 아니한 경우로서 부정당업자의 책임이 경미하며 다시 위반행위를 할 위험성이 낮다고 인정되는 사유가 있는 경우
6. 금액단위의 오기 등 명백한 단순착오로 가격을 잘못 제시하여 계약을 체결하지 못한 경우

② 법 제31조의2제1항제2호에서 "대통령령으로 정하는 경우"란 입찰자가 2인 미만이 될 것으로 예상되는 경우를 말한다.

③ 법 제31조의2제1항에 따른 과징금의 부과비율과 그 밖에 필요한 사항은 법 제31조제1항 각 호에 해당하는 행위별로 부실벌점, 하자비율, 부정행위의 유형, 고의·과실 여부 등을 고려하여 행정안전부령으로 정한다.

④ 법 제31조의2제2항 단서 및 제3항 단서에서 "대통령령으로 정하는 경우"란 각각 제1항제1호 또는 제3호에 해당하는 경우로서 위반행위와 관련된 계약의 계약금액(계약을 체결하지 아니한 경우 추정가격을 말한다)이 공사계약의 경우에는 1억 원 미만인 경우를, 용역·물품 계약의 경우에는 5천만 원 미만인 경우를 말한다.

◈ **제92조의3(과징금의 부과 및 납부)** ① 지방자치단체의 장은 법 제31조의2에 따라 과징금을 부과하려는 경우에는 위반행위의 종류와 과징금의 금액을 분명하게 적은 서면으로 알려야 한다.

② 제1항에 따라 통지를 받은 자는 통지를 받은 날부터 60일 이내에 과징금을 부과권자가 정하는 수납기관에 내야 한다. 다만, 천재지변이나 그 밖의 부득이한 사유로 그 기간 내에 과징금을 낼 수 없을 때에는 그 사유가 해소된 날부터 30일 이내에 내야 한다.

③ 제2항에 따라 과징금을 받은 수납기관은 과징금을 낸 자에게 영수증을 내줘야 한다.

④ 과징금의 수납기관이 제2항에 따라 과징금을 받았을 때에는 지체 없이

그 사실을 부과권자에게 통보하여야 한다.

◈ **제92조의4(과징금 납부기한의 연장 및 분할 납부)** ① 지방자치단체의 장은 법 제31조의2에 따라 부정당업자가 내야 할 과징금이 계약금액의 10퍼센트를 초과하는 경우 또는 「중소기업기본법」 제2조에 따른 중소기업자에게 10억 원을 초과하여 과징금을 부과하는 경우로서 다음 각 호의 어느 하나에 해당하는 사유로 인하여 과징금을 내야 하는 자가 과징금의 전액을 한꺼번에 내기 어렵다고 인정되는 경우에는 그 납부기한을 연장하거나 분할납부하게 할 수 있다.

1. 재해 또는 도난 등으로 재산에 현저한 손실을 입은 경우
2. 사업 여건의 악화로 사업이 중대한 위기에 처한 경우
3. 과징금을 한꺼번에 내면 자금사정에 현저한 어려움이 예상되는 경우
4. 그 밖에 제1호부터 제3호까지와 유사한 사유가 있는 경우

② 제1항에 따라 과징금 납부기한의 연장이나 분할납부를 신청하려는 자는 과징금 납부를 통지받은 날부터 30일 이내에 납부기한의 연장 또는 분할납부의 사유를 증명하는 서류를 첨부하여 지방자치단체의 장에게 신청하여야 한다.

③ 제1항에 따른 납부기한의 연장은 그 납부기한의 다음 날부터 1년을 초과할 수 없다.

④ 제1항에 따라 분할납부를 하게 하는 경우 분할된 납부기한 간의 간격은 3개월을 초과할 수 없으며, 분할 횟수는 3회를 초과할 수 없다.

◈ **제92조의5(과징금부과심의위원회의 구성)** ① 법 제31조의3에 따른 과징금부과심의위원회(이하 이 장에서 "위원회"라 한다)는 위원장 1명을 포함하여 15명 이내의 위원으로 구성한다.

② 위원회의 위원장은 행정안전부 지방재정세제실장이 되고, 위원은 성별을 고려한 다음 각 호의 사람이 된다.

1. 기획재정부, 행정안전부, 국토교통부, 조달청 및 지방자치단체의 소속 공무원 중에서 해당 기관의 장이 지명하는 사람

2. 계약 관련 분야의 학식과 경험이 풍부한 사람으로서 다음 각 목의 어느 하나에 해당하는 사람 중에서 행정안전부장관이 위촉하는 8명 이내의 민간위원

가. 「고등교육법」에 따른 대학에서 법학·경제학·행정학 또는 경영학의 부교수 이상의 직에 근무하거나 근무한 경력이 있는 사람

나. 변호사의 자격을 가진 사람으로서 그 자격과 관련된 업무에 5년 이상 종사한 사람

다. 지방조달계약업무에 관한 학식과 경험이 풍부한 사람으로서 가목과 나목의 기준에 상당하다고 인정되는 사람

③ 제2항제2호의 민간위원의 임기는 2년으로 하되, 연임할 수 있다.

④ 위원 중 공무원이 아닌 위원의 사임 등으로 인하여 새로 위촉된 위원의 임기는 전임위원 임기의 남은 기간으로 한다.

◈ **제92조의6(위원장의 직무)** ① 위원장은 위원회를 대표하고, 위원회의 업무를 총괄한다.

② 위원장이 부득이한 사유로 직무를 수행할 수 없을 때에는 행정안전부장관이 지명하는 위원이 그 직무를 대행한다.

◈ **제92조의7(위원의 제척·기피·회피)** ① 위원회의 위원은 다음 각 호의 어느 하나에 해당하는 사건에 대한 심의에서 제척(除斥)된다.

1. 위원 또는 그 배우자나 배우자였던 사람이 해당 부정당업자(부정당업자가 법인·단체 등인 경우에는 그 임원을 포함한다. 이하 이 호 및 제2호에서 같다)이거나 부정당업자의 공동권리자 또는 공동의무자인 사건
2. 위원이 해당 부정당업자와 친족이거나 친족이었던 사건
3. 위원이나 위원이 속한 기관 또는 법인이 해당 사건에 관하여 증언, 진술, 자문, 연구, 용역 또는 감정을 한 사건
4. 위원이나 위원이 속한 중앙행정기관(조달청의 경우 위원이 속한 국 또는 국에 상당하는 보조기관 또는 보좌기관을 말한다)이나 지방자치단체가 발주한 계약에 관련한 사건

5. 위원이 각 중앙행정기관 또는 지방자치단체의 소속 공무원으로서 해당 사건과 관련된 조사 또는 심사를 한 사건

② 해당 사건의 부정당업자는 위원에게 공정한 심의를 기대하기 어려운 사정이 있는 경우에는 위원회에 해당 위원에 대한 기피 신청을 할 수 있다. 이 경우 위원장은 기피 신청에 대하여 위원회의 의결을 거치지 아니하고 기피 여부를 결정한다.

③ 위원이 제1항 각 호의 제척사유와 제2항의 기피 사유에 해당하는 경우에는 스스로 그 사건의 심의에서 회피(回避)하여야 한다.

◈ **제92조의8(심의의 요청)** ① 법 제31조의2제3항에 따른 시·도지사와 시·도지사로부터 계약사무를 위임 또는 위탁받은 중앙행정기관의 장 또는 지방자치단체의 장(이하 "시·도지사등"이라 한다)은 법 제31조의2제3항에 따라 과징금 부과 여부나 과징금 금액의 적정성 등에 관한 심의를 요청하는 경우에는 다음 각 호의 사항을 적은 서면을 위원회에 제출하여야 한다.

1. 부정당업자의 성명과 주소(법인인 경우에는 법인의 명칭, 주된 사무소의 소재지, 그 대표자의 성명을 말한다)
2. 과징금 부과가 필요한 사유
3. 과징금 부과 액수와 판단 근거

② 제1항의 서면에는 다음 각 호의 서류를 첨부하여야 한다.

1. 부정당업자에게 입찰참가자격을 제한하거나 과징금을 부과하게 된 원인과 사실을 증명하는 서류
2. 그 밖에 심의에 필요한 증거서류

③ 위원회는 제1항과 제2항에 따른 서류만으로는 과징금 부과 여부와 과징금 금액의 적정성을 판단하기 곤란한 경우에는 상당한 기간을 정하여 서류의 보완을 요청할 수 있다. 이 경우 서류의 보완에 걸리는 기간은 제92조의9제1항에 따른 심의기간에 산입하지 아니한다.

◈ **제92조의9(심의)** ① 위원회는 시·도지사등으로부터 심의 요청을 받은 날부터 60일 이내에 심의결과를 통보하여야 한다. 다만, 부득이한 사정이 있으

면 30일의 범위에서 그 기간을 연장할 수 있다.

② 위원회는 필요한 경우 부정당업자와 시·도지사등에게 심의 요청된 사항에 관한 서류의 제출을 요구할 수 있으며, 관계 전문기관에 감정·진단과 시험 등을 의뢰할 수 있다.

③ 위원회는 심의·결정의 완료 전에 부정당업자와 시·도지사등 및 그 대리인에게 의견을 진술할 기회를 주어야 하며, 필요한 경우에는 부정당업자 및 시·도지사등과 그 대리인, 증인 또는 관계 전문가로 하여금 위원회에 출석하게 하여 그 의견을 들을 수 있다.

◈ **제92조의10(위원회의 회의)** ① 위원장은 위원회의 회의를 소집하고, 그 의장이 된다.

② 위원회의 회의는 재적위원 과반수의 출석으로 개의(開議)하고, 출석위원 과반수의 찬성으로 의결한다.

③ 위원회에 위원회의 사무를 처리할 간사 1명을 둔다.

④ 제1항부터 제3항까지에서 규정한 사항 외에 위원회의 운영에 필요한 사항은 위원회의 위원장이 정한다.

◈ **제92조의11(과징금소위원회)** ① 위원회의 업무를 효율적으로 처리하기 위하여 위원회에 공사분야소위원회 및 물품·용역분야소위원회(이하 "과징금소위원회"라 한다)를 각각 둘 수 있다.

② 공사분야소위원회는 건설·전기통신 등 공사와 관련된 과징금 부과의 심의에 관한 사항을 담당한다.

③ 물품·용역분야소위원회는 물품의 제조·구매와 용역과 관련된 과징금 부과의 심의에 관한 사항을 담당한다.

④ 과징금소위원회는 과징금소위원회의 위원장을 포함하여 10명 이내의 위원으로 구성한다.

⑤ 과징금소위원회의 위원장 및 위원은 위원회의 위원 중에서 행정안전부장관이 지명하되, 심의 요청된 사항의 전문성을 고려하여 필요한 경우에는 위원회의 위원이 아닌 사람을 과징금소위원회의 위원으로 임명하거나 위촉

할 수 있다.

⑥ 위원회에 심의 요청된 사안은 해당 과징금소위원회에서 미리 심의하여 결정안을 작성할 수 있다. 이 경우 과징금소위원회는 작성된 결정안을 위원회에 상정하여야 한다.

⑦ 과징금소위원회의 심의, 회의 및 과징금소위원회에 출석한 위원 등의 수당에 관하여는 제92조의9, 제92조의10 및 제92조의12를 준용한다. 이 경우 "위원회"는 "과징금소위원회"로, "위원회의 위원장"은 "과징금소위원회의 위원장"으로 본다.

⑧ 제1항부터 제7항까지에서 규정한 사항 외에 과징금소위원회의 구성·운영에 필요한 사항은 위원회의 위원장이 정한다.

◈ **제92조의12(수당)** 위원회에 출석한 위원 및 관계 전문가에 대해서는 예산의 범위에서 수당을 지급할 수 있다. 다만, 공무원인 위원이 그 소관 업무와 직접 관련되어 위원회에 출석하는 경우에는 그러하지 아니하다.

◈ **제92조의13(과징금부과심의위원회 위원의 해촉)** 제92조의5제2항 각 호에 따라 위원을 지명 또는 위촉한 사람은 위원이 다음 각 호의 어느 하나에 해당하는 경우에는 해당 위원에 대한 지명을 철회하거나 해촉(解囑)할 수 있다.

1. 심신장애로 인하여 직무를 수행할 수 없게 된 경우
2. 직무와 관련된 비위사실이 있는 경우
3. 직무태만, 품위손상이나 그 밖의 사유로 인하여 위원으로 적합하지 아니하다고 인정되는 경우
4. 제92조의7제1항 각 호의 어느 하나에 해당하는 데에도 불구하고 회피하지 아니한 경우
5. 위원 스스로 직무를 수행하는 것이 곤란하다고 의사를 밝히는 경우

다. 지방계약법 시행규칙

◈ **제76조(부정당업자의 입찰참가자격 제한기준 등)** ① 법 제31조제1항에 따

른 부정당업자의 입찰참가자격 제한의 세부 기준은 별표2와 같다.

② 입찰참가자격의 제한을 받은 자에게 그 처분일부터 입찰참가자격 제한기간 종료 후 6개월이 경과하는 날까지의 기간 중 다시 부정당업자에 해당하는 사유가 발생한 경우에는 해당 사유에 대하여 2년을 초과하지 아니하는 범위에서 자격 제한기간을 별표2의 해당 호에서 정한 기간의 2배까지 가중하여 제한할 수 있다.

③ 부정당업자가 여러 개의 위반행위를 하여 별표2 각 호의 사유 중 2 이상에 해당하는 경우에는 그 중 무거운 제한기준에 따른다.

④ 지방자치단체의 장은 부정당업자에 대한 입찰참가자격을 제한하는 경우 그 위반행위의 동기, 내용 및 횟수 등을 고려하여 입찰참가자격의 제한기간을 경감할 수 있다. 다만, 법 제31조제1항제2호 및 제7호에 해당하는 경우에는 입찰참가자격의 제한기간을 경감할 수 없다.

⑤ 제4항에 따른 경감기간은 6개월을 초과할 수 없다. 이 경우 제한기간을 경감하는 경우에도 그 제한기간이 1개월 이상이 되도록 하여야 한다.

◈ **제76조의2(청문)** 지방자치단체의 장은 법 제31조제1항에 따라 입찰참가자격을 제한하는 경우에는 청문을 하여야 한다.

◈ **제77조(입찰참가자격 제한에 관한 게재 등)** ① 계약담당자는 법 제31조제1항, 영 제92조제2항, 제3항, 제5항 및 제6항에 해당된다고 인정하는 자가 있을 때에는 지체 없이 그 소속 지방자치단체의 장에게 보고하여야 한다. 〈개정 2019.6.25.〉

② 영 제92조제7항에 따른 게재는 별지 제14호서식의 부정당업자 제재확인서를 지정정보처리장치에 게재하는 방법으로 한다.

③ 영 제92조제14항에 따른 공개는 별지 제14호서식의 부정당업자 제재확인서에 같은 항 각 호의 사항을 기재하여 입찰참가자격 제한기간 동안 지정정보처리장치에 공개하는 방법으로 한다. 〈신설 2019.6.25.〉

④ 지방자치단체의 장은 영 제92조제7항에 따라 같은 항 각 호의 사항을 지정정보처리장치에 게재하는 경우에는 같은 조 제15항에 따라 그 게재 사

실을 입찰참가자격 제한기간의 개시일 전날까지 지정정보처리장치를 관리·운영하는 자에게 통보해야 한다. 〈신설 2019.6.25.〉

⑤ 지방자치단체의 장은 지정정보처리장치를 이용하여 입찰참가자의 입찰참가자격이 제한되고 있는지를 확인하여야 한다.

◈ **제77조의2(과징금 부과의 세부적인 대상과 기준)** ① 법 제31조의2제1항과 영 제92조의2에 따라 과징금을 부과하는 위반행위의 종류와 위반 정도에 따른 과징금 부과율은 다음 각 호의 구분에 따른다.

1. 법 제31조의2제1항제1호와 영 제92조의2제1항에 따른 부정당업자의 책임이 경미한 경우의 과징금 부과기준: 별표3
2. 법 제31조의2제1항제2호와 영 제92조의2제2항에 따른 입찰참가자격 제한으로 유효한 경쟁입찰이 명백히 성립되지 아니하는 경우의 과징금 부과기준: 별표4

② 지방자치단체의 장은 법 제31조의2제1항부터 제3항까지의 규정에 따라 과징금을 부과할 때 위반행위의 동기·내용과 횟수 등을 고려하여 제1항에 따른 과징금 금액의 2분의 1의 범위에서 계약심의위원회나 과징금부과심의위원회의 심의를 거쳐 감경할 수 있다.

■ 지방계약법 시행규칙 [별표2] 〈개정 2021.1.7.〉

부정당업자의 입찰참가자격 제한기준(제76조 관련)

입찰참가자격 제한사유	제한기간
1. 법 제31조제1항제1호에 해당하는 자 중 부실시공 또는 부실설계·감리를 한 자	
가. 부실벌점이 150점 이상인 자	1년 10개월 이상 2년 이하
나. 부실벌점이 100점 이상 150점 미만인 자	11개월 이상 1년 1개월 미만
다. 부실벌점이 75점 이상 100점 미만인 자	7개월 이상 9개월 미만
라. 부실벌점이 50점 이상 75점 미만인 자	5개월 이상 7개월 미만
마. 부실벌점이 35점 이상 50점 미만인 자	3개월 이상 5개월 미만
바. 부실벌점이 20점 이상 35점 미만인 자	1개월 이상 3개월 미만
2. 법 제31조제1항제1호에 해당하는 자 중 계약의 이행을 조잡하게 한 자	
가. 공사	
1) 하자비율이 100분의 500 이상인 자	1년 10개월 이상 2년 이하
2) 하자비율이 100분의 300 이상 100분의 500 미만인 자	11개월 이상 1년 1개월 미만
3) 하자비율이 100분의 200 이상 100분의 300 미만인 자	7개월 이상 9개월 미만
4) 하자비율이 100분의 100 이상 100분의 200 미만인 자	2개월 이상 4개월 미만
나. 물품	
1) 보수비율이 100분의 25 이상인 자	1년 10개월 이상 2년 이하
2) 보수비율이 100분의 15 이상 100분의 25 미만인 자	11개월 이상 1년 1개월 미만
3) 보수비율이 100분의 10 이상 100분의 15 미만인 자	7개월 이상 9개월 미만
4) 보수비율이 100분의 6 이상 100분의 10 미만인 자	2개월 이상 4개월 미만
3. 법 제31조제1항제1호에 해당하는 자 중 계약의 이행을 부당하게 하거나 부정한 행위를 한 자	
가. 설계서(물품제조의 경우에는 규격서를 말한다. 이하 같다)와 달리 구조물 내구성 연한의 단축, 안전도의 위해를 가져오는 등 부당한 시공(물품의 경우에는 제조를 말한다. 이하 같다)을 한 자	11개월 이상 1년 1개월 미만

입찰참가자격 제한사유	제한기간
나. 설계서상의 기준규격보다 낮은 다른 자재를 쓰는 등 부정한 시공을 한 자	5개월 이상 7개월 미만
다. 가목의 부당한 시공 및 나목의 부정한 시공에 대하여 각각 감리업무를 성실하게 수행하지 않은 자	2개월 이상 4개월 미만
4. 법 제31조제1항제2호에 해당하는 자	
가. 담합을 주도하여 낙찰을 받은 자	1년 6개월 이상 2년 이하
나. 입찰 시 특정인의 낙찰을 위해 담합을 주도한 자	11개월 이상 1년 1개월 미만
다. 입찰자 또는 계약상대자 간에 서로 상의하여 미리 입찰가격, 수주물량 또는 계약의 내용 등을 협정하거나 특정인의 낙찰 또는 납품대상자 선정을 위해 담합한 자	5개월 이상 7개월 미만
5. 법 제31조제1항제3호에 해당하는 자	
가. 전부 또는 주요부분의 대부분을 1인에게 하도급한 자	11개월 이상 1년 1개월 미만
나. 전부 또는 주요부분의 대부분을 2인 이상에게 하도급한 자	7개월 이상 9개월 미만
다. 면허·등록 등 관련 자격이 없는 자에게 하도급한 자	7개월 이상 9개월 미만
라. 발주관서의 승인 없이 하도급한 자	5개월 이상 7개월 미만
마. 재하도급 금지규정을 위반하여 하도급한 자	3개월 이상 5개월 미만
바. 하도급조건을 하도급자에게 불리하게 변경한 자	3개월 이상 5개월 미만
사. 하도급 거짓 통보자	3개월 이상 5개월 미만
6. 법 제31조제1항제4호에 해당하는 자	
가. 지방자치단체에 10억 원 이상의 손해를 끼친 자	1년 10개월 이상 2년 이하
나. 지방자치단체에 10억 원 미만의 손해를 끼친 자	11개월 이상 1년 1개월 미만
7. 법 제31조제1항제5호 또는 제6호에 따라 공정거래위원회 또는 중소벤처기업부장관으로부터 입찰참가자격 제한 요청이 있는 자	
가. 이 제한기준에서 정한 사유로 입찰참가자격 제한 요청이 있는 자	해당 각 호의 기준에 따름
나. 이 제한기준에 해당하는 사항이 없는 경우로서 입찰참가자격 제한 요청이 있는 자	5개월 이상 7개월 미만
8. 법 제31조제1항제7호에 해당하는 자	
가. 2억 원 이상의 금품 또는 그 밖의 재산상 이익을 준 자	2년

입찰참가자격 제한사유	제한기간
나. 1억 원 이상 2억 원 미만의 금품 또는 그 밖의 재산상 이익을 준 자 다. 1천만 원 이상 1억 원 미만의 금품 또는 그 밖의 재산상 이익을 준 자 라. 1천만 원 미만의 금품 또는 그 밖의 재산상 이익을 준 자	1년 6개월 3개월
9. 법 제31조제1항제8호에 해당하는 자	5개월 이상 7개월 미만
10. 영 제92조제2항제1호 가목에 해당하는 자 가. 입찰에 관한 서류(제15조제2항에 따른 입찰참가자격 등록에 관한 서류를 포함한다)를 위조·변조·부정행사하거나 거짓 서류를 제출하여 낙찰을 받은 자 나. 입찰 또는 계약에 관한 서류(제15조제2항에 따른 입찰참가자격 등록에 관한 서류를 포함한다)를 위조·변조·부정행사하거나 거짓 서류를 제출한 자	 11개월 이상 1년 1개월 미만 5개월 이상 7개월 미만
11. 영 제92조제2항제1호 나목에 해당하는 자	5개월 이상 7개월 미만
12. 영 제92조제2항제1호 다목에 해당하는 자	1개월 이상 3개월 미만
13. 영 제92조제2항제1호 라목에 해당하는 자	2개월 이상 4개월 미만
14. 영 제92조제2항제1호 마목에 해당하는 자	2개월 이상 4개월 미만
15. 영 제92조제2항제1호 바목에 해당하는 자	2개월 이상 4개월 미만
16. 영 제92조제2항제1호 사목에 해당하는 자	2개월 이상 4개월 미만
17. 영 제92조제2항제2호 가목에 해당하는 자 가. 정당한 이유 없이 계약을 체결하지 않은 자 또는 계약을 체결한 후 계약이행을 하지 않은 자 나. 영 제42조제2항에 따른 계약이행능력 심사 또는 영 제42조의3제2항에 따른 평가를 위해 제출한 하도급관리계획, 외주근로자 근로조건 이행계획에 관한 사항 및 「건설산업기본법」 제31조의2에 따른 하도급계획에 관한 사항을 지키지 않은 자 다. 영 제51조제1항 단서에 따라 공사이행보증서를 제출해야 하는 자가 공사이행보증서를 제출하지 않은 자	 5개월 이상 7개월 미만 1개월 이상 3개월 미만 1개월 이상 3개월 미만

입찰참가자격 제한사유	제한기간
라. 영 제88조에 따른 공동계약을 하고, 공동계약에서 정한 공동수급체 구성원 간의 출자비율 또는 분담 내용에 따라 시공하지 않은 자	1개월 이상 3개월 미만
마. 계약서에서 정한 조건을 위반하여 이행한 자	1개월 이상 3개월 미만
18. 영 제92조제2항제2호 나목 또는 다목에 해당하는 자	
가. 고의에 의한 경우	5개월 이상 7개월 미만
나. 중대한 과실에 의한 경우	2개월 이상 4개월 미만
19. 영 제92조제2항제2호 라목에 해당하는 자	2개월 이상 4개월 미만
20. 영 제92조제2항제2호 마목에 해당하는 자	7개월 이상 9개월 미만
21. 영 제92조제2항제3호 가목에 해당하는 자	
가. 계약을 이행하면서 안전대책을 소홀히 하여 사고가 발생하여 해당 사업장 내외에서 2명 이상(근로자의 경우 다목을 적용한다)에게 인명피해를 입혔거나 사업장 외의 시설을 손괴한 자	11개월 이상 1년 1개월 미만
나. 안전대책을 소홀히 하여 사업장 외의 공중에게 재산상의 위해를 가한 자	5개월 이상 7개월 미만
다. 사업장에서 「산업안전보건법」에 따른 안전보건조치를 소홀히 하여 근로자가 사망하는 재해를 발생시킨 자	
1) 동시에 사망한 근로자수가 10명 이상인 경우	1년 5개월 이상 1년 7개월 미만
2) 동시에 사망한 근로자수가 6명 이상 10명 미만인 경우	11개월 이상 1년 1개월 미만
3) 동시에 사망한 근로자수가 2명 이상 6명 미만인 경우	5개월 이상 7개월 미만
22. 영 제92조제2항제3호 나목에 해당하는 자	
가. 정보 누출 횟수가 2회 이상인 경우	3개월
나. 정보 누출 횟수가 1회인 경우	1개월

〈비고〉

1. 위 표에서 "부실벌점"이란 「건설기술진흥법」 제53조에 따른 부실벌점을 말한다.
2. 위 표에서 "하자비율"이란 하자담보책임기간 중 하자검사 결과 하자보수보증금에 대한 하자발생 누계금액 비율을 말한다.
3. 위 표에서 "보수비율"이란 물품보증기간 중 계약금액에 대한 보수비용발생 누계금액 비율을 말한다.

■ 지방계약법 시행규칙 [별표3] 〈개정 2019.6.25.〉

부정당업자의 책임이 경미한 경우의 과징금 부과기준

(제77조의2제1항제1호 관련)

과징금 부과사유	과징금 부과율
1. 법 제31조제1항제1호에 해당하는 자 중 부실시공 또는 부실설계·감리를 한 자	
가. 부실벌점이 150점 이상인 자	10%
나. 부실벌점이 100점 이상 150점 미만인 자	5%
다. 부실벌점이 75점 이상 100점 미만인 자	4%
라. 부실벌점이 50점 이상 75점 미만인 자	3%
마. 부실벌점이 35점 이상 50점 미만인 자	2%
바. 부실벌점이 20점 이상 35점 미만인 자	1%
2. 법 제31조제1항제1호에 해당하는 자 중 계약의 이행을 조잡하게 한 자	
가. 공사	
1) 하자비율이 100분의 500 이상인 자	10%
2) 하자비율이 100분의 300 이상 100분의 500 미만인 자	5%
3) 하자비율이 100분의 200 이상 100분의 300 미만인 자	4%
4) 하자비율이 100분의 100 이상 100분의 200 미만인 자	1.5%
나. 물품	
1) 보수비율이 100분의 25 이상인 자	10%
2) 보수비율이 100분의 15 이상 100분의 25 미만인 자	5%
3) 보수비율이 100분의 10 이상 100분의 15 미만인 자	4%
4) 보수비율이 100분의 6 이상 100분의 10 미만인 자	1.5%
3. 법 제31조제1항제1호에 해당하는 자 중 계약의 이행을 부당하게 하거나 부정한 행위를 한 자	
가. 설계서(물품제조의 경우에는 규격서를 말한다. 이하 같다)와 달리 구조물 내구성 연한의 단축, 안전도의 위해를 가져오는 등 부당한 시공(물품의 경우에는 제조를 말한다. 이하 같다)을 한 자	5%
나. 설계서상의 기준규격보다 낮은 다른 자재를 쓰는 등 부정한 시공을 한 자	3%
다. 가목의 부당한 시공과 나목의 부정한 시공에 대하여 각각 감리업무를 성실하게 수행하지 않은 자	1.5%
4. 법 제31조제1항제3호에 해당하는 자	
가. 전부 또는 주요부분의 대부분을 1인에게 하도급한 자	10%
나. 전부 또는 주요부분의 대부분을 2인 이상에게 하도급한 자	8%
다. 면허·등록 등 관련 자격이 없는 자에게 하도급한 자	8%
라. 발주관서의 승인 없이 하도급한 자	6%

과징금 부과사유	과징금 부과율
마. 재하도급 금지규정을 위반하여 하도급한 자 바. 하도급조건을 하도급자에게 불리하게 변경한 자 사. 하도급 거짓 통보자	4% 4% 4%
5. 영 제92조제2항제1호 다목에 해당하는 자	0.5%
6. 영 제92조제2항제1호 마목 및 바목에 해당하는 자	1.5%
7. 영 제92조제2항제1호 사목에 해당하는 자	1.5%
8. 영 제92조제2항제2호 가목에 해당하는 자 가. 정당한 이유 없이 계약을 체결하지 않은 자 또는 계약을 체결한 후 계약이행을 하지 않은 자 나. 영 제42조제2항에 따른 계약이행능력 심사 또는 영 제42조의3제2항에 따른 평가를 위하여 제출한 하도급관리계획, 외주근로자 근로조건 이행계획에 관한 사항 또는 「건설산업기본법」 제31조의2에 따른 하도급계획에 관한 사항을 지키지 않은 자 다. 영 제51조제1항 단서에 따라 공사이행보증서를 제출해야 하는 자가 공사이행보증서를 제출하지 않은 자 라. 영 제88조에 따른 공동계약을 하고, 공동계약에서 정한 공동수급체 구성원 간의 출자비율 또는 분담 내용에 따라 시공하지 않은 자 마. 계약서에서 정한 조건을 위반하여 이행한 자	 3% 0.5% 0.5% 0.5% 0.5%
9. 영 제92조제2항제2호 마목에 해당하는 자	4%
10. 영 제92조제2항제3호 가목에 해당하는 자 가. 계약을 이행하면서 안전대책을 소홀히 하여 사고가 발생하여 해당 사업장 내외에서 2명 이상(근로자의 경우 다목을 적용한다)에게 인명피해를 입혔거나 사업장 외의 시설을 손괴한 자 나. 안전대책을 소홀히 하여 사업장 외의 공중에게 재산상의 위해를 가한 자 다. 사업장에서 「산업안전보건법」에 따른 안전보건조치를 소홀히 하여 근로자가 사망하는 재해를 발생시킨 자 1) 동시에 사망한 근로자수가 10명 이상인 경우 2) 동시에 사망한 근로자수가 6명 이상 10명 미만인 경우 3) 동시에 사망한 근로자수가 2명 이상 6명 미만인 경우	 10% 6% 10% 8% 6%

〈비고〉

1. 위 표에서 "부실벌점"이란 「건설기술진흥법」 제53조에 따른 부실벌점을 말한다.
2. 위 표에서 "하자비율"이란 하자담보책임기간 중 하자검사 결과 하자보수보증금에 대한 하자발생 누계금액 비율을 말한다.
3. 위 표에서 "보수비율"이란 물품보증기간 중 계약금액에 대한 보수비용발생 누계금액 비율을 말한다.

부록

■ 지방계약법 시행규칙 [별표4] 〈개정 2021.1.7.〉

입찰참가자격 제한으로 유효한 경쟁입찰이 명백히 성립되지 아니하는 경우의 과징금 부과기준 (제77조의2제1항제2호 관련)

과징금 부과사유	과징금 부과율
1. 법 제31조제1항제1호에 해당하는 자 중 부실시공 또는 부실설계·감리를 한 자	
가. 부실벌점이 150점 이상인 자	30%
나. 부실벌점이 100점 이상 150점 미만인 자	15%
다. 부실벌점이 75점 이상 100점 미만인 자	12%
라. 부실벌점이 50점 이상 75점 미만인 자	9%
마. 부실벌점이 35점 이상 50점 미만인 자	6%
바. 부실벌점이 20점 이상 35점 미만인 자	3%
2. 법 제31조제1항제1호에 해당하는 자 중 계약의 이행을 조잡하게 한 자	
가. 공사	
1) 하자비율이 100분의 500 이상인 자	30%
2) 하자비율이 100분의 300 이상 100분의 500 미만인 자	15%
3) 하자비율이 100분의 200 이상 100분의 300 미만인 자	12%
4) 하자비율이 100분의 100 이상 100분의 200 미만인 자	4.5%
나. 물품	
1) 보수비율이 100분의 25 이상인 자	30%
2) 보수비율이 100분의 15 이상 100분의 25 미만인 자	15%
3) 보수비율이 100분의 10 이상 100분의 15 미만인 자	12%
4) 보수비율이 100분의 6 이상 100분의 10 미만인 자	4.5%
3. 법 제31조제1항제1호에 해당하는 자 중 계약의 이행을 부당하게 하거나 부정한 행위를 한 자	
가. 설계서(물품제조의 경우에는 규격서를 말한다. 이하 같다)와 달리 구조물 내구성 연한의 단축, 안전도의 위해를 가져오는 등 부당한 시공(물품의 경우에는 제조를 말한다. 이하 같다)을 한 자	15%
나. 설계서상의 기준규격보다 낮은 다른 자재를 쓰는 등 부정한 시공을 한 자	9%
다. 가목의 부당한 시공과 나목의 부정한 시공에 대하여 각각 감리업무를 성실하게 수행하지 않은 자	4.5%
4. 법 제31조제1항제2호에 해당하는 자	
가. 담합을 주도하여 낙찰을 받은 자	30%
나. 입찰 시 특정인의 낙찰을 위해 담합을 주도한 자	20%
다. 입찰자 또는 계약상대자 간에 서로 상의하여 미리 입찰가격, 수주물량 또는 계약의 내용 등을 협정하거나 특정인의 낙찰 또는 납품대상자 선정을 위해 담합한 자	15%

과징금 부과사유	과징금 부과율
5. 법 제31조제1항제3호에 해당하는 자	
가. 전부 또는 주요부분의 대부분을 1인에게 하도급한 자	20%
나. 전부 또는 주요부분의 대부분을 2인 이상에게 하도급한 자	15%
다. 면허·등록 등 관련 자격이 없는 자에게 하도급한 자	15%
라. 발주관서의 승인 없이 하도급한 자	12%
마. 재하도급 금지규정을 위반하여 하도급한 자	10%
바. 하도급조건을 하도급자에게 불리하게 변경한 자	10%
사. 하도급 거짓 통보자	10%
6. 법 제31조제1항제4호에 해당하는 자	
가. 지방자치단체에 10억 원 이상의 손해를 끼친 자	30%
나. 지방자치단체에 10억 원 미만의 손해를 끼친 자	15%
7. 법 제31조제1항제5호 또는 제6호에 따라 공정거래위원회 또는 중소벤처기업부장관으로부터 입찰참가자격 제한 요청이 있는 자	
가. 이 제한기준에서 정한 사유로 입찰참가자격 제한 요청이 있는 자	해당 각 호의 기준에 따름
나. 이 제한기준에 해당하지 않는 경우로서 입찰참가자격 제한 요청이 있는 자	9%
8. 법 제31조제1항제7호에 해당하는 자	
가. 2억 원 이상의 금품 또는 그 밖의 재산상 이익을 준 자	30%
나. 1억 원 이상 2억 원 미만의 금품 또는 그 밖의 재산상 이익을 준 자	15%
다. 1천만 원 이상 1억 원 미만의 금품 또는 그 밖의 재산상 이익을 준 자	9%
라. 1천만 원 미만의 금품 또는 그 밖의 재산상 이익을 준 자	4.5%
9. 법 제31조제1항제8호에 해당하는 자	9%
10. 영 제92조제2항제1호 가목에 해당하는 자	
가. 입찰에 관한 서류(제15조제2항에 따른 입찰참가자격 등록에 관한 서류를 포함한다)를 위조·변조·부정행사하거나 거짓 서류를 제출하여 낙찰을 받은 자	15%
나. 입찰 또는 계약에 관한 서류(제15조제2항에 따른 입찰참가자격 등록에 관한 서류를 포함한다)를 위조·변조·부정행사하거나 거짓 서류를 제출한 자	9%
11. 영 제92조제2항제1호 나목에 해당하는 자	9%
12. 영 제92조제2항제1호 다목에 해당하는 자	1.5%
13. 영 제92조제2항제1호 라목에 해당하는 자	4.5%
14. 영 제92조제2항제1호 마목 또는 바목에 해당하는 자	4.5%
15. 영 제92조제2항제1호 사목에 해당하는 자	4.5%

과징금 부과사유	과징금 부과율
16. 영 제92조제2항제2호 가목에 해당하는 자	
가. 정당한 이유 없이 계약을 체결하지 않은 자 또는 계약을 체결한 후 계약이행을 하지 않은 자	9%
나. 영 제42조제2항에 따른 계약이행능력 심사 또는 영 제42조의3제2항에 따른 평가를 위하여 제출한 하도급관리계획, 외주근로자 근로조건 이행계획에 관한 사항 및 「건설산업기본법」 제31조의2에 따른 하도급계획에 관한 사항을 지키지 않은 자	1.5%
다. 영 제51조제1항 단서에 따라 공사이행보증서를 제출해야 하는 자가 공사이행보증서를 제출하지 않은 자	1.5%
라. 영 제88조에 따른 공동계약을 하고, 공동계약에서 정한 공동수급체 구성원 간의 출자비율 또는 분담 내용에 따라 시공하지 않은 자	1.5%
마. 계약서에서 정한 조건을 위반하여 이행한 자	1.5%
17. 영 제92조제2항제2호 나목 또는 다목에 해당하는 자	
가. 고의에 의한 경우	9%
나. 중대한 과실에 의한 경우	9%
18. 영 제92조제2항제2호 라목에 해당하는 자	4.5%
19. 영 제92조제2항제2호 마목에 해당하는 자	12%
20. 영 제92조제2항제3호 가목에 해당하는 자	
가. 계약을 이행하면서 안전대책을 소홀히 하여 사고가 발생하여 해당 사업장 내외에서 2명 이상(근로자의 경우 다목을 적용한다)에게 인명피해를 입혔거나 사업장 외의 시설을 손괴한 자	15%
나. 안전대책을 소홀히 하여 사업장 외의 공중에게 재산상의 위해를 가한 자	9%
다. 사업장에서 「산업안전보건법」에 따른 안전보건조치를 소홀히 하여 근로자가 사망하는 재해를 발생시킨 자	
1) 동시에 사망한 근로자수가 10명 이상인 경우	30%
2) 동시에 사망한 근로자수가 6명 이상 10명 미만인 경우	20%
3) 동시에 사망한 근로자수가 2명 이상 6명 미만인 경우	15%
21. 영 제92조제2항제3호 나목에 해당하는 자	
가. 정보 누출 횟수가 2회 이상인 경우	4.5%
나. 정보 누출 횟수가 1회인 경우	1.5%

(비고)

1. 위 표에서 "부실벌점"이란 「건설기술진흥법」 제53조에 따른 부실벌점을 말한다.
2. 위 표에서 "하자비율"이란 하자담보책임기간 중 하자검사 결과 하자보수보증금에 대한 하자발생 누계금액 비율을 말한다.
3. 위 표에서 "보수비율"이란 물품보증기간 중 계약금액에 대한 보수비용발생 누계금액 비율을 말한다.

3. 공공기관계약법령

가. 공공기관 운영법

◈ **제39조(회계원칙 등)** ① 공기업·준정부기관의 회계는 경영성과와 재산의 증감 및 변동 상태를 명백히 표시하기 위하여 그 발생 사실에 따라 처리한다.
② 공기업·준정부기관은 공정한 경쟁이나 계약의 적정한 이행을 해칠 것이 명백하다고 판단되는 사람·법인 또는 단체 등에 대하여 2년의 범위 내에서 일정기간 입찰참가자격을 제한할 수 있다.
③ 제1항과 제2항의 규정에 따른 회계처리의 원칙과 입찰참가자격의 제한기준 등에 관하여 필요한 사항은 기획재정부령으로 정한다.

나. 공기업·준정부기관계약사무규칙

◈ **제2조(다른 법령과의 관계 등)** ① 「공공기관의 운영에 관한 법률」(이하 "법"이라 한다) 제5조에 따른 공기업·준정부기관의 계약처리에 관하여 다른 법령에 특별한 규정이 있는 경우 외에는 이 규칙에서 정하는 바에 따른다.
② 공기업·준정부기관의 장(이하 "기관장"이라 한다)은 계약의 기준·절차 등과 관련하여 해당 공기업·준정부기관의 업무의 특성, 계약의 공정성 및 투명성 확보, 그 밖에 불가피한 사유가 있는 경우에는 기획재정부장관의 승인을 받아 이 규칙에서 정하는 내용과 다른 내용의 계약의 기준·절차를 정할 수 있다. 다만, 계약절차와 관련하여 다수공급자 물품계약 등 공개경쟁입찰을 준용한 계약체결 기준을 마련한 경우에는 기준을 마련한 후 7일 이내에 기획재정부장관에게 보고함으로써 그 승인을 갈음할 수 있다.
③ 기관장이 제2항 본문에 따른 승인을 요청할 때에는 주무기관의 장을 거쳐야 한다.
④ 기획재정부장관은 제2항 단서에 따라 보고받은 사항 중 계약의 공정성 및 투명성을 확보하기 위하여 필요하다고 인정하는 경우에는 감사원에 그 내용을 통지할 수 있다.

⑤ 공기업·준정부기관의 계약에 관하여 이 규칙에 규정되지 아니한 사항에 관하여는 국가를 당사자로 하는 계약에 관한 법령을 준용한다. 이 경우 "국가", "정부" 및 "국고"는 "공기업·준정부기관"으로, "중앙관서의 장"은 "기관장"으로, "계약담당공무원"은 "계약담당자"로 본다.

◈ **제15조(부정당업자의 입찰참가자격 제한)** 법 제39조제3항에 따라 기관장은 공정한 경쟁이나 계약의 적정한 이행을 해칠 것이 명백하다고 판단되는 자에 대해서는 「국가를 당사자로 하는 계약에 관한 법률」 제27조에 따라 입찰참가자격을 제한할 수 있다.

◈ **제16조(의견 청취 및 심의 절차)** ① 기관장은 제15조에 따라 입찰참가자격을 제한하려면 미리 해당 처분의 상대방 또는 그 대리인에게 의견을 진술할 기회를 주어야 하며, 필요하다고 인정되면 이해관계인의 의견을 들어야 한다. 다만, 해당 처분의 상대방 또는 그 대리인이 정당한 사유 없이 이에 따르지 아니하거나 소재 불명 등으로 의견진술의 기회를 줄 수 없는 경우에는 그러하지 아니하다.

② 기관장은 제1항에 따라 의견청취를 하려면 그 예정일 7일 전까지 처분의 상대방 또는 그 대리인에게 서면으로 그 사유·일시 및 장소 등을 알려야 한다.

③ 제2항에 따른 통지를 받은 처분의 상대방 또는 그 대리인은 지정된 일시에 출석하여 의견을 진술하거나 서면으로 의견을 제출할 수 있다.

④ 제2항에 따른 통지에는 정당한 사유 없이 이에 응하지 아니하는 경우에는 의견진술의 기회를 포기한 것으로 본다는 뜻을 명시하여야 한다.

⑤ 처분의 상대방 또는 그 대리인이 제3항에 따라 의견을 진술하는 경우에는 공기업·준정부기관의 관계 직원은 그 내용을 서면으로 작성하여 출석한 자에게 이를 확인하게 한 후 서명하도록 하거나 기명날인하도록 하여야 한다.

◈ **제17조(이의신청)** ① 「국가를 당사자로 하는 계약에 관한 법률 시행령」 제110조제1항 각 호의 구분에 따른 금액 이상의 공기업·준정부기관 조달계약

과정에서 해당 기관장 또는 계약담당자로부터 다음 각 호의 어느 하나에 해당하는 사항으로 인하여 불이익을 받은 자(이하 이 조에서 “이의신청인”이라 한다)는 그 행위의 취소 또는 시정을 위하여 해당 기관장에게 이의신청을 할 수 있다.

1. 국제입찰에 의한 공기업·준정부기관 조달계약의 범위와 관련된 사항
2. 입찰참가자격과 관련된 사항
3. 입찰 공고와 관련된 사항
4. 낙찰자 결정과 관련된 사항
5. 계약금액 조정과 관련된 사항
6. 지체상금과 지체일수 산입범위와 관련된 사항

② 제1항에 따른 이의신청인은 이의신청의 원인이 되는 행위가 있었던 날부터 15일 이내 또는 그 행위가 있었던 것을 안 날부터 10일 이내에 해당 기관장에게 이의신청을 하여야 한다.

③ 해당 기관장은 이의신청을 받은 날부터 10일 이내에 이를 심사한 후 그 결과를 이의신청인에게 알려야 한다.

④ 제3항에 따른 결과에 대하여 이의가 있는 자는 그 통지를 받은 날부터 15일 이내에 「국가를 당사자로 하는 계약에 관한 법률」 제29조에 따른 국가계약분쟁조정위원회(이하 “위원회”라 한다)에 그 조정을 위한 재심을 청구(이하 “재심청구”라 한다)할 수 있다.

4. 지방공기업계약법령

가. 지방공기업법

◈ **제64조의2(회계처리의 원칙 등)** ① 공사는 경영 성과 및 재무 상태를 명확히 하기 위하여 회계거래를 발생 사실에 따라 기업회계기준에 따라 회계처리한다.

② 공사는 사업 분야별로 구분하여 회계처리할 수 있다.

③ 공사가 계약을 체결하려는 경우에는 일반경쟁의 방식으로 하여야 한다. 다만, 계약의 목적·성질 및 규모 등을 고려하여 참가자의 자격을 제한하거나 참가자를 지명하여 경쟁에 부치거나 수의계약으로 할 수 있다.

④ 공사는 계약을 체결하는 경우 공정한 경쟁 또는 계약의 적정한 이행을 해칠 것이 명백하다고 판단되는 자에 대하여는 2년 이내의 범위에서 입찰참가자격을 제한할 수 있다.

⑤ 공사는 제4항에 따라 입찰참가자격을 제한받은 자와 수의계약을 체결하여서는 아니 된다. 다만, 제4항에 따라 입찰참가자격을 제한받은 자 외에는 적합한 시공자·제조자가 존재하지 아니하는 등 부득이한 사유가 있는 경우에는 그러하지 아니하다.

⑥ 제1항부터 제5항까지의 규정에 따른 회계처리, 계약의 기준 및 절차, 입찰참가자격의 제한 등에 관하여 필요한 사항은 대통령령으로 정한다.

◈ **제76조(설립·운영)** ① 지방자치단체는 제2조의 사업을 효율적으로 수행하기 위하여 필요한 경우에는 지방공단(이하 "공단"이라 한다)을 설립할 수 있다.

② 공단의 설립·운영에 관하여는 제49조부터 제52조까지, 제53조제1항, 제56조제1항 및 제3항, 제57조, 제58조, 제58조의2, 제59조부터 제63조까지, 제63조의2부터 제63조의8까지, 제64조, 제64조의2, 제65조, 제65조의2, 제66조, 제66조의2, 제68조, 제69조, 제71조, 제71조의2부터 제71조의4까지, 제72조 및 제73조, 제75조의2부터 제75조의4까지의 규정을 준용한다. 이 경우 "공사"는 "공단"으로, "사장"은 "이사장"으로, "사채"

는 "공단채"로 본다. 〈개정 2019.12.3.〉

나. 지방공기업법 시행령

◈ **제57조의4(회계처리 등)** ① 법 제64조의2제6항에 따른 회계처리, 계약의 기준 및 절차와 입찰참가자격의 제한 등에 관하여는 그 성질에 반하지 아니하는 범위에서 「지방자치단체를 당사자로 하는 계약에 관한 법률 시행령」 제2조, 제6조, 제6조의2, 제7조부터 제42조까지, 제42조의2부터 제42조의4까지, 제43조부터 제49조까지, 제51조, 제52조, 제54조부터 제56조까지, 제64조, 제66조부터 제71조까지, 제71조의2, 제71조의3, 제72조부터 제78조까지, 제78조의2, 제80조부터 제89조까지, 제89조의2, 제90조부터 제97조까지, 제97조의2, 제98조, 제98조의2, 제99조, 제100조, 제100조의2, 제101조 및 제103조를 준용한다. 이 경우 "지방자치단체"는 "공사"로, "회계관계공무원"은 "회계관계담당자"로, "소속공무원"은 "소속직원"으로, "지방자치단체의 장"은 "공사의 사장"으로, "공무원"은 "직원"으로, "관계 공무원"은 "관계 직원"으로 본다.

② 제1항에 따라 준용되는 「지방자치단체를 당사자로 하는 계약에 관한 법률 시행령」 제25조제1항에도 불구하고 공사의 사장 또는 공사의 사장으로부터 계약사무의 전부 또는 일부를 위임 또는 위탁받아 계약사무를 담당하는 직원(이하 "계약담당자"라 한다)은 다음 각 호의 어느 하나에 해당하는 경우에는 수의계약으로 할 수 있다.

1. 공사의 업무를 위탁하거나 대행시키기 위하여 그 자회사(해당 공사가 발행주식 총수 또는 총출자지분의 100분의 100을 소유하고 있는 법인을 말한다. 이하 제2호에서 같다) 또는 출자회사(해당 공사가 소유하고 있는 주식 또는 출자지분과 다른 공사가 소유하고 있는 주식 또는 출자지분의 합계가 발행주식 총수 또는 총출자지분의 100분의 100인 법인을 말한다. 이하 제2호에서 같다)와 계약을 체결하는 경우
2. 해당 공사가 소유하고 있는 시설·설비 또는 「시설물의 안전 및 유지관리에 관한 특별법」 제7조제1호에 따른 1종 시설물의 유지관리 등을 위하

부록

여 불가피하게 그 자회사 또는 출자회사와 계약을 체결하는 경우

3. 공사가 「대·중소기업 상생협력 촉진에 관한 법률」 제8조제1항에 따른 성과공유제를 시행하여 같은 조 제2항에 따른 성과공유제 확산 추진본부로부터 그 성과를 확인받은 후 2년 이내에 해당 수탁기업과 계약을 체결하는 경우

5. 행정절차법

◈ **제17조(처분의 신청)** ① 행정청에 처분을 구하는 신청은 문서로 하여야 한다. 다만, 다른 법령등에 특별한 규정이 있는 경우와 행정청이 미리 다른 방법을 정하여 공시한 경우에는 그러하지 아니하다.

② 제1항에 따라 처분을 신청할 때 전자문서로 하는 경우에는 행정청의 컴퓨터 등에 입력된 때에 신청한 것으로 본다.

③ 행정청은 신청에 필요한 구비서류, 접수기관, 처리기간, 그 밖에 필요한 사항을 게시(인터넷 등을 통한 게시를 포함한다)하거나 이에 대한 편람을 갖추어 두고 누구나 열람할 수 있도록 하여야 한다.

④ 행정청은 신청을 받았을 때에는 다른 법령등에 특별한 규정이 있는 경우를 제외하고는 그 접수를 보류 또는 거부하거나 부당하게 되돌려 보내서는 아니 되며, 신청을 접수한 경우에는 신청인에게 접수증을 주어야 한다. 다만, 대통령령으로 정하는 경우에는 접수증을 주지 아니할 수 있다.

⑤ 행정청은 신청에 구비서류의 미비 등 흠이 있는 경우에는 보완에 필요한 상당한 기간을 정하여 지체 없이 신청인에게 보완을 요구하여야 한다.

⑥ 행정청은 신청인이 제5항에 따른 기간 내에 보완을 하지 아니하였을 때에는 그 이유를 구체적으로 밝혀 접수된 신청을 되돌려 보낼 수 있다.

⑦ 행정청은 신청인의 편의를 위하여 다른 행정청에 신청을 접수하게 할 수 있다. 이 경우 행정청은 다른 행정청에 접수할 수 있는 신청의 종류를 미리 정하여 공시하여야 한다.

⑧ 신청인은 처분이 있기 전에는 그 신청의 내용을 보완·변경하거나 취하(取下)할 수 있다. 다만, 다른 법령등에 특별한 규정이 있거나 그 신청의 성질상 보완·변경하거나 취하할 수 없는 경우에는 그러하지 아니하다.

◈ **제18조(다수의 행정청이 관여하는 처분)** 행정청은 다수의 행정청이 관여하는 처분을 구하는 신청을 접수한 경우에는 관계 행정청과의 신속한 협조를 통하여 그 처분이 지연되지 아니하도록 하여야 한다.

◈ **제19조(처리기간의 설정·공표)** ① 행정청은 신청인의 편의를 위하여 처분의 처리기간을 종류별로 미리 정하여 공표하여야 한다.

② 행정청은 부득이한 사유로 제1항에 따른 처리기간 내에 처분을 처리하기 곤란한 경우에는 해당 처분의 처리기간의 범위에서 한 번만 그 기간을 연장할 수 있다.

③ 행정청은 제2항에 따라 처리기간을 연장할 때에는 처리기간의 연장 사유와 처리 예정 기한을 지체 없이 신청인에게 통지하여야 한다.

④ 행정청이 정당한 처리기간 내에 처리하지 아니하였을 때에는 신청인은 해당 행정청 또는 그 감독 행정청에 신속한 처리를 요청할 수 있다.

⑤ 제1항에 따른 처리기간에 산입하지 아니하는 기간에 관하여는 대통령령으로 정한다.

◈ **제20조(처분기준의 설정·공표)** ① 행정청은 필요한 처분기준을 해당 처분의 성질에 비추어 되도록 구체적으로 정하여 공표하여야 한다. 처분기준을 변경하는 경우에도 또한 같다.

② 제1항에 따른 처분기준을 공표하는 것이 해당 처분의 성질상 현저히 곤란하거나 공공의 안전 또는 복리를 현저히 해치는 것으로 인정될 만한 상당한 이유가 있는 경우에는 처분기준을 공표하지 아니할 수 있다.

③ 당사자등은 공표된 처분기준이 명확하지 아니한 경우 해당 행정청에 그 해석 또는 설명을 요청할 수 있다. 이 경우 해당 행정청은 특별한 사정이 없으면 그 요청에 따라야 한다.

◈ **제21조(처분의 사전 통지)** ① 행정청은 당사자에게 의무를 부과하거나 권익을 제한하는 처분을 하는 경우에는 미리 다음 각 호의 사항을 당사자등에게 통지하여야 한다.

1. 처분의 제목
2. 당사자의 성명 또는 명칭과 주소
3. 처분하려는 원인이 되는 사실과 처분의 내용 및 법적 근거
4. 제3호에 대하여 의견을 제출할 수 있다는 뜻과 의견을 제출하지 아니하

는 경우의 처리방법
5. 의견제출기관의 명칭과 주소
6. 의견제출기한
7. 그 밖에 필요한 사항

② 행정청은 청문을 하려면 청문이 시작되는 날부터 10일 전까지 제1항 각 호의 사항을 당사자등에게 통지하여야 한다. 이 경우 제1항제4호부터 제6호까지의 사항은 청문 주재자의 소속·직위 및 성명, 청문의 일시 및 장소, 청문에 응하지 아니하는 경우의 처리방법 등 청문에 필요한 사항으로 갈음한다.

③ 제1항제6호에 따른 기한은 의견제출에 필요한 기간을 10일 이상으로 고려하여 정하여야 한다. 〈개정 2019.12.10.〉

④ 다음 각 호의 어느 하나에 해당하는 경우에는 제1항에 따른 통지를 하지 아니할 수 있다.

1. 공공의 안전 또는 복리를 위하여 긴급히 처분을 할 필요가 있는 경우
2. 법령등에서 요구된 자격이 없거나 없어지게 되면 반드시 일정한 처분을 하여야 하는 경우에 그 자격이 없거나 없어지게 된 사실이 법원의 재판 등에 의하여 객관적으로 증명된 경우
3. 해당 처분의 성질상 의견청취가 현저히 곤란하거나 명백히 불필요하다고 인정될 만한 상당한 이유가 있는 경우

⑤ 처분의 전제가 되는 사실이 법원의 재판 등에 의하여 객관적으로 증명된 경우 등 제4항에 따른 사전 통지를 하지 아니할 수 있는 구체적인 사항은 대통령령으로 정한다.

⑥ 제4항에 따라 사전 통지를 하지 아니하는 경우 행정청은 처분을 할 때 당사자등에게 통지를 하지 아니한 사유를 알려야 한다. 다만, 신속한 처분이 필요한 경우에는 처분 후 그 사유를 알릴 수 있다. 〈신설 2014.12.30.〉

⑦ 제6항에 따라 당사자등에게 알리는 경우에는 제24조를 준용한다.

◈ **제22조(의견청취)** ① 행정청이 처분을 할 때 다음 각 호의 어느 하나에 해당하는 경우에는 청문을 한다.

1. 다른 법령등에서 청문을 하도록 규정하고 있는 경우
2. 행정청이 필요하다고 인정하는 경우
3. 다음 각 목의 처분 시 제21조제1항제6호에 따른 의견제출기한 내에 당사자등의 신청이 있는 경우
  가. 인허가 등의 취소
  나. 신분·자격의 박탈
  다. 법인이나 조합 등의 설립허가의 취소

② 행정청이 처분을 할 때 다음 각 호의 어느 하나에 해당하는 경우에는 공청회를 개최한다. 〈개정 2019.12.10.〉

1. 다른 법령등에서 공청회를 개최하도록 규정하고 있는 경우
2. 해당 처분의 영향이 광범위하여 널리 의견을 수렴할 필요가 있다고 행정청이 인정하는 경우
3. 국민생활에 큰 영향을 미치는 처분으로서 대통령령으로 정하는 처분에 대하여 대통령령으로 정하는 수 이상의 당사자등이 공청회 개최를 요구하는 경우

③ 행정청이 당사자에게 의무를 부과하거나 권익을 제한하는 처분을 할 때 제1항 또는 제2항의 경우 외에는 당사자등에게 의견제출의 기회를 주어야 한다.

④ 제1항부터 제3항까지의 규정에도 불구하고 제21조제4항 각 호의 어느 하나에 해당하는 경우와 당사자가 의견진술의 기회를 포기한다는 뜻을 명백히 표시한 경우에는 의견청취를 하지 아니할 수 있다.

⑤ 행정청은 청문·공청회 또는 의견제출을 거쳤을 때에는 신속히 처분하여 해당 처분이 지연되지 아니하도록 하여야 한다.

⑥ 행정청은 처분 후 1년 이내에 당사자등이 요청하는 경우에는 청문·공청회 또는 의견제출을 위하여 제출받은 서류나 그 밖의 물건을 반환하여야 한다.

◈ **제23조(처분의 이유 제시)** ① 행정청은 처분을 할 때에는 다음 각 호의 어느 하나에 해당하는 경우를 제외하고는 당사자에게 그 근거와 이유를 제시하여야 한다.

1. 신청 내용을 모두 그대로 인정하는 처분인 경우
2. 단순·반복적인 처분 또는 경미한 처분으로서 당사자가 그 이유를 명백히 알 수 있는 경우
3. 긴급히 처분을 할 필요가 있는 경우

② 행정청은 제1항제2호 및 제3호의 경우에 처분 후 당사자가 요청하는 경우에는 그 근거와 이유를 제시하여야 한다.

◈ **제24조(처분의 방식)** ① 행정청이 처분을 할 때에는 다른 법령등에 특별한 규정이 있는 경우를 제외하고는 문서로 하여야 하며, 전자문서로 하는 경우에는 당사자등의 동의가 있어야 한다. 다만, 신속히 처리할 필요가 있거나 사안이 경미한 경우에는 말 또는 그 밖의 방법으로 할 수 있다. 이 경우 당사자가 요청하면 지체 없이 처분에 관한 문서를 주어야 한다.

② 처분을 하는 문서에는 그 처분 행정청과 담당자의 소속·성명 및 연락처(전화번호, 팩스번호, 전자우편주소 등을 말한다)를 적어야 한다.

◈ **제25조(처분의 정정)** 행정청은 처분에 오기(誤記), 오산(誤算) 또는 그 밖에 이에 준하는 명백한 잘못이 있을 때에는 직권으로 또는 신청에 따라 지체 없이 정정하고 그 사실을 당사자에게 통지하여야 한다.

◈ **제26조(고지)** 행정청이 처분을 할 때에는 당사자에게 그 처분에 관하여 행정심판 및 행정소송을 제기할 수 있는지 여부, 그 밖에 불복을 할 수 있는지 여부, 청구절차 및 청구기간, 그 밖에 필요한 사항을 알려야 한다.

◈ **제27조(의견제출)** ① 당사자등은 처분 전에 그 처분의 관할 행정청에 서면이나 말로 또는 정보통신망을 이용하여 의견제출을 할 수 있다.

② 당사자등은 제1항에 따라 의견제출을 하는 경우 그 주장을 입증하기 위한 증거자료 등을 첨부할 수 있다.

③ 행정청은 당사자등이 말로 의견제출을 하였을 때에는 서면으로 그 진술의 요지와 진술자를 기록하여야 한다.

④ 당사자등이 정당한 이유 없이 의견제출기한까지 의견제출을 하지 아니한 경우에는 의견이 없는 것으로 본다.

◈ **제27조의2(제출 의견의 반영 등)** ① 행정청은 처분을 할 때에 당사자등이 제출한 의견이 상당한 이유가 있다고 인정하는 경우에는 이를 반영하여야 한다. 〈개정 2019.12.10.〉

② 행정청은 당사자등이 제출한 의견을 반영하지 아니하고 처분을 한 경우 당사자등이 처분이 있음을 안 날부터 90일 이내에 그 이유의 설명을 요청하면 서면으로 그 이유를 알려야 한다. 다만, 당사자등이 동의하면 말, 정보통신망 또는 그 밖의 방법으로 알릴 수 있다. 〈신설 2019.12.10.〉

◈ **제28조(청문 주재자)** ① 행정청은 소속 직원 또는 대통령령으로 정하는 자격을 가진 사람 중에서 청문 주재자를 공정하게 선정하여야 한다. 〈개정 2019.12.10.〉

② 행정청은 청문이 시작되는 날부터 7일 전까지 청문 주재자에게 청문과 관련한 필요한 자료를 미리 통지하여야 한다.

③ 청문 주재자는 독립하여 공정하게 직무를 수행하며, 그 직무 수행을 이유로 본인의 의사에 반하여 신분상 어떠한 불이익도 받지 아니한다.

④ 제1항에 따라 대통령령으로 정하는 사람 중에서 선정된 청문 주재자는 「형법」이나 그 밖의 다른 법률에 따른 벌칙을 적용할 때에는 공무원으로 본다.

◈ **제29조(청문 주재자의 제척·기피·회피)** ① 청문 주재자가 다음 각 호의 어느 하나에 해당하는 경우에는 청문을 주재할 수 없다. 〈개정 2019.12.10.〉

1. 자신이 당사자등이거나 당사자등과 「민법」 제777조 각 호의 어느 하나에 해당하는 친족관계에 있거나 있었던 경우
2. 자신이 해당 처분과 관련하여 증언이나 감정(鑑定)을 한 경우
3. 자신이 해당 처분의 당사자등의 대리인으로 관여하거나 관여하였던 경우
4. 자신이 해당 처분업무를 직접 처리하거나 처리하였던 경우
5. 자신이 해당 처분업무를 처리하는 부서에 근무하는 경우. 이 경우 부서

의 구체적인 범위는 대통령령으로 정한다.

② 청문 주재자에게 공정한 청문 진행을 할 수 없는 사정이 있는 경우 당사자등은 행정청에 기피신청을 할 수 있다. 이 경우 행정청은 청문을 정지하고 그 신청이 이유가 있다고 인정할 때에는 해당 청문 주재자를 지체 없이 교체하여야 한다.

③ 청문 주재자는 제1항 또는 제2항의 사유에 해당하는 경우에는 행정청의 승인을 받아 스스로 청문의 주재를 회피할 수 있다.

◈ **제30조(청문의 공개)** 청문은 당사자가 공개를 신청하거나 청문 주재자가 필요하다고 인정하는 경우 공개할 수 있다. 다만, 공익 또는 제3자의 정당한 이익을 현저히 해칠 우려가 있는 경우에는 공개하여서는 아니 된다.

◈ **제31조(청문의 진행)** ① 청문 주재자가 청문을 시작할 때에는 먼저 예정된 처분의 내용, 그 원인이 되는 사실 및 법적 근거 등을 설명하여야 한다.

② 당사자등은 의견을 진술하고 증거를 제출할 수 있으며, 참고인이나 감정인 등에게 질문할 수 있다.

③ 당사자등이 의견서를 제출한 경우에는 그 내용을 출석하여 진술한 것으로 본다.

④ 청문 주재자는 청문의 신속한 진행과 질서유지를 위하여 필요한 조치를 할 수 있다.

⑤ 청문을 계속할 경우에는 행정청은 당사자등에게 다음 청문의 일시 및 장소를 서면으로 통지하여야 하며, 당사자등이 동의하는 경우에는 전자문서로 통지할 수 있다. 다만, 청문에 출석한 당사자등에게는 그 청문일에 청문 주재자가 말로 통지할 수 있다.

◈ **제32조(청문의 병합·분리)** 행정청은 직권으로 또는 당사자의 신청에 따라 여러 개의 사안을 병합하거나 분리하여 청문을 할 수 있다.

◈ **제33조(증거조사)** ① 청문 주재자는 직권으로 또는 당사자의 신청에 따라

필요한 조사를 할 수 있으며, 당사자등이 주장하지 아니한 사실에 대하여도 조사할 수 있다.

② 증거조사는 다음 각 호의 어느 하나에 해당하는 방법으로 한다.

1. 문서·장부·물건 등 증거자료의 수집
2. 참고인·감정인 등에 대한 질문
3. 검증 또는 감정·평가
4. 그 밖에 필요한 조사

③ 청문 주재자는 필요하다고 인정할 때에는 관계 행정청에 필요한 문서의 제출 또는 의견의 진술을 요구할 수 있다. 이 경우 관계 행정청은 직무 수행에 특별한 지장이 없으면 그 요구에 따라야 한다.

◈ **제34조(청문조서)** ① 청문 주재자는 다음 각 호의 사항이 적힌 청문조서(聽聞調書)를 작성하여야 한다.

1. 제목
2. 청문 주재자의 소속, 성명 등 인적사항
3. 당사자등의 주소, 성명 또는 명칭 및 출석 여부
4. 청문의 일시 및 장소
5. 당사자등의 진술의 요지 및 제출된 증거
6. 청문의 공개 여부 및 공개하거나 제30조 단서에 따라 공개하지 아니한 이유
7. 증거조사를 한 경우에는 그 요지 및 첨부된 증거
8. 그 밖에 필요한 사항

② 당사자등은 청문조서의 내용을 열람·확인할 수 있으며, 이의가 있을 때에는 그 정정을 요구할 수 있다.

◈ **제34조의2(청문 주재자의 의견서)** 청문 주재자는 다음 각 호의 사항이 적힌 청문 주재자의 의견서를 작성하여야 한다.

1. 청문의 제목
2. 처분의 내용, 주요 사실 또는 증거

3. 종합의견
4. 그 밖에 필요한 사항

◈ **제35조(청문의 종결)** ① 청문 주재자는 해당 사안에 대하여 당사자등의 의견진술, 증거조사가 충분히 이루어졌다고 인정하는 경우에는 청문을 마칠 수 있다.
② 청문 주재자는 당사자등의 전부 또는 일부가 정당한 사유 없이 청문기일에 출석하지 아니하거나 제31조제3항에 따른 의견서를 제출하지 아니한 경우에는 이들에게 다시 의견진술 및 증거제출의 기회를 주지 아니하고 청문을 마칠 수 있다.
③ 청문 주재자는 당사자등의 전부 또는 일부가 정당한 사유로 청문기일에 출석하지 못하거나 제31조제3항에 따른 의견서를 제출하지 못한 경우에는 10일 이상의 기간을 정하여 이들에게 의견진술 및 증거제출을 요구하여야 하며, 해당 기간이 지났을 때에 청문을 마칠 수 있다. 〈개정 2019.12.10.〉
④ 청문 주재자는 청문을 마쳤을 때에는 청문조서, 청문 주재자의 의견서, 그 밖의 관계 서류 등을 행정청에 지체 없이 제출하여야 한다.

◈ **제35조의2(청문결과의 반영)** 행정청은 처분을 할 때에 제35조제4항에 따라 받은 청문조서, 청문 주재자의 의견서, 그 밖의 관계 서류 등을 충분히 검토하고 상당한 이유가 있다고 인정하는 경우에는 청문결과를 반영하여야 한다.

◈ **제36조(청문의 재개)** 행정청은 청문을 마친 후 처분을 할 때까지 새로운 사정이 발견되어 청문을 재개(再開)할 필요가 있다고 인정할 때에는 제35조제4항에 따라 받은 청문조서 등을 되돌려 보내고 청문의 재개를 명할 수 있다. 이 경우 제31조제5항을 준용한다.

◈ **제37조(문서의 열람 및 비밀유지)** ① 당사자등은 청문의 통지가 있는 날부터 청문이 끝날 때까지 행정청에 해당 사안의 조사결과에 관한 문서와 그 밖에 해당 처분과 관련되는 문서의 열람 또는 복사를 요청할 수 있다. 이

경우 행정청은 다른 법령에 따라 공개가 제한되는 경우를 제외하고는 그 요청을 거부할 수 없다.

② 행정청은 제1항의 열람 또는 복사의 요청에 따르는 경우 그 일시 및 장소를 지정할 수 있다.

③ 행정청은 제1항 후단에 따라 열람 또는 복사의 요청을 거부하는 경우에는 그 이유를 소명(疎明)하여야 한다.

④ 제1항에 따라 열람 또는 복사를 요청할 수 있는 문서의 범위는 대통령령으로 정한다.

⑤ 행정청은 제1항에 따른 복사에 드는 비용을 복사를 요청한 자에게 부담시킬 수 있다.

⑥ 누구든지 청문을 통하여 알게 된 사생활이나 경영상 또는 거래상의 비밀을 정당한 이유 없이 누설하거나 다른 목적으로 사용하여서는 아니 된다.

◈ **제38조(공청회 개최의 알림)** 행정청은 공청회를 개최하려는 경우에는 공청회 개최 14일 전까지 다음 각 호의 사항을 당사자등에게 통지하고 관보, 공보, 인터넷 홈페이지 또는 일간신문 등에 공고하는 등의 방법으로 널리 알려야 한다. 다만, 공청회 개최를 알린 후 예정대로 개최하지 못하여 새로 일시 및 장소 등을 정한 경우에는 공청회 개최 7일 전까지 알려야 한다. 〈개정 2019.12.10.〉

1. 제목
2. 일시 및 장소
3. 주요 내용
4. 발표자에 관한 사항
5. 발표신청 방법 및 신청기한
6. 정보통신망을 통한 의견제출
7. 그 밖에 공청회 개최에 필요한 사항

◈ **제38조의2(전자공청회)** ① 행정청은 제38조에 따른 공청회와 병행하여서만 정보통신망을 이용한 공청회(이하 “전자공청회”라 한다)를 실시할 수 있다.

② 행정청은 전자공청회를 실시하는 경우 의견제출 및 토론 참여가 가능하도록 적절한 전자적 처리능력을 갖춘 정보통신망을 구축·운영하여야 한다.
③ 전자공청회를 실시하는 경우에는 누구든지 정보통신망을 이용하여 의견을 제출하거나 제출된 의견 등에 대한 토론에 참여할 수 있다.
④ 제1항부터 제3항까지에서 규정한 사항 외에 전자공청회의 실시 방법 및 절차에 관하여 필요한 사항은 대통령령으로 정한다.

◈ **제38조의3(공청회의 주재자 및 발표자의 선정)** ① 행정청은 해당 공청회의 사안과 관련된 분야에 전문적 지식이 있거나 그 분야에 종사한 경험이 있는 사람으로서 대통령령으로 정하는 자격을 가진 사람 중에서 공청회의 주재자를 선정한다. 〈개정 2019.12.10.〉
② 공청회의 발표자는 발표를 신청한 사람 중에서 행정청이 선정한다. 다만, 발표를 신청한 사람이 없거나 공청회의 공정성을 확보하기 위하여 필요하다고 인정하는 경우에는 다음 각 호의 사람 중에서 지명하거나 위촉할 수 있다.
1. 해당 공청회의 사안과 관련된 당사자등
2. 해당 공청회의 사안과 관련된 분야에 전문적 지식이 있는 사람
3. 해당 공청회의 사안과 관련된 분야에 종사한 경험이 있는 사람
③ 행정청은 공청회의 주재자 및 발표자를 지명 또는 위촉하거나 선정할 때 공정성이 확보될 수 있도록 하여야 한다.
④ 공청회의 주재자, 발표자, 그 밖에 자료를 제출한 전문가 등에게는 예산의 범위에서 수당 및 여비와 그 밖에 필요한 경비를 지급할 수 있다.

◈ **제39조(공청회의 진행)** ① 공청회의 주재자는 공청회를 공정하게 진행하여야 하며, 공청회의 원활한 진행을 위하여 발표 내용을 제한할 수 있고, 질서유지를 위하여 발언 중지 및 퇴장 명령 등 행정안전부장관이 정하는 필요한 조치를 할 수 있다.
② 발표자는 공청회의 내용과 직접 관련된 사항에 대하여만 발표하여야 한다.
③ 공청회의 주재자는 발표자의 발표가 끝난 후에는 발표자 상호간에 질의

및 답변을 할 수 있도록 하여야 하며, 방청인에게도 의견을 제시할 기회를 주어야 한다.

◈ **제39조의2(공청회 및 전자공청회 결과의 반영)** 행정청은 처분을 할 때에 공청회, 전자공청회 및 정보통신망 등을 통하여 제시된 사실 및 의견이 상당한 이유가 있다고 인정하는 경우에는 이를 반영하여야 한다.

◈ **제39조의3(공청회의 재개최)** 행정청은 공청회를 마친 후 처분을 할 때까지 새로운 사정이 발견되어 공청회를 다시 개최할 필요가 있다고 인정할 때에는 공청회를 다시 개최할 수 있다.

Ⅱ. 부정당업자제재 관련 행정규칙 (훈령, 예규 등)

1. 기획재정부 소관

가. 과징금부과심의위원회 운영규정

(기획재정부 훈령 제555호, 2021.7.1.)

□ **제1조(목적)** 이 규정은 「국가를 당사자로 하는 계약에 관한 법률(이하 "법"이라 한다)」 제27조의3 및 「국가를 당사자로 하는 계약에 관한 법률 시행령(이하 "영"이라 한다」) 제76조의5에 따라 설치된 과징금부과심의위원회(이하 "위원회"라 한다)의 운영에 필요한 사항을 규정함을 목적으로 한다.

□ **제2조(위원회 기능)** 위원회는 다음 각 호의 사항을 심의·의결한다.

1. 과징금 부과 여부에 관한 사항
2. 과징금 금액의 적정성 여부에 관한 사항
3. 기타 위원장이 과징금부과와 관련하여 심의가 필요하다고 인정하는 사항

□ **제3조(위원회의 회의)** ① 위원회의 회의는 공개하지 아니할 수 있다. 회의 공개 여부는 위원장이 결정한다.

② 위원회의 회의는 재적위원 과반수의 출석으로 개의하고, 출석의원 과반수의 찬성으로 의결한다. 다만, 가부동수인 경우에는 위원장이 결정하는 바에 따른다.

③ 위원장이 위원회 회의의 의장으로서 직무를 수행할 수 없는 경우에는 「정부조직법」 제26조제1항에 규정된 순서에 따른 정부위원이 회의의장의 직무를 대행한다.

□ **제3조의2(위원회의 구성)** ① 위원회는 위원장 1명을 포함하여 15명의 위원으로 구성하되, 정부를 대표하는 정부위원 6명, 공익을 대표하는 민간위원 8명으로 구성한다.

② 위원회의 정부위원은 기획재정부 국유재산심의관, 국방부 계획예산관, 행정안전부 지방재정정책관, 조달청 구매사업국장, 공정거래위원회 심판관리관, 국민권익위원회 행정심판국장으로 한다.

□ **제4조(위원회의 대리출석 등)** ① 정부위원이 위원회에 출석하지 못할 때에는 하위직급의 공무원이 대리하여 출석할 수 있다.

② 제1항에 따라 대리출석한 자는 위원회에서 발언하고 표결에 참여할 수 있다.

③ 민간위원이 위원회에 출석하지 못할 때에는 위원회 개최 전까지 서면의 결서를 제출할 수 있다.

□ **제5조(간사)** ① 위원회의 사무를 처리하기 위하여 위원회에 간사 1인을 두되, 간사는 기획재정부 소속 공무원 중 위원장이 지명한다.

② 간사는 상정안건 내용을 작성하고, 심의요청 기관은 간사의 요청에 따라 안건작성에 필요한 자료를 제출하여야 한다.

□ **제6조(서면의결)** ① 위원장은 「행정기관 소속 위원회의 설치·운영에 관한 법률」 제9조 및 같은 법 시행령 제5조에 따라 회의를 개최할 시간적 여유가 없거나 사안이 경미하다고 인정되는 경우 서면의결로 결정할 수 있다.

□ **제7조(심의의결서 작성)** 위원회가 심의의결하는 경우에는 심의의결서를 작성하여야 하며, 의결에 참여한 위원은 그 의결서에 기명날인 또는 서명하여야 한다.

□ **제8조(회의록)** ① 간사는 위원회 개최시마다 위원회 회의일시·장소, 참석자, 안건명, 참석자 발언요지, 의결결과 등이 기재된 회의록을 작성하여 보관하여야 한다.

② 위원은 필요한 때에 회의록을 열람할 수 있다.

□ **제9조(사실조사 등)** 위원회는 다음 각호의 방법으로 사실관계에 대한 조사

를 할 수 있다.

1. 당사자의 진술 청취
2. 당사자로부터의 소명자료 및 입증자료 수집
3. 전문가 자문 또는 참고인 등의 진술 청취
4. 사실조회 및 문서송부 요청 등에 따른 관련 자료의 수집

□ **제10조(자문단)** 위원회는 영 제76조의9제3항에 따른 관계전문가로부터의 의견청취 및 자문 등을 위해 관계전문가로 구성된 자문단을 운영할 수 있다.

□ **제11조(성실의무)** 위원은 회의안건을 심의함에 있어 그 업무를 성실히 수행하여야 한다.

□ **제12조(비밀유지의무)** ① 위원은 회의안건을 심의·결정함에 있어 알게 된 사항이나 비밀을 사적인 이익을 위하여 이용하거나 그 비밀을 누설하여서는 안 된다.

② 위원은 비밀유지에 관한 서약서를 제출하여야 한다.

□ **제13조(운영세칙)** 이 규정에서 정한 사항 외에 위원회의 운영에 관하여 필요한 사항은 위원장이 정한다.

【별지 제1-1호 서식(위원용)】

비밀유지에 관한 서약서

본인은 기획재정부 「과징금부과 심의위원회」 위원으로서 심의안건을 심의함에 있어 관련규정과 양심에 따라 공정하게 심의하고,

본 심의위원회 위원으로서 임기중 알게 된 사항이나 정보에 대하여는 공정한 업무집행과 비밀유지를 위해 타인에게 제공하거나 누설하지 아니할 것을 엄숙히 서약합니다.

년　　월　　일

서약자　성명 :　　　　　　　　(서명)
생 년 월 일 :

기획재정부장관 귀하

【별지 제1-2호 서식(대리출석자용)】

비밀유지에 관한 서약서

본인은 기획재정부 「과징금부과 심의위원회」 위원으로서 심의안건을 심의함에 있어 관련규정과 양심에 따라 공정하게 심의하고,

본 심의와 관련하여 알게 된 사항이나 정보에 대하여는 공정한 업무집행과 비밀유지를 위해 타인에게 제공하거나 누설하지 아니할 것을 엄숙히 서약합니다.

년 월 일

서약자 성명 : (서명)
생 년 월 일 :

기획재정부장관 귀하

【별지 제2호 서식】

<table>
<tr><td colspan="2">안건번호</td><td colspan="5" rowspan="2">**과징금 부과심의 신청서**</td></tr>
<tr><td colspan="2"></td></tr>
<tr><td colspan="2">안 건 명</td><td colspan="5"></td></tr>
<tr><td rowspan="3">신청인</td><td>성 명</td><td colspan="2"></td><td colspan="2">소속/직위</td><td>○○○○부 장관</td></tr>
<tr><td>주 소</td><td colspan="5"></td></tr>
<tr><td>담당부서</td><td colspan="2">○○○○국 ○○○○과</td><td colspan="2">담당자명
(전화번호)</td><td>○ ○ ○ 사무관
(☎:)</td></tr>
<tr><td rowspan="3">피신청인</td><td>성 명
(대표자명)</td><td colspan="2"></td><td colspan="2">주민(사업자)
등록번호</td><td></td></tr>
<tr><td>상 호
(법인명)</td><td colspan="2"></td><td colspan="2">전화번호</td><td></td></tr>
<tr><td>주 소
(소재지)</td><td colspan="5"></td></tr>
<tr><td colspan="2">심의 신청
내용 요약</td><td colspan="5"></td></tr>
<tr><td colspan="2">과징금 부과
필요 사유</td><td colspan="5"></td></tr>
<tr><td colspan="2">부과금액</td><td>원</td><td>과징금
부과율</td><td>%</td><td>계약금액
(추정가격)</td><td>원</td></tr>
<tr><td colspan="2">부과금액
판단근거</td><td colspan="5"></td></tr>
<tr><td colspan="2">첨부서류</td><td colspan="5">1. 부정당업자에게 입찰참가자격을 제한하거나 과징금을 부과하게 된 원인과 사실을 증명하는 서류
2. 그 밖에 심의에 필요한 증거 서류</td></tr>
</table>

【별지 제4호 서식】

심의결과 통보서

수　신 : ○○○○○부 장관 귀하

안건명 :

아래의 과징금 부과관련 심의 요청에 대하여 과징금부과 심의위원회의 심의 결과를 다음과 같이 통보합니다.

년　　월　　일

과징금부과심의위원회 위원장

신청인	성 명		소속/직위	
	주 소			
	담당부서		담당자명 (전화번호)	
피신청인	성　명 (대표자명)		주민(사업자) 등록번호	
	상　호 (법인명)		전화번호	
	주　소 (소재지)			

1. 심의요청 내용
2. 심의의결 내용

나. 기타공공기관 계약사무 운영규정

(기획재정부훈령 제385호, 2018.6.29., 2018.7.5. 시행)

◈ **제14조 (부정당업자의 입찰참가자격 제한)** ① 기관장은 계약상대자, 입찰자 또는 「국가를 당사자로 하는 계약에 관한 법률 시행령」 제30조제2항에 따라 전자조달시스템을 이용하여 견적서를 제출하는 자(이하 "계약상대자 등"이라 한다)나 계약상대자 등의 대리인, 지배인 또는 그 밖의 사용인이 공정한 경쟁이나 계약의 적정한 이행을 해칠 것이 명백한 경우로서 「국가를 당사자로 하는 계약에 관한 법률」 제27조제1항제2호·제3호·제5호·제7호 및 「국가를 당사자로 하는 계약에 관한 법률 시행령」 제76조제1항제1호 가목에 해당하는 경우에는 계약상대자 등에게 1개월 이상 2년 이하의 범위에서 그 입찰참가자격을 제한할 수 있다. 다만, 계약상대자 등의 대리인, 지배인 또는 그 밖의 사용인의 행위로 인하여 입찰참가자격의 제한 사유가 발생한 경우로서 계약상대자 등이 그 행위를 방지하기 위하여 상당한 주의와 감독을 게을리하지 아니한 경우에는 제한하지 아니한다.

② 제1항에 따른 입찰참가자격의 제한에 관한 기간, 제한기간의 가감, 그 밖에 필요한 사항은 「국가를 당사자로 하는 계약에 관한 법률 시행규칙」 제76조에서 정하는 바에 따른다.

③ 공동계약의 경우에는 입찰참가자격의 제한 사유를 직접 발생하게 한 자에 대하여 제1항을 적용한다.

④ 입찰참가자격을 제한받은 자가 법인이나 단체인 경우에는 그 대표자에 대하여, 중소기업협동조합인 경우에는 그 원인을 직접 발생하게 한 조합원에 대하여도 제1항을 적용한다. 다만, 법인 또는 단체의 대표자가 다수인 경우로서 해당 입찰 또는 계약에 관한 업무를 처리하지 아니한 대표자에 대하여는 그러하지 아니하다.

⑤ 입찰참가자격이 제한된 자를 대표자로 사용하여 그 대표자가 입찰에 관여하는 경우에는 그 사용자에 대하여도 제1항을 적용한다.

⑥ (삭제)

⑦ (삭제)

⑧ 기관장은 입찰참가자격이 제한된 자가 상호변경이나 대표자변경 등의 방법으로 제한 기간에 입찰에 참가하는 것을 방지하기 위하여 입찰참가자의 주민등록번호(법인은 대표자의 주민등록번호), 법인등록번호(법인만 해당한다), 사업자등록번호, 관계 법령에 따른 면허 또는 등록번호 등을 확인하여야 한다.

⑨ 기관장 또는 계약담당자는 부득이한 사유가 없으면 입찰참가자격을 제한받은 자와 수의계약을 체결하여서는 아니 된다.

⑩ 입찰참가자격을 제한받은 자는 이의가 있으면 해당 기관장에게 그 취소 또는 변경을 신청할 수 있다.

⑪ 기관장은 「국가를 당사자로 하는 계약에 관한 법률」, 「지방자치단체를 당사자로 하는 계약에 관한 법률」, 「공기업·준정부기관 계약사무규칙」에 따라 입찰참가자격 제한 사실을 통보받거나 지정정보처리장치에 게재된 자에 대하여도 입찰에 참가할 수 없도록 할 수 있다.

◈ **제15조 (의견 청취 및 심의 절차)** ① 기관장은 제14조제1항에 따라 입찰참가자격을 제한하려면 미리 해당 처분의 상대방 또는 그 대리인에게 의견을 진술할 기회를 주어야 하며, 필요하다고 인정되면 이해관계인의 의견을 들어야 한다. 다만, 해당 처분의 상대방 또는 그 대리인이 정당한 사유 없이 이에 따르지 아니하거나 소재 불명 등으로 의견진술의 기회를 줄 수 없는 경우에는 그러하지 아니하다.

② 기관장은 제1항에 따라 의견청취를 하려면 그 예정일 7일 전까지 처분의 상대방 또는 그 대리인에게 서면으로 그 사유·일시 및 장소 등을 알려야 한다.

③ 제2항에 따른 통지를 받은 처분의 상대방 또는 그 대리인은 지정된 일시에 출석하여 의견을 진술하거나 서면으로 의견을 제출할 수 있다.

④ 제2항에 따른 통지에는 정당한 사유 없이 이에 응하지 아니하는 경우에는 의견진술의 기회를 포기한 것으로 본다는 뜻을 명시하여야 한다.

⑤ 처분의 상대방 또는 그 대리인이 제3항에 따라 의견을 진술하는 경우에는 기타공공기관의 관계 직원은 그 내용을 서면으로 작성하여 출석한 자에게 이를 확인하게 한 후 서명하도록 하거나 기명날인하도록 하여야 한다.

2. 행정안전부 과징금부과심의위원회 운영요령

제1절 총칙

1. 목적

이 요령은 법 제31조의3, 시행령 제92조의5에 따라 지방자치단체의 장이 부정당업자에게 과징금을 부과하려는 경우에 과징금의 부과여부 및 과징금 금액의 적정성을 심의하기 위하여 설치된 과징금부과심의위원회(이하 "위원회"라 한다)의 운영에 필요한 사항을 규정함을 목적으로 한다.

2. 용어의 정의

가. 부정당업자 : 지방자치단체의 장(위임·위탁 받은 기관장 포함)이 경쟁의 공정한 집행 또는 계약의 적정한 이행을 해칠 우려가 있는 자나, 법 제6조의2에 따른 청렴서약서의 내용을 위반한 자, 그 밖에 입찰에 참가시키는 것이 부적합하다고 인정되는 자

나. 과징금 부과 : 명백한 경제여건 변화에 기인하는 등 계약상대자의 책임이 경미한 경우, 입찰참가자격 제한으로 유효한 경쟁 입찰이 명백히 성립하지 아니하는 경우에는 부정당업자 입찰참가자격 제한 대신 과징금을 부과하도록 하는 제도

제2절 심의요청 등

1. 심의요청

가. 지방자치단체의 장[특별시장·광역시장·특별자치시장·도지사 또는 특별자치도지사(이하 "시·도지사"라 한다)와 시·도지사로부터 계약사무를 위임 또는 위탁받은 중앙행정기관의 장 또는 지방자치단체의 장]은 계약심의위원회를 거쳐 부정당업자의 입찰참가자격을 제한하여야 하는 경우(시행령 제92조제3항에 따라 계약심의위원회를 거치지 아니하고 제한할 수 있는 경우에는 부정당업자로 인정되는 경우)로서 계약심의위원회를 거쳐 확정된 해당 부정당업자가 법 제31조의2제1항 각 호와 시행령 제92조의2에 해당하여 과징금부과를 신청할 때에는 과징

금 부과의 적정성을 검토한 후 과징금 부과 여부 및 과징금 금액의 적정성 등에 관한 심의를 위원회에 요청한다. 심의요청시 다음 각 호의 사항을 적은 과징금 부과 심의신청서[별지 제4호]를 위원회에 제출하여야 한다.

1) 신청인의 소속(지방자치단체명), 담당부서, 담당자명, 주소

2) 피신청인의 성명(대표자명), 주민(사업자)등록번호, 상호, 주소

3) 심의 신청 내용 요약

4) 과징금 부과 사유

5) 과징금 부과금액, 부과율, 계약금액

6) 과징금 부과금액 판단근거

나. "가"의 신청서에는 다음 각 호의 서류를 첨부하여야한다.

1) 부정당업자에게 입찰참가자격을 제한하거나 과징금을 부과하게 된 원인과 사실을 증명하는 서류

2) 그 밖에 심의에 필요한 증거서류

2. 소위원회

가. 위원회의 업무를 효율적으로 처리하기 위하여 공사분야 소위원회 및 물품·용역분야 소위원회를 각각 둘 수 있으며, 이 경우 소위원회 위원 및 위원장은 위원장이 별도로 지명하여 위촉한다.

나. 위원회에 심의 요청된 사안은 해당 과징금소위원회에서 미리 심의하여 결정안을 작성할 수 있으며, 이 경우 과징금소위원회는 작성된 결정안을 위원회에 상정하여야 한다.

3. 간사 등

가. 위원회의 사무를 처리하기 위하여 간사 1인과 서기 1인을 두되, 간사는 지방계약제도 총괄담당공무원이 되고, 서기는 지방계약제도 담당공무원 중 간사가 지명하는 자가 된다.

나. 간사는 다음 각 호의 사무를 처리한다.

1) 위원회 또는 소위원회의 안건을 관리대장[별지 제2호]에 기록·관리해야 한다.

2) 위원회 또는 소위원회를 개최할 때마다 회의일시와 장소, 참석자, 안건, 참석자의 발언요지 및 의결결과 등이 기재된 회의록[별지 제3호]을 작성·비치하되, 서면심의의 경우에는 회의록을 작성하지 아니한다.

3) 위원회 또는 소위원회의 심의 결과를 작성한다.

다. 서기는 간사를 보조하여 사무를 처리한다.

4. 위원회의 회의

가. 위원회의 회의는 공개하지 아니한다. 다만, 위원장이 필요하다고 인정하는 경우에는 공개할 수 있다.

나. 위원회의 회의는 재적의원 과반수의 출석으로 개의하고, 출석의원 과반수의 찬성으로 의결한다. 다만, 가부동수인 경우에는 위원장이 결정하는 바에 따른다.

다. 위원장이 위원회 회의의 의장으로서 직무를 수행할 수 없는 경우에는 위원장이 미리 지명하는 위원이 회의 의장의 직무를 대행한다.

5. 위원회의 의견청취 등

위원회는 다음 각 호의 방법으로 사실관계에 대한 조사를 할 수 있다.

1) 당사자의 진술 청취

2) 당사자로부터의 소명자료 및 입증자료 수집

3) 전문가 자문 또는 참고인 등의 진술 청취

4) 사실조회 및 문서송부 요청 등에 따른 관련 자료의 수집

6. 심의의결서 작성

위원회가 심의의결하는 경우에는 심의의결서[별지 제5호]를 작성하여야 하며, 의결에 참여한 위원은 그 의결서에 기명날인 또는 서명하여야 한다.

7. 심의결과 통보

위원회는 시행령 제92조의9제1항에 따라 심의요청을 받은 날로부터 60일 이내에 심의결과를 통보[별지 제6호] 하여야 한다. 다만, 부득이한 사정이 있으면 30일 범위 안에서 그 기간을 연장할 수 있다.

8. 비밀유지의무

가. 위원은 회의안건을 심의·결정함에 있어 알게 된 사항이나 비밀을 사적인 이익을 위하여 이용하거나 그 비밀을 누설하여서는 아니 된다.

나. 위원은 비밀유지에 관한 서약서[별지 제1호]를 제출하여야 한다.

제3절 위원회 운영의 특례

1. 위원회 및 소위원회는 회의를 소집하여 운영하는 것을 원칙으로 하되, 「행정기관 소속 위원회의 설치·운영에 관한 법률」 제9조제2항 및 같은 법 시행령 제5조제2항에 따라 회의를 개최할 시간적 여유가 없거나 사안이 경미하다고 인정되는 경우 서면으로 의결할 수 있다.
2. 시행령 제92조의5제2항제1호에 해당하는 정부위원이 불가피하게 위원회 참석이 어려울 경우 그 위원이 소속된 기관의 공무원을 지명하여 그 직무를 대행하도록 할 수 있다.

제4절 기타사항

1. 시장·군수 또는 구청장(자치구의 구청장을 말한다. 이하 같다) 및 시장·군수 또는 구청장으로부터 계약사무를 위탁받은 중앙행정기관의 장 또는 지방자치단체의 장이 과징금 부과를 신청하는 경우에는 법 제32조에 따라 시·도에 설치된 계약심의위원회(시장·군수 또는 구청장으로부터 계약사무를 위탁받은 중앙행정기관의 장 또는 지방자치단체의 장의 경우에는 위탁한 시·군·구를 관할하는 시·도의 계약심의위원회를 말한다)의 심의를 거쳐야 한다.
2. 교육에 관한 사항의 경우 교육지원청과 공립학교의 과징금 부과사항은 시·도 교육청의 계약심의위원회에, 시·도 교육청의 과징금 부과사항은 행정안전부 과징금부과심의위원회에 과징금 부과 여부 및 과징금 금액의 적정성 등에 관한 심의를 요청한다.

(별지 서식 : 생략)

3. 국방부 계약심의위원회 운영 예규

(국방부예규 제616호, 2020.4.1.)

□ **제1조(목적)** 이 예규는 「국가를 당사자로 하는 계약에 관한 법률 시행령」(이하 “시행령”이라 한다) 제94조 및 「국방부 계약업무처리훈령」 제69조의 규정에 의한 국방부계약심의회(이하 “심의회”라 한다)의 구성과 운영, 부정당업자 입찰참가자격 제한 처분과 과징금부과에 관하여 필요한 사항을 정함을 목적으로 한다.

□ **제2조(구성)** ① 심의회는 위원장을 포함하여 10인 이내의 위원으로 구성하며, 행정간사 1인, 법무간사 1인과 서기 1인을 둔다.

② 위원장은 계획예산관으로 하고, 위원은 다음 각 호에 규정된 사람 중 행정간사의 추천을 받아 위원장이 승인하여 구성한다.

1. 내부위원: 법무관리관실 법무담당관, 감사관실 회계감사담당관, 계획예산관실 재정회계담당관, 군수관리관실 군수품수명주기관리과장, 군사시설기획관실 건설관리과장, 정보화기획관실 정보화기획담당관, 기타 국방부 과장급 이상 직위자
2. 외부위원: 군수·시설·계약·경영·정보화·공학 등 여러 분야에 대한 전문지식과 경험이 풍부한 전문가 중에서 국방부장관이 위촉하는 자

③ 위원장은 심의회 개최 시 안건의 성격을 고려하여 내부 위원은 재정회계담당관, 법무담당관 및 안건 관련 분야 위원을 우선적으로 포함하되 외부위원은 6명까지 참석시킬 수 있다.

④ 외부위원의 풀(pool)은 10명 이상으로 하며 위원의 임기는 2년으로 하되, 1회에 한하여 연임할 수 있다.

⑤ 행정간사와 법무간사는 계획예산관실 재정회계담당관 계약관리담당으로 하고, 서기는 위원장이 지명하는 자로 한다.

⑥ 위원이 부득이한 사유로 직무를 수행할 수 없을 경우에는 해당 위원이 지명하는 자로 직무를 대행하게 할 수 있다.

□ **제3조(기능)** ① 심의회는 다음 각 호의 사항을 심의·조정한다.

1. 「국가를 당사자로 하는 계약에 관한 법률」(이하 "법"이라 한다) 제27조, 시행령 제76조 및 「국가를 당사자로 하는 계약에 관한 법률 시행규칙」(이하 "시행규칙"이라 한다) 제76조의 규정에 의한 부정당업자의 입찰참가자격 제한처분에 관한 사항
2. 〈삭제〉
3. 「정부입찰·계약 집행기준」 제5조의2제2항에 의한 신기술 등의 설계 포함 관련 사항
4. 법 제27조의2, 시행령 제76조의2 및 시행규칙 제77조의2 규정에 의한 부정당업자의 과징금 부과에 관한 사항
5. 그 밖에 계약과 관련하여 위원장이 부의하는 사항

② 〈삭제〉

③ 제1항제3호의 규정에도 불구하고, 필요시 신기술 등의 설계 포함 관련 사항 을 각군, 국직부대(기관), 국방부 소속기관, 주한미군기지이전사업단 등에 위임할 수 있다.

□ **제4조(직무)** ① 위원장은 심의회를 대표하며 회무를 통할한다.

② 위원장이 부득이한 사유로 직무를 수행할 수 없는 경우에는 위원장이 위원 중에서 지명한 자가 그 직무를 대행한다.

③ 간사 및 서기는 심의회에 부의된 안건에 관한 사무를 처리한다.

□ **제5조(운영)** ① 심의회는 위원장이 소집한다.

② 심의회는 부의된 안건에 대하여 위원 과반수의 출석으로 개회하고, 출석위원 과반수의 찬성으로 의결한다. 단, '처분없음' 결정은 출석위원의 3분의 2 이상의 찬성으로 의결한다.

③ 위원장이 심의회에 부여할 안건 중 심의회 개최가 합리적이고 효율적이지 아니하다고 판단하는 경우 서면으로 심의할 수 있다.

④ 위원장은 심의회에 부의된 안건 중 계약 체결·이행과 관련하여 발주기관에 대하여 개선권고가 필요한 사항이 있을 경우 이를 포함하여 의결할 수

있으며, 처분대상자(대표를 포함하며 이하 "대상자"라 한다)에 대하여 경쟁의 공정한 집행을 저해하거나 계약의 적정한 이행을 해칠 염려가 없는 등의 사유로 '처분없음' 결정하는 경우에도 「행정절차법」에 따라 행정지도를 포함하여 의결할 수 있다.

□ **제5조의2(기간)** ① 심의회를 통하여 부정당업자로서 입찰참가자격 제한이 결정된 대상자에 대한 제재처분의 기산일은 제재처분 결과 통지일부터 14일 후로 한다. 다만, 주소불명 등의 사유로 제재처분 결과 송달이 불가능한 경우에는 「행정절차법」 제14조제4항에 따라 관보에 게재하고 관보게재 후 14일이 경과한 날을 제재처분의 기산일로 한다.

② 월 또는 연으로 정한 입찰참가자격 제한기간은 「민법」 제160조에 따라 역에 의하여 계산한다. 집행정지 종료 후 제재처분이 재개된 경우에도 같다.

③ 전항 후문과 같이 월 또는 연으로 정한 입찰참가자격 제한기간의 집행이 정지되었다가 재개된 경우 그 집행정지 이전에 제재처분이 일부 집행된 경우에는 제재처분 재개일로부터 역에 의하여 계산한 만료일에서 기 집행된 제재기간 일수를 제외하는 방법으로 잔여 제재기간을 계산한다

[예 1] 제재기간 6개월(2019.2.20.~2019.8.19.)이나 제재처분 집행 이전에 집행정지(2019.2.20.~2019.4.17.)된 경우 : 제재기간 6개월은 2019.4.18.~2019.10.17.임.

[예 2] 제재기간 6개월(2019.2.20.~2019.8.19.)이나 제재처분이 15일 집행(2019.2.20.~2019.3.6.)되고 집행정지(2019.3.7.~2019.4.17.)된 경우 : 잔여 제재기간은 2019.4.18.~2019.10.2.임.

□ **제5조의3(위원의 청렴서약·제척·회피)** ① 위원은 임명 또는 위촉될 시(재위촉 포함) 별지 제1호 서식에 따른 반부패 청렴서약서에 서명하여야 하며, 내부위원을 대리하여 참석하는 경우에도 같다. 다만 내부위원을 대리하여 참석하면서 이미 반부패 청렴서약서에 서명한 자가 다시 대리참석하는 경우에는 그러하지 아니하다.

② 위원은 다음 각 호의 어느 하나에 해당하는 경우 해당 사건에 대한 심사

에서 제척된다.

1. 위원 또는 그 배우자나 배우자이었던 사람이 대상자(법인·단체 등인 경우에는 그 임원을 포함한다)이거나 대상자의 공동권리자 또는 공동의무자인 경우
2. 위원이 대상자와 친족이거나 친족이었던 경우
3. 위원이나 위원이 속한 기관 또는 법인 등이 해당 안건에 관하여 증언, 진술, 자문, 연구, 용역 또는 감정을 한 경우
4. 위원 또는 위원이 속한 법인·단체 등이 대상자의 대리인이 되거나, 대리인이었던 경우
5. 위원이 최근 2년 이내에 대상자와 관련된 증언, 진술, 자문, 연구, 용역 또는 감정을 한 경우

③ 위원이 제2항 각 호의 제척 사유에 해당하는 경우에는 스스로 그 사건의 심의에서 회피하여야 한다.

④ 제3항에 따른 회피 신청을 하고자 하는 때에는 별지 제2호 서식에 따른 신청서를 작성하여 위원장에게 제출하여야 한다.

⑤ 위원장은 회피 사유에 해당됨에도 불구하고 위원으로 참석하여 심사의 공정성에 지장을 초래하거나, 이해관계자로부터 금품이나 부정청탁을 받은 경우, 또는 심의관련 사항의 유출사실이 확인되는 등 위원으로서의 자격이 없다고 판단되는 경우에는, 외부위원은 잔여 위촉 기간에 관계없이 즉시 해촉하고, 내부위원은 이후 심의에서 배제한다.

□ **제6조(의견청취)** ① 심의회는 「행정절차법」 제21조에 따라 대상자에게 의견요구일로부터 14일 이내로 기한을 정하여 의견제출의 기회를 부여하여야 한다. 다만 대상자가 의견제출 기한의 연장을 요청하는 경우 7일 이내의 범위에서 연장할 수 있다.

② 심의회는 공정한 심의를 위하여 다음 각 호에 해당하는 경우 대상자에게 출석하여 진술하게 할 수 있다.

1. 대상자와 건의기관의 의견이 배치되는 등 사실관계를 규명할 필요가 있다고 판단되는 경우

2. 의견제출 요청시 대상자가 진술기회의 부여를 요청한 경우

③ 심의회는 부의된 안건을 심의하기 위하여 이해관계인을 심의회에 직접 출석하게 하여 그 의견을 듣거나 관련서류의 제출을 요구할 수 있다.

④ 심의회는 필요한 경우 관계전문가 또는 관계기관 등에 조사·연구 및 감정·시험 등을 의뢰할 수 있다.

□ **제7조(부정당업자의 입찰참가자격 제한 등)** 제3조제1항제1호에 따른 부정당업자의 입찰참가자격 제한기준은 시행규칙 제76조 [별표2] '부정당업자의 입찰참가자격 제한기준'에 따르되 위 [별표2] '1. 일반기준'에 따른 입찰참가자격 제한기간의 가중 및 감경을 위한 세부기준은 이 예규 [별표1] '입찰참가자격 제한 세부기준'과 같다.

□ **제8조(과징금의 부과)** 심의회는 시행령 제76조의2에 따라 대상자에 대하여 입찰참가자격 제한에 갈음하여 과징금 부과가 적절하다고 판단하는 경우 출석위원 3분의 2 이상의 찬성으로 과징금 부과를 의결할 수 있다. 과징금 부과대상이 되는 제재사유와 시행규칙 제77조의2제2항에 의한 감경기준은 이 예규 [별표2] '과징금 부과 세부기준'과 같다.

□ **제9조(비밀유지 의무)** 심의회에 참석한 위원(대리자를 포함한다)은 심의회 참석으로 알게 된 정보나 심의자료를 외부에 누설하거나 유출하여서는 아니 된다.

□ **제10조(기타)** 이 예규에서 정한 사항 이외에 심의회의 운영에 필요한 사항은 심의회의 의결을 거쳐 위원장이 따로 정한다.

□ **제11조(존속기한)** 이 예규는 「훈령·예규 등의 발령 및 관리에 관한 규정」에 따라 발령 후의 법령이나 현실여건의 변화 등을 검토하여 폐지 또는 개정(2022년 4월 15일까지)한다.

[별표1]

(국방부) 부정당업자의 입찰참가자격 제한 세부기준(제7조 관련)

1. 기본원칙

가. 부정당업자에 대한 입찰참가자격 제한기간(이하 "제재기간"이라 한다)은 시행규칙 제76조 [별표2]에서 정한 제재사유별 기본기간에 가중 또는 감경기간을 합산하여 2년 이하의 범위에서 결정한다.

나. 제재기간은 위원들이 이 기준에 따라 가중 및 감경 여부를 고려하여 결정한다. 다만 개별사안에 따라 이 기준을 적용하는 것이 부적절하다고 출석위원 과반수가 동의하는 경우 이 기준과 달리 적용할 수 있다

2. 제재기간의 가중

시행규칙 제76조 [별표2]의 1. 가.에 따라 제재기간 이내에 또는 제재기간 종료 후 6월 이내에 다시 제재사유가 발생한 경우에는 제재기간을 가중할 수 있다. 이 경우 기본제재기간(이하 "기본기간"이라 한다)은 감경하지 않으며, 가중제재기간(이하 "가중기간"이라 한다) 산정방법은 다음과 같다.

가. 가중기간

1) 가중기간은 기본기간의 2분의 1 범위에서 정하되, 기본기간별 가중기간은 다음과 같다. 다만 위원회는 발주관서의 과실, 대상자의 성실한 이행태도 등 제재사유 발생에 정상참작할 여지가 있는 경우 가중하지 아니할 수 있다.

기본기간	1개월	3개월	6개월	8개월	1년	1년6개월	2년
가중기간	15일	45일	3개월	4개월	6개월	9개월	1년

2) 계약이행률에 의한 가중기간

위원회는 계약불이행(계약상의 주요조건 위반을 포함한다. 이하 같다)으로 제재 건의된 안건에 대하여 계약이행률[기성 또는 기납 부분의 금액을 계약금액으로 나눈 비율(%)로 하며 소수점 둘째 자리에서 반올림한다. 이하 같다]에 따라 다음과 같이 가중기간을 감경할 수 있다.

<table>
<tr><th rowspan="2">계약이행률</th><th colspan="2">계약주요조건 위반</th><th colspan="2">계약불이행</th></tr>
<tr><th>기본기간</th><th>가중기간</th><th>기본기간</th><th>가중기간</th></tr>
<tr><td>0%~30%미만</td><td rowspan="4">3개월</td><td rowspan="2">45일</td><td rowspan="4">6개월</td><td>3개월</td></tr>
<tr><td>30%이상~60%미만</td><td>2개월</td></tr>
<tr><td>60%이상~80%미만</td><td>1개월</td><td>1개월</td></tr>
<tr><td>80%이상~100%</td><td>없음</td><td>없음</td></tr>
</table>

3) 계약금액에 의한 가중기간

위원회는 계약불이행 또는 계약미체결로 제재 건의된 안건에 대하여 계약금액(계약미체결의 경우 추정가격을 말한다. 이하 같다)에 따라 다음과 같이 가중기간을 감경할 수 있다.

<table>
<tr><th rowspan="2">계약금액</th><th colspan="2">계약주요조건 위반</th><th colspan="2">계약불이행, 계약미체결</th></tr>
<tr><th>기본기간</th><th>가중기간</th><th>기본기간</th><th>가중기간</th></tr>
<tr><td>1,000만 원 이상~
2,000만 원 미만</td><td rowspan="3">3개월</td><td>45일</td><td rowspan="3">6개월</td><td>2개월</td></tr>
<tr><td>500만 원 이상~
1,000만 원 미만</td><td>1개월</td><td>1개월</td></tr>
<tr><td>500만 원 미만</td><td>없음</td><td>없음</td></tr>
</table>

4) 가중기간 감경 제외 사유

다음 중 어느 하나에 해당하는 경우에는 위 2), 3).에 의한 가중기간 감경을 적용하지 않을 수 있다.

가) 복수의 사유로 제재하는 경우(가중제재 사유 발생 당시 복수로 제재

가 진행 중이거나, 복수로 제재건의된 사안이 모두 가중제재에 해당되는 경우를 말한다)

나) 계약을 고의로 불이행하거나 이행지연, 불성실한 이행 등으로 발주관서에 피해를 입힌 경우

나. 제재 가중 여부 판단 기준일

1) 업체에서 자의적으로 계약포기서를 제출한 일자

2) 위 1) 이외의 경우로서 발주기관에서 최고 등의 행위를 거쳐 계약해제·해지를 한 일자

3. 기본기간의 감경

시행규칙 제76조 [별표2]의 1. 다.에 따라 제재기간을 감경하는 경우 다음을 기준으로 하여 기본기간의 2분의 1 범위 안에서 감경할 수 있다.

가. 계약이행률에 의한 감경

위원회는 계약불이행으로 제재 건의된 안건에 대하여 계약이행률에 따라 다음과 같이 기본기간을 감경할 수 있다.

계약이행률	계약주요조건위반		계약불이행	
	기본기간	감경기간	기본기간	감경기간
0%~30%미만	3개월	없음	6개월	없음
30%이상~60%미만		15일		1개월
60%이상~80%미만		1개월		2개월
80%이상~100%		45일		3개월

나. 계약금액에 의한 감경

1) 위원회는 계약불이행 또는 계약미체결로 제재 건의된 안건에 대하여 계약금액에 따라 다음과 같이 감경할 수 있다.

<table>
<tr><th rowspan="2">계약금액</th><th colspan="2">계약주요조건위반</th><th colspan="2">계약불이행,
계약미체결</th></tr>
<tr><th>기본기간</th><th>감경기간</th><th>기본기간</th><th>감경기간</th></tr>
<tr><td>1,000만 원 이상~
2,000만 원 미만</td><td rowspan="3">3개월</td><td>15일</td><td rowspan="3">6개월</td><td>1개월</td></tr>
<tr><td>500만 원 이상~
1,000만 원 미만</td><td>1개월</td><td>2개월</td></tr>
<tr><td>500만 원 미만</td><td>45일</td><td>3개월</td></tr>
</table>

2) 계약이행률에 의한 감경과 계약금액에 의한 감경을 모두 적용할 수 있는 경우 대상자에 유리한 기준을 선택하여 적용한다.

다. 발주관서 과실에 의한 감경

1) 위원회는 제재사유 발생에 발주관서의 과실이 영향을 끼친 경우 기본기간의 2분의 1까지 감경할 수 있다.

2) 위 1)의 발주관서의 과실이란 다음 중 어느 하나에 해당하는 경우를 말한다.

발주관서 과실에 의한 감경사유
1. 1월 이내의 단기간에 20종 이상의 다품종 납품요구 2. 실거래 가격 대비 낮은 예정가격 산정 3. 독점공급업체를 미공개하고 입찰공고 4. 물품의 단종여부 미확인 5. 계약품목 중 승인절차가 필요하거나 조달에 장기간 소요되는 해외구매품목 일부 포함 6. 과도한 사양 요구 및 납품기간 부족 7. 국방규격 및 사양의 불명확, 견본품 제공 미흡 8. 제조품목을 구매로 입찰 공고 9. 수의계약 사안을 경쟁입찰로 공고 10. 과도하거나 불명확 또는 자의적인 검수기준 요구, 검수지연 등 11. 기타 발주관서 과실이 영향을 미쳤다고 판단되는 경우

라. 기타 감경

1) 위원회는 계약미체결 또는 하자보수불이행으로 제재 건의된 안건에 대하여 기본기간의 2분의 1까지 감경할 수 있다.

마. 감경 제외 사유

다음 중 하나에 해당하는 경우에는 위 가. 내지 라.에 의한 기본기간 감경을 적용하지 않을 수 있다.

1) 가중제재사유가 존재하는 경우

2) 복수의 사유로 제재 건의된 경우

3) 국가계약법 제27조제1항제2호, 같은 항 제4호 내지 제7호, 시행령 제76조제1항제1호 가목·나목·라목, 같은 항 제2호 나목·라목에 해당하는 경우

4) 그 밖에 계약을 고의로 위반하거나 불량식품 납품으로 보건에 위해를 끼치는 등 악의적인 사유가 존재하는 경우

4. 1인이 다수의 계약에서 제재사유가 발생한 경우 시행규칙 제76조 [별표2]의 1. 나.에 따라 가장 무거운 제한기준에 의해 제재기간을 정한다.

5. 위원회는 제재 건의된 안건이 다음 중 어느 하나에 해당하는 경우에는 출석위원 3분의 2 이상의 찬성으로 '처분없음'을 의결할 수 있다.

가. 낙찰자 및 계약상대자의 상당한 노력에도 불구하고 제재사유 발생의 이유가 명백한 발주기관의 귀책사유로 인한 것이라고 인정되는 경우

나. 기타 경쟁의 공정한 집행을 저해하거나 계약의 적정한 이행을 해칠 염려가 없는 경우

6. 제재처분이 있은 후 그 이전에 또 다른 제재사유(제척기간이 지나지 아니한 것에 한한다)가 있었음이 새롭게 밝혀진 경우 다음과 같이 처리한다.

가. 새롭게 밝혀진 제재사유에 대한 제재기간이 당초 제재기간보다 긴 경우, 그 초과되는 기간에 한하여 추가로 제재처분을 한다.

나. 새롭게 밝혀진 제재사유에 대한 제재기간이 당초 제재기간보다 짧거나 같은 경우, 제재처분을 하지 아니한다.

[별표2]

과징금 부과 세부기준(제8조 관련)

1. 기본원칙

가. 부정당업자에 대한 과징금 부과는 시행규칙 제77조의2제1항제1호 [별표3], 같은 항제2호 [별표4]에 열거된 과징금 부과사유별 부과율을 기준으로 결정한다.

나. 과징금 부과대상 및 금액은 위원들이 이 기준에 따라 결정한다. 다만 이 기준을 적용하는 것이 부적절하다고 출석위원 과반수가 동의하는 경우 이 기준과 달리 적용할 수 있다.

2. 과징금 부과 대상

위원회는 시행령 제76조의2제1항 각 호 및 같은 조 제2항에 해당하는 안건에 대하여 출석위원 과반수의 찬성으로 과징금 부과를 의결할 수 있다. 이 중 시행령 제76조의2제1항제7호는 다음 중 어느 하나에 해당하는 경우를 말한다.

가. 제재사유 발생이 대상자의 단순 착오에 의한 경우 또는 대상자의 고의에 의하지 아니한 경우

나. 발주관서의 과실이 제재사유 발생에 상당한 영향을 준 경우

다. 입찰(계약) 이후 입찰(계약) 품목의 급격한 가격상승 등 대상자에게만 책임을 물을 수 없는 객관적인 사정 변경이 있는 경우

라. 대상자가 계약의 상당 부분을 이행하였고 미이행 부분에 고의성이 없는 경우

마. 계약불이행 사유에 해당하나 발주관서가 정상참작을 건의한 경우 또는 대상자가 수차에 걸쳐 검사를 받고 미비점을 개선하는 등 성실한 이행태도를 보인 경우

바. 기타 위원회가 대상자의 책임이 경미하고 다시 위반행위를 할 가능성이 낮다고 판단한 경우

3. 과징금 제외 사유

다음 중 어느 하나에 해당하는 경우 과징금 부과대상에서 제외한다.

가. 대상자가 부정당제재 전력(심의일부터 제척기간 이내의 기간을 말한다)이 있는 경우

나. 가중제재사유가 존재하는 경우

다. 복수의 사유로 제재 건의된 경우

라. 제재사유에 따른 기본기간이 8개월 이상인 경우

마. 대상자가 계약을 고의적으로 불이행하거나 지연하는 등 이행태도가 불성실한 경우

바. 기타 위원회가 과징금 부과가 부적절하다고 판단한 경우

4. 과징금의 끝수 계산

과징금 부과금액은 「국고금 관리법」 제47조제1항에 따라 10원 미만의 끝수는 계산하지 아니한다.

5. 과징금 부과금액의 감경

시행규칙 제77조의2제2항에 따라 과징금 부과금액을 감경하는 경우에는 다음을 기준으로 하여 기본 부과금액의 2분의 1 범위에서 감경할 수 있다.

가. 계약이행률에 의한 감경

위원회는 계약불이행으로 제재 건의된 안건에 대하여 과징금 부과를 의결하는 경우 계약이행률[기성 또는 기납 부분의 금액을 계약금액으로 나눈 비율(%)로 하며 소수점 둘째 자리에서 반올림한다. 이하 같다]에

따라 다음과 같이 부과금액을 감경할 수 있다.

계약이행률	계약주요조건위반		계약불이행	
	기본 부과율	감경비율	기본 부과율	감경비율
0%~30%미만	1.5%	없음	3%	없음
30%이상~60%미만		30%		15%
60%이상~80%미만		40%		30%
80%이상~100%		50%		50%

나. 계약금액에 의한 감경

1) 위원회는 계약불이행 또는 계약미체결로 제재 건의된 안건에 대하여 과징금 부과를 의결하는 경우 계약금액(계약미체결의 경우 추정가격을 말한다. 이하 같다)에 따라 다음과 같이 부과금액을 감경할 수 있다.

계약금액	계약주요조건위반		계약불이행, 계약미체결	
	기본 부과율	감경비율	기본 부과율	감경비율
1,000만 원 이상~ 2,000만 원 미만	1.5%	12.5%	3%	12.5%
1,000만 원 미만		25%		25%

2) 계약이행률에 의한 감경과 계약금액에 의한 감경을 모두 적용할 수 있는 경우 대상자에 유리한 기준을 선택하여 적용한다.

다. 위원회는 위 제2항 가 내지 바목에 해당하는 경우로서 과징금 감경이 필요하다고 인정되는 경우 기본 부과금액의 2분의 1까지 감경할 수 있다.

【별지 제1호 서식】

반부패 청렴 서약서

본인은 국방부 계약심의회 위원으로서 심의를 함에 있어 본 서약내용을 위배하였을 경우에는 어떠한 처벌도 감수하겠음을 다짐하면서 이에 서약합니다.

하나, 나는 심의와 관련하여 청탁을 단호히 거절하고, 금품·향응수수 등 어떠한 부패행위도 하지 않는다.

하나, 나는 심의위원으로서 법령 및 절차에 따라 양심적으로 직무를 수행한다.

하나, 나는 부패행위를 강요 또는 제의 받을 경우 이를 지체 없이 신고한다.

하나, 나는 심의 중 알게 된 사실을 이용하여 사사로운 이익을 취하지 않는다.

년 월 일

소속 : 직위(직급) : 성명 : (서명)

【별지 제2호 서식】

<table>
<tr><td colspan="2">위원 회피 신청서</td></tr>
<tr><td>안 건 명</td><td></td></tr>
<tr><td>대상위원</td><td></td></tr>
<tr><td>① 신청취지</td><td></td></tr>
<tr><td>② 신청원인</td><td></td></tr>
<tr><td>③ 소명방법</td><td></td></tr>
<tr><td colspan="2">「국방부 계약심의위원회 운영 예규」 제5조의3제4항의 규정에 의하여 회피를 신청합니다.

년 월 일

신청인 ○ ○ ○ (서명 또는 인)

국방부 계약심의위원회 위원장 귀하</td></tr>
</table>

4. 방위사업청 계약심의위원회 운영 규정

(방위사업청 훈령 제665호, 2021.5.17.)

□ **제1조(목적)** 이 규정은 「국가를 당사자로 하는 계약에 관한 법률 시행령」 제94조의 규정에 따라 방위사업청 계약심의위원회의 설치 및 운영에 필요한 사항을 규정함을 목적으로 한다.

□ **제2조(구성)** ① 방위사업청 계약심의위원회(이하 "위원회"라 한다)는 위원장을 포함하여 10인(위원장 1명, 상임위원 2명, 비상임위원 7명)의 위원과 2명의 간사로 구성한다.

② 위원회 구성원은 아래 각 호와 같다.

1. 위원장 : 방위사업정책국장
2. 상임위원 : 감독지원담당관, 조달기획과장
3. 비상임 위원 : 청본부, 각 사업본부의 과·팀장과 외부위원으로 구성한다. 다만, 심의안건 상정부서의 과·팀장은 심의위원에서 제외하여야 한다.
4. 행정간사 : 조달기획과 소속직원 중에서 위원장이 지명
5. 법무간사 : 감독지원담당관실 소속직원 중에서 위원장이 지명

③ 비상임위원은 7명으로 구성하되 제2조제2항제3호의 비상임위원 중 청본부·각 사업본부에서 4명(계약팀장 2명 포함), 외부위원 중에서 3명을 위원회 3일전 까지 위원장이 선정한다.

④ 외부위원은 조달업무에 필요한 전문지식과 경험이 풍부한 자, 시민단체(비영리민간단체지원법 제2조 규정의 비영리민간단체를 말한다)가 추천하는 자 중에서 위원장이 위촉한 자로 하며, 임기는 2년으로 하되 1회 연임할 수 있다.

⑤ 내부위원의 대리참석은 과·팀장 부재로 인한 대리명령자 또는 위원회 개최 1일전까지 위원장의 승인을 득한 인원으로 한다.

□ **제3조(기능)** 위원회는 소관부서에서 제기한 다음 각 호의 사항을 심의·조정한다.

1. 「국가를 당사자로 하는 계약에 관한 법률」(이하 "국가계약법"이라 한다) 제27조, 같은 법 시행령 제76조 및 같은 법 시행규칙 제76조에 따른 부정당업자의 입찰참가자격 제한 처분에 관한 사항
2. 「국가계약법」 제27조의2, 같은 법 시행령 제76조의2 및 같은 법 시행규칙 제77조의2에 따른 부정당업자의 과징금 부과에 관한 사항
3. 「방위사업법」 제59조의 규정에 의한 청렴서약 위반에 대한 입찰참가자격 제한처분에 관한 사항
4. 입찰참가자 또는 계약상대자가 입찰, 계약체결 및 계약이행과 관련하여 질의하거나 시정을 요구한 사항 중 계약심의위원회의 심의가 필요한 사항
5. 「국가계약법」 시행령 제113조제4항에 따른 이의제기에 관한 사항

□ **제4조(직무)** ① 위원장은 위원회를 대표하며 그 사무를 총괄한다.

② 위원장이 직무를 수행할 수 없을 경우에는 조달기획과장이 그 직무를 대행한다.

③ 위원은 위원회에 상정된 안건에 대한 의결권을 가진다.

④ 위원에게 사고가 발생하여 직무대리규정에 따른 직무대리자가 위원의 직무를 대리하고자 할 때에는, 위원회 개최 1일전까지 조달기획과장에게 통보하여 위원장의 승인을 받아야 한다.

⑤ 행정간사는 안건을 종합하여 위원회에 상정하고 심의결과를 처리한다.

⑥ 법무간사는 행정간사로부터 미리 통보받은 안건에 관하여 법무검토를 하여 위원회에서 의견을 제시한다.

□ **제5조(운영)** ① 제3조에서 규정한 심의·조정·협의할 사항이 발생한 부서(이하 '안건제기부서'라 한다)의 장은 관련부서 의견서 및 증거자료 등을 첨부한 심의안건을 작성하여 조달기획과장에게 통보하고 위원회 소집을 건의하되, 제3조제1호 내지 제3호에 규정된 사항의 경우에는 「군수품조달관리규정」 별지 제6호 서식의 부정당업자의 입찰참가자격 제한처분 심의 요청시기 기준일로부터 3개월 이내에, 제3조제4호 및 제5호에 규정된 사항의 경

우에는 심의안건 작성 즉시 위원회 소집을 건의하여야 한다.

② 제1항에 따라 부정당업자의 입찰참가자격제한 처분을 위한 심의를 요청한 경우, 안건제기부서의 장은 통합사업관리시스템에 심의대상 업체 및 그 대표자를 부정당업자의 입찰참가자격제한 처분 예정업자로 등록하여야 한다.

③ 안건제기부서의 장은 필요한 경우 위원에게 안건 사전설명을 하고, 행정간사부서의 장은 안건의 사전 검토가 필요하거나 위원회의 효율적인 운영을 위하여 필요하다고 인정하는 경우 사전 검토를 실시할 수 있다

④ 위원회는 매월 셋째주 화요일에 개최하는 것을 원칙으로 한다. 다만, 위원장은 필요하다고 인정하는 경우 수시로 위원회를 소집 할 수 있다.

⑤ 행정간사는 위원장의 명을 받아 각 위원에게 위원회 소집을 통보하며, 안건제기부서는 위원회 당일 심의안건과 업체의견서를 현장 배포 및 회수하고 의견진술업체에 대한 출입신청·인솔·퇴청을 조치한다. 다만, 위원장이 필요하다고 판단하는 경우 위원회 3일전까지 심의안건을 배포할 수 있다.

⑥ 위원회는 상정된 안건에 대하여 위원 과반수 출석과 출석위원 과반수 찬성으로 의결한다.

⑦ 제2조제2항제3호의 비상임위원 중 외부위원으로 위촉된 자는 매년 1회 청렴서약서를 작성·제출한다.

⑧ 부정당업자 입찰참가자격 제한처분(심의보류, 기각 등 처분 외 사항 포함)은 처분 여부가 확정된(전결권자 결재시) 날의 다음날에 처분 대상자에게 도달할 수 있도록 조치하고 도달일로 부터 5근무일이 되는 날을 제재기산일로 한다. 다만, 천재지변, 통신장애 등의 사유로 제재당사자에게 지연도달시에는 도달일자를 효력발생일로 산정하며, 업체파산 등으로 미도달시에는 행정절차법 제15조(송달의 효력발생) 제3항에 의거 관보게재 후 14일이 경과한 때에 효력이 발생한다.

⑨ 심의·조정할 안건이 경미하거나, 긴급한 사유로 위원회를 소집할 수 없는 경우로서 위원장이 필요하다고 인정하는 경우에는 제6조제1항에 따라 업체에 의견제출 기회를 부여하고 서면심의로 대체할 수 있다. 다만, 업체가 제6조제2항에 따른 의견진술의 의사를 표시한 경우에는 그러하지 아니한다.

□ **제6조(의견청취)** ① 위원회는 상정된 안건을 심의하기 위하여 미리 입찰 참가자격 제한처분 대상자에게 의견제출(통지일로 부터 10일 이내) 또는 진술의 기회를 부여하여야 한다. 다만, 업체의 의견 제출기한 연기 요청이 있는 경우는 계약심의위원회 7일 전까지 연장 가능하다.

② 위원회는 상정된 안건을 심의 하기 위하여 이해관계인에게 위원회에 출석하여 의견을 진술하거나 관련서류를 제출할 기회를 부여하여야 한다.

③ 위원회는 필요한 경우 외부 전문기관(실무 자문위원 포함)등에 조사·연구 및 감정·시험 등을 의뢰할 수 있고, 필요한 경우에는 출석하여 발언하게 할 수 있다.

□ **제7조(부정당업자 제재 세부기준)** ① 제3조제1호에 따른 부정당업자의 제재사유별 입찰참가자격 제한 기준은 국가계약법 시행규칙 제76조 별표2를 적용한다.

② 부정당업자의 제재사유가 국가계약법 제27조의2 및 같은 법 시행령 제 76조의 2에 해당하는 입찰참가자격 제한을 갈음하여 과징금을 부과할 수 있다. 이 경우 과징금 부과 기준은 국가계약법 시행규칙 제77조의2의 별표3 및 별표4를 적용한다.

③ 제재사유가 계약업체의 하도급업체에 의하여 발생한 경우에는 「국가계약법 시행령」 제76조제2항 단서에 따라서 다음 각 호의 사항을 고려하여 부정당업자 제재를 하지 아니 할 수 있다. 다만, 부정당업자 제재를 하지 않는 경우에도 재발방지 등의 필요성이 있는 경우에는 행정지도를 할 수 있다.

1. 계약업체가 하도급업체의 제재사유 원인행위를 알지 못하였고 알지 못한 것에 대한 과실이 없을 것
2. 계약업체가 하도급업체의 제재사유 원인행위를 관리·감독하기 위한 체계를(계약조건, 사규 등) 갖추고, 그에 따른 관리·감독이 이루어졌을 것

④ 부정당업자가 제재기간 이내 또는 제재기간 종료 후 6개월 이내에 다시 제재사유가 발생한 경우에는 제재기간의 2분의 1 범위 안에서 가중할 수 있다.

⑤ 부정당업자의 계약이행 성실도, 계약금액 등을 고려하여 제재기간과 과징금 부과율을 기본제재기간의 2분의 1범위 안에서 감경할 수 있다.

⑥ 부정당업자의 가중 및 감경에 대한 세부기준은 별표의 부정당업자 제재 세부기준을 적용한다.

⑦ 안건제기부서의 장은 심의결과 재심의가 의결된 경우에는 재심의 사유가 해소된 때에 심의안건을 보완하여 조달기획과로 제출하여야 한다.

□ **제8조(비밀유지 의무)** 위원회에 참석한 위원(대리자를 포함한다)은 회의 참석으로 알게 된 정보나 심의자료를 외부에 누설하거나 유출하여서는 아니되고, 「방위사업청 내 위원회의 투명한 운영에 관한 규정」 제6조, 제7조, 제11조를 준수하여야 한다.

□ **제9조(기타)** 이 규정에서 정한 사항 이외에 위원회의 운영에 필요한 사항에 대하여는 위원장이 정할 수 있다.

□ **제10조(재검토기한)** 방위사업청장은 이 훈령에 대하여 「훈령·예규 등의 발령 및 관리에 관한 규정」에 따라 2021년 1월 1일 기준으로 매 3년이 되는 시점(매 3년째의 12월 31일까지를 말한다)마다 그 타당성을 검토하여 개선 등의 조치를 하여야 한다.

[별표]

부정당업자 제재 세부기준

1. 기본원칙

국가계약법 시행규칙 제76조 [별표2], 방위사업법 시행규칙 제58조제1항 [별표3] 에서 정한 제재사유별 제재기간에 의거 입찰참가자격 제한은 가중 또는 감경기간을 합산하여 국가계약법령 상 제재의 경우 2년 이내, 방위사업법령 상 제재의 경우 5년 이내의 범위에서 결정하고 제재기간은 월단위로 정한다. 국가계약법 시행규칙 제77조의2 [별표3] 및 [별표4]에서 정한 과징금 부과 심의는 과징금 대상 여부 또는 과징금 부과율(계약금액 기준)에 따른 과징금액을 부과하고 기획재정부 과징금 부과 심의위원회에 상정하여 결정한다.

2. 입찰참가자격 제한의 제재기간 가중

국가계약법 시행규칙 제76조 [별표 2] 제1호 일반기준 가목에 따라 제재기간 이내에 또는 제재기간 종료 후 6개월 이내에 다시 제재사유가 발생한 경우에는 제재기간을 가중할 수 있으며 가중기간 산정은 다음 각 호와 같다.

가. 가중기간

(예 시) 가중기간은 기본기간의 2분의 1 범위 안에서 정하되, 기본기간이 3개월인 경우 1개월로 한다.

1) 계약불이행 1건이 가중제재에 해당하는 경우

구 분	기본기간	가중기간	계
제재기간	6개월	1 ~ 3개월	7 ~ 9개월

2) 1건의 계약에서 하도급위반(국가계약법 제27조제1항제3호)과 계약불이행의 제재사유가 발생하고, 가중제재에 해당하는 경우

구 분	기본기간	가중기간	계
제재기간	12개월	1 ~ 6개월	13 ~ 18개월

3) 하도급위반(국가계약법 제27조제1항제3호) 1건과 계약불이행 3건으로 제재 건의된 업체가 4건 모두 가중제재에 해당하는 경우

구 분	기본기간	가중기간	계
제재기간	12개월	1 ~ 6개월	13 ~ 18개월

나. 전과로 인한 가중제재의 제한

가중제재사유에 해당하는 계약 1건이 가중제재사유 발생 당시 여러 건의 제재(전과)가 동시에 진행 중인 경우 가중제재는 1회만 적용한다.

1) 계약불이행 1건으로 제재건의 된 업체가 부정당제재 사유 발생당시 3건의 부정당제재가 동시에 중복 진행 중인 경우

구 분	기본기간	가중기간	계
제재기간	6개월	1 ~ 3개월	7 ~ 9개월

다. 입찰참가자격의 제한을 받은 업체에 다시 부정당업자 사유가 발생한 경우 가중제재 적용여부 판단 기준일자는 계약해제·해지일로 한다.

3. 입찰참가자격 제한의 제재기간 및 과징금 부과율 감경

국가계약법 시행규칙 제76조 [별표2], 제77조의2에 따라 제재기간과 과징금 금액을 감경하는 경우 다음을 기준으로 하여 기본기간의 2분의 1 범위 안에서 감경할 수 있다.

가. 계약이행률에 의한 감경

1) 위원회는 계약불이행으로 제재 건의된 안건에 대하여 계약이행률에 따라 다음과 같이 제재기간과 과징금 금액을 감경할 수 있다.

계약이행률	입찰참가 자격제한		과징금 부과			
			부정당업자 책임이 경미한 경우 (별표3*)		유효한 경쟁입찰 미성립 (별표4**)	
	기본 제재기간	감경 기간	기본 부과율	감경률	기본 부과율	감경률
0%~50%미만	6개월	없음	3%	없음	9%	없음
50%이상~70%미만		1개월		0.5%		1.5%
70%이상~90%미만		2개월		1.0%		3.0%
90%이상~100%		3개월		1.5%		4.5%

* 국가계약법 시행규칙 제77조의2제1항제1호 [별표3] "부정당업자의 책임이 경미한 경우의 과징금 부과기준" 제9호

** 국가계약법 시행규칙 제77조의2제1항제2호 [별표4] "입찰참가자격 제한으로 유효한 경쟁입찰이 명백히 성립되지 아니하는 경우 과징금 부과기준" 제16호

2) 계약이행률은 아래의 산식에 따라 산정하며, 소숫점 둘째자리에서 반올림 한다.

가) 납품을 완료하지 아니한 경우 : $\frac{\text{기성 또는 기납부분의 금액}}{\text{계약금액}} \times 100$

나) 납품을 완료하였으나, 하자보수의무를 완료하지 아니한 경우

: $\frac{\text{계약금액} - \text{하자보수미이행 금액}}{\text{계약금액}} \times 100$

3) 체계연동에 영향이 있는 경우에는 계약이행률에 의한 감경을 적용 하지 않는다.

나. 계약금액에 의한 감경

위원회는 계약불이행 또는 계약미체결로 제재 건의된 안건에 대하여 계약금액에 따라 다음과 같이 제재기간과 과징금 금액을 감경할 수 있다.

계약금액	입찰참가 자격제한		과징금 부과			
			부정당업자 책임이 경미한 경우 (별표3*)		유효한 경쟁입찰 미성립 (별표4**)	
	기본 제재기간	감경 기간	기본 부과율	감경률	기본 부과율	감경률
5,500만 원 이상	6개월	없음	3%	없음	9%	없음
5,500만 원 미만 ~2,200만 원 이상		1개월		0.5%		1.5%
2,200만 원 미만		2개월		1.0%		3.0%

* 국가계약법 시행규칙 제77조의2제1항제1호 [별표3] “부정당업자의 책임이 경미한 경우의 과징금 부과기준” 제9호

** 국가계약법 시행규칙 제77조의2제1항제2호 [별표4] “입찰참가자격 제한으로 유효한 경쟁입찰이 명백히 성립되지 아니하는 경우 과징금 부과기준” 제16호

다. 계약금액에 의한 감경을 적용시 다수의 계약 건이 있을 경우 해당 계약금액을 합산하여 적용한다.

라. ‘가’항 및 ‘나’항에 의한 감경이 모두 가능한 경우 업체에 유리한 기준을 선택하여 적용 한다. 다만, 가항 및 나항에 의한 감경은 국가계약법 시행령 제76조제1항제2호 가목(계약미체결 및 계약불이행)의 제재사유의

경우에 한하여 적용한다.

마. 제재사유가 하도급업체에 의하여 발생한 경우로서 계약의 목적물이 납품되었거나 국가의 손해가 배상되어 피해가 경미한 경우 또는 계약이행을 위하여 노력하는 등 기타 고려할 수 있는 사유가 있는 경우에는 위원들이 협의하여 감경여부 및 기간을 정할 수 있다.

바. 다음의 경우에는 상기 '가' 내지 '마' 규정에 의한 감경을 적용하지 아니한다.

1) 입찰담합, 뇌물공여 및 청렴서약 위반으로 제재를 받는 경우

2) 사기, 부정한 행위, 내구성의 연한단축, 안전도의 위해를 가져오는 부당한 제조·구매로 제재를 받는 경우

3) 위장 납품, 고의적인 계약 위배, 유해물질 혼입 등 군 급식에 위해를 가한 경우

4. 다수의 제재사유에 대한 제한기준

가. 부정당업자가 위반한 여러 개의 행위에 대하여 같은 시기에 입찰참가자격 제한을 하는 경우 국가계약법 시행규칙 제76조 [별표2], 방위사업법 시행규칙 제58조제1항 [별표3]에 규정된 해당 위반행위에 대한 제한기준 중 제한기간을 가장 길게 규정한 제한기준에 따른다.

나. 부정당업자의 입찰참가자격제한 처분이 있은 후 그 이전에 또 다른 제재사유(제척기간이 지나지 아니한 것에 한한다)가 있었음이 새롭게 밝혀진 경우 다음과 같이 안건을 처리한다.

1) 새롭게 밝혀진 제재사유에 대한 제재기간이 당초 제재기간보다 긴 경우, 그 초과되는 기간에 한하여 추가로 제재처분을 한다.

2) 새롭게 밝혀진 제재사유에 대한 제재기간이 당초 제재기간보다 짧거나 같은 경우, 제재처분을 하지 아니한다.

다. 상기 '나'항의 안건 처리 시 부정당업자가 앞서 받은 기 제재 처분 건에 대하여 집행정지 후 본안 소송중인 경우 그 소송 최종 판결 선고일 까지 안건 처리를 보류할 수 있다. (단, 제척기간 만료 6개월 이내인 안건은

즉시 심의를 요청하여야 한다.)

5. 과징금 부과

국가계약법 제27조의2 및 동법 시행령 제76조의2에 해당하는 경우에는 입찰참가자격 제한을 갈음하여 과징금액을 부과할 수 있다. 과징금 부과 심의는 과징금 대상여부 또는 과징금 부과율에 따른 과징금액을 부과하고 기획재정부 과징금 부과 심의위원회에 상정하여 결정한다.

가. 부과대상

1) 부정당업자의 위반행위가 예견할 수 없음이 명백한 경제여건 변화에 기인하는 등 부정당업자의 책임이 경미한 다음의 경우

가) 천재지변이나 그밖에 이에 준하는 부득이한 사유로 인한 경우

나) 국내외 경제사정의 악화 등 급격한 경제여건 변화로 인한 경우

다) 발주자에 의하여 계약의 주요내용이 변경되거나 발주자로부터 받은 자료의 오류 등으로 인한 경우

라) 공동계약자나 하수급인 등 관련 업체에도 위반행위와 관련한 공동의 책임이 있는 경우

마) 입찰의 공정성과 계약이행의 적정성이 현저하게 훼손되지 아니한 경우로서 부정당업자의 책임이 경미하며 다시 위반행위를 할 위험성이 낮다고 인정되는 사유가 있는 경우

2) 입찰참가자격 제한으로 유효한 경쟁입찰이 명백히 성립되지 아니하는 입찰자가 2인 미만이 될 것으로 예상되는 경우

나. 부과기준

1) 부정당업자의 책임이 경미한 경우는 국가계약법 시행규칙 제77조 [별표4]에 의한 부과기준을 적용한다.

2) 입찰자가 2인 미만인 유효한 경쟁입찰이 성립되지 아니하는 경우는 국가계약법 시행규칙 제77조 [별표4]에 의한 부과기준을 적용한다.

다. 과징금 부과 심의위원회 심의 / 후속조치

1) 계약팀은 상정된 안건이 계약심의위원회에서 과징금 부과로 의결된 경

우 [절차도 1]의 과징금 부과 심의위원회 심의절차에 따라 기획재정부에 심의요청하며, 필요시 과징금 부과 심의위원회에 출석하여 의견을 진술한다.

2) 계약팀은 기획재정부 과징금 부과 심의위원회의 심의결과에 따른 채권발생을 조달기획과와 재정담당관으로 통보하며, 재정운영담당관은 업체로부터 채권을 회수한다.

3) 조달기획과(행정간사)는 계약팀의 과징금 부과 심의위원회 안건상정 협조요청에 대한 행정지원과 과징금 부과 심의결과에 대한 현황을 관리한다.

[절차도 1] 과징금 부과 심의위원회 심의절차

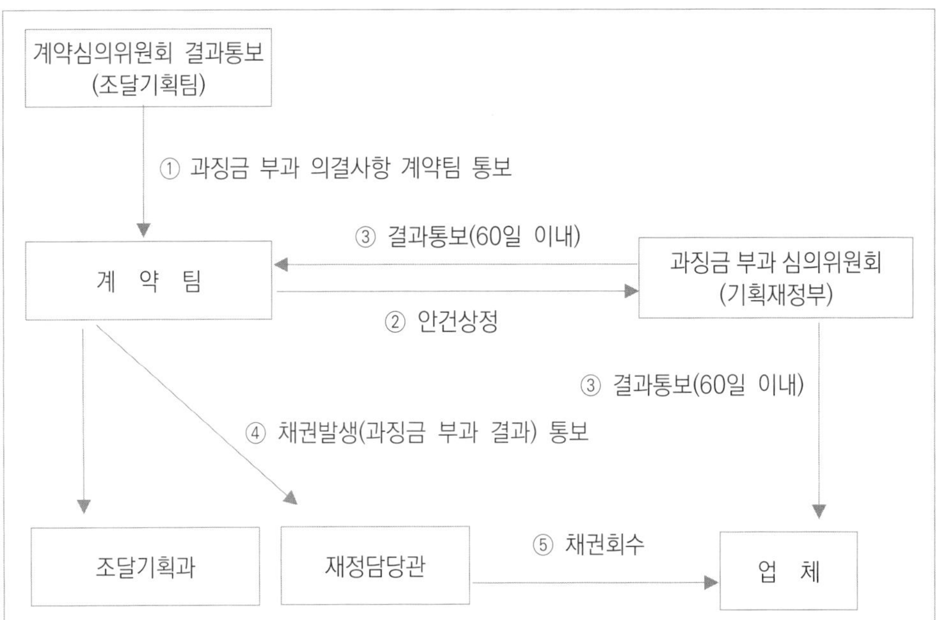

5. 조달청 계약심사협의회 운영규정

(조달청 훈령 제1869호, 2019.6.17.)

제1장 총칙

□ **제1조(설치목적)** 조달업무에 관한 중요사항을 심사하게 하기 위하여 조달청에 계약심사협의회(이하 "협의회"라 한다)를 설치 운영한다.

제2장 계약심사협의회

□ **제2조(기능)** 협의회는 다음 각 호의 사항을 심사한다.

1. 주요 계약방법 및 특정규격의 심사 결정에 관한 사항
2. 주요 민원 또는 소송의 처리방안에 관한 사항
3. 부정당업자의 입찰참가자격 제한, 계약해제·해지의 결정에 관한 사항
4. 주요 규정의 제·개정 및 주요 제도개선이나 정책결정에 관한 사항
5. 정보화사업 등 주요 사업계획에 관한 사항
6. 국내 의사결정이 어렵거나 국간 의견조정이 필요한 사항
7. 구매·시설 등 본·지방청간 업무조정에 관한 사항
8. 직접생산확인, 품질점검 등 품질관리에 관하여 결정이 필요한 사항
9. 부당이득 환수여부 및 환수금 결정에 관한 사항
10. 기타 의장이 심사가 필요하다고 판단하는 사항

□ **제3조(협의회의 구성)** ① 협의회는 의장 1인을 포함한 10인 내외의 위원으로 구성한다.

② 위원은 조달청 차장과 각 국장, 감사담당관(이하 '내부위원'이라 한다)으로 하며, 제5조제2항에 의하여 외부위원을 참여시키는 경우에는 협의회 참여를 수락한 외부위원을 포함한다.

③ 협의회의 의장은 조달청 차장이 된다.

④ 외부위원은 조달업무에 필요한 전문지식과 경험이 풍부한 전문가 중에

서 조달청장이 위촉하는 자로 하며 임기는 2년으로 하되 연임할 수 있다.
⑤ 단체·협회 등의 특정직책 보유자가 위원으로 위촉된 후 그 직책의 자가 변경된 경우에는 별도의 위촉절차 없이 당해 위원직을 자동 승계하며, 승계 받은 위원의 임기는 전임위원의 잔여임기로 한다.
⑥ 본청 각 국장, 조달품질원장, 조달교육원장 및 각 지방청장은 소관 업무 중 중요사항에 관하여 자체 심사를 하거나, 이 협의회에 심사 안건을 상정하기 위하여 자체 심사기구를 설치 운영하여야 한다. 자체 심사기구의 운영방법, 절차 등 필요한 사항은 「조달청 계약심사협의회 운영규정」을 준용한다.

□ **제4조(의장의 직무)** ① 의장은 협의회의 직무를 통할하고 협의회를 대표한다.
② 의장이 사고가 있을 때에는 기획조정관이 그 직무를 대행한다.

□ **제5조(회의)** ① 의장은 협의회의 회의를 소집하고 회의개최 1일전까지 회의개최 목적에 관한 사항을 각 위원에게 서면으로 통지한다.
② 협의회는 다음 각 호에 해당하는 경우에 4인 이내의 외부위원을 참여시킬 수 있다.
1. 소관국장이 요청한 경우
2. 의장이 특히 필요하다고 인정하는 경우
③ 제2항의 경우 재적위원은 내부위원과 협의회 참여를 수락한 외부위원으로 한다.
④ 회의는 의장을 포함한 재적위원 과반수 출석으로 개의하고 출석위원 과반수의 찬성으로 의결한다.
⑤ 의장은 다음 각 호에 해당하는 안건(이하 "약식안건"이라 한다)의 경우 회의를 생략하고 내부위원 서명으로 의결에 갈음할 수 있다.
1. 「국가를 당사자로 하는 계약에 관한 법률 시행령」 제76조제1항제1호 다목, 마목, 바목, 사목, 제2호 가목 및 「지방자치단체를 당사자로 하는 계약에 관한 법률 시행령」 제92조제1항제6호, 제11호, 제14호, 제15호, 제21호에 해당하는 안건

2. 경미한 사안으로서 간사가 의장에게 사전 보고하여 승인을 받은 안건

□ **제6조(심사요구)** ① 각 소관국장이 이 규정 제2조에 해당하는 사항 중에서 이 협의회의 심사를 원할 때에는 별지 제1호 및 제2호의 서식에 의한 안건을 위원정수에 3부를 추가 작성하여 간사에게 제출하여야 한다. 단, 제5조 제5항에 해당하는 경우에는 그러하지 아니하다.

② 조달품질원장, 조달교육원장 및 각 지방청장은 제3조제6항에 따라 심사안건이 이 협의회의 심사가 필요한 때에는 본청 소관 국을 거쳐서 해당 국장이 심사를 요청하여야 한다. 단, 제5조제5항에 해당하는 경우에는 그러하지 아니할 수 있다.

□ **제7조(자료의 요청 및 조사)** 협의회는 의안심사를 위하여 필요하다고 인정할 때에는 관계부서에 대하여 필요한 자료의 제출을 요구하거나 관계자의 의견을 들을 수 있으며 현장조사를 할 수도 있다.

□ **제8조(전문가의 의견청취)** ① 협의회는 전문적인 판단을 필요로 하는 의안을 심사할 때에는 민간전문기술자, 변호사, 공인회계사 등 관계전문가를 초빙하여 의견을 청취하거나 자문을 받을 수 있다.

② 협의회는 다음 각호의 사항에 대하여 필요하다고 인정할 경우에는 계약심사협의회 실무위원회에서 사전 검토하게 할 수 있다.

1. 계약방법, 구매규격, 낙찰자 결정에 있어 민원이나 수요기관의 이견이 제기된 사항
2. 입찰담합 의혹에 대한 재입찰여부에 관한 사항
3. 적기 또는 일괄구매·공급을 위한 계약방법이나 예정가격 변경 등에 관한 사항
4. 보증시공방법 또는 대상자 등에 대한 이견이 있는 사항
5. 계약관련 지침, 고시, 제도개선 등에 관한 사항
6. 기타 입찰, 계약체결, 계약관리와 관련하여 필요한 사항

③ 제1항에 따라 자문을 받는 경우 외부전문가에 대하여는 예산의 범위 내

에서 수당을 지급할 수 있다.

□ **제9조(제재 당사자 등에 대한 의견청취)** 의장은 면밀한 의안심사 및 사실관계 확인을 위해 필요하다고 인정되는 경우 제재대상업체 등을 참석시켜 의견을 청취할 수 있다.

□ **제10조(간사)** 협의회의 사무를 처리하기 위하여 간사 1인을 두며 간사는 규제개혁법무담당관이 된다.

□ **제11조(심사결과 통보)** ① 협의회의 간사는 협의회에서의 심사결과를 처리담당부서에 통보하여야 한다.

② 처리담당부서는 심사결과와 업무를 종합하여 청장에게 보고하여야 한다.

제3장 계약심사협의회 실무위원회

□ **제12조(기능)** 계약심사협의회 실무위원회(이하 "실무위원회"라 한다)는 제8조제2항의 안건 중 의장이 사전검토가 필요하다고 인정하여 회부하는 사항을 검토한다.

□ **제13조(실무위원회의 구성)** ① 실무위원회는 위원장(이하 "실무위원장"이라 한다) 1인을 포함한 9인 이내의 위원으로 구성한다.

② 실무위원장은 기획조정관이 되고 실무위원은 규제개혁법무담당관, 그리고 전자조달기획과, 물품관리과, 원자재비축과, 해외물자과, 구매총괄과, 기술서비스총괄과, 시설총괄과 주무 서기관(또는 사무관)이 된다.

□ **제14조(실무위원장의 직무)** ① 실무위원장은 실무위원회의 직무를 통할하고 실무위원회를 대표한다.

② 위원장이 사고가 있을 때에는 규제개혁법무담당관이 그 직무를 대행한다.

□ **제15조(회의)** ① 실무위원장은 회의를 소집하고 회의 개최 1일전까지 회의

개최의 목적에 관한 사항을 서면으로 통지한다.

② 회의는 실무위원장을 포함한 3분의 2이상 위원의 출석으로 개의한다.

□ **제16조(실무위원회의 간사)** 실무위원회의 간사는 규제개혁법무담당관실 담당서기관 또는 사무관이 된다.

□ **제17조(검토결과 보고)** 실무위원회의 간사는 실무위원회의 검토의견을 종합하여 의장에게 보고하여야 한다.

제4장 자문위원

□ **제18조(자문위원의 위촉)** ① 조달청장은 정부회계제도와 조달계약업무에 관한 풍부한 경험과 전문지식이 있는 자로서 조달행정 발전에 기여할 수 있는 자를 자문위원으로 위촉할 수 있다.

② 자문위원은 다음 분야별로 10인 이내로 한다.

1. 조달관리 업무분야
2. 공공물자 업무분야
3. 구매 업무분야(해외자문위원운영규정에 의한 사항 제외)
4. 시설 업무분야
5. 신기술 업무분야

③ 자문위원의 위촉기간은 2년으로 하되, 필요한 경우 재위촉할 수 있다.

□ **제19조(자문범위)** 의장은 다음 사항에 대하여 필요하다고 인정 할 경우에는 분야별 자문위원에게 자문을 요청할 수 있다.

1. 계약심사협의회 심사안건에 관한 사항
2. 그 밖에 조달행정 발전에 관한 사항

□ **제20조(자문위원의 간사)** 분야별 자문위원의 자문사무를 처리하기 위하여 다음과 같이 간사 1인을 둔다.

1. 조달관리 업무분야 : 전자조달기획과 주무서기관(또는 사무관)

2. 공공물자 업무분야 : 원자재비축과 주무서기관(또는 사무관)
3. 구매 업무분야 : 구매총괄과 주무서기관(또는 사무관)
4. 시설 업무분야 : 시설총괄과 주무서기관(또는 사무관)
5. 신기술 업무분야 : 기술서비스총괄과 주무서기관(또는 사무관)

□ **제21조(자문결과 보고)** 자문위원의 간사는 소관분야의 자문 결과를 의장에게 보고하여야 한다.

□ **제22조(경비지급)** 외부위원에 대하여는 예산의 범위 안에서 일정액의 수당과 여비를 지급할 수 있다.

□ **제23조(비밀엄수)** 외부위원은 협의회 참석 시 지득한 정보나 관련 자료를 외부에 누설하거나 유출하여서는 아니 된다.

□ **제24조(기타사항)** 이 규정에 규정된 사항 외에 협의회, 실무위원회 및 자문위원의 운영에 관하여 필요한 사항은 협의회의 의결을 거쳐 의장이 정한다.

[별지 제1호 서식]

(표지)

의안번호	제2019-　　호
의　　결 년 월 일	2019.　.　. (제　　차)

의 결 사 항

부정당업자 입찰참가자격 제한 심사안

제　출　자	○○○○국장 (○○○○과(팀)장)
제출년월일	2019 .　　.　　.

[별지 제2호 서식]

(내지)

1. 의결 주문

2. 심사요청 사항
  ○ 제재 처분 이유
  ○ 제재 경위(추진 경과)
    - 계약해제(해지) 사항(수요기관 의견), 보증금 국고귀속 여부 등 진행 사항 반영
      * 참고 : 처분대상자의 입찰 또는 계약 현황

3. 주요 심사사항
  ○ 제재 근거 및 기간
  ○ 제재사유 발생원인(부도, 파산 등 구체적 사유) 등

4. 업체 사전의견 진술내용(요약)

5. 법률자문 사항

6. ○○국○○과 의견, ○○지방조달청 의견
  ○ 가중 또는 감경 경우 구체적 사유 작성

7. 심사 안(근거 조항 및 처분기간 건의)

8. 기타 참고사항

6. 과징금 부과 심의대상 조달청 지침

(2019.4.4.)

Ⅰ. 과징금 부과 제도

◈ 과징금 부과 결정은 기획재정부의 과징금부과심의 위원회에서 결정되며, 본 세부지침은 심의 요청대상에 대한 기준입니다.

1. 과징금 부과 대상에 관한 자체 세부 기준

1) 계약법규에 정한 요건 (국가계약법시행령 제76조의2제1항제5호)

* 같은 조항 제1호~제4호는 생략

◆ 다음 조건을 모두 충족해야 함

① 입찰의 공정성과 계약이행 적정성이 현저하게 훼손되지 아니한 경우
② 부정당업자의 책임이 경미한 경우
③ 다시 위반할 위험성이 낮다고 인정되는 사유가 있는 경우

2) 우리 청 부과 대상 세부 지침

가. 부정당업자의 위반행위가 수요기관의 설계변경·계약내용 변경 요구 등 부정당업자에게만 책임을 묻기 어려운 경우

사례 ○○공사 수요 '타일' 납품 시 당초 장애인거주자용으로 계약하였으나 ○○공사가 일반세대용 타일로 변경하여 줄 것을 요구하여 동의. 이행과정에서 일부 규격이 자사에서 생산하지 않는 타일이 있다는 사유로 직접생산 조건을 위반하여 타사제품을 대체 납품(1.5개월 처분)

나. 계약규격의 일부 부분품에 대해 당초 구매규격 또는 계약자가 제시했던 재질·원산지 등이 다른 물품을 납품하였으나, 성능·가격 등이 동등 이상이거나 차이가 미미하여 수요기관이 추후 납품을 허용한 경우

사례 방송시스템을 구매하면서 시스템 구성품의 일부인 마이크를 국산으로 제시하였으나, 성능·가격이 유사한 대만산 납품(6개월 처분)

다. 수요기관이 특정 제조사 물품이나 특정규격 물품을 요구한 입찰(계약)에서, 해당규격 물품 제조사 등이 공급을 거부하여 다른 대안을 제시하는 등 이행을 위해 노력하였으나, 부득이 계약 포기 또는 계약을 이행하지 못한 경우

사례 ○○기관 수요 "이동식 엑스선기" 계약 시, 공고규격의 내용을 숙지하고 물품 제조업체와 사전 공급확약을 거쳐 입찰하였으나, 공급을 확약한 제조업체 물품이 공고규격에 맞지 않는다는 사실이 사후에 밝혀져 공고규격에 적합한 타 제조업체 물품 납품을 위해 노력하였으나, 규격 적합 제조업체의 공급거부로 계약불이행(6개월 처분)

라. 계약의 대부분을 정당하게 이행하는 등 위반금액*이 위반 건과 관련된 계약의 전체 계약금액의 6%** 미만으로 미미한 경우(다만, 위반금액이 5천만 원 이상인 경우는 제외)

* 위반금액 : 조사부서(계약부서)에서 해당 업체가 위반하였다고 확인한 수량에 해당하는 금액

** 6%미만 : '계약이행을 조잡하게 한 업체'에 대한 부정당업자 제재 면제 기준(국가계약법시행규칙 별표2)이며, '조잡' 이외 건에 적용. 다만, 위반금액이 소액수의계약이 가능한 금액인 5천만 원을 초과하는 경우는 제외.

마. 생산공장 이전, 기술인력의 일시 퇴직, 수요기관의 긴급한 수요 등으로 일부 물품 대체납품 등 당초 계약조건대로 이행하기 어려웠음이 명백한 경우

사례 1 ○○시에서 산불진화용기구인 '갈퀴'를 구매 시, 수요기관이 산불진화를 위한 특수상황에서 대규모 물량(2,000여 개)을 계약상 납기(30일)보다 조기 납품(3일 소요)하면서 2~3%의 물량을 타사제품 납품(3개월 처분)

사례 2 ○○대학교에서 '상업용 가스레인지' 구매 시, ○○기업은 가스생산기술자의 갑작스런 이직으로 납기를 맞추기 어려워지자, 총 납품금액 239백만 원 중 4백만 원(1.6%) 상당을 하청생산(4개월 처분)

바. 기타 위와 동등 이상의 사유로 과징금 부과가 필요하다고 판단되는 경우

사례 1 입찰금액 착오 기재 : ○○기업은 수요기관 예산이 231백만 원인 용역입찰 시 투찰금액 한 자리 숫자를 누락하여 21백만 원으로 투찰하여 계약 포기(3개월 처분)

사례 2 시제품 직생위반 : 실제 납품은 직접생산하여 정상 납품한 경우(1.5개월 처분)

※ 주) 상기 지침에도 불구하고 위반행위가 정당한 사유가 있는 등으로 부정당업자 제재대상에 해당하지 않는 경우에는 위 지침이 적용되지 아니함

참고문헌

단행본

곽윤직, 「민법총칙」, 박영사, 2007.

곽윤직, 「채권각론」, 박영사, 2014.

김대인, 「행정계약법의 이해」, 경인문화사, 2007.

박균성, 「행정법론」, 박영사, 2012.

오준근, 「행정절차법」, 삼지원, 1998.

이상규, 「행정법연습」, 법문사, 1994.

장훈기, 「공공계약제도 해설」, 삼일, 2015.

논문, 연구보고서

김대인, "독일의 부정당업자제재제도에 대한 연구", 행정법 연구, 제53호, 행정법이론실무학회, 2018.5.

김대인, "미국의 부정당업자 제재제도에 대한 연구", 미국헌법학회, 2015.4.

이재상, "법률의 착오에 있어서 정당한 이유의 판단기준", 형사정책연구 제18권 제3호, 2007 가을호.

장훈기, "입찰제한처분에 대한 효력정지 신청제도 과용 대처방안에 관한 연구", 한국조세재정연구원, "정부계약의 이행 및 관리효율성 제고방안"중, 2018.12.

장훈기, "부정당업자 제재제도의 합리적 운용방안에 관한 연구", 한국조세재정연구원, "공공조달시장의 입찰참가제한제도와 낙찰제도의 개선방안에 관한 연구"중, 2016.10.

그 밖의 문헌

국방부, “국방부 계약심의위원회 운영 예규”, 2020.4.
기획재정부, “과징금부과심의위원회 운영규정”, 2021.7.
기획재정부, “부정당업자에 대한 과징금 부과 업무가이드”, 2021.10.
기획재정부, “외국의 입찰제도 현황 및 우리나라의 입찰제도 개선방안 연구보고서”, 2005.
방위사업청, “계약심의위원회 운영 규정”, 2021.5.
법제처, 「국가법령정보센타」, 자료.
조달청, “조달청 계약심사협의회 운영규정”, 2019.6.

외국문헌

Federal Acquisition Regulation(FAR).
FIDIC, “conditions of contract for works of civil engineering construction”.

공공계약

부정당업자 제재제도 해설

인쇄일 2021.10.21.
발행일 2021.10.29.
발행인 김 형 철
발행처 e대한경제
소재지 서울시 강남구 언주로 711(건설회관 12층)
전 화 02)515-7320~2
홈페이지 www.dnews.co.kr
정 가 30,000원

등록 / 제2-2호(62.11.21.)